西康省全图（1945 年）

西康省政府大门

西康省军民集会

刘文辉（1895—1976）

张志和（1894—1975）

彭迪先(1908—1991)

中共对蒋政府非法压迫民盟罪行的评论

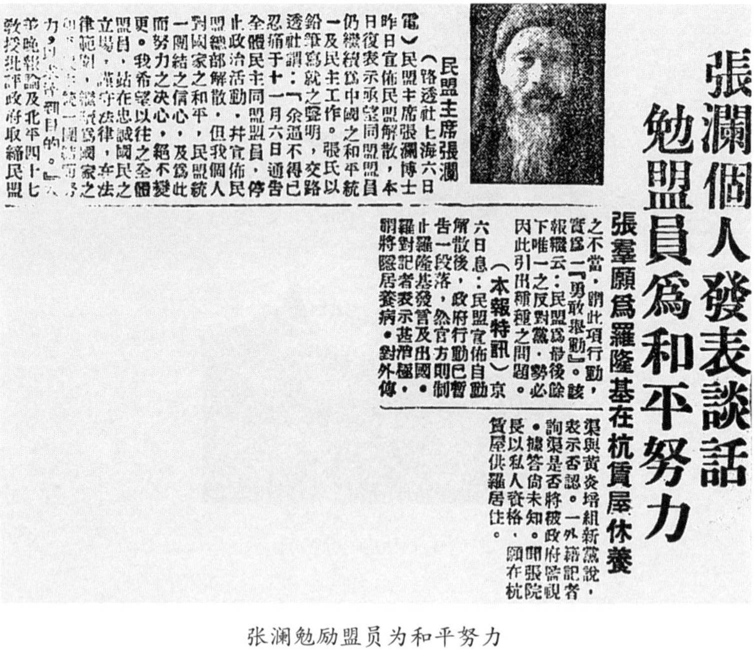

张澜勉励盟员为和平努力

《战争与和平》封面

民盟西康省支部筹委会成立遗址

张松涛

赵锡骅

朱世正

秘密电台旧址

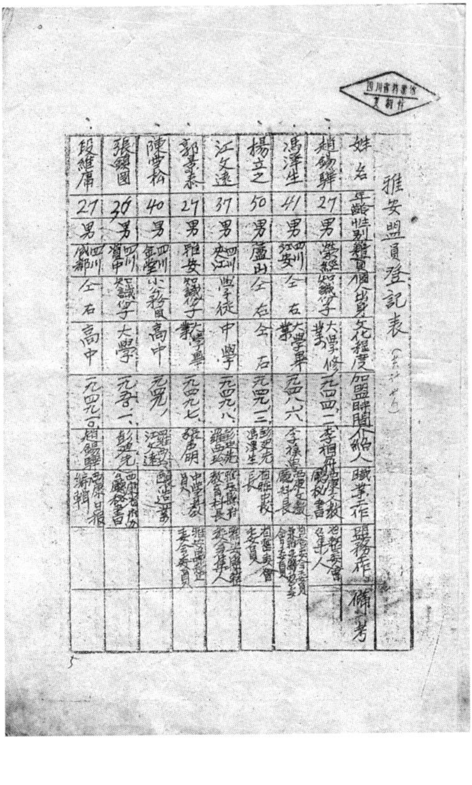

雅安盟員登記表

姓名	年齡	性別	籍貫	個人出身	文化程度	加盟時間	介紹人	職業工作	盟務工作	備考
趙錫驊	27	男	榮經	知識分子	大學修業	一九四四、二	李相[illegible]	[illegible]秘書	[illegible]	
馮澤生	41	男	四川江安	仝右	大學畢業	一九四八、六	李[illegible]	[illegible]科長	[illegible]委員	
楊立之	50	男	盧山	仝右	仝右	一九四九、三	彭史光 馮澤生	[illegible]長	[illegible]委員	
江文遠	37	男	四川夾江	學徒	中學	一九四九、八	彭史光 [illegible]	[illegible]教育科長	[illegible]	
鄧[illegible]	27	男	雅安	知識分子	大學畢業	一九四九、七	[illegible]	中學教員	[illegible]委員	
陳世松	40	男	四川金堂	小公務員	高中	一九四九、八	江文遠	[illegible]		
張鎮國	30	男	四川資中	知識分子	大學	一九四九、一	彭史光	[illegible]秘書		
段維庸	27	男	四川成都	仝右	高中	一九四九、一〇	趙錫驊	西康日報編輯		

西康盟员名册

民盟西康省支部筹委会主办的《光明旬刊》

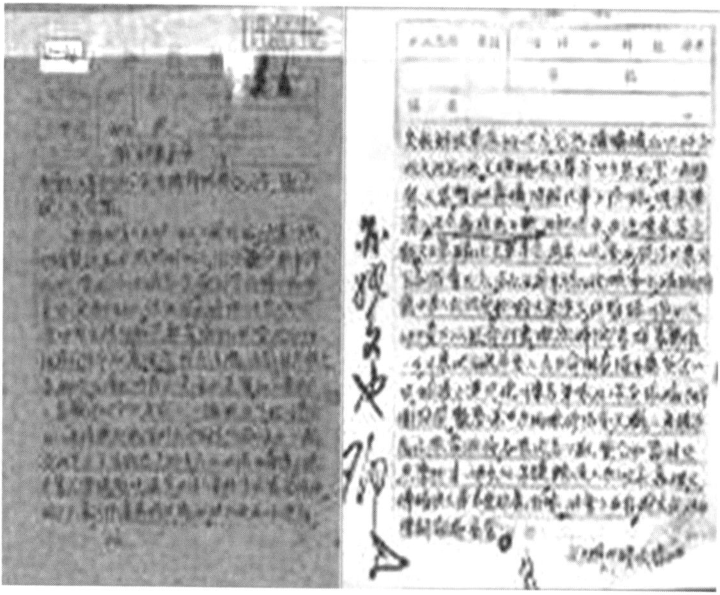

1949 年 12 月 9 日，刘文辉以西康省主席兼第二十四军军长的名义和邓锡侯、潘文华联名从四川彭县发出起义通电，郑重声明：刘、邓、潘三部从即日起与国民党反动派断绝关系，竭诚服从中央人民政府和毛主席、朱总司令的领导。通电由杨家祯参谋长交王少春电台转发，人民解放军兵不血刃解放了西康。图为当时起义通电电文

1950年3月6日，刘伯承以西南军政委员会名义致刘文辉的亲笔信

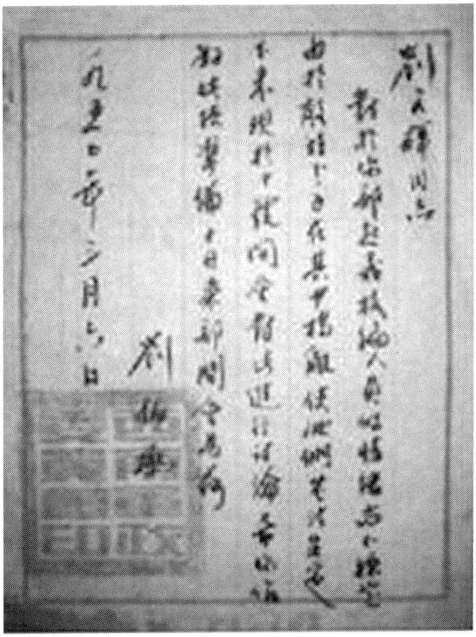

刘伯承、贺龙等宴请彭县起义主要人员

西康省起义后，民盟西康省支部筹委会“流动剧团”在雅安演出歌剧《白毛女》

流动剧团演出《放下你的鞭子》

民盟西康省支部荥经流动剧团合影

朱刚夫烈士遗像

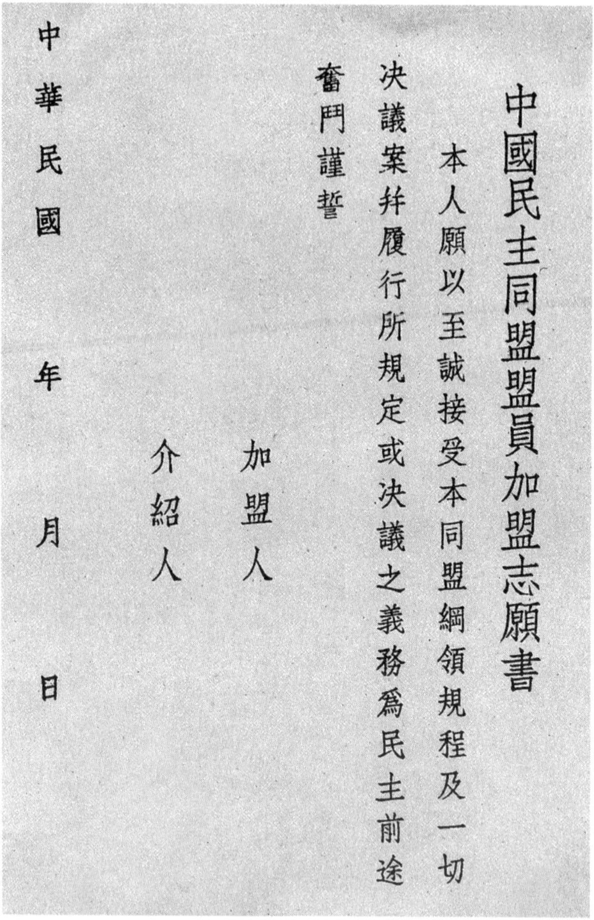

中國民主同盟盟員加盟志願書

本人願以至誠接受本同盟綱領規程及一切決議案并履行所規定或決議之義務為民主前途奮鬥謹誓

加盟人

介紹人

中華民國　年　月　日

盟员加盟志愿书

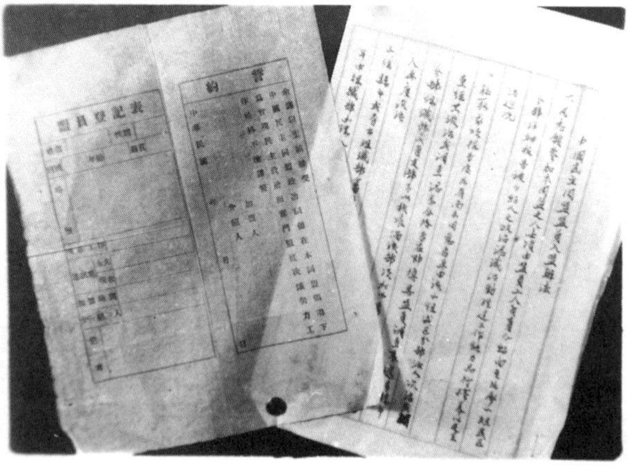

盟员入盟办法、盟员登记表

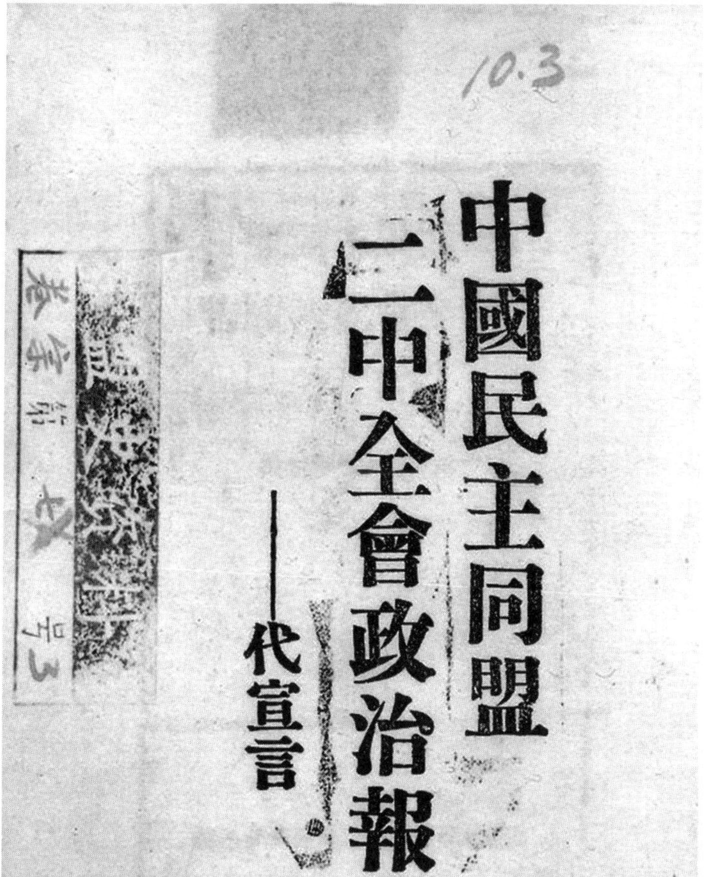

《中国民主同盟二中全会政治报告》

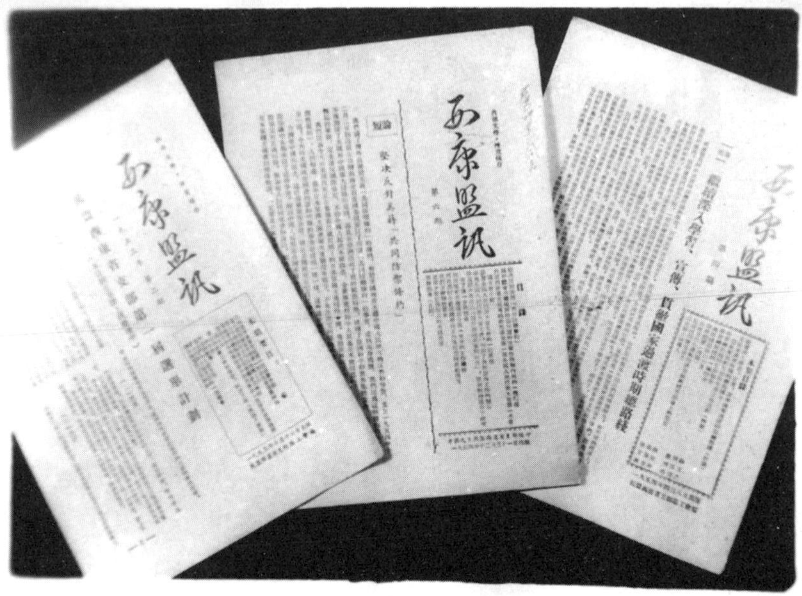

民盟西康省支部兼雅安市分部主办的《西康盟讯》

民盟西康省支部兼雅安市分部临工委成立合影

民盟西康省支部兼雅安市分部临工委委员陈为珍（后排左一）

西康省人民政府办公楼（位于四川农业大学第一办公区）

民盟在西康

（1941—1950）

中国民主同盟雅安市委员会 编

群言出版社
QUNYAN PRESS
·北京·

图书在版编目（CIP）数据

民盟在西康：1941-1950 / 中国民主同盟雅安市委员会编 .-- 北京：群言出版社，2019.11
（民盟历史文献）
ISBN 978-7-5193-0551-2

Ⅰ. ①民… Ⅱ. ①民… Ⅲ. ①中国民主同盟—史料—西康 Ⅳ. ①D665.2

中国版本图书馆 CIP 数据核字（2019）第 251851 号

责任编辑：杨　青
封面设计：逸品书装设计

出版发行：群言出版社
地　　址：北京市东城区东厂胡同北巷 1 号（100006）
网　　址：www.qypublish.com（官网书城）
电子信箱：qunyancbs@126.com
联系电话：010-65267783　65263836
经　　销：全国新华书店

印　　刷：北京柏力行彩印有限公司
版　　次：2020 年 1 月第 1 版　2020 年 1 月第 1 次印刷
开　　本：880mm × 1230mm　1/32
印　　张：16.5　插页 16
字　　数：338 千字
书　　号：ISBN 978-7-5193-0551-2
定　　价：68.00 元

《民盟在西康》编辑委员会

序　言

西康省①是内地进入西藏的要道，有重要的军事和战略意义。西康的和平解放，为整个西南乃至西藏的和平解放做出了重要贡献。民盟西康省支部筹委会成立前后，其主要工作是配合中国共产党策动并支持刘文辉及其部属起义，组织地方武装力量，迎接西康解放。

本书通过刘文辉、潘大逵、彭迪先、张松涛、张弢英、赵锡骅、朱世正、童梓平等人的"三亲"②史料，反映了在中国共产党的领导下，民盟、民革合作共促西康和平解放的这一历程。

1941 年，中国民主政团同盟成立后，即有盟员到雅安活动。1947 年前后，雅安有盟员郑梦麐、张声明、李伯平、黄绍澄四人，但彼此之间无联系，也没有建立基层组织。

1927 年加入中国共产党（地下党员）的张志和，因与四川

① 西康省，简称康，中国旧省名，1955 年第一届全国人大二次会议决议撤销，原辖区分别并入四川省和西藏自治区。

② "三亲"即亲历、亲见、亲闻。

军阀刘文辉、邓锡侯等为保定陆军军官学校同学，受毛泽东亲自指派，利用在川军中服务的身份，长期在秘密战线上为党工作。1941年中国民主政团同盟成立，张志和又按中共的指示参加民盟。1944年后，他担任四川民盟领导职务，仍然主要从事这一工作。在1941年民盟组建酝酿期，刘文辉就积极参与早期活动，给张澜及倾向中共的民盟组织在政治上支持、经济上尽力协助，并成为早期的民盟盟员（秘密）和中委（不公开）。1942年6月，中共中央采纳张志和的建议，派王少春驻雅安和刘文辉联系，并设一秘密电台与延安通报。

1941年至1946年间，盟员沈志远、杨伯恺、马哲民、邵石痴、段升阶等人多次来雅安。有的是应刘文辉之邀为“西康省地方行政干部训练团”讲学，有的是与刘文辉进行秘密政治联系。

1946年3月，刘文辉所部张禄宾率军火烧荥经、武装铲烟，发生“荥经事件”，激成震惊全国的“雅属事件”，掀起“倒刘运动”。当时回乡探亲的朱世正被推为荥经人民义勇军总司令、西康人民义勇军副总指挥，与刘文辉起了一年半的武装冲突。后刘文辉被迫和谈，召开雅属行政检讨会，任命朱世正为西康省保安司令部雅荥汉联防总队总队长，平息事件。但朱、刘之间仍有隔阂，互相戒备，实力强大的民间武装是刘文辉起义最大的顾虑。

1947年，中国民主同盟被国民党当局宣布为“非法团体”，总部被迫解散，四川民盟组织转入地下，不少盟员转移到西康活动。1948年4月，民盟四川省支部派支部委员张松涛为代表和赵蕴书一道去香港与总部联系。总部指示:以民盟三中全会宣言为准则,加强地方组织,积极争取川康军政首要于必要时起义。

1949年2月,川大学生、荥经籍盟员赵锡骅经民盟四川省支部同意,开始做地方武装首领朱世正的工作,争取地方武装"反蒋、联刘、拥共"。1949年4月,解放军渡江后,民盟四川省支部决定加强策反工作,民盟四川省支部由张志和为代表,组建了联合参谋部,并与中共党员唐新民联系,会商起义的军事部署,等待适当的时机起义。同月,民盟四川省支部委员、四川大学教授彭迪先转移到西康,命张声明、李伯平分别在知识青年、二十四军中下级军官中发展盟员。同时,彭迪先与中国共产党地下组织联系,地下党的杨正南、冯师尚(洪钟),新民主主义青年团的超龄团员罗西玲、冯泽生(冯在兹)、江文远等相继入盟。

1949年6月,张志和到天凤乡(过去为天宝峰乡,现分为天凤乡和宝峰乡)做通朱世正的工作,彻底解除刘文辉的后顾之忧。张志和等在天凤朱氏宗祠向朱世正约集的有号召力的西康各处民间武装首脑和心腹精干官兵400多人讲形势和党的政策主张,把过去反刘的民间武装转化成为"联刘拥共"的人民武装。

1949年8月,民盟西南总支部委员张志和以西南总支部主任委员潘大逵的名义通知,成立中国民主同盟西康省支部筹备委员会,彭迪先、张松涛、赵锡骅、朱世正、黄汝杰、李伯平为委员。民盟西康省支部筹委会成立后,开展了配合西康和平解放的一系列工作:成立学友会和盟友会等民盟外围团体,安置外地转移到西康来的同志，改造、组训民盟主导的地方武装，策反芦山、天全地方武装，成立“川康人民革命军第一纵队”，活捉中统特务余仲篪，创办《光明旬刊》编发新华社消息，成立流动剧团，公演歌剧《白毛女》《蒋匪逃台》，高唱革命歌曲……使得当时荥经有“西康民盟的摇篮，雅安的延安”之称。

1949年12月9日，刘文辉、邓锡侯、潘文华在四川彭县通电宣布起义后，蒋介石派王陵基军队进攻雅安，胡宗南军大部也陆续跟进，形势十分严峻。西康临时军政委员会命令朱世正率领的川康人民革命军暂编一师在雅、荥、汉大道上设防，配合二十四军伍培英部防守大相岭、泥巴山，其余武装力量集中待命。还做了“万一雅安不保、转移到山区打游击”的准备，全力阻击敌人，以待解放军来临。同时，委员会还决定将秘密电台撤到天凤由朱世正保护，以便保持与北京、彭县的电讯联系。当雅安处于被四面包围的紧张事态之时，张志和就用这部电台向周恩来汇报，请求解放军尽早进军西康。12月17日，天凤收到周恩来“十一军、十二军今日可达新津、彭山、岷江之东岸”的复电，坚定了西康全体革命志士誓死保卫西康的决心，鼓舞了二十四军官兵的斗志，人心也安定了下来。同时，地方武装3次击退来犯之敌，解除了雅安之围。

1950年2月1日，中国人民解放军第六十二军进入雅安城，实现了西康的全面解放。解放军接管军政后，政委廖志高转达民盟西南总支部指示，西康民盟组织停止活动，整顿组织，历史翻开了新的一页。

目 录

走到人民阵营的历史道路

刘文辉

此文所述，是我从1929年开始反蒋起至1949年彭县起义止的政治生活的一部分史实。这是中国社会大变动的20年，我所经历的事情本来是不少的，但因历年所存资料于成都解放前夕全为胡宗南部所毁，而当年经办其事的几个朋友又皆去世，故不可能全部搜集写出。这里所写的，只是脑中记忆的片段。在整理过程中，虽然曾向有关朋友广事征询，加以补充校正，仍觉不够完整和具体，有的可能还不够准确，希望当年同道的朋友予以指正！

我走到人民阵营经历的道路，是由反蒋而亲共，由亲共而起义。我在这条道路上，前后走了整整20年。这20年，是中国人民在中国共产党领导下翻天覆地的历史时期，同时也是我在政治上由假到真、由黑暗到光明的发展过程。现在，把我走到人民阵营的历史道路扼要加以叙述，以供现代史料工作者参考。

一、从反蒋斗争谈起

我为什么要反对蒋介石呢？说实话，当年的动机并不是为了革命，而是基于个人的政治野心。具体言之，在 1930 年以前，蒋介石还在军阀混战中处于被围攻的地位，而我在四川的实力正在向上发展，那时的反蒋，是为了扩大个人的政治局面：统一四川，控制西南，问鼎中原。1930 年以后，蒋的法西斯统治已在全国确立，并逐步把魔掌伸入四川；而我在政治上又逐渐转入逆境，尤以二刘之战（刘湘联合邓锡侯、田颂尧诸部与刘文辉作战）失败，退守西康以后，处境最艰，朝不谋夕。此后的反蒋，则是为了保持残存的地盘，以便重整旗鼓，再图发展。

我过去的政治支配欲所以如此强烈，这也是有其阶级根源和社会根源的。1916 年我在保定军校毕业后，回到四川搞军事，可以说是一帆风顺，仅十来年的光景，便由上尉参谋升到军长。旧中国是枪杆支配政权的。我手中掌握了一支武力，于是四川省主席、川康边防总指挥、国民党中央委员，一齐送上了门，俨然成为川康政治舞台上的重要角色。旧中国的军人，照例是兵愈多，官愈高，政治野心就愈大；我自然也不会例外。我懂得武力是扩大个人政治局面的重要资本，故升至旅长时即开始大力扩军。而扩军又是和内战紧密联系在一起的，每打一次内战就要扩编一次队伍。川军刘禹九、杨春芳等部几万人，就是在战场上经过较量后被我编并的。曾经有一个时期，被编并的队伍比我的基本队伍还多，形成干弱枝强的局面，故要经过整理训练，从组织上思想上彻底加以改造。我办有各级军事学校，从军士而尉官、校官以至将官都须参加受训；从而他们同我的关系，既是长官与部属，又是老师与学生。同时我对人事任免权抓得很紧，自连级以上军官都是由我亲自选拔。凡此种种，无非是要使所有部属都死心塌地为我个人效忠。军队光是有人不行,还得把它装备好。我是从两个方面去解决的:一是花钱向外国购买,一是自办兵工工业。为了大量制造武器,开矿山、办工厂、组织技术力量,曾经费了很大的力气。我从小就从线装书上知道"为政在人"这一条,所以付出很大精力去罗致人才。最盛时期,我这个集团的文武干部,包括十几个省籍,欧美、日本各国的留学生和国内南北各大学的大学生,无所不有。所有这一切,都得花钱,而且要花大量的钱。因此,财政问题又成为压倒一切的问题。解决的办法,主要是扩大防区。当年四川军人控制的防区都是独立王国,在经济上,予取予求,为所欲为,所以大家都拼命地争城争地。四川军阀混战 16 年,大多为此。我在这方面,当然也是"当仁不让",每打一次内战即扩大一次防区。在退守西康之前,据有川西、川南全部和川东、川北的一部。在自己防区内,苛捐杂税,人有我有,竭泽而渔,不恤民困,这是题中应有之义。而盛产盐糖的五通桥、自流井和资中、内江等地又都在我的防区内,盐糖税收为我和刘湘所瓜分。因此,搜刮的财富也较其他四川军人多。但是我的政治局面日益扩大,支出日益增多,仍然是入不敷出,所以后来又开银行、办实业,进一步扩大剥削,去填补财政上的无底洞。1933 年退守荒僻的西康,成了一个破落户,财政陷入极度困难,加之蒋介石又唆使刘湘在政治上给我制造了许多乱子,弄得我终日焦头烂额,无法应付;有一个时期,在无可奈何之中,竟至从鸦片中去增加收入。这种饮鸩止渴的办法,曾经引起国内舆论的非议,那已经是穷极无聊了。

1924 年至 1932 年,是我在四川政治上的黄金时代。当时官居省政府主席，拥兵十几万，据有防区七十多县，等于大半个四川。由于兼任川康边防总指挥，西康地区亦为我的势力所控制；少年得志，不可一世。我后来曾用三句成语来描绘当时的心情："天变不足畏，人言不足恤，祖宗不足法。"在这种物质和思想条件下，自然不愿局促于四川一隅，一心想要从夔门以内去扩大政治局面。因此，我那时的主意是：内外并举，左右开弓。即一面在夔门以内加紧消灭敌对势力，去实现统一四川的夙愿；一面趁滇黔军人内讧的机会，支持胡若愚打回云南，支持王家烈打回贵州，为控制西南奠立基础。但是统一四川，控制西南，仅是我的政治野心的一部分，最终目的还在于向全国范围内扩张。这一时期，正是中国历史大变化的时期。一方面是中国共产党和毛主席领导中国人民进行反帝反封建的革命，为建立一个独立、自由、民主的新中国而奋斗。另一方面是国民党反动派在帝国主义的利用和支持下，互争政权、大起内讧，不惜把半殖民地半封建的中国推向绝地。不同的阶级走着不同的道路：被压迫的人民是投入革命，从革命斗争中去求得自己的解放；而我呢，属于反动统治阶级的当权派，自然是参加国民党内讧，从内讧的角逐中去实现自己的政治野心。

我认为当时国内掀起的此落彼起的反蒋浪潮，是我问鼎中原的大好机会。乃于 1929 年 12 月同唐生智等联名发出东、冬两电反对蒋介石，胁迫他下台，让我们这一群人来掌握中国政权。这次反蒋，是承桂系和冯系西北军反蒋失利之后而发动的。蒋在军事上本来占上风，同时我们事前的组织工作又没有做到家。因此，战争爆发之后，冯玉祥的西北军态度不明，阎锡山的晋绥军按兵不动，两湖同情我们的军人又中途被蒋介石收买，而我的部队又远在四川，一时出不来，以致唐生智的部队在中原陷于孤军作战，不到一个月工夫就告失败了。这个时候，我同蒋介石在政治上已经是水火不相容，但因蒋正忙于对付阎、冯，无力西顾，而我亦因向中原初试锋芒即蒙不利，不能不沉机观变，所以彼此也就都暂时不了了之。1930 年 3 月阎锡山、冯玉祥、李宗仁等组织讨蒋联军，爆发了中原大战，7 月汪精卫北上，在北平召开国民党中央党部扩大会议，与阎、冯、桂合作组织政府，同蒋介石控制的南京政府唱对台戏。我认为这是难得的机会，决不能放过。因此，当阎、冯、桂酝酿讨蒋，向我征求意见时，我即极表赞成，并暗中积极准备出兵进攻武汉，以配合阎冯联军的中原大会战。不过鉴于前一次反蒋失败的教训，火色不能不看老一点，所以直到扩大会议举行的前三天，即 9 月 6 日才发出鱼电公开反蒋。我满以为这一下蒋介石一定会被打下去，谁知“斜刺里杀出了一个李逵来”，张学良忽然改变“骑墙”态度，倒向蒋介石一边，率领奉军入关，因而扩大会议一哄而散，这次反蒋又以失败而告终。

1930 年扩大会议的夭折，是国民党内部反蒋斗争的最后一次失败。从此以后，蒋介石成了中国的大独裁者。我曾有过两度反蒋的历史，同蒋已经是冰炭水火，摆在面前的道路有三条：一是向蒋介石投降，做他的驯服工具；二是脱离政治生活，到外国去做寓公；三是坚持反蒋斗争，从斗争中去求得生存和发展。前两条道路，同我这样一个人是格格不入的，当然不愿意走，事实上要走也是走不通的。因为蒋介石向来欺软怕硬，你有本事整他，他便将就你；你若退让，他就叫你活不下去。势成骑虎，欲罢不能,只有走最后一条路,同蒋介石斗争到底。这就是我为什么长期坚持反蒋斗争的原因。

二、走亲共的道路

反蒋失败,转而亲共,亲共之后,继续反蒋,这是我在解放前一个较长时期内的政治生活的基本内容。前已言之,我的反蒋,不是为了革命,而是基于个人的政治野心。同样,我的亲共,也不是为了革命,而是基于个人政治上的利害。因为,在蒋介石反动集团的压迫下,特别是抗日战争时期蒋的势力已经深入四川的时候,我的处境岌岌可危,如果在政治上孤立无援,就不可能生存下去。而自从1930年北平扩大会议失败以后,国民党内部的实力集团垮的垮、降的降,已经不成局面,国内可与蒋政权抗衡的政治力量只有中国共产党,除此以外,我找不到其他的政治依靠。因此,我决定走亲共的道路。但是仅有主观要求也不成,幸而又有极为有利的客观条件:首先是,共产党和毛主席的统一战线政策为一切反对蒋政权而愿意向人民靠拢的人们敞开了大门;其次是,随着时间的推移,国内政治形势越来越有利于革命人民而不利于蒋介石反动集团。正是凭借了这两个有利条件,所以我的亲共也就由假到真,即由原来利害上的暂时利用逐渐变成了政治上的长期依靠,终于脱离国民党反动集团,参加了人民阵营。

我同中共的正式接触,始于1938年,即全面抗战发生后的第二年。四川成为抗日根据地之一以后,彼此的联系日益频繁和密切。现在,就我脑中印象最深而又认为重要的事实,略述如下:

1938年夏季，中共中央代表董必武、林伯渠、陈绍禹等由陕北去汉口参加国民参政会会议，道经成都，与我会面于我方正街住所。这是我同中共中央同志第一次正式接触。当时正是日本帝国主义者通过希特勒德国驻华大使陶德曼向蒋介石诱降的时候，投降主义的逆流泛滥于国民党的权贵之中，抗日形势非常险恶，所以我们这次的话题也是以如何团结地方力量、坚持抗日战争、反对蒋介石投降妥协为中心。从他们三人的谈话中，我已初步了解了党的抗日救国方针和人民民主统一战线政策，同时我也把自己反对蒋政权和拥护中共抗日方针的态度向他们做了明确的表示。经过这次会晤，我同党相互间都有了了解，为我进一步亲共开辟了一条坦途。

1939年夏天，我和董必武、林伯渠等在重庆曾家岩潘文华家第二次会晤。时距重庆"五三""五四"大轰炸后不久，蒋政府的各军政机关都已疏散下乡，抗战亡国论在国民党当权派中又复抬头。故我们这次会晤，也主要是谈的有关抗日战争的问题。他们几位向我分析了国内外形势，阐释了抗战必胜、妥协必败的道理。尔后我对抗战胜利的信念能够坚定下来，这次晤谈是有重大影响的。

1942年2月，我同中共中央领导人之一周恩来第一次见面。这次会晤，事前是通过民盟的朋友联系的。为了避开蒋介石特务的耳目，时间在深夜，地点在重庆机房街吴宅，在座只有周和我二人，约谈了一小时，谈完后周马上走了。周在谈话中给我扼要地分析了国内政治形势，指出了抗日救国的道路。他说："当前全国人民的要求是：坚持抗日反对投降，坚持团结反对分裂，坚持进步反对倒退,而关键则在于坚持民主,反对独裁。”他表示:“在反对蒋介石法西斯统治的斗争中,共产党愿意同国民党民主派合作,尤其希望西南地方的民主力量能同党密切联系,具体配合。”最后他还给我指出了努力的方向,说:“团结就是力量,须在国民党内部多做团结工作,通过川康朋友自身的团结去促进西南地方民主力量的团结。”“团结是为了斗争。对蒋介石政府的一切反动政策措施,都须给予坚决反对和有效抵制。西南地方力量在现阶段有条件这样做,大胆行动起来,共产党愿意在政治上给以支持。”(以上是引述周谈话大意)周的这一番话,使我明确了政治方向,增加了前进力量。经过这次会晤以后,我同党的关系,也就由一般联系开始进入了实际配合的阶段。

1942 年 6 月,中共中央派王少春到雅安和我联系,并设有一个秘密电台与延安直接通报。王每天把党中央的方针、政策和解放区的胜利消息向我传达,同时把川康方面的军政动态向党中央汇报。毛主席的一些重要著作和党中央的重要政策文件,我都通过电台先一步读到了。因此,我在政治上不断受到教育,从而在实际活动中也就减少了一些盲目性。这个电台的设置,也是经过一番周折的。我事前就料到蒋介石的特务要来进行破坏,故把它安在苍坪山下的一个旅司令部内,前面驻有一连卫兵。王少春和我直接联系,如我离开雅安则指定我的两个参谋长张伯言和杨家桢同他联系;除此以外,王不同其他任何人打交道,以保持秘密。当电台工作了一段时间以后,蒋介石的特务即有所觉察。他们暗中由成都运来一部电台,设在雅安城内,正要进行侦察和干扰,我得报后,立即派兵搜出予以没收,并警告蒋介石派在二十四军军部搞特务活动的政训处主任丁国保说:“现有奸人在雅安密设电台,图谋不轨,我已没收。如果以后再有此种不法行为,定要严办。”他们由于没有抓到把柄,又加上我这一警告,以后也就再没有在这上面捣乱了。所以这个电台一直工作到雅安解放,经历了将近八年而没有被破坏。解放后,王少春到重庆高兴地向我说:“你的任务完成了,我的任务也完成了。”

1943 年 11 月和 1944 年六七月间,我曾派代表杨家桢到重庆和王若飞先后有过两次会晤。在那些年月里,正是蒋介石反动集团向我节节进逼的时候,不是以对藏用兵为名要把我的部队消灭于康藏高原,就是要派伪中央军进驻西康来控制我的行动,我一年到头都在紧张中过日子。王若飞通过我的代表每次都给我分析情况,出主意。他告诉我,蒋介石反动集团的本性是外强中干,我如果以眼还眼、以牙还牙,蒋就会知难而退。他一再给我打气,叫我不要松劲。我听了朋友的话,坚持反蒋斗争,终于把一个个的难关被克服下去。后来我意识到,这就是党在政治上思想上对我的有力支持。

1945 年 2 月间,张友渔到成都,党派他帮助我进行政治理论学习。他每天清早就到我方正街住所,给我系统地分析世界和中国的革命形势,讲解革命理论和党的方针政策,连续达一个多月之久,我等于进了一次政治学校。

1946 年二三月间,正值旧政协会议闭会后不久,周恩来将要离开重庆去南京的时候,他嘱民盟的朋友转达我:“政协决议能否实现,联合政府能否组成,要看蒋介石下一步如何走,现在还不能定。但是无论怎样演变,斗争总是不可免的,对蒋介石一刻也不能放松警惕。”他还叫民盟这位朋友特别提醒我，说今后的政权问题完全取决于人民的意志，如果人民不要他，谁也站不住。他鼓励我把西康的工作做得好一点，以取得人民的支持。我体会到：周的这一番话，不仅是向我说明了当时国内的政治形势，同时也给我个人指明了政治前途。

在这些年月里，我在政治生活中经历着两种截然不同的处境：一方面是，如上所述，共产党主动向我伸出友谊之手，诚恳地关怀我，热情地支持我；而另一方面，蒋介石反动集团则视我若眼中钉，不断地在政治上排斥我，在军事上压迫我，必欲去之而后甘心。这种切身经历驱使我同共产党的关系日益亲近，而同国民党反动派的关系则越来越乖离了。

三、控制与反控制的斗争

我走上亲共的道路以后，在政治上已经没有孤立的感觉了，因而反对蒋介石反动集团的勇气也就更增加了。1938 年夏季，我的代表曾庶凡从汉口回成都告诉我：“武汉守不住，蒋介石决定迁都重庆。”我认为，蒋的大队人马一西上，首先就要控制川康地盘，而他要实现这一目的，又必然要消灭地方力量。我们则与蒋的利害恰相反，必须保持自己力量，继续控制川康地盘。因为只有这样，我们才能在政治舞台上立足，也才有条件拥护共产党抗日，所以非拼命不可。这就使得我们同蒋介石反动集团之间有一场不可避免的控制与反控制的斗争。

面对这场斗争，应该怎么办？这是我朝夕困心衡虑的问题。我知道蒋介石消灭地方力量的办法，向来是各个击破，我们要对付他，就必须团结西南地区同蒋对立的实力派，共同行动，互相支援，才有办法。同时中共的领导人也一再告诉我，团结就是力量。因此，团结西南地方实力派就成为我们反蒋斗争的关键。当时贵州省的地方势力已被蒋整垮，该省几乎为蒋系势力所控制，工作无从下手；西康省的军政大权则掌握在自己手中，当然没有问题，只是如何巩固内部而已。因此，团结工作的重点在于川、滇两省，其中四川尤为重点中的重点。因为四川是西南政治、经济的中心和西康的门户，同时又是我出生和发迹的地方，在政治上、社会上有较深厚的基础，所以我人在西康，而心实未尝一日忘情于此。现在，四川已成为蒋介石的国民政府的所在地，彼此都是势所必争。而当时川省内部情况又非常复杂，事情很不好办。根据我当时的分析，四川军政界的人物，大体上可以分为四个类型：一是属于顽固派，他们坚决反共、反人民，死心塌地为蒋王朝效忠；二是属于中和派，他们既想做蒋介石的官而又怕蒋把他们的力量吃掉，既反共而又不为已甚，在政治上总是踟蹰瞻顾，依违于拥蒋和反蒋之间；三是属于元老派，他们多年在野，大多习于明哲保身，意志消沉，与现实政治生活几乎脱节，但在地方上还有一些偶像作用；四是属于高干派，他们是四川军政界的高级干部，在地方上的发言权虽不大，但是对一些地方首脑人物却有较大的影响，而且其中有些在政治上有进步倾向，能起积极的作用。我认为，头一派是斗争的对象，后三派是联合的对象。根据这个分析和长期的体察，我觉得四川地方实力派中的邓锡侯、潘文华是应当合作，也是可能合作的。尽管我和他们之间在政治上的看法各有不同，对四川地方的权力之争也互有矛盾，但是大家都想保持四川地盘和自己实力，不愿意被蒋吃掉，在这一点上是一致的。正因为有这个共同的基础，所以我们三人在反蒋斗争上是长期合作的。当然，由于个人利害上的冲突，我们在合作过程中，有时也是同床异梦，互相倾轧，但是涉及共同的利害问题，又站到一条战线上来了。从 1938 年拒绝张群做四川省主席的事件起到解放前彭县起义止，中间经历了一系列的反蒋斗争，我始终是联合他们一起来进行的。

在团结西南实力派的活动中，我所注意的另一个重点是云南。因为云南在地理上与川康接壤，而龙云在政治上的处境又和我大体相似，所以我特别重视同龙的合作。本来，我同龙过去的关系是不够好的，如 1929 年我支持胡若愚打回昆明，就是去拆龙云的台的。为此，多年来彼此都耿耿在心。但是蒋介石的压迫却让我们勾销了宿怨，成为反蒋斗争的同路人。1938 年六七月间，龙云到汉口去晤蒋介石，来去都在成都路过，我和邓锡侯、潘文华等趁机同龙商讨了川滇康三省联合反蒋问题，大家意见一致，还签订了一个协定，内容大要如下：(一)一致拥护抗战国策；(二)如有违反抗战国策者，即为川滇康三省之公敌，共同反对之；(三)为确保抗战国策之实现，三省在军事、政治、经济各方面须实行合作，关于合作具体办法另行派员商定。龙、邓、潘和我都在协定上签了字。在签订这个协定的过程中，因王缵绪一度参与商议，不久他就向蒋介石告密。蒋曾电龙警告，不要他干预川康事。但是龙还是坚守约言，未为所动。为了保持机密，以后即同我单独联系。龙曾派他的总参议李雁宾到雅安同我商讨具体合作办法。当时我们订立了一个君子协定，因我先同共产党有联系，政治上由我负责，军事上则因龙拥有较大的优势，由他负责。同时还由龙和我投资筹设正成商行，想通过这个企业来实现经济上的合作（后因恶性通货膨胀和人事安排不善未搞成功）。共产党对我和龙云的合作很关怀，华岗曾由昆明到雅安住了一个时期，同我几度长谈，主要就是为了增进我和龙的关系。事实上，在整个抗日战争时期，我同龙一直是紧密合作的。记得 1944 年冬季，日本侵略军一度打到贵州独山，整个西南为之震动。龙曾来电征询我的意见，我即约集"唯民社"（我和一些进步人士在抗日战争时组织的秘密政治团体，详第四节）的一些朋友研究了一番，答复龙：如果敌人继续西侵滇康，我们要动员地方力量抗战到底，万一抵不住，上山打游击，决不能有任何动摇。龙云复电表示同意，并各自在滇康两省做了一些动员抗战的准备工作。到 1945 年 10 月，龙云在蒋介石的武力压迫下离开云南，被软禁起来，我们的合作关系才被迫中止了。蒋介石在解决龙云的前一天，悄悄地来到了西昌，接着就给我打来了一个电报，说什么"西昌风景优美，我兄政通人和，不胜欣羡"等等一派鬼话。这样突如其来，我以为他要在西康搞什么名堂。到 10 月 3 日深夜，王少春跑来告诉我，说刚从电台收到消息，蒋介石已命杜聿明在昆明出动武力解决了龙云。这时我才知道蒋来此的企图：一来是便于就近指挥昆明军事解决龙云；二来是给我颜色看，怕我对昆明事变表示声援。他向我发出这样一个电报，则等于警告我："这回我不整你，以后你得当心。"这确是一个很好的反面教材，此后我对蒋的警惕就更加提高了。

西南实力派的团结，为反蒋斗争准备了有利的条件。因此，我们同蒋介石反动集团之间的控制与反控制的斗争也随之长期化和尖锐化。从抗日战争时期到解放战争时期,往往是一波未平一波又起,一年到头几无宁日。现在,仅就抗日战争时期我们同蒋介石反动集团斗争的重要事实略举如下。

对张群的拒绝和利用 1938年春刘湘病故,蒋介石认为是拿下四川的大好机会,便马上向我们打出了两张牌:一是撤销川康绥靖公署;二是派张群继任四川省主席。这是抗日战争发生后蒋阴谋控制川康的首次尝试。消息传来,引起了川康军政界的强烈反应。刘湘高级幕僚张斯可立即找我驻蓉代表段升阶,要我快从雅安到成都来筹商对策。时邓锡侯尚在前线抗战,我同潘文华和刘湘部下的其他几个将领会商,都认为这么一来,军权政权都给抓走了,四川就成了姓蒋的,没有我们的话说了,绝不能答应。同时还估计到,正在全民抗战期间,蒋无力也不敢对四川用兵,只要我们一致反对,他就没有办法。于是决定向蒋提出反对意见:主张保留川康绥靖公署,拒绝张群来主川政。在我们的坚决反对下,蒋被迫改变了主意,却仍向我们讨价还价:一面答应保留绥署,以邓锡侯任绥靖主任;一面又要求在不更动省府委员和各厅处长人员的条件下,派张群独自一人来接省主席。我们认为这是诱鱼上钩,只要张一插足进来,四川局面迟早要为蒋所控制,所以还是不让步。蒋见计不得售,便自我转圜,改派张群为重庆行营主任,由四川将领自推一人暂代省主席,才了此一桩公案。1939年,蒋又旧事重提,要张群继王缵绪为四川省主席,我们再给顶回去,蒋无可如何,只好亲自来兼领,而由贺国光以省府秘书长身份代行其职权。这样又闹了一年多,中间经过许多周折，到1940年冬张群才坐上四川省主席这把交椅。张群本来是蒋介石的亲信，一切听命于蒋，始终为蒋效忠。但因鉴于川康地方力量不好对付，如果操之过急即可发生事变，于蒋于他本人均属不利。同时他和CC[①]、复兴为了争权夺利，一向积不相能，又要倚川康地方力量以自重，所以他对我们不能不敷衍几分。我们就抓住他的这种矛盾，来为自己的政治利益服务。因此，我们对张群的态度前后有所不同，即在他未来之前是坚决拒绝，既来之后则是互相利用。在互相利用之中，彼此间的斗争也是极其尖锐和复杂的。张群一贯施展其纵横捭阖的伎俩，在川康实力派中进行离间分化，无孔不入，能整则整，企图尽量削弱地方力量，来为蒋控制川康的局面。我们对付张群的办法是：一面防止他的阴谋，在无关大体的事情上可以适当让步，如果涉及川康地方全局和自身政治得失的问题即坚决拒绝，绝不上他的当；一面利用他的关系，在我们和蒋的对立状态中起一些缓冲乃至掩护的作用，来维持我们在川康的军事和政治上的权力。张群之为人，是诡计多端很够对付的，他同我们进行斗争时，其态度往往是随着国内政治气候的变化而变化。当形势于蒋有利的时候，他的态度就显得强硬，各种名堂都来了；反之，蒋若处于逆境，他又以温和的姿态出现，向我们表示妥协。我们同他打交道时也是经常掌握政治寒暑表，根据不同的气候做不同的反应，有刚有柔，有攻有守。彼此之间长期围绕对川康的控制与反控制

---

① 一般指国民党内陈果夫、陈立夫为首的党派势力，因成立时在上海的"中央俱乐部"(Central Club)的缩写而得名。

这个中心问题做文章。这种又反对、又利用的关系，前后维持了将近十年之久。

赶王缵绪下台 1938年我们头一次反对张群任四川省主席时，继任人选原来推的是潘文华。当时潘因体弱多病，不胜繁巨，力辞不就。同时鉴于王缵绪平日之为人，利欲熏心，反复无常，怕他出卖地方倒向蒋那一边去，乃将省主席职位给他，使之安心跟着我们走。谁知此人本性难移，王一经与蒋挂钩即被收买，把我们的反蒋内幕通通向蒋告密。任省主席后的所行所为，又复处处与我们对立，充当蒋介石在四川的代理人，我们当然不能容忍。我乃和邓锡侯、潘文华商定，发动我们下面的七个师长彭光汉、刘树成、周成虎、谢德堪、陈兰亭、刘元瑭、杨西轩联名发出电报，列举王缵绪十大罪状，要蒋撤去其省主席职。我们犹恐仅此而不行，还调了一部分军队集结在成都城郊，剑拔弩张，准备动武。蒋看到这个势头，知众怒难犯，不得不让步，于是王缵绪就被赶走了。

以武力解决曾鲁 1939年蒋介石派他的爪牙曾鲁到西康，曾利用雅安团管区司令的职权，与雅属各县及名山地区的土匪恶霸勾结起来，委以官职，贿以金钱，大肆招兵买马，准备把一群流氓土匪收集起来成立一个志愿师，企图利用这一武力来控制西康。由于有蒋在后台给官给钱，进展非常迅速，到1941年春间，即已凑成了两个团。我看出了苗头，认为“细石头可以打烂大锅子”，便趁其尚未发给武器时，来一个“先斩后奏”，派两团兵将其包围，强迫解散。事后电蒋，告以曾鲁违反“兵役法”收编土匪，破坏地方秩序，已予紧急处置，请其“察照备案”。蒋看到“木已成舟”，只好承认既成事实，乃电复“准如所请”，并把他的爪牙曾鲁调走了。

抗拒蒋家军开进西康　1942年蒋介石借口西藏地方亲英势力拒绝修筑康藏公路，命令我二十四军出兵讨伐，另派两师中央军进康接防。实际上，是借图藏以图康，要把我的部队消灭于康藏高原，而以蒋的嫡系部队来控制西康。我识破了这个奸计，将计就计，立即慨然表示接受这个任务，并拟订了一个对藏军事计划，提出了对藏用兵的三易三难：前方作战易，后方勤务难；速战速决易，苦战求胜难；军事解决易，政治收拾难。我依据这个计划开了一个账单，向蒋要枪械，要装备，要经费，要物资，要扩大编制，要补充实力，并派当时二十四军的参谋长伍培英住在重庆坐催，以促其实现。事情变得真怪，我这么起劲，而那个主张对藏用兵的倡导者反而不来气了。原来他是“醉翁之意不在酒”，不料弄假成真，恐怕“偷鸡不成蚀把米”，所以只好搁下来。我为此和蒋纠缠了大半年，最后由何应钦出面，说“中央财政困难，负担不了这笔庞大的经费，对藏用兵暂缓进行”，此事才收场，蒋介石的借图藏以图康的阴谋也就破产了。

阻止军统武装力量进入西康　1942年蒋介石在西康设立了一个经济检查处，以军统大特务罗国熹任处长，名为经济检查，实际上是布置军统力量，要把西康置于其特务控制之下。只因西康军警力量都为我所掌握，罗未直接控制武力，不能为所欲为。故几年来，西康地方秩序尚称正常，一些进步人士在雅安自由来去，特务不敢加以迫害。蒋对此极为不满，乃于1944年二三月间派遣中央军一个旅，由罗国熹率领进入西康。我接到情报后，立即派兵两团集结于邛崃地区,阻止其进入康境。当罗的先头部队进至邛崃县以东的羊场,即给予迎头痛击。同时发动地方人士电蒋反对,并举行群众示威,闹得满城风雨。时抗日战争尚在进行,蒋不敢在后方扩大事态,被迫将其部队中途撤回。因此,西康地方秩序始终保持正常,没有变为蒋帮特务的恐怖世界。

反对蒋的整军阴谋 整军是蒋介石用以消灭杂牌军的主要手段。抗日战争胜利后,整个蒋管区普遍实行这一手段,企图在整军的幌子下将所有的地方武力一网打尽。蒋对我所率领的部队自然不会放过,1946 年 7 月,他正式向我下命令,要将二十四军改为整编师。在当时的气候下,我不好正面反对,乃给他一个"阳奉阴违"。表面上依照他的命令,把二十四军改编为整编二十四师,以副军长刘元瑄为师长,应付一下场面;实际上仍是原封不动,二十四军还是由我统率,而且对内对外连名义都没有改变,可以说是:改编由他改编,军队我自带之。蒋明知故昧,曾向刘元瑄发过多次命令,要他开赴前线参加内战。我们屡次以西康边防重要、兵力分散、不能抽调为理由予以搪塞。故整个解放战争时期,我二十四军始终没有抽调一兵一卒去参加反革命的内战。后来蒋见计不得逞,只得承认事实,仍然恢复了二十四军的番号。

击破"调虎离山"的诡计 1946 年春,即蒋介石回南京之前不久,他叫张群向我转达,要我丢掉枪杆要政治,丢开地方到中央,去当伪中央的"蒙藏委员会"委员长。我知道这是"调虎离山"之计,蒋惯于用此,过去许多地方实力派人物就是因为上了这个圈套而被整垮的。我向张坚决表示,宁愿到乡下去做老百姓,也决不愿到南京去做“一品京官”。蒋看到我的态度这样坚决,其计不能得售,以后也就没有下文了。

以上是抗日战争时期我从国民党内部进行反蒋斗争的一部分事实,另外还有一些事实,为了说明问题的方便起见,连同解放战争时期的这类事实,在后面第五节叙述。

四、投入民主运动的洪流

自从武汉沦陷以后,蒋介石反动集团便疯狂地执行消极抗日、积极反共、反人民的政策。一方面对解放区进行军事挑衅和经济封锁,同时在大后方进行残酷的法西斯统治,人民的民主、自由权利被剥夺无余。共产党和毛主席及时号召全国各阶层人民团结起来,为反对国民党政府的反动政策而斗争。于此,一个波澜壮阔的反投降、反内战、反独裁的民主运动在西南大后方兴起了。这种政治形势的出现,我认为对我们地方实力派非常有利:第一,蒋介石窃踞中枢,居高临下,我们和他做斗争总是处于被动地位,如果参加民主运动,就可由防御转为进攻,变被动为主动;第二,蒋介石的反动政权受到民主运动的冲击,整得他一天到晚不安宁,那么,他施加于我们地方实力派的压力也就可以大为减轻。因此,我就积极地投入了民主运动的洪流。

我在民主运动中的实际活动,主要有下述三个方面:

(一)参加中国民主同盟的活动　我同民盟的历史关系是比较早的。1941年,国内几个政治派别在重庆联合组成中国民主政团同盟,先后推选黄炎培、张澜为主席。在酝酿期间,张澜几度和我商量,希望川康军政界负责的朋友能与之合作。时我正联合西南实力派从事反蒋活动，政治上需要有同情的声援，同时我和这几个政治派别的首脑人物早有联系，同张澜本人更有多年交谊，故张一提，我便满口答应，表示愿意在政治上互相配合，并在经济上尽力协助。民盟成立后，我就是按照这约言履行的。但是在很长一个时期内，我同民盟并无组织关系。约莫是1944年冬，张澜向我说："现在，抗战形势更艰巨，反蒋斗争也更尖锐，你老在盟外不好，应当站进来。"我同意了他的意见，不久，便和潘文华一道，在成都慈惠堂街张澜的住所，填写了入盟申请书（张考虑到我同潘的特殊处境，接到申请书即当面焚毁），至此，我才成为民盟的正式成员。1945年至1946年，民盟内部发生了政治分化，青年党和民社党先后投入了反动阵营，民盟不断调整内部关系，巩固组织，张澜仍被推为主席，我亦被选为中委（不公开）。为了在当时的政治环境下能更好地发挥作用，我对外始终是以同情者的面貌出现，同民盟的政治关系和组织关系主要是通过同张澜的个别联系去体现。其中有足述者：关于国内各个时期的重大政治问题和川康地方的各种重要问题，我同张澜经常交换意见，采取一致的态度。后来张澜离开四川到了上海，仍然通过我的代表与之保持密切联系。民盟在川康地区的政治活动和组织活动，我尽可能地在各方面予以便利和支持。在蒋介石法西斯的恐怖统治下，民盟的一些同志经常受到迫害，我利用自己政治上和社会上的一切条件予以掩护。如1947年四川民盟组织被迫停止活动，成渝两地民盟的一些负责同志转移到雅安继续坚持斗争；1949年张澜在上海逃出特务的包围安全地进入解放区，以及西康康属、宁属等地区一些民盟同志在特务的压迫下长期坚持活动等等，我在其中都尽了一定的努力。张澜为进行政治活动所需的经费，我给予了长期的支援（据我所知，四川朋友中潘文华有一个时期对张澜的政治活动亦有所资助）。以上这些活动，一直持续到全国解放时才告停止。

（二）主持民革的川康地下组织 抗日战争期间，我同国民党民主派首脑人物李济深、冯玉祥等有过多次会晤，曾就国内政治问题与他们反复交换意见。我们都主张团结国民党内部的民主力量去反对蒋介石的独裁统治，并相约共同准备条件，待机行动。1946 年 5 月间李、冯离开重庆之前，又在重庆聚兴诚银行开了一次秘密会议，参加的人士除李、冯和我三人以外，还有张澜、龙云、陈铭枢、余心清、蒋光鼐等。时值旧政协会议闭幕之后，大家分析当前国内政治形势，估计有两个可能的前途：一是政协成功，国共合作，组织联合政府，在和平、民主、团结、统一的基础上建设国家；一是蒋介石破坏政协协议，国共决裂，进行全国性的内战。面对这种形势，我们应该怎么办？大家进一步交换了意见，多数人主张：如果出现头一种局面，我们就必须积极参加联合政府，在地方政府负责的朋友则应率先发出通电表示拥护；如果出现后一种局面，我们就联合国民党内部可以联合的力量，组织团体，展开反蒋斗争。后来国内政局的实际发展，是属于后一种局面，李济深即离开上海去香港，积极联合国民党内部的民主分子，准备成立民革，与中共配合展开全面的反蒋斗争。1946 年冬，朱蕴山受李的委托曾到成都，就筹建民革组织的问题和我进行了洽商。1948 年元旦，中国国民党革命委员会在香港正式成立，我被推为民革川康分会主任委员（在蒋管区化名杨宗文）。

民革中央的这个通知和朱蕴山的信,系派专人由香港间道送至成都,历时数月始接到。经过一番筹备工作,民革川康分会乃于1948年9月15日正式成立,接着就在四川展开活动(因西康为我所掌握无须开展组织活动)。活动的内容分为两个方面:一是发展组织,以国民党军政人员为对象;二是联系地方武力,以各县的保安团队和自卫武力为对象。因为四川各县武力甚多,我们想争取过来,以备迎接解放,而不让它落到反动派手中被用来破坏人民解放事业,故把工作重点放在联系地方武力这一方面,指定专人,分区进行:川南地区由李宗煌负责,川西地区由王蕴滋负责,川北十余县由蹇幼樵负责。至于川东地区则因有杨杰领导的民革组织进行活动,我们只是进行一般的联系。在解放战争胜利形势的鼓舞下,各县地方武力大多倾向我们,声势日大,使国民党反动派为之震动。因此,于1949年5月发生"崇宁事变",我们所联系的部分地方武力,由王蕴滋率领,与王陵基部的保安部队激战于崇宁地区,历两昼夜,卒因众寡不敌,退至雅安。王陵基曾以此为把柄,在国民党内部向我发动了疯狂的攻击。在"崇宁事变"发生后不久,李宗煌在成都为蒋帮特务所逮捕。国民党反动派的这一罪恶行动,事前是经过周密策划的。张群当天早上离成都飞重庆,特务跟着就行动。在李被捕的第二天,西南的特务头子徐远举又跑到我家里向我说,李宗煌在四川进行"危害民国"的活动,他们把李逮捕了,本人已经承认了事实,问我如何处理?我知道他们搞这一手是"杀鸡给猴子看",因为我手中握有实力,奈何不得,故从下面动手,实际上矛头是指向我的。张之走是推作不知,向我留一回旋余地,徐之来则是为了封口,使我不能出面去保。我明白他们的奸计,所以这次对徐只说了一句话:“等张先生(群)回来再谈。”后来李宗煌被押解到重庆,几经营救无效,重庆解放前夕,竟被蒋帮特务杀害于渣滓洞,成为民主运动中的烈士,解放后受到了党和国家的优恤。经过这两次事变,川康民革地下组织遭到了严重的破坏。后来我们重新加以整理,决定组织活动以大城市为主,对地方武力的联系也改为以人为中心去进行活动。这样,我们就避免了蒋介石反动集团的摧残,仍然为川康地区的解放事业起了一定的配合作用。

(三)支持知识界的进步活动 抗日战争期间,在反对蒋介石独裁统治的基础上,我同知识界的进步朋友联系日益广泛,关系亦日益密切。1941 年春,我和李相符、杨伯恺、黄宪章、马哲民等研究如何在后方民主运动中进一步发挥作用,大家都认为有成立一个秘密性政治团体的必要。经过几度商量,决定成立“唯民社”。我们在成都邵石痴(是我与进步人士联系的代表)家开成立会,通过社的宗旨为“全民团结、坚持抗日、反对独裁、实行民主”;推选社委员会,由刘文辉为社长,李相符管组织,马哲民管宣传,邵石痴管财务;社的经费由刘文辉负责筹措。参加的社员有邓初民、杨伯恺、朱蕴山、沈志远、黄宪章等三十余人。“唯民社”主要是通过文化工作去和蒋介石的独裁统治做斗争,先后办有《唯民周刊》《大学月刊》《青年园地》(半月刊)《民众时报》(日报)《华西晚报》,分别由邓初民、沈志远、马哲民、李相符、杨伯恺、黄宪章等主编,在成、渝两地出版,以揭露蒋政权的反动罪恶,推动后方民主运动,争取学术自由,团结进步青年,作为自己的中心任务。此外，“唯民社”还在重庆办了“文治出版社”、在成都开了“大学书店”，以印刷和供应进步书刊。1945年10月民主同盟临全大会以后，我们认为，“唯民社”的宗旨已经包括在民盟的政治纲领内，同时该社的主要负责人又大都参加了民盟，并且有不少人被选为民盟中委或民盟四川省委，我们这个政治团体已无独立存在的必要，乃于这年年底停止了组织活动。所办的各种刊物和事业，或因受蒋政权的迫害或因各主要负责人在抗日战争胜利后陆续离开四川，亦于1945至1946年内相继停办或易地出版了。

1946年夏季，蒋介石发动了全面的内战，我受知识界的一些进步朋友的鼓励，又在成都创办了《西方日报》，以适应国内新的政治形势。为了便于向国民党政府立案，以我二十四军副军长刘元瑄任董事长名义，编辑部门则完全委诸进步朋友，而以陈落（中共党员）主持其事。这个报纸，因为是以中间偏“左”的姿态出现，创刊以后，蒋介石反动集团不断地进行捣乱，只因有我做后台，他们还得敷衍几分，所以在吵吵嚷嚷中坚持了3年。到1949年1月淮海战役胜利后，蒋政权已到总崩溃的前夜，这个报纸也进一步以“左派”的面貌出现。于是蒋的忠实走卒王陵基发疯了，竟令成都警备司令部实行暴力镇压，报纸被迫停刊，编辑部门的进步朋友亦大多秘密转移到雅安，改办小型报纸，迎接解放。

人民革命事业在全国的胜利，标志着民主运动历史任务的完成。因此解放以后，我就结束了在民主运动阶段参加的民盟和川康地下民革的活动，而以人民民主统一战线的成员之一，在党的领导下，为新的历史任务进行新的努力。

五、政治上的一守一攻

1949 年元旦，蒋介石发表声明向共产党求和，第二天张群从南京发来一电，约我赴京一谈。我正想去看看动静，乃于 1 月 5 日率我二十四军参谋长杨家桢一道飞南京。这时国民党政府各院部正忙于南窜广州，在京的军政大员已寥寥无几，城内一片兵荒马乱的景象。我到京后即去会张群，他正准备去武汉调解蒋桂冲突，叫我先去见蒋介石，我们改日再谈。第二天我就去会了蒋，他的神情显得很沉重却又故作镇静，向我说："局势看来很严重，其实并没有什么，大家要乐观。"接着就谈到四川，说"四川是抗战胜利的发祥地，中央很重视，有了四川就有办法。如何布置？岳军会同你详谈。一切都好商量，希望四川朋友忠诚合作"云云。这意思是说："我特别关照你，你再不要和我捣乱，将来会给你甜头吃。"我心里当然明白，他是在兜售收买政策。在京期间，张群同我做了好几次长谈，他告诉我："和谈还是一个未知数，我们不能不作万一的准备。蒋先生已决定集中兵力，扼江而守。"并说各大战区人事已经做了新的部署，调朱绍良回东南，华中仍交白健生，西南则新成立军政长官公署，叫他去负责。这等于向我摊开了谜底：蒋的元旦声明是一个和平骗局，他借此以争取时间，准备继续顽抗。最末一次，张群谈的更露骨，说"西南是最后的堡垒，四川又是西南的心脏，别的地方可以丢，四川不能丢。到必要时，中央将调百万大军来保卫四川"。我正想知道这个秘密，总算不虚此一行。到京后第二天，我曾叫杨家桢去上海看张澜,问他对四川的做法有何意见?张说,时局两三个月后就有大变化,最后决战在四川,叫我快回去准备,好迎接解放。离南京前夕,白崇禧打来一个电话,说我道经武汉时,他希望同我谈谈。我料他所要谈的,不外联川、逼蒋、反共之类,不会有什么好事情,托词拒绝了。我回川后,国防部已在川中各重要地区纷纷建立后勤机构,征集给养,准备设防。这说明张群向我透露的军事阴谋,已开始变为实际行动。眼看革命与反革命最后的一次大搏斗,不久就要在这里出现。如何准备应付这场暴风雨,已经提到了我们的首要议程。我考虑到,蒋军在人民解放军面前是一个不堪一击的懦夫,但是对我们地方军来说,它还是一个彪形大汉。因此,我们在军事上不能单独同蒋较一日之短长,只能通过政治斗争,给他制造重重障碍,使之在川康的政治控制和军事准备不能顺利实现。这样,我们才站得住脚,也才能对川康的人民解放事业起一些积极作用。同时我还考虑到,川康两省的情况不同,要求和做法亦应不同。西康为我所掌握,主要的要求是加强控制,巩固内部。四川政权则是受王陵基支配,必须给以其打击、限制其行动、破坏其控制,使四川地方的力量,为我们的政治目的服务而不为敌人所利用。因此,我们的政治斗争应该是:对西康是防守;对四川是进攻。通过一守一攻的斗争,去加强自己,打击敌人。1949 年上半年,我就依据这个想法,做了下面一些事情:

第一,加强对西康省的控制。为了实现这一目的,我头一步是在西康省政府的统一领导下,实行分区管理,统一军政指挥,以适应新的形势。因为西康省区面积有 53.5 万平方公里,比五个浙江省还要大，又是高原地区，经济落后，交通尤其困难，同时少数民族甚多，情况非常复杂。而蒋介石又长期有计划地在这里扶植反动势力，制造民族矛盾，来和我捣乱，弄得事情更不好办。我从1929年任川康边防总指挥时，就开始在这里搞起，经过二十余年来的苦斗，好容易才争取到一个比较安定的局面。现在，暴风雨即将到来，绝非老一套所能应付。因此，我仍按照旧有的康、雅、宁三属把全省划分为三个管区，各区军事政治实行统一指挥，指派专人集中领导。以西康省政府代主席张为炯兼管康定区，二十四军代军长刘元瑄负责雅安区，二十四军副军长伍培英负责西昌区。我要求他们在此期间，除处理一般军政工作外，按照各区实际情况，着重在政治上办好一件事情。

康定区 是加强同藏族中上层人士的联系。藏族人民聚居于康属地区，他们占地最广（西康省共辖47县，其中康属占33县，除金沙江以西14县早为西藏地方亲英势力所实际控制外，实有19县），在地理上同西藏毗连，在政治、经济、宗教上同拉萨有密切的关系，同时在历史上同汉族的纷争又最多，这是治理西康的关键问题。正因如此，蒋介石曾经在这方面给我制造的乱子也特别多。如：1935年的诺那事变，1939年的甘孜事变等等（这种事变，情况复杂，须专文叙述），就是蒋介石反动集团利用和制造汉藏民族矛盾，来打击我、限制我、削弱我，使我无法立足，以达到其控制西康的企图。面对这种严重的局势，我乃根据历年来的经验教训，采取了相应的对策。鉴于宗教对藏族各个阶级的人具有决定性的影响，搞好了宗教关系，同时也就搞好了同藏族的政治关系。因此，我把工作重点放在这方面：曾召开僧伽大会，以团结各教派的高僧大德；成立西康佛教整理委员会，以处理各教派间、寺庙间、僧俗间的纠纷；拨款修建寺庙，广发布施；对在拉萨学佛的汉僧和来康定学佛的各族人士给以经济上的照顾。与此同时，我还通过西藏的一些高僧大德的关系，同拉萨政教中上层人物建立广泛联系，几度派人到三大寺供养，并派人到拉萨学佛，借以加强政治联系。这样，就大大地缓和了西康汉藏民族间的矛盾，改善了西康省政府同藏族土司头人间的关系，从而蒋介石在这里利用民族矛盾和我捣乱的各种阴谋也就没有得逞。但是蒋在这方面并没有死心，仍经常派遣特务在康属各地进行破坏活动，人民解放战争愈胜利，其破坏活动愈疯狂。因此，我决定把加强同藏族中上层人士的联系作为康定区压倒一切的政治任务，除了认真执行原有的各项措施外，要与各喇嘛寺经常保持接触，随时向他们说明时局真相，以消除蒋帮特务和在西藏的帝国主义分子散布的"毒素"，使之始终跟着我们走，而不为反动派所利用。

雅安区 是加强地方力量的联系。雅属地区的特点是：土豪势力大、袍哥组织强、民间武器多，一个县的大恶霸一呼而可以聚众数千人进行武装叛乱。蒋介石看中了这一点，从而加以庇护、扶植、利用，来和我捣乱。1946 年的天（全）、芦（山）、荥（经）事件，即为显著的实例。那次事件的大略是：1945 年冬，中央派覃维球率领禁烟督察团来雅安，装腔作势，好像真要厉行烟禁。当我于 1946 年春派兵实行铲烟时，蒋介石却又唆使西康籍的中央军校学生朱世正等在荥经、天全等地区进行武装反抗，以致我第一区保安司令张律宾阵亡。我为贯彻烟禁，保持地方秩序，对这种反抗坚决予以镇压。蒋介石看到他所扶植的这股恶势力遭到了失败，又派遣特务朱静泉进一步策动“倒刘运动”。他们一面发动国内各地的御用报纸对我大肆诽谤，把地方恶霸的反抗烟禁说成是“西康民变”，并在1946年趁我参加伪国大会议时，纠集一群人在南京表演了一幕请愿游行的丑剧。一面由西昌行辕从重庆秘密运来大批武器（据调查有捷克式轻机枪50挺、步枪1000支、子弹5万发）给天、芦、荥等县地方恶霸补充实力。经过半年的阴谋活动，朱世正、朱静泉等竟于1947年1月在“西康民变”的幌子下，纠集天全的李元亨、陈步胜，芦山的陈志武、宝兴的杨朝明等恶霸，率众5000余人，发动大规模的武装叛乱，一度攻陷天全、芦山两座县城，进迫雅安。这时南京的许多御用报纸，莫不为“西康民变”的胜利而喝彩。我为保持西康的正常秩序，适时组织力量进行反击。经过一个月的扫荡，叛乱即被平息，蒋介石反动派这次策动的“倒刘运动”遂以失败而告终。但是这批地方恶霸，由于当时复杂的社会关系和蒋介石反动派的庇护，仍然潜伏在地方继续为恶。如果时局一有变化，他们必然趁机蠢动，与蒋介石反动势力里应外合，实为西康省迎接解放的一大隐患。我有鉴于此，乃采取如下预防措施：(1)紧紧掌握省参议会和各县参议会，依靠其中有声望的公正人士，把地方力量控制住；(2)配置保安力量，监视这些恶霸的行动，一遇事态发生，立即予以制裁；(3)指派专人同这些恶霸分子保持接触，晓以利害，经常给他们敲警钟，使之不敢妄动。我叫雅安区的军政机关在这个阶段，用大部分精力来办这件事。后来民盟有几个同志也在这里做了一些工作，在这些恶势力中起了一些分化作用。

西昌区 是加强对西昌警备部的斗争。西昌地区旧称宁属，为彝族人民聚居之地，民族矛盾最尖锐，同时又与云南毗连，两省地方力量便于互相支援，因此，蒋介石看中了这个地区。1939年西康建省后，蒋紧接着就在这里设立了“军事委员会委员长西昌行辕”，以张笃伦为主任。抗战胜利后，张去，贺国光继其事，机构改称“西昌警备司令部”，名异而实同。蒋之设立此机构，主要为的是控制西康，监视云南，换言之，就是监视我和龙云的行动。我窥知这一阴谋，故跟着也在这里设立了一个“西康省屯垦委员会”，由我自兼委员长，以与之相对抗。从1939至1949年这10年间，这两个对立的机构，几乎无日不在紧张斗争中。蒋在西康给我制造的许多大乱子，大多是西昌行辕参与策划和支持的。而每一次事变，我都付出了许多力气才把它对付下来。我们同西昌行辕在西昌区当地的斗争尤其激烈。斗争的主要对象是争取地方力量。因为这里的彝汉首领大都拥有武力，在当时的条件下，谁掌握了这些首领，谁就能控制这里的局势，所以彼此都尽力争取。为了争取当时彝族中实力最大的西昌靖边司令邓秀廷，我曾亲自到邓家做客，“移樽就教”，把关系搞得很好。但是张笃伦并不肯放手，等邓死后，其老婆袭其位，他即于1945年同她打了儿女亲家，企图把这个力量拉过去。由于我早已将邓部掌握实权的夷务指挥孙子文、邓德亮等争取过来，以此未能得逞。后来西昌警备部又要派兵攻打邓德亮部，我即站出来说话，使之不敢下手。这样的争夺战，在西昌整个地区，经年累月，此落彼起，简直没有停止过。由于我在这里的工作早有基础，一直没有放松，所以尽管蒋介石反动派拼命同我捣乱，这里的地方力量绝大部分仍然掌握在我手中。到 1949 年 1 月,我知道蒋军将大举西窜,这里在军事上的地位更重要,乃命伍培英长期驻此,统一军政领导,紧紧掌握地方力量,同时在政治上向西昌警备部展开全面进攻,尽量给以打击,以削弱乃至取消其作用,确保我们对西昌地区的控制权。从 1949 年春季以后,我们同西昌警备部的斗争成了一个短兵相接的局面。比如:警备部在西昌城内贴出的标语是"拥护蒋委员长戡乱救国",我们贴出的标语则是"人民为第一,一切为人民",形成鲜明的对照;警备部要管制花纱布,我们就支持商人的营业自由;警备部与中央银行勾结,要将存储在西昌的银币和生银 20 万两用飞机运往重庆,我们就根据工商界的请求,组织民众武装阻挡,结果花纱布还是自由买卖,白银也没有运走,从而西昌的工商业者也更加倾向于我们;警备部为了收买人心,发起募捐救济安宁河水灾,我们就拨出一批大米去赈灾,灾民受惠更大,同时还派兵协助群众兴修城西河流水利工程和市区道路。因此,我们军队同当地人民的关系也有所改善。这种斗争,一直坚持到我军撤出西昌时为止。

第二,加紧推动四川的反蒋活动。我把西康省的工作布置好了以后,交给几个负责干部分头去执行,自己就跟着到成都联合邓锡侯、潘文华等,在四川展开活动。我们把矛头直接指向王陵基,以四川省参议会为工具,把地方当权派中可以利用的力量充分利用起来,向王陵基发动政治进攻,由反王以反蒋。其主要事实如下:

反对王陵基作四川省主席 1948 年 4 月,蒋介石派王陵基继邓锡侯为四川省政府主席。王原是刘湘部下的师长,刘湘死后投靠蒋介石,成为蒋王朝的忠实奴仆。他在政治上最顽固,性情又极乖戾,四川人多称之为“老乱”。他这次回川主持省政,气焰更高,一切唯蒋之命是听,对地方力量概不买账,接任半年,闹得天怒人怨。我和邓、潘等商量,决定策动一个“驱王运动”,把他赶下台去。我们采取的策略,是驱王拥张(群)。张和王本是一丘之貉,之所以这样做:一是制造人事纷争,使四川政局动荡不安;二是扩大张、王个人相互间固有的矛盾;三是即使王赶不走,也可以打击其拥蒋反共的气焰,这就可以削弱乃至破坏蒋对四川的政治控制,而有利于巩固自己和迎接解放。因此,我和邓、潘联合熊克武等一起,向张表示好感,拥护他重主川政,我们愿做省府委员。张因自己另有打算,表示愿向蒋进言。于是我们于 1949 年 6 月,策动省参议会,联合川、康、渝部分伪国大代表、立法、监察委员和康、渝部分参议员,组织联谊会,以熊克武任联谊会主席,公开反对王陵基,推派代表向国民政府请愿,要求撤职查办。蒋不答应,我们又策动省参议会以不通过伪中央的征实征借案相要挟。蒋着慌了,乃于 9 月初旬在重庆约我和邓锡侯、向传义(四川省参议会议长)等进行疏通,要求我们对征实征借案予以支持。我们坚持王一天不去,案就一天不能通过。蒋此时被迫承认了,后来又反悔了,因此,更加激起了地方人士的愤怒,从而川中反蒋驱王的声势也就更大了。

争夺对省参议会的控制权 国民党统治下的省、县参议会,是反动统治阶级内部的重要政争工具之一,各方面都想控制,用来为自己的政治利益服务。当 1945 年四川省参议会成立时,我即和邓锡侯、潘文华等同 CC、复兴社两个反动派系进行了一次争夺战，把同我们有关系的向传义、唐昭明选出来做正、副议长，从而省参议会在各种重大问题上都是跟着我们走。向、唐二人曾给蒋介石在四川的政治控制和经济榨取增加了不少困难，故蒋想方设法要改变这个局面。1948 年蒋用行政命令，把民社、青年两个反动党派分子派进来，在省参议会占据 28 个议席。他来这一手，一则是为了在政治上拉拢民、青两党，同时要在议席上凑成多数，以取得省参议会的控制权。为此，曾经引起大多数省参议员的强烈反对。后来蒋用四名伪立委名额作交换，虽然问题得到解决，但是他所期望的多数远未凑成，局面仍未改变。1949 年春，因唐昭明被选为立委，副议长出缺。蒋又抓住这个机会，指使四川的 CC、复兴组织联合起来，支持顽固分子陈紫舆来竞选副议长。我们当然不肯让手，即发动各方面的力量支持川北何宗杰竞选，结果陈紫舆失败了，我们所支持的何宗杰当了选，从而蒋介石反动集团第二次夺取参议会控制权的阴谋又破产了。

反对田赋征实和巴山设防 1949 年春，我们在争夺省参议会控制权成功后，接着就利用这一有利形势，在省参议会第六次会议上向王陵基发动进攻，在省府提出的施政计划中，抓住两个要害去打击他。第一是反对田赋征实：抗日战争胜利后，四川田赋定为年征黄谷 900 万市石，中央从中提取三成，为 270 万市石，此外又按征实额借 900 万市石，合计为 1170 万市石，每年由省政府提经省参议会通过后执行。这次王陵基循例提出这一案，我们组织反对，坚决不予通过。这是一箭双雕：一来可以在财政上致王于死命，因为在当时的恶性通货膨胀的情况下，省府如果不掌握实物，仅凭一堆不值钱的法币就不能维持局面。二来是抓住这个重要环节去打击蒋介石，因为中央的提成和征借都是以田赋征实为前提的，如果征实案被否决了，那么，蒋就不可能再在四川掠夺这一大笔财富。这一案，由于我们组织反对，搁置了大半年未解决。后来蒋亲自出马，经过几许周折，虽然形式上予以通过，但是为时不久人民解放军即开始向西南进军，实际上并未得到全面的执行。第二是反对在大巴山设防：王陵基这次是打着反共的旗号回到四川的，同固有的地方力量，特别是同我的关系形同水火。但因他手中实力有限，造不起大乱子，所以他终日叫嚷要扩充军队，来做看家的本钱。我们时时提防这一着，不让他实现。这次，他竟向省参议会提案，要求将中央准备偿还四川人民的借款（每年还谷200万市石，折合美金200万元）拨给他，购买武器装备和新成立20个保安团，准备在大巴山设防，以图阻止人民解放军进军四川。我们闻知其事，早就在省参议会内作了布置。当这一案交付讨论时，立即遭到激烈的反对。王还不识相，在会场上喋喋不休，参议员罗承烈等当场严词驳斥，说："蒋介石几百万军队都抵不住共产党，你搞这一点队伍有啥用？四川老百姓的钱决不得给你去打仗。"骂得王面红耳赤。在一阵反对声中，这一案遂被否决。

策动民众自卫运动 这是一个变相的保境安民运动。鉴于蒋介石正以四川为中心积极布置反共军事，准备在西南孤注一掷，而王陵基又为虎作伥，形势日紧。我乃同邓锡侯、潘文华商量，在四川搞一个民众自卫运动，来捆住王陵基的手脚，从而牵制蒋在四川的军事行动。邓、潘都不满意王陵基的刚愎自用，故表示同意。继而又征询熊克武、向传义等，他们亦不直王之为人，赞同其事。但是,这是要大张旗鼓来干的,非设法取得张群的同意不可。因此,主意打定后,我就与向传义商量由他在省参议会内先行酝酿,接着又同邓锡侯、熊克武等到重庆去找张群,以王陵基不得人心、不能应付“事变”为理由,主张把四川组训民众的工作从省府划出来,另建组织来管。张群因与王个人之间有矛盾(王陵基、杨森对张都不听命),想把地方力量掌握到自己手里,同时借以拉拢我们,竟同意了这个主张。恰值川、康、渝三地伪国大代表,立、监委员和参议员联谊会在重庆开会,为了扩大政治声势,我们就派人串通他们,将该联谊会改组为以四川省参议会为中心的川、康、渝民意机关联谊会,来开展四川的民众自卫运动。这个组织的成分本来是非常复杂的,但因国内形势急剧变化,各人在政治上都得有一个打算,所以他们也就怀着不同的动机参与了这一运动。6月底在成都开成立会,张群也以“国大”代表身份参加了。

就在这次会议上,通过了“政治自治、经济自给、武力自卫”的方案。根据这个方案,成立了川、康、渝民众自卫委员会,来执行三个省市(实际上只是四川)的组训民众任务。委员会由向传义、胡恭先、范众渠(川康渝参议会议长)、卢子鹤、夏仲实等三十余人组成。我们为了使这个组织在政治上带上超然的色彩,推熊克武为主任委员,幕后由我商同邓、潘等规划其事。为了防止王陵基的捣乱,我们便找到张群,在西南军政长官公署完成了立案和加聘手续,使组织取得了合法的地位。紧接着我们就在成都建立机构,发表宣言,展开工作。宣言上只说保卫川、康、渝的安宁秩序,在国共之间是以第三者自居。四川老百姓一听到不让蒋介石在四川打仗，皆大欢喜，街谈巷议，声势颇大。王陵基看到这一现象着慌了，乃抓住宣言做把柄，向蒋告密，说自卫委员会态度暧昧，连“剿匪”“戡乱”的字眼都没有，显然与共产党有勾结。这时张群也发觉自己上了当，不予支持。蒋就通过行政院院长阎锡山，以“于法无据”四字的罪名，严令取缔，自卫委员会才被迫停止公开活动。

我同邓、潘等搞上面这些活动，是直接反王，间接反蒋，归根结底，还在于争取地方力量。我们不仅要争取散在乡间成千成万的人、枪听我们呼唤，而且要争取地方上的实力分子跟着我们走。我们认为，只要有了这个本钱，就可以威胁蒋介石，使之不敢吃我们。我们的事情远没有做成功，但已使蒋意识到“恶龙难斗地头蛇”，唯恐地方出乱子，不好对付。所以我们长期待在王陵基暴力控制下的成都进行反蒋斗争，而蒋始终不敢向我们下毒手，我认为原因就在这里。

六、彭县起义前后

1949 年九十月间，西北的西宁、银川和南方的广州相继解放，战争重心已开始转移到西南，蒋介石亲自待在重庆指挥军事；宋希濂、罗广文、郭汝瑰等部向川东、川南集结；胡宗南部则向川北集结，企图抗拒人民解放军解放川康。正在这个时候，我接到周恩来一个电报，大意说，大军行将西指，希望我们积极准备，相机配合，不宜过早行动，招致不必要的损失等语。我体会这一指示的精神，是叫我们保存自己，迎接解放。因此，我就抓紧时间，将西康省的军事、政治重新做了部署以后，于 10 月下旬率必要的工作人员到了成都，并决定长期驻在这里，去对付这一场即将到来的暴风雨。当时有的朋友替我担心，认为置身虎穴，凶多吉少。我考虑到，待在这里，利多于害，危而实安。因为：(1)对于四川地方反蒋力量的联合，欲其在紧急关头不至因蒋的威胁利诱而动摇，有待于继续不断地巩固。(2)成都是四川的政治中心，也是进步力量与反动力量斗争的中心，我待在这里，既便于同民主力量和地方力量联系，又可以在蒋介石反动集团内部进行分化运用。(3)在军事上蒋对我处于绝对优势，我一个人在成都，蒋对我的政治态度摸不透，就不至对我用兵，而我能多拖一天，人民解放军就更接近一天，遭受敌人的军事威胁也就少一天。如果我先行露出可疑的迹象，引起敌人的警觉，胡宗南的重兵向西康一压，就吃不消。自己实力既不保，那么，迎接解放也就失所凭依，我以为周恩来上述指示的精神也正在这里。基于以上原因，我下定决心，处在敌人的暴力控制下去同敌人做斗争。

我这次到成都的活动，主要是三个方面：首先是建立组织，以我和邓锡侯、潘文华为核心，约集熊克武、邓汉祥等人参加。每天在我家里聚会，主要是交换情况，筹商应付事变的对策。为了了解蒋介石反动集团内部的动态，我们有时也找王缵绪参加。此人是惯于出卖朋友的，我们对他早有戒心，只是加以利用，并不让他知道真的一套。其次是联系民主力量和地方力量。对于前者着重在民主党派，如四川民盟和民革的某些同志，在这一时期都同我有密切联系，为以后的起义进行了政治准备。对于后者则着重在四川省参议会，抓住其中一批有力分子为纽带，与各县地方力量紧密联系起来。最后是对付国民党反动派，我们采取软硬兼施的办法。对王陵基是硬来，一点不妥协；对于来自中央的“达官贵人”，则迎来送往，把酒言欢，一如往昔，使他们觉得我仍然是同路人，肯说实话。比如我和邓锡侯、潘文华、吕汉群等去会阎锡山时，他就向我们说“你们到台湾的飞机已经准备好了”。他这一说，就给我们发出了危险的讯号——蒋介石要把我们劫持到台湾去。因此，我们在这方面早已戒备，没有上当。

这一时期我在成都，还要同蒋介石的特务做斗争。当我来成都后不久，我的玉沙街住宅的对门即出现了一连宪兵，四周布有大批的便衣特务，他们甚至把特务派进我家里做佣人。大特务徐远举经常在靠近我住宅旁边方正街的一座神秘的建筑里进出，来指挥特务活动，我每天出入都有无数双贼眼盯着。我早已料到会有这一手，故先采取了保卫措施，调了两连卫兵驻在我住宅内，在周围安排了便衣队，并暗中将附近几条街道的民众自卫队武装起来，与蒋介石的宪兵、特务相对峙，随时准备进行巷战。同时我的日常生活，一切保持常态，家里的一针一线都不搬动，没有显示出任何令人疑异的迹象。就这样，居然把这群吃人的豺狼对付过去了，在那些严重的日子里，他们始终没敢奈何我。

1949 年 11 月 30 日重庆解放，蒋介石仓皇逃到成都，我们同蒋介石反动派的最后一场激烈斗争开始了。我们早知道蒋在川东必不能守，下一步就会率领其残兵败将窜川西。事到临头，应当如何对付？我们事前就做了一番研究，认为：同恶魔斗法，必须把国民党固有的那一套钩心斗角的技巧高度地发挥起来，一点也老实不得。我们坚定不移的原则是：投向人民，迎接解放。

但是对此时此地的敌人,在方法上又需得虚与委蛇,相机运用。所以我们商定对蒋的策略,是抽象的敷衍,具体的抵制。在敷衍时,装蒜要装得像,谎话要说得够。当蒋向我们提出具体要求时,能推则推,不能推就拖。看形势,撑得住就撑,撑不住就走。现在,预料的这一天已经到来了,我们就开始运用上面这套策略与蒋介石反动派相周旋。

蒋介石到成都的当天下午3时,就在北较场军校召集张群、邓锡侯、熊克武、向传义、王陵基、王缵绪和我等谈话。蒋首先谈了川东作战经过和这次撤退的部署。在他的故意渲染之下,听来好像他是做有计划的战略转移。蒋接着又吹嘘川西大会战的形势和条件如何好,并把希望寄托于胡宗南部,说这几个兵团还是完整的,尚可一战,希望川康方面的朋友与之合作,意在骗取人们的信心,其实明眼人一见就知其为自欺欺人。最后他向我们征询意见,看这一仗如何打好。连续有好几个人表示了意见,有的主张不战而退(守)康滇边境,有的主张在川康边境山地作战,王陵基则主张在川西平原决战。在这种场合,我不能不来一个"抽象的敷衍"。我说:"委员长总揽全局,我们都是一偏之见,你看怎么好就怎么办。"蒋听了接连点头称好,并即嘱咐张群,要他同我们再从长计议。12月2日午后张群就到我玉沙街住所来会我,我跟着打电话把邓汉祥约来,三人一起谈。张首先提出四个问题来征询我和邓的意见:(1)蒋介石应否复总统职?(2)王陵基撤换后由谁继任?(3)川西大会战应如何部署?(4)我和邓锡侯两部在大会战中如何和胡宗南部配合?张一谈我即知其用心,主要的是叫我亮底,上面的四点只是陪衬而已。我推邓汉祥先谈，自己趁时思考了一番，觉得需要若即若离，让他摸不透。邓话毕，我即接着说："蒋先生复职和王陵基去留的问题，刚才鸣喈（邓汉祥号）谈得对，我都同意。我认为，当前要紧的是军事，仗打不赢，一切皆空。今天全靠胡宗南这张'王牌'，别的都抵不了事。"我借此机会发了几句牢骚："蒋先生过去对待杂牌军的办法是，打死敌军除外患，打死我军除内乱。事到如今，我们实在感到'巧妇难为无米之炊'。"说至此，我又把话转过来："今天到了这个光景，但有一兵一卒，也得同共产党拼。"紧接着又拖了一个尾巴："你知道，二十四军散处在康、宁、雅三属，纵横数千里，翻山越岭，徒步行军，非有一两个月集中不起来，我怕的是'远水难救近火'。"故意显示出我的"心余力绌"的矛盾心情。最终我们扯了大半天，无结果而散。

张群的第一次试探，没有得到要领，第二天他又通过邓汉祥向我们提出了两条：一是要我同邓锡侯和胡宗南合署办公，一起指挥作战；二是要我和邓锡侯的家眷同熊克武、向传义、邓汉祥等先去台湾。这个阴谋，一望而知，是要限制我们的行动自由，并且提供人质，来胁迫我们一同去反共反人民。我当夜就约集邓锡侯、熊克武、邓汉祥等商量，决定用一推二拖的办法去抵制：关于家眷问题，用各种托词推却，坚决不去台湾；关于同胡合署办公问题，则口头上答应，实际上不履行，拖下去再说。商量好了，4日上午仍由邓汉祥去转告张群。张听了很不高兴，并且特别"照看"我，向邓说："刘自乾太太不能去，那就叫他儿子去。"到了晚间，财政部部长关吉玉又到我家向我说："据说你要送家眷到台湾去，恐怕没有外汇，我给你准备好了，随时可以取用。"我此时向关敷衍了一番："感谢你的好意，让我考虑一下再商量。"这时我已意识到，蒋对我的压迫正一步紧似一步，可能明天还会有更严重的场面出现。不过早就料到有这一天，我打定了主意，"任他风浪起，稳坐钓鱼船"。

果然不出所料，蒋介石因三天来经过张群向我们出的难题都给搪塞过去了，觉得软的不成，于是就来硬的一套。5日午后3时张群来电话，说有要事相商，约我到励志社去。我预感到有闹僵的可能，乃邀邓汉祥一道，以便有回旋余地。当我一进张的办公室，立刻觉察出他面有怒容，一改平日神情。刚坐下，他劈头一句就问："刘自乾，你究竟打的什么主意？"我感到情况严重，必须认真对付才行，马上就把早就编好了的那一套拿出来："我的主意本来早就打定了，要同共产党拼，万一拼不过，就在西康当喇嘛。近日听说共产党军队已从玉树西进，看来这条路也走不通了，现在只有同共产党拼到底。"我说至此，办公桌上电话机的铃声响了。张忙着去接，对方说话的声音很细，只见张连声答应，"来了，来了"，跟着就把电话机搁下了。我判断这是蒋从北较场打来问我行踪的，这时我的情绪有些紧张了，但又不能不故作镇静。接着我反问张："这几天东路的情况怎样？"张更凶了，厉声说："你不要问东路西路的，问你自己怎么样？"两个人抵起牛来了。于此，邓汉祥出来打圆场，他向张说："事情很简单，蒋先生要刘、邓两部如何作战，下命令就是了。如果周到一点，先请你约胡宗南、顾墨三和刘、邓商定作战计划，然后再请蒋先生下命令，那就更好。"张没有置答，就拿起电话机找胡宗南说话。看他的神气，很可能马上就要把我交给胡，以合署办公为名扣留起来。我以为这一下逃不脱了。幸而机会凑巧,这时胡恰去绵阳未归,张群一时找不出适当的借口去掩饰众人耳目。可能据他看来,我已处在宪兵特务的包围中,反正跑不脱,乃临时改变主意,向我说:“等我和胡宗南约好时间再通知你们开会。”我听了如释重负,便和邓匆匆走出。坐在车上,刚才这个惊险的镜头犹历历在目,我不禁捏一把汗,心里想,今天要不是运气好,简直找不到路。

我从励志社出来,就直接到邓锡侯家,研究第二个回合该如何打。我们当即商定了两点:一是开会地点必须在我玉沙街住宅,因为这里我有保卫措施,安全有保障。如果在别处,他们一开玩笑就只有束手待缚。二是态度必须尽量灵活,违心之言不妨多说,只要打发这群瘟神出了门,反正还得另打主意。跟着我们就托邓汉祥去请示张群,看开会地点可否定在我家里,张表示同意,并同胡宗南约好了,就在当晚7点,我还大办筵席来招待这一批不值得欢迎的客人。这晚到会的人有张群、顾祝同、胡宗南、萧毅肃、王陵基、王缵绪、邓锡侯和我(潘文华去灌县养病)。会场气氛十分紧张,舌剑唇枪,此来彼往,互不相让。萧毅肃首先向我们开炮:“据报邓晋公命所部集结广汉、新都一带,阻击胡宗南部西进;刘自公的部队已经破坏了邛崃大桥,不许胡宗南部通过。究竟是怎么一回事?”我们的确在成雅道上作了军事部署(详第七节“西康的阻击战”),并且决定炸毁邛崃大桥,使胡宗南匪部的重武器不能通过。但是此计划还在准备阶段,尚未执行。因此,我们坚决否认,叫他们实地调查,我们愿具甘结。他们看到话说得这样硬,在这一点上也就再没有人开腔了。继而萧又拿出一张敌我作战态势图，指指点点，对其攻守策略大事吹嘘，好像死马还可医活似的。这时顾祝同来征询我的意见："自乾，你看这样行不行？"我故意向他们发了一顿牢骚："行是行，可惜我同邓晋康的部队在过去大部分被整掉了，假使今天还像当年一样，这个重担子我们两个人都担得起。"胡宗南马上插嘴："刘先生，你不要灰心，我的40万军队交给你去指挥。"我接着就把胡的话打了回去："我们都是行家，你的部队我哪里指挥得动？我的部队你也不能指挥。"大家胡扯了一阵，后来他们又把矛头指向着我："谈了这么久还没有得出结论，刘自公你究竟打算怎么办？"我早就准备了他们会将这一军，答复得很干脆："这还用得着我说吗？事实摆得最明白，你们自己按也按得到，我又是大军阀，又是大官僚，又是大地主，又是大资本家，样样占齐了，共产党搞的是无产阶级革命，哪里还会要我？"张群听了十分高兴，把我的肩一拍，说："自乾今晚说的是真心话。"他还带着满脸笑容向胡宗南道："这回你该放心了吧。"就这样，结束了这场激烈的"战斗"。

6日这一天，算是狂风暴雨当中的间歇。白天无事，晚上张群到我家里来辞行。他平日来总得先打个电话，这次是突如其来，一直升堂入室，意在刺探动静。此人真是名堂多，他尽管叫胡宗南放心，实际上他自己对我却是顶不放心的。这时我正在和钟体乾谈话，座上无别人，他见一切都无异状，也就心平气和地告诉我，明早飞昆明，一二天内就转来。接着又以低沉的语调向我说："形势是严重的，我们多年共事，希望你和晋康贯彻始终，共支危局。国家有办法，个人亦有办法。万一不成，要走将来我们一起走。”这显然是给我一副镇静剂。我想趁机从他身上测量一下蒋的气候：“胡（宗南）王（陵基）两位朋友，对我和晋康误解很深，你是我们的‘护身符’，有你在当然无问题，你走了，看他们是否可能开玩笑？”我向他这样说。张群硬打包票：“哪里有这种事，绝不会，用不着怀疑。”临别时我还故意再三叮咛他早日转来，使之不疑有他。张走后，我意识到，这是一个不祥之兆。因为蒋对待他的政敌，一向是用两套戏法，用一种人来笼络，一种人来攻击。现在，这以柔术取人的张群走了，可能下一场就要叫他那凶神恶煞的胡、王二将出台来演“黑旋风”了。我感到这个虎穴再不可以久留，好在我人民解放军已向川西平原进军了。

12 月 7 日我们从成都出走了。本来打算尽可能在这里同蒋介石反动集团周旋下去，以争取时间，等我人民解放军接近成都时再行动。但是事情已经逼到了尽头，不容许我们再耽搁下去了。这几天来的成都，好像辛亥革命前夕保路同志会进城时的情景，满街都是人，纷纷扰扰，昼夜不宁。加之匪特到处逞凶，迫害革命人士，劫掠居民财物，这里简直成了一个恐怖世界。关心我们的朋友都催着我们赶快走，郭勋祺在 6 日一连给了我三次紧急警报，说得自可靠方面消息，敌人已经做好布置，马上就要开始行动。特别是胡宗南部盛文已被任命为成都卫戍总司令，据王陵基部担任北门城防的一个连长（原为二十四军军士，早有联系）6 日深夜匆忙赶来报告我，说盛文部队定 7 日晚上 6 时来接替城防，届时他们就要移交。这就是意味着过此以后，我们就出不了城了。警报一个接着一个传来，邓锡侯这天一大早就到了我家里来商讨应付办法，不久王缵绪、邓汉祥也来了。约莫是上午9时左右，蒋介石的侍从室打电话来，说蒋午后4时约我到北较场去谈话。邓锡侯立即打电话回家去问，结果也接到了同样的通知。我再叫王缵绪打电话去问他家里，他却没有接到。我结合几天来一系列的情况判断，肯定蒋介石要来最后一手，我们一去北较场，就“请君入瓮”，要么就屈服于其淫威之下，下令所部参加反共战争，永远做人民的罪人，要么就做阶下囚，长期丧失自由，二者必居其一。我们既然决定走人民的道路，断不能自投罗网。于是我和邓锡侯共同决定“三十六计，走为上计”，并商定：下午1时各人在家里动身，从北门出城，在城隍庙会齐，再到梁家巷乘车去崇义桥，然后继续向彭县前进。其所以要朝这条路线走，是由于东面和北面都有胡宗南大军把守，要西走雅安，王陵基部队又早已在邛崃、大邑一带布防，正和我二十四军对峙，剑拔弩张，一触即发，要想安全地越过敌人警戒线是很困难的。只有西北角敌人尚无战备，出城不远即为邓锡侯所属黄隐部所控制，可以自由进出。同时这里离成都不远，既便于掌握已经联系好了的川西地方武力，又便于向蒋军进行策反工作。因此，我们就选定彭县作为起义的地点。

主意定了，我们便分头行动。我考虑到，要过两关：一要避开住宅周围宪特的监视，二要瞒过敌人守城部队的盘查，才跑得脱。因此，决定让工作人员个别携着电台和重要文卷先行（秘密文卷焚毁），到城外指定地点集中，我自己不带任何行李，只有二人随从，乘汽车从大门泰然而去，举止一如平日。这样，第一关就安全渡过了。我犹恐出门之后，特务马上发觉再出乱子，还在我所经过的路线和会齐的地方布置了便衣警卫，以防万一。这时来到了北门城门洞附近，将要过第二关了。本来我同王陵基派在这里的守城部队早已联系好了，他们是不会为难的。但是检查站有蒋的宪兵、特务在，还有可能出岔子。所以到了隔城门洞尚有相当距离的转角处即下车，让空车由城门洞开出去，到城外梁家巷附近一个树荫隐蔽的公路旁等候。如果哨兵盘问，就说是我派到凤凰山飞机场去接客的。我自己则从左侧城墙的一个缺口翻过去。时我正在病中，气喘如牛，汗流浃背，由两个随从扶掖而行，五步一停，十步一歇，终于渡过了第二关。到了城隍庙，邓锡侯已先我而至，危难中逢老友，感到分外亲切。二人徒步而行，从田野小径直插停车处，跟即登车向崇义桥疾驶。这时我感到自己好像是脱笼之鸟，在天空中自由飞翔，真有说不出的轻松愉快。

当日午后4时到了崇义桥，邓锡侯部有步兵一营驻此。我因连日劳病交加，身体感到极度疲乏，在这里住了一晚。卸下行装，即急电我西康省军政负责干部告知我的行动，叫他们按照既定计划准备行动，同时指示我驻在成都武侯祠和成雅道上的部队严加戒备，准备战斗。时民盟和民革的一些同志亦因成都风声很紧来到这里，我曾和他们进行了联系。夜间邓部将领黄隐、谢无圻也赶来了，会商了初步的军事部署，准备应付可能发生的突然事变。次日清晨移驻龙桥，分别通知我在川西各县所掌握的地方武力立即动员起来，相机配合我军的行动。午后1时许，王缵绪从成都来了。我知道夜猫子进宅是绝不会有好事的，早就有了戒心。果然，王一进门就说："我是奉老头子（蒋介石）之命而来的。他告诉我，他同你们过去的一切都是出于误会，无论如何要请你和晋康回成都去，一切都好商量，如不见信，他可以叫蒋经国来做质。”王谈到这里，从身上掏出了顾祝同寄给我和邓锡侯的一封信，信中大意说，蒋已决定撤王陵基的职，派我和邓主持川省军政大计，谈了许多好听的话，结论同王所说的一样，叫我们回成都去。我觉得他们玩这一套简直是儿戏，当然不值一顾，但亦不妨就中给他们一点颜色看，同时对王缵绪这个不成器的货色也需得摆布一番。于是我佯对王说：“我们所以要离开成都，为的是反对蒋在成都平原作战，以免地方糜烂，只要蒋答应这一点，旁的一切都好说。但是不能说空话，要过硬，办法是立即免盛文的职，我和晋康保举你继任成都卫戍总司令来负责维持地方治安。”王乍听此说，觉得有点局促，沉吟了一下答复：“这么重的担子，我咋个挑得起，但是桑梓关系，又有你们撑腰，只好勉为其难。”我就同邓锡侯联名给顾祝同写了一封回信。首先提出三点：反对蒋在成都平原作战；立即免盛文成都卫戍总司令职，胡宗南部在两天内撤出城；以王缵绪继任卫总，以四川保安部队来维持地方秩序。接着就给他们以威吓：如果蒋一定要在这里孤注一掷，使地方受到糜烂，那么我们就率所部与之周旋到底。我们来这一下，本来是表示同蒋最后摊牌，可是王却视为珍宝，兴高采烈地怀着这封信回城交差去了。尽管如此，我们对王之为人实在领教够了，唯恐其此行还兼负有特务使命——侦察地形，让蒋介石空军按图索骥，来一个大轰炸，岂不糟糕，火色不能不看老一点。故王走后，我们就连夜向彭县进发。后来，王缵绪还派了一个代表，张群和胡宗南也派有人先后到彭县，向邓锡侯进行挑拨分化，劝邓单独回成都，但是邓未为所动，敌人的这一阴谋终未能得逞。

9日我和邓锡侯、潘文华联名从彭县向毛主席和朱德总司令发出起义通电,主要内容是:声讨蒋介石祸国殃民的罪行。郑重声明,我们自即日起与国民党反动派断绝关系,竭诚拥护中国共产党、中央人民政府和毛主席的领导;并令川康全体军政人员一律尽忠职守,保护社会秩序和公共财产,配合人民解放军消灭国民党反动残余。我二十四军将领刘元碹、伍培英、刘元琮同邓、潘两部将领黄隐、潘清洲等,亦于同日发出拥护起义通电。

我们起义通电的发表,事前也是经过一番周折的。到彭县后,我们立即成立了一个有中共同志和民革、民盟同志参加的政治小组,我派李铁夫、李静轩二人代表参加。小组的任务主要是商讨关于起义的问题。其中有两个问题很费了商量:(一)是发表通电时间。有的认为,人民解放军距成都尚远,敌人的军事压力很大,主张从缓。我和一些同志则认为,我们从成都出走,就是表示我们同蒋介石反动集团在政治上已经完全决裂,势不两立,敌人决不至因我们尚未发表通电这一形式而就放过。同时我内心还顾虑蒋帮接二连三地派人来挑拨分化,可能引起内部猜疑发生事变,故力主立即行动。经过反复商量,大都同意后一种主张,其中特别持重暂不愿意在电文上署名公开表示者则听之。于是第一个问题解决了。(二)是电文措辞。我恐怕临时来不及写文章,故先在成都拟好文稿带来。当提交小组讨论时,因文内称蒋为贼,有的同志就觉得"昨天还称蒋委员长,今天就叫蒋贼",在思想感情上通不过。经过一番周折,最后也还是归于一致了。这时,"万事俱备,只欠东风"。我们在彭县拥有的电台，因为不明中央呼号，不能直发北京，乃电雅安电台转发。党于八年前在那里设置的秘密电台，在人民革命事业将要在全国胜利的时刻，利用它来把我们起义的信息公开传送给伟大的人民领袖，这使我感到万分的兴奋。

我们的起义通电发表后不久，就接到了朱德总司令的复电。他对我们慰勉有加，并恳切指示，叫我们通令所属遵守中国人民解放军总部的八项约法和中国人民解放军第二野战军的四项号召，改善军民关系和官兵关系，为协助人民解放军与人民政府肃清反动残余、建立革命秩序而奋斗。喜讯传来，我三部官兵莫不欢欣鼓舞。时我二十四军官兵正在前线与王陵基和胡宗南部对峙，准备战斗，听到这个消息特别感奋，都怀着最大的光荣感来接受党所交给的任务，坚决表示要积极贯彻朱总司令的指示，在改善军民关系和官兵关系的基础上，努力配合人民解放军消灭蒋军残余，首先要打好西康的阻击战。我西康省的行政领导干部也及时把党的有关方针政策、人民解放军的有关指示和我的起义电文，分别在康、雅、宁三属向各族首领进行了传达；全省人民莫不热烈拥护，从而西康省就光荣地获得了和平解放。

我在彭县起义前后，还向部分蒋军进行了一些“策反”工作。其中联系时间较久并起了一点作用的有两部分：一是川鄂绥署副主任董宋珩部，这个部队原为孙震所率领。1949 年四五月间，我在重庆曾向孙本人做了一次试探。我向他说：“蒋的败局已定，我们今后向何处去，须早做打算。”孙只答复了一句话：“共产党还惹得吗？”我认为此人陷溺已深，不可救药，乃转而向其副手董宋珩进行工作。董和我是保定同学，平日关系较好，经过几度商谈,他表示愿意和我一道走人民的道路,因而我对其所属将领也加强了联系,还对其亲信将领做了思想准备工作;我与之常取联系,并在经济上给以支持,故工作做得比较切实。原来约定在人民解放军进军川东时就行动,后因孙元良到了这个部队,不免受到一些牵制,加之解放战争进展神速,准备不及,故未能实现,同其他蒋军一起败退川西。这时董亲自下去掌握了部队,我们到彭县后,董即赶来和我们面商,我促其立即行动。他回去后,发动所属将领逼走了孙元良(时孙震已飞台湾),于 12 月 21 日率所部 3 万余人在金堂、广汉地区宣布起义。另一部分是第十五兵团司令罗广文部。1949 年春间,该部移驻重庆,我即派西康省政府前秘书长杨某利用亲戚关系与罗进行联系,策动其弃暗投明。罗本为蒋的嫡系,但见大势已去,不愿为蒋殉葬,故亦表示愿意和我们一致行动。7 月间,我曾派杨某策动他以货币贬值、物价飞涨、官兵生活不能维持为理由,发表文电,对西南军政长官公署进行了一次公开谴责,并准备发动所属士兵向重庆进行武装访问,当时全市为之震动。但是他同蒋介石的关系终究不易割断,当蒋卷土重来,他又犹疑起来了。这次罗部败退川西,我又派杨某动员罗的父亲函召罗到灌县,以骨肉之情劝其起义,罗志遂决。后来我还派人到郫县两路口和他进行了最后一次会商,他于 12 月 24 日也从彭县发出了起义通电。此外,如陈克非、喻孟群、刘兆藜等部,我和邓锡侯在彭县时亦向他们进行了一些联系和说服的工作,后来这几部分也走了起义的道路。我完全明白,以上这些部队所以起义,都是由于共产党和毛主席德威感召的结果,由于人民解放军英勇无敌形势所迫的结果。我们的

"策反"工作,充其量不过是起了一点穿针引线的作用。假使没有上述两个根本性的条件,我们终究是无能为力的。

七、西康的阻击战

西康阻击战的准备工作,我们在宣布起义前4个月就开始进行了。当1949年8月湖南和平解放时,王少春向我说:"军事形势的发展很快,估计人民解放军两三个月后即可能向西南进军,军事斗争已经提上了我们首要的议程。"我完全同意他的意见,并和他进一步做了研究,认为总的要求应当是,把我们在军事上的有限力量与人民解放军进行有效的配合,而在进行作战准备时,既要与将来战争的发展相适应,同时又要照顾到我军目前的主观条件和客观环境,决不能在青黄不接之际,先被优势的敌人吃掉。原则决定以后,我就派我二十四军参谋长杨家桢到成都,征询四川地下党的意见。当即和熊扬、张桢祥商定了如下的方案:

(一)如胡宗南部在陕西地区被我军击溃向川康方面逃窜,二十四军应截断其去路,配合我军彻底消灭之。

(二)如胡宗南部未被我军击破即向川康方面撤退,我大军在后面尾追时,二十四军应阻止其向西康方面退却,配合我军夹击消灭之。

(三)如胡宗南部未经我军压迫自动向川康方面撤退,二十四军应独立行动,以牵制扰乱的办法,阻止胡军占领和巩固西康,以待我大军的到来。

(四)二十四军在现阶段,应利用封建的外衣充实民主的内容,从物质上精神上为将来配合我军作战预先做准备。

9月间,四川地下党复派张桢祥到雅安,就上述方案的具体实施同我们做了进一步的协商。后来,川东党特委会也派刘连波到成都,同我们进行了联系。

我们在军事上的准备,就是按照同四川地下党所商定的方案的精神去进行的。头一阶段,即九十月间,我们是着重抓部队本身的思想准备和物质准备,主要的做了下面两件事:(一)在我军内部正式提出了"人民为第一、一切为人民"的口号,并有选择地向中上级军官传达了党的工商、土改和统一战线政策;(二)储备了一批粮秣和硬银。正是因为有了这点准备,所以后来宣布起义后,接着就同蒋军展开战斗,而我官兵在思想上并不感到突然,同时在后勤供应上,也大体上保证了作战的需要。

11月初,刘伯承、邓小平率领的第二野战军同贺龙、李井泉率领的华北野战军和第一野战军一部,分东北两路,浩浩荡荡向四川长驱直入,同时蒋介石自诩为最后的一张"王牌"——胡宗南部亦从陕、甘南部经川北向川西撤退。敌我动态都表明,革命与反革命在大陆上的最后一场大决战将要在川西平原展开。依据同四川地下党商定的方案,我们的任务应当是阻止蒋军窜入西康,配合人民解放军将敌人全部歼灭于川西平原。因此,我们定了如下的决心:"我军为配合人民解放军行动,迅速解放川、康,决定以主力封锁成雅公路,一部封锁乐西公路,并在成雅公路沿线配置机动部队和民众武装展开游击战,与正规战相配合,坚决阻止蒋介石军窜入西康境内,以促使其全部就歼于川西平原。"

我们军事上的准备情况，由王少春报告了中共中央，并得到了指示。他告诉我："中央重视西康目前的战略地位，希望我们打好这一场阻击战，为人民立功；如遇优势敌人压迫，情况危急时，可以向东转移。"由于得到了中共中央的指示，有人民解放军做依靠，同时在整个作战期间又通过王少春与中央军委保持了密切联系，这就使得我们明确了方向，坚定了战斗意志，在优势敌人面前敢于战斗，并坚持到胜利。

我们在彭县通电起义之后，西康阻击战的序幕随着就揭开了。战斗经过大要如下：

成都之战与西昌突围 胡宗南部于12月13日向我成都武侯祠驻军发动了进攻。我们部署西康阻击战时，原来给这个部队规定的任务是：掩护地下工作人员和与中共通讯的无线电台；保护华西坝的广播电台和四川、华西两大学；可能时，抢救被蒋帮特务拘禁的革命同志；根据情况发展配合友军作战。12月初，我人民解放军展开了川西大围歼战，蒋军盘踞下的成都变为恐怖世界。有的中共党员、民主人士和我们在城内的工作人员先后转移到武侯祠及其附近，在城外继续进行活动，这里就成为我们对敌进行军事、政治斗争的重要据点。当我们在彭县起义的第二天，蒋介石即以西南军政长官公署的命令，限这支部队在12日以前撤退到新津河西岸。我认为这是钉在敌人身上的一颗钉子，我们能多守一天，对敌人的行动就多牵制一天，而人民解放军也就多接近一天，故指示他们坚守。到第三天晚上，胡部第三军竟以数倍于我的兵力，附以大炮、坦克，向我们这支部队发动了疯狂的攻击。该部在敌人的重重包围中奋起应战，激战至翌晨8时,终以众寡悬殊,阵地为敌突破,我大部分官兵牺牲,一部分被冲散,一部分被俘虏。所幸在这里的中共同志和民主人士都已安全转移,得免于难。

胡宗南部向我成都守军攻击的前一天,已在西昌向我当地守军发动了进攻。我们原来对西昌警备部,因其孤悬彝区,兵力有限,决定先从政治上孤立它,软化它,然后策动其起义。经过一个时期的工作,看来已有这种可能。到了11月下旬,胡宗南部旅长朱光祖率领的一个加强团空运到西昌以后,西昌警备部以为有恃无恐,又改变了主意。当我们的起义通电发表后,宁属各族代表人物纷纷表示拥护,警备部则使用反革命的两手,一面对西康的和平解放表示同情,一面纠集其全部兵力对我军形成包围态势。我伍培英副军长鉴于争取敌军起义已不可能,同时敌我又优劣异势,乃决定主动撤退。伍培英先调刘文虎营在锣锅梁子掩护,自己率领主力于12日晚上,以最迅速的行动冲出敌人的包围圈。在突围中,我军曾在安宁河西岸展开激烈战斗,予敌人以重创,使之不敢追击。在这一战役中,我军死伤官兵三百余人,高级参谋薛奉元、营长刘文虎阵亡,刘石泉失踪。我们认为固守西昌的敌人已成瓮中之鳖,对西康整个战局影响不大,就依照预定计划将这部分兵力转移至富林,加强乐西公路的阻击战。其留在会理未撤出的一个营,受中共滇西游击队司令员朱光璧指挥,在康滇边区打游击战,解放后才归还建制。历来汉族军队从宁属地区败退,无一不为彝人所消灭。这次我军由于是起义,跟着共产党走人民的道路,所以得到彝族人民的同情和支持,能够例外地安全撤出。

成雅道上的阻击战 成雅公路是敌人窜入西康的主要路线，故我军主力也配置在这条线上。从成都南郊武侯祠起，一直到雅安止，沿线都有一定的部署。我们同时也考虑到，敌人窜入西康有两种可能性：一是在川西大会战前，调大兵团侵占西康，保留退路；一是在川西大会战失败之后，一群群的漏网之鱼涌入西康逃命。但是无论出现何种情况，都不是我们这一点兵力所能抵挡得了的。因此，我们采取的作战方针是：正规军与地方武力配合、运动战与游击战配合，节节破坏、段段抵抗，以此来迟滞敌人的行动，争取时间，让我人民解放军赶到聚而歼之。我们在成雅线上的阻击战就是按照这个方针来进行的。

阻击战的前奏曲：11 月下旬，胡宗南以护送该部家属为名，派遣一个独立旅沿成雅公路向西推进，企图进驻雅安，以控制整个西康局势。与此同时，驻在西康的蒋帮特务指使地方土匪陈志武等在芦山、名山一带进行骚乱，欲与胡军的行动相配合，借以牵制我军。我们对敌人的这一阴谋，立即采取了坚决的行动。当胡军到达邛崃地区时，我驻在该地区的守军即坚决予以阻止，不使其侵入康境。其在芦、名地区制造的骚乱，亦为我当地守军及时击溃，乱子没有闹起来。这就打破了敌人西窜的尝试，也为尔后我成雅道上的阻击战创造了有利条件。

学习打游击：我们本来不懂游击战，在中共同志的帮助下，这次做了一个初步的尝试。从成都南郊起经双流、新津至邛崃长达二百多里的公路线上，配置了五支大小不同的部队，化整为零，联系地方武力，向敌人展开了游击战。我原驻双流的一个团，当我们宣布起义后遭到优势敌人的围攻，立即化整为零，转移到马家寺一带，向成都至双流以东展开活动；新津河下游至双流以西我从西康保安团队中抽调了五个连，派一个区保安副司令率领，化装为当地自卫队，于12月6日起开始在这一段进行活动；新津以西，配置了一个营，附以轻炮，一部驻新津飞机场附近，一部驻宝子山，12月14日同敌人一度激战后，也随即分散转入游击战；邛崃地区是我军阻止敌人窜入西康的第一道防线，四川地下党早就在这里建立了游击根据地，由我供给枪支子弹，并派我一三六师副师长萧绍成负责军事，四川地下党派李维嘉、马识途等负责政治领导。他们除了联系邛崃、大邑、崇庆、蒲江等县地方武力外，还广泛地动员了群众，建立了人民武装，声势颇为浩大，在12月初即积极展开战斗。这些游击部队的任务是：相机破坏沿途公路、桥梁和飞机场，截击敌人辎重，袭击敌人驻地，扰乱敌人行军，以迟滞敌人的行动；当人民解放军到达时，即参加后勤支援和充当向导。后来他们都是这样执行了，曾给成雅道上运动的敌人以一定的牵制。但因我们对游击战毕竟没有经验，最根本的还是没有群众基础，所以发展极不平衡。一般说来，任务是执行了，但是本身也遭受了严重的损失，以致不能坚持下去。只有邛崃地区的游击队，由于有中共的政治领导，有较广泛的群众基础，所以表现得特别好，在胡、王部队西窜期间，不断地英勇作战，歼灭敌人，缴获敌人的枪支达二三千支，为我们成雅线上的阻击战作了有力的支援。

洪雅丹棱之战 胡宗南眼见前面人民解放军以雷霆万钧之势节节进逼，后面的退路又为我军所截断，感到非常恐慌，乃决定由王陵基做开路先锋，率领九个团，分由洪雅、丹棱、蒲江、邛崃各地进犯雅安，妄图以此来击破我军主力，打开一条逃窜之路。11月底，王陵基趁我驻洪雅部队向雅安集结的时机，即驱使其盘踞眉山、丹棱一带的部队占领洪雅县城，后续部队源源而至，准备向我雅安大举进犯。我们为了排除侧翼威胁，以便集中力量阻击从成雅公路正面西窜的大股敌军，乃决定以一三七师全部向洪雅发动攻击，首先解决这部分敌人，然后移至丹棱、蒲江，配合我正面部队作战。为了适应旧社会的特点，我还抄袭了一次蒋介石的老文章："悬赏一万元，生擒王陵基"，以灭敌人的威风。我一三七师于10日开始行动，12日即攻入洪雅县城，敌人向丹棱狼狈逃窜，并赶调两团援军，在丹棱以南的狮子坡组织防御，以阻止我军的进攻。我军规复洪雅后，依照原定计划继续向丹棱前进，于17日拂晓向敌人发动攻击。经过一昼夜的激战，击破了敌人的防御阵地，逼近丹棱县城。敌人匆忙调集援军，继续向我军反扑，敌我战斗正酣，我人民解放军三十六师已渡过岷江进抵丹棱，17日下午5时与我军会师，协同作战，敌人即纷纷向东逃窜，洪雅、丹棱之战遂告胜利结束。我一三七师随着回师雅安，迎接新的战斗。

邛崃名山之战 我人民解放军在川西平原布下的天罗地网越收越紧，蒋军被迫纷纷向川康边境逃窜，从而使我们在成雅道上的阻击战亦随之而进入紧张阶段。12月9日、10日，胡宗南部警卫师七个营和王陵基部五个团已窜至邛崃地区，同时胡部的六十五军亦由崇庆向邛崃前进。我邛崃守军以众寡悬殊，乃依照原定计划主动撤至邛崃县境的太平场、夹关一带布防。15日王陵基亲率七个团，由邛崃、蒲江出发向我雅安进犯，我军亦分两路迎击,16 日、17 日与敌人激战于太平场和名山的百丈,打退了敌人的进攻。17 日夜间,我军发现沿邛雅路两侧前进的敌人,对我太平场和百丈的部队形成了包围态势,为了摆脱这种不利状况,故又于 18 日撤至太平场和新店子,利用有利地形和预筑工事,继续阻击敌人。敌人在太平场和百丈遭受我军打击后,行动已较缓慢,至 19 日才接近我军新阵地。我军在这里又进行了一天的战斗,予敌人以重大打击,然后才撤至名山。此时我们正增调我一三七师部队驰援前线,准备向敌人发动攻击,我人民解放军已在邛雅路两侧纵横扫荡,敌人呈现一片慌乱景象,旋于 21 日纷纷向邛崃县境的夹关、平落坝、高兴场一带溃退,王陵基本人亦于此时化装老百姓,戴着黑眼镜,溜之大吉了。22 日我军与人民解放军在百丈第二次会师。逃窜中的胡、王部队,经我人民解放军 25 日至 27 日连续三天的扫荡,全部被歼灭于邛、蒲、大邑地区,至此我军在成雅道上的阻击战乃告胜利结束。

乐西道上的阻击战 乐西公路是川康交通的两大动脉之一,亦为蒋军由川西南窜入西康的孔道。我一三六师部队早在富林以东的天然险隘黄木厂构筑防御工事,12 月初又配合地方团队对富林至峨眉这一段公路择要加以破坏,以阻止敌人西窜。17 日、18 日,岷江以西各县相继解放,困处川西南的蒋军已全部陷入我人民解放军的大包围中,一群群的漏网之鱼,冒死沿乐西路向西逃命。20 日,胡宗南的二十七军、宋希濂的顾军和王陵基的易团等残部,共七八千人窜至黄木厂附近,21 日开始进攻我前沿阵地,22 日以大部队进攻我主阵地时,我从西昌撤出的部队已经到达富林,集中力量坚决予以阻击,激战两日,卒以众寡不敌,于

23日撤至富林以西,固守小关子、金鸡岩之线。敌人因受到我军的阻击,于24日进占富林后即不敢贸然前进,在此滞留了三天。我军于27日发动反攻,敌人乃偷渡大渡河向西昌逃窜。我军规复富林后,重整防御阵地,继续阻击西窜之敌。1950年1月2日胡宗南部师长王伯华率众四五千人又窜到了富林附近。此时成都已经解放,川西平原的蒋军全军覆没,我解放大军正乘胜向西挺进。我们以为这股流窜之敌到了穷途末路,可以不战而屈,乃发动当地开明士绅向王伯华晓以利害,叫他放下武器投降人民。谁知这群亡命之徒执迷不悟,硬要做困兽之斗,我军与之在富林、清溪地区进行多次战斗,后来转移到海拔3000米以上的大相岭对峙,前后纠缠了一个半月。就这样,使我们争取了时间,我人民解放军于2月18日到达荥经后,这股敌人终被歼灭,我们在乐西道上的阻击战也就胜利结束了。

丹康线上的阻击战 西康丹巴与川边懋功接壤,有邛崃山脉横亘其中,地广人稀,交通异常困难。我们原来估计盘踞川西平原的敌人绝不可能朝这条路走,所以在这方面没有配置较多的兵力。谁知事出意外,蒋军田中田和杨森等残部共约2000人竟于1950年2月间从这条路窜到了丹巴。时我在康属地区的部队大都调往泸定,以策应成雅、乐西两路的阻击战,并镇压天全、芦山一带的股匪,一时抽调不及。当警报传来后,我们立即动员群众,在丹康路沿线实行坚壁清野,断绝敌人粮秣,同时在乾宁、大炮山、中古等地组织防御,逐次抵抗,以阻止敌人前进。终因敌众我寡,康定一度陷于敌手,我西康省府乃转移康定县境的营官寨继续抵抗。此时国民党反动派趁机大肆造谣惑众,西藏上层反动势力派在康区的爪牙亦到处煽动反共，情况非常混乱，连我们自己队伍中的少数不稳分子如唐英、傅德铨等亦发生动摇，走上了反人民的道路。在此紧急关头，我西康省府一面动员地方民团武装，坚决抗击敌人，一面分区召集土司头人和寺庙喇嘛开会，说明党的政策和川康解放的胜利形势。这样，就稳定了局势，遏制了叛乱。3月24日我人民解放军进军康定，田、杨残部即四散逃命，我西康省政府也由营官寨回到了康定，我们的西康阻击战也就最终结束了。

蒋介石反动集团的强盗行径 我在彭县起义后，蒋介石反动集团除了在军事上向我军进行疯狂的攻击以外，同时还抄了我的家。胡宗南部于1949年12月14日把我成都玉沙街的家抄了，王陵基部于12月上旬把我大邑的老家抄了，田中田部于1950年3月上旬把我康定的家抄了。这完全是一种野蛮的强盗行径，已经是够卑鄙无耻的了。但是他们犹以为未足，还想进一步谋害我全家。如胡宗南部抄了我的家以后，竟在我的住宅内秘密埋下大量黄色炸药（后来人民解放军工兵在这里取出一部分，重100多公斤），装置雷管，企图等我们胜利归去，一触即发，全家不留。后因胡军撤走，一些坏分子侵入盗窃残存财物，误触雷管，发生爆炸，三幢房屋被炸毁了两幢，还死伤了一些人，我才未搬回去，全家大小才得以保全。我们过去在四川进行军阀混战时，彼此为了争权夺利，尽管在战场上拼命搏斗，寸土不让，但是双方的家庭都在成都，还是和平相处，互不侵犯，而今天蒋介石反动集团则必欲置我全家大小于死地而后甘心，前后完全是两种情况。其所以如此，因为军阀间的混战是反动统治阶级的内部矛盾，最后服从于阶级利益，所以大家都不为已甚。今天我同蒋介石反动集团之间的矛盾，由于我的起义已经变成了不可调和的阶级矛盾，所以他们对我怀着刻骨的仇恨，不共戴天。

我们西康的阻击战，前后经历了三四个月，有不少官兵为人民解放事业贡献出了自己的生命，但是由于我二十四军还是一支未经改造的旧部队，缺乏坚实的群众基础，所以总的来说，这个仗还是打得不好的，起的作用是微不足道的。因为我们所接触的敌人大多是一些残破之师或漏网之鱼，在效果上也不过是给敌人的行动略微增加一点困难，迟滞一点短暂的时间，最后还是等我人民解放军到了才把敌人歼灭。就是在起这点微不足道的作用的过程中，我军本身的安全也曾遭遇过多次威胁，而在每一个危险关头，都是由于我人民解放军及时赶到然后才转危为安。因此，西康的和平解放，应当归功于共产党，归功于人民解放军，而我们自己的努力实在是说不上的。

我从 1929 年 12 月开始反蒋起，到 1949 年 12 月彭县起义止，经历了整整 20 年。这漫长的岁月，是在反蒋和亲共的道路上度过的。我的反蒋本是统治集团内部的争夺，却因失败而倾向于亲共。我的亲共也是违反阶级利益，亦因时势推移由假变真而导致了起义。其所以能如此，党的领导是一个决定性的因素。正是由于党热情地争取我、团结我、教育我、支持我，使我逐步认识了真理，找到了正确的方向，取得了前进力量，然后才有可能背叛反动阶级，参加人民阵营，踏上新的、光明的政治前途。从我过去长期的政治生活实践中深切地体验到，党的伟大，党的统一战线政策的伟大。

彭县起义，是我个人历史的一个转折点。自从西康和平解放后，我即把作为反动统治者所拥有的军队、政权、经济一起交还了人民，这是旧历史的终结。与此同时，我又以人民民主统一战线的成员之一参加了新的政治生活，从地方到中央都有我为人民服务的机会，这是新历史的开始。但是新旧历史的转变，同时也给我带来了旧思想与新事物的矛盾，与新的政治生活不相适应。因此，我一入新社会就定了三条自我改造的原则：彻底否定过去，全部肯定现在，坚决相信未来。具体地说，就是要求把自己过去为反动统治阶级利益服务的一切思想意识和态度作风，都认定为是错误的，积极进行改造，一点也不可惜；对党的领导、人民民主专政政权、社会主义制度以及新社会的各种新事物，无条件地拥护；相信在党的领导下，一个现代化的繁荣富强的新中国一定会到来。12 年来，我在政治思想战线上就一直是朝着这个方向努力的。

1962 年 1 月 8 日

（原载中国文史出版社《文史资料选辑》合订本

第 11 卷第 33 辑）

作者简介：刘文辉（1895—1976），民盟盟员、民革党员，四川大邑县人，刘湘的叔叔、刘文彩的弟弟，俗称“刘幺爸”，国军 24 军军长、陆军上将，先后任四川省、西康省主席，四川争霸战主角之一，人称“西康王”。1949 年 12 月 9 日率部起义，1955 年被授予一级解放勋章。历任西南军政委员会副主席、四川省政协副主席、中华人民共和国林业部部长，第一、二、三届全国人大代表，第四届全国人大常委会委员，第一届全国政协委员，第二、三、四届全国政协常委，民革中央常委，民革四川省委第二届委员会主任委员。1976年病故。

参加彭县起义始末

潘大逵

1935 年底，我在上海积极参与发起成立“上海文化界救国会”，进行抗日救亡、民主立国的活动。全面抗战爆发后，我辗转于南昌、武汉、重庆，最后停留在成都。

从 1938 年 8 月到 1941 年秋季，我一直在成都各大学任教。又于 1939 年担任了四川省第一届临时参议会参议员，因而与邓锡侯、刘文辉时有接触，为后来劝说刘、邓起义创造了有利条件。现将这方面情况的始末简述如下：

一、我与邓锡侯的关系

1938 年 8 月，我乘国民参政会包用的专轮离汉返川，在川大、朝阳、光华等校任教时。家居成都的二哥潘大迴（壮达）与川康绥靖公署主任邓锡侯是保定军校同学，且多次当过他的代表，其时，二哥又任邓所辖九十五军参谋长（军长为黄隐），因为这种关系，我就被邓聘为绥靖公署顾问。

1939 年春，我赴重庆与沈衡老（钧儒）在青年会同住一屋。沈、王（造时）建议我参加四川省临时参议会，在地方上响应、配合国民参政会中进步人士的主张，争取、团结省参议员中的进步人士，宣传民主宪政的思想，促成国民党坚持抗战的决心。沈、王并要我利用合法关系，积极争取川中地方实力派邓锡侯、刘文辉的支持。沈老还告诉我，他们拟向张群、吴国桢（此二人皆为我之旧识，前者系我长兄潘大道的朋友，吴则是我当年在清华的同学）为我提名。数日之后，沈老和柳湜与我同车返蓉，下榻于我二哥大迥家（成都老玉沙街52号）。通过二哥的关系，我陪同沈、柳与邓锡侯、黄隐、刁文俊（九十五军副军长）晤谈。沈、柳这次来蓉的目的，是为了扩大“救国会”在四川的影响（他们亦在我家召开了几次座谈会）。这时与邓的一系列接触，为我后来劝说他实行起义，迎接解放，可谓打下了初步的基础。

此后，我加紧利用在各大学执教任职的机会，积极在校园内外宣传民主抗战，同时又以省临时参议会议员的身份，广泛联系较有民主、进步思想的人士，并与熊子骏先生合办刊物《民主与宪政》，为民主宪政大声疾呼。我还经常参加邓锡侯的“周末座谈会”，这一活动一直持续到1941年我离开成都时为止。那时期，邓锡侯常常在星期六晚上约集一些名流、政客、学者、专家聚会，其基本固定的人员多为学者和专家以及少数与他较熟的好友、饮者（善喝酒的人），如周太玄、魏时珍、李劼人、刘世传（齐鲁大学校长）、谢霖甫（光华大学副校长）和我本人。邓锡侯经常不用他本人的名义，而是以他的儿子邓华民留德的同学王孟虎具名邀请。座谈及宴会地点多在成都南打金街一公馆内，春、夏、秋三季天气较好之时，则常在他的别墅“百花潭”（解放后辟为公园）内举行。邓偶尔亦用自己的名义发出请帖，在家中设宴，这时赴约者人数往往较少。以王孟虎名义约请时为二三桌，在他家则为一二桌。这种场合，多为交际性的交谈，但可利用它安排私人接触，以做深入的对话。我就经常与邓本人讨论国内外形势、抗战前途，分析民主与独裁、个人出路等问题。记得有几次，我曾详尽地在谈话中抨击了国民党政府的“五五宪草”，并向他讲述了民主与抗战的关系，强调抗战需要民主，民主促进抗战。这些内容，后来我都写成了文章分别发表于我在成都主办的《民主与宪政》和在昆明主办的《民主周刊》上。他对我的意见颇为首肯动容，如此者多次，就进一步为尔后劝说他起义加深了基础。

二、劝邓起义

1942年，我被迫离开成都去昆明从事民主运动，直到1946年才返回重庆西南学院和重庆大学任教。这期间，我到过成都两次，时间不长，故与刘、邓见面的机会很少，然而我们过去的一段关系奠定的基础，还是比较深厚和可靠的。

1949年10月下旬，我受重庆国民党当局的迫害又被迫离开重庆秘密来蓉，隐名换姓住于亲戚谭鹤仙家（成都银丝街）。按照我们民盟组织与中共地下党同志共同商量、决定的意见，我们立即开始了对国民党四川地方军政人员起义的策反工作。我仰仗过去的一些关系，开门见山地对邓锡侯提出反正起义的劝告，并向他转述了我先后两次劝说张群的谈话内容。我对张群的第一次劝告是在1949年春，趁张聘我出任万县辅成法学院院长之职，话题转到了国内整个战局和形势上，张也明白地承认战局对国民党是不利的，发展的趋势只有越来越糟，他看不出有什么好转的前途,自己也无法补救,只好“当一天和尚撞一天钟”。我劝张不能这样消极,要从国家民族的前途看问题,不可仅从一党一己的私利来盘算。既然明知打不下去了,为什么不接受共产党提出的条件讲和呢?张说:“这个问题难得很啊!我们以后再找机会谈吧。”显然话不投机。是年5月,张群邀请我到他家吃饭,我亦想趁此机会单刀直入地劝张起义,倒向人民。那时,战局对国民党更为不利,张群也说办法越来越少,前途肯定无望。我直截了当地对张说:“不要为个人效愚忠,要为桑梓几千万人设想。更要为全国几亿人设想。”张很沉重地回答:“国民党没有什么希望了,国事是不可为的,但做人还得有个做人的道理。委员长要坚持下去,我只有跟他走到底。我和他的关系太深了,到了最后(他指一下在座的何北衡),我只有与北衡同去做‘白华’(犹言像俄国十月革命后仓皇出逃的贵族被称为‘白俄’)。”至此,话已尽头,我自然也就不愿再说下去了。这次我向邓锡侯叙述与张上述的谈话情况后,邓似有所动。我便进一步为他详细分析形势,讲明利害。我说:“张与蒋的关系是何等的亲密呵,张本人尚且看得出大势所趋,国民党毫无希望,也只有跟着蒋走一条绝路,而你这个地方杂牌军,跟着蒋跑难道还有什么前途吗?”我同时向他指出,由于时局的发展,他已处境危险,不反蒋起义,既无办法,又没前途,现已到了必须自寻出路的关键时刻,不如此,则不可能以功补过,求得共产党和老百姓的谅解……邓显得顾虑重重,说:“老兄,你知道我那几杆破枪是经不住老蒋一击的哟!”表示不敢轻举妄动。我一再为邓剖析说,时机对起义十分有利,并不需要在军事上打硬仗,主要是一场政治仗。蒋介石已手忙脚乱，自顾不暇，绝抽不出兵力来打起义部队，他已没有力量两面作战了。邓说，还要与自乾(刘文辉)、仲三(潘文华)商议。随后，邓向我表示，他肯定将与刘、潘一道起义，并说他们商量的结果是：对起义的意见基本一致，但具体在何时何地起义尚未做出决定，还需进一步谋划。邓说："我副官张鹏翼可作为我们中间的联络人。"并要我住在他的第九十五军黄隐部的特务营里等候消息(张鹏翼是民盟的秘密成员，是邓的小同乡，同我二哥潘大逈和张志和同志都熟识，他解放后在成都市西城区任过副区长)。我体会，邓要我住特务营一是为了我的安全，二是为了等待他们的决定，随时与我取得联系。

11月初，一天傍晚，我曾秘密去新南门外十二街博济医院与原邓部将领、进步人士陈离(静珊)晤谈了促使邓锡侯部起义的问题。陈告诉我他已对青年党方面做了策反工作，已有一些人愿意转变、投向人民。并说今晚有该党泸县县党部主席廖上柯、省参议员汪潜来会他，陈希望我能接谈讲话。廖、汪来后，陈为我介绍。汪说："四五年前，潘先生由昆明来成都，宋涟波请你吃饭，我就认识了。后来，魏时珍先生请客，我们又会过面。现在时局变化很快，希望指点迷津……"我向他们分析了形势，并说四川即将解放，鼓励他们做些响应解放的工作，他们表示愿尽力为之。那晚，我和陈离都住在博济医院。

蒋介石于12月初亲自飞到成都，不断召见国民党军政人员，施加种种压力，策划应变活动，形势更加紧张。我即移住北门外崇义桥邓锡侯的特务营某营长处，以便掩护。住了二十几天，重庆民盟的青年骨干赵一明、胡克林来见过我几次，李铁夫、张鹏翼以及隐藏在成都郊外的田一平、李康同志都来与我晤谈,交换情报。我与赵、胡、李(铁夫)等几位民盟同志曾在崇义桥附近一个庙内举行过一次会议,研究有关策反刘、邓,要刘、邓立即布置起义行动的问题。

三、我与刘文辉的交往和促刘转变举义

刘文辉亦为我二哥潘大迥在保定军官学校时的同学。张志和曾任刘的师长,并是中共地下党员,又是中国民主同盟四川省的负责人。我在认识志和同志之前,先在北京(约1934年)认识了他的妻子李莲芳女士。因为这个缘故,我1938年从上海回到成都时,就与张一见如故,虽然那时民主同盟尚未成立。

1938秋,通过张志和的介绍,我与刘文辉在他的公馆(成都新玉沙街)相见,交谈较为融洽。我对与刘第一次晤谈的印象很好,刘谈吐较为爽快直率,可以不拐弯抹角、直截了当地谈问题,这当然也是由于彼此的底子都是了解的。我认为我们在主张民主、反对独裁,坚持抗战、反对妥协这些方面的看法大体一致。我特别提醒他,要警惕蒋介石在扶植亲信、清除异己、个人独裁方面的种种野心,劝他务必吸取“二刘之战”的教训,团结除王陵基外的川系军人;要善于秘密地与共产党合作,争取接近民盟组织及人士。后来,通过党组织和民盟的多方工作,刘文辉的思想进一步倾向人民,并于1944年冬,同潘文华一道秘密参加中国民主同盟,与张澜主席直接联系。他还支援民盟经费,掩护盟员地下活动,组织“唯民社”,大力支持办《唯民周刊》《大学月刊》《青年园地》《华西晚报》《民众时报》,后来又办《西方日报》等。此

外，据刘文辉在《走到人民阵营的历史道路》一文中回忆：“1942年2月，我（指刘本人）同中共中央领导人之一周恩来第一次见面，这次会晤事前是通过民盟的朋友（指张志和）联系的。”另据民盟干部张松涛同志撰文回忆，他于1948年11月初，在康定与刘文辉见面，将香港中共、民盟、民革组织的意见和要求向刘传达，约定人民解放军东到宜昌，北到汉中时，川康刘、邓、潘等即响应起义，刘允照办。当时还拟设立联络参谋部于雅安，成都、重庆、昆明各地设联络站以密切联系，但未具体实行。对于保护通讯联系一事，刘说：对中共秘密电台一定保护好。这部电台是在1942年由张志和向周恩来同志报告后，派去雅安设在刘身边的，一直得到刘的保护。这些情况说明刘文辉与党和民盟的关系是很早的，也较深厚，合作也是好的。刘文辉本人对民盟张澜主席颇怀深情和敬重。我1946年由昆明回到成都后，他还通过张志和直接送我1000万元（法币）作为民盟西南总支筹备活动和我个人的活动经费。

我1949年10月由渝秘密来蓉时，得知刘文辉正在病中，只是通过邓锡侯间接与他联系。12月初，胡克林告诉我，他直接同刘文辉见过面，催促刘迅速行动，并说行动过迟，就不能在政治上产生影响。

四、参加彭县起义经过

12月7日下午5时左右，邓锡侯、刘文辉即来崇义桥，与我同住在邓的特务营里，彼此见面都很紧张，刘的神情显得有些疲惫。陈离随后也来了，另有其他几个部下，记得还有个跛子团长。刘文辉告诉我,蒋介石再次飞蓉,并于前日在北较场召见了刘、邓等四川军人,要他们立即飞往台湾,并通知先把家属送走。刘、邓等人内心都很紧张,当面表示回去即行照办。他们由北较场中央军分校出来后,深感事机紧迫,遂决定立即行动,脱离虎穴,由崇义桥转到彭县宣布起义。次晨,我们即起身赴龙桥镇,为等候原川康绥署参谋长牛范九等从成都带来消息(牛和王缵绪与蒋介石某亲信军人都是保定军校同学,牛是去探听消息的,这也是刘邓与之约好了的),是夜即在龙桥住宿。第三天,我们又步行到新繁县黄隐的老家吃了午饭,才赶到彭县龙兴寺住下。在这里聚集的还有李铁夫、邱翥双、黄慕颜等人。当时刘文辉、潘文华卧病在床,各方面事务均由邓锡侯出面处理,起义通电于12 月 9 日发出。该电报由刘文辉的秘书李静轩起草,电稿曾交给参加推动起义的各党派人士看过,并提出意见做过修改。在该电报上署名的除刘文辉、邓锡侯、潘文华以外,尚有二十四军、九十五军的黄隐、杨晒轩、谢德堪、刘元瑄、伍培英、万皇、潘大迥等人。

通电起义后,由中共地下党和各民主党派及各方面人士联合成立了一个工作机构(实名综合小组——编者注),负责联络和宣教工作,我被推选为该机构的总负责人。其成员有李静轩、胡克林、洪宝书、赵一明、万里、何翔迥等人。我们在内部经常交换情报、分析形势,并派人联络退到川西各县的国民党军队将领,策动他们相机起义,投向人民。赵一明就出去联络宣传过,我本人亦在彭县某学校及一间庙子向群众宣讲过“人民民主专政是怎么回事”。在这期间,我们心情振奋,而生活却相当紧张。

我和陈离、洪宝书、胡克林、赵一明、邓文质等七八个人同住一间大屋。每天早晨起床，都把被盖卷打好，以备随时转移，害怕蒋介石飞机来轰炸。我和邓亚民、李铁天曾去海窝子山地看过地形，以便必要时退往。

在彭县龙兴寺临时招待处住有各方面人员，除了各民主党派的人士以外，还有好些地下党的同志。据赵一明同志回忆，从地下党的关系来说，有的是成都派来的，有的是由重庆、川东派来的同志，还有的是人民解放军第二野战军敌工部派来的。包括为策动起义做了大量工作的民主党派的同志在内，各方面都在进行策动国民党四川地方军政人员起义的工作，真是"各路英雄显神威，促其江河归大海"呵。以刘文辉、邓锡侯所辖军队来说，不仅对高级将领上面有人在做争取工作，他们下面的师长、团长周围也有人在做工作。因此，绝不只是来自某一方面的力量推动，而是多方面的策动和促进。归根到底，是中共统一战线工作的巨大威力所致，是英勇善战的中国人民解放军克敌制胜的结果。当然，为策动起义而尽力工作的各方面同志，怀揣着对将要诞生的新中国的热爱，不辞劳苦，不怕危险，建树了功绩，历史和人民都不会忘记他们。

12 月 27 日，成都解放，我们大家欢欣鼓舞，回到蓉城。民主党派和各界人士在提督街市银行（现文化宫附近）楼上，曾设临时聚会场所，共庆胜利。不久，楚图南同志由重庆来电，催我返渝。当时成渝公路长途汽车尚未恢复客运，邓锡侯立即送我吉普车一辆，旅费 200 银圆（我以一半分送李康和沈诚）。1950 年 1 月初，我与胡克林、赵一明一道，乘吉普车离蓉返渝。抵渝后，遂将吉普车送交市人民政府秘书长陈某接收。至此，我参加民主革命活动的经历，伴随着这次颇有影响的策反起义的成功而告结束。

（本文于1986年5月由潘大逵回忆提供史料，
经赵韵新整理而成）

作者简介：潘大逵，1949年前曾任大学教授、民盟西南负责人。解放后，曾任全国人大代表、民盟中央常委和四川省委主委、四川省政协副主席。

民盟在西康策动地方武装起义的前前后后

彭迪先

西康民盟地下武装是怎样搞起来的

1948 年 1 月,民盟在香港召开的三中全会通过的《中国民主同盟今后组织工作计划》中说:"在今天,本盟总部被蒋政府非法解散……本盟今后要想实现真正的'和平''民主',除推翻这个蒋政权外,别无他路可走,因而本盟在今后政治斗争发展的道路上,已走上一个新的革命阶段,在组织上必然是要采取群众性的革命性的组织路线。"在组织方针第七点中又说:"鼓励盟员到农村去,发动农民群众自卫的斗争。"

民盟三中全会《政治报告》中还指出:"过去我们曾以和平公开合法的方式去争取民主,但已经失败了,今后自应积极地支持以人民的武装去反抗反人民的反动武装。"又说:"我们要公开声明与中国共产党实行密切的合作,同时,我们也承认国民党革命委员会及其他许多民主党派都是我们的友军。"

这里刊出的一组史料,较为详细地记述了这一史实。作者均为这一历史事件的亲历者。

1948 年春天,盟员张万禄曾在成都向民盟负责人张志和建议,要搞武装斗争以适应当前革命的需要。盟员唐新民(中共地下党员)经常与张志和、张松涛联系,也说“民盟转入地下后应搞武装斗争”。

1948 年秋,民盟四川省支部委员会张志和、张松涛等曾商谈过准备在适当地区、条件成熟时,建立人民武装以加速蒋政权崩溃的问题。

民盟四川省支部自成立后就做川康军政人员的统战工作。本来,早在 1937 年 10 月间,张志和就奉命由李一氓陪同去延安见毛主席。毛主席要他回四川秘密做川康上层军政人员的工作。张回川即根据毛主席的指示做刘文辉、邓锡侯、潘文华等的工作,先是争取他们做中共的友军。其中刘文辉是主要的一员,其所辖西康,又是战略要地。张在 1943 年初曾经引刘去见周恩来,随即建议在西康雅安设立秘密电台,中共派王少春负责与延安直接联系。1944 年冬到 1945 年春,中共南方局派张友渔来成都,又由张志和介绍与刘文辉联系。这时民盟主席张澜又秘密吸收刘文辉、潘文华入盟。

1948 年 4 月和 8 月,民盟四川省支部两次派张松涛去香港,向民盟三中全会后的总部领导沈钧儒、章伯钧、周新民、李文宜、李相符等汇报了四川的盟务活动。经民盟总部联系,张又见到了中共南方局驻港负责的连贯和民革的李济深主席与朱蕴山。当时总部具体指示:回到四川要求民盟地下组织配合中共,搞好地下活动,协助民革建立四川各地组织。张先后带回李济深、朱蕴山等致杨杰、刘文辉、邓锡侯、张志和等人的密件、连贯嘱咐刘文辉保护好通讯联络的口信以及民盟三中全会各项文件，并约定解放军东到宜昌，北到汉中，川康军人即行起义，从内策应，加速国民党反动派政权的灭亡。

蒋介石于 1949 年元旦发表声明后，于 1 月 21 日下野，由李宗仁代总统进行和谈，企图争取喘息时间，重新部署。蒋介石又派张群为西南军政长官，以控制西南，做垂死挣扎，当时我们认为蒋介石和谈是假。解放军渡江解放南京、上海后必将彻底消灭国民党的全部军队于大陆，决不让其从海上逃跑。西北方面，解放军消灭了马家军后，胡宗南军无法再战，只有从陕甘溃逃，妄想经四川、西康窜往云南外逃。在这样的形势下，川康地区就特别重要了。这就必须加速做好争取刘文辉、邓锡侯、潘文华等人起义的工作，巩固西康阵地，在川西坝子全歼逃到四川的胡宗南军，不让其经西康外逃。

但在当时，刘文辉的处境极为困难。

首先是刘文辉本身的兵力不足。他的二十四军只有两个师，加上三个西康保安团，分驻雅、宁、康三属。若与胡宗南军作战，力量显得薄弱，更怕民间武力发生变化，倒向蒋介石。

其次是西康民间武力很大，1946 年到 1947 年，发生过“天（全）、芦（山）、宝（兴）、荥（经）”民间武力与刘的武装冲突事件。蒋介石曾派遣特务在民间武力中活动，企图掀起大规模的“倒刘运动”。刘文辉费了很大的力气，并经地方人士出面调停，才平息下去。刘文辉认为这是“迎接解放”的“一大隐患”，即是说这股民间武力随时都有可能被用作倒刘力量。

还有，刘文辉曾联名通电反蒋，蒋介石是很不放心刘文辉的。他在康滇要地的西昌,先是设“行辕”,后是设“西昌警备司令部”(以贺国光为司令),主要是“控制西康、监视云南”,并随时挑动少数民族头头和地方势力与刘文辉为难。在蒋介石以武力解决云南龙云后,刘文辉处境更险。

1948 年 4 月,蒋介石又派王陵基代替邓锡侯做四川省主席,利用王陵基来堵住西康的东北进出口,与刘文辉闹摩擦、搞对立。

鉴于这些情况,我们认为西康内部要加强团结,保持安定,组训群众,提高觉悟,使刘文辉能更安心联络邓、潘在必要时起义,迎接解放。这样就必须把过去反刘的民间武装转化成为“联刘拥共”的人民武装,以解除刘文辉后顾之忧,增强反蒋力量。这就是我们争取西康民间武力,建立武装斗争基地的原因。

当时,西康民间武力在“倒刘运动”中最重要的一员朱世正系国民党中央军校毕业,年仅 29 岁。“天、芦、宝、荥”事件后,经刘文辉委任为国民党西康省保安司令部雅、荥、汉联防总队长。但朱、刘之间,仍有隔阂,互有戒心。朱急于另谋出路,1948 年冬,当时民盟四川省支部负责人张志和叫赵锡骅与朱的老师黄汝杰多次联系,张又安排吴汉家负责和赵联系,研究有关情况,然后决定吸收朱世正入盟,这样就把反刘的民间武力分化了。民盟组织对朱世正做了许多工作,朱世正与刘文辉的代军长刘元瑄终于在雅安见面,言归于好,使西康内部安定下来。

另外,驻防雅安近郊的西康保安三团团长王德全,经张声明介绍,吸收入盟,又由王德全在其驻地周围争取和掌握一批民间武力。

我当时在四川大学经济系当教授,经常参加中共地下党领导的民主革命斗争，对国民党反动派的倒行逆施，不断口诛笔伐，刺痛了这群丑类，被反动派认为是眼中钉。1949 年 4 月中旬，民盟四川省支部得到消息，特务要在川大捕人，由吴汉家紧急通知川大教授王道容转告我立即转移，去西康专搞民盟地下活动。这样，我就在 4 月 19 日夜，秘密离开川大，辗转到雅安后，就积极展开民盟地下工作。

民盟在西康所做的工作

1. 建立省级组织，加强领导。早在 1945 年民盟就已在西康开展工作。先后在西昌、康定、雅安、荥经、汉源、天全等县建立了基层组织。为了适应当前形势发展的需要，1949 年夏天，由张志和以代行民盟西南总支部潘大逵主委的名义通知，成立中国民主同盟西康省支部（省委员会）筹备委员会，以彭迪先、张松涛、赵锡骅、黄汝杰、朱世正、李伯平等为委员（后增加罗西玲），我任主任委员、张任秘书处主任、赵任组织部部长、黄任宣传部部长、朱任动员会主任、李负责财务、杨江川任组织部秘书，对各县基层统一领导，加快了工作的进展，并在原有基础上发展了组织。

2. 训练干部。为了进一步组训朱世正所属的民间武力，将其改造成为人民武装、将在荥经的青年同志（大、中学生）组成短期训练班进行政治和军事学习，由我讲政治经济学和当前的政治形势等，张松涛讲游击战术、政治工作和当前的军事形势。

3. 加强宣传工作，主办省支部机关刊物《光明旬刊》。根据新华社消息，主要宣传当时解放战争的大好形势和中国共产党的方针政策。9 月 18 日发行第一期。每期有时事述评和军事述评，还有专论，解释群众疑虑。宣传了新政协的召开，报道了 10 月 1 日中华人民共和国成立的消息，刊载了《共同纲领》，编写了《川康人民当前的任务》，发行了《共同纲领》研究及农村工作等专号，印发了毛主席的《论人民民主专政》以及张志和编写的《人民的军队》《论游击战》等小册子。在荥经城内街头办的黑板报，经常摘要报道新华社的消息。组成流动剧团演出《白毛女》和《蒋匪逃台》等剧目，深受群众欢迎，为迎接解放做了思想发动工作。

4. 安置外地转移来康的革命同志。采用多种方式，安置被反动派迫害转移来康的盟员、中共地下党员和民协会员等。我们在荥经城搞了一个地下联络站，由任康执负责。如重庆转移来的童梓平、张文政等就住在联络站。办了一个私立民生小学，由任康执、赵锡鸾负责，教职员全是自己人。蒋国基、刘光书、沙勤生（国勋）等就住在宝子山朱世正家，段维庸、沙国柱在朱家祠堂小学教书，杨汇川、曾紫霞、范炬明等就住在赵锡骅家。因受特务迫害转移到荥经开辟工作的王于同志（现任四川省委统战部部长）也在刘光烈（培训部部长）家里住过。

5. 对民间武力的改造组训。对朱世正本人，先由赵锡骅和黄汝杰对他进行工作。我到了荥经，又对他及其部属多次进行政治教育。张志和到西康后，又对朱世正进行统战教育，使朱世正认清当前形势，应与刘文辉合作，团结起来，打垮蒋介石，建立新中国，才是中国人民的出路，个人也才有前途。这些思想教育加强了朱世正跟我们走“反蒋、联刘、拥共，迎接解放”的道路的信心。对朱世正的部属,我们的原则是先争取上层,组织教育下层。这项工作做好了,就变为依靠下层,推动上层。具体做法是每个连队派出经过培训的干部去做指导员,对连队进行战斗训练和政治思想教育,制定组织纪律,如对荥经北区等地的游击支队的训练,就是如此。

6. 支持配合刘文辉起义。1949 年 12 月 9 日,刘文辉、邓锡侯、潘文华等在彭县宣布起义,西康军政人员也同时起义,由中共、民革、民盟和起义将领在雅安建立了西康省临时军政委员会来维持革命秩序、安定地方、迎接解放军的到来,并组织武装力量阻击逃窜之敌。当时成都还未解放,胡宗南匪军数十万溃退到川西。这时王陵基统率其保安团及程志武土匪部队,分两路向雅安进犯。刘文辉起义后,有“成都之战与西昌突围”“成都道上阻击战”“乐西道上阻击战”“丹康线上阻击战”等,都是为了保卫西康,竭力阻止胡宗南军从西康溃逃。但因本身兵力有限,战线分散,所以保卫雅安,阻击王陵基、程志武进犯,都是非常吃力而又紧急的任务。

当时,张志和立即电请周恩来派解放军先来解放雅安。收到周恩来 12 月 17 日回电,电文如下:

张志和并转刘、邓、潘三先生,第二野战军刘、邓来电转如下:恩来亥巧(即 12 月 18 日)。

军委:我先头十七军与十军已于铣日(即十六日)攻占乐山、青神,正向西发展中,战果待报。十一军、十二军今(篠)日(即十七日)可达新津、彭山之岷江之东岸地带。

特此专告。

通知解放军已截断胡军向川南逃走的道路，这对西康同志是很大的鼓舞，安定了雅安的人心。

同时，西康省临时军政委员会命令盟员王德全以其保安三团为基础，加上所掌握的地方武力，先消灭了王陵基在名山和雅安接壤的反动游击基地张广德部，随又率部攻克了反共救国军程志武、李元亨等已经占领了的飞仙关（此地离雅安只30里，系保卫雅安的要地）。王德全又指挥地方武装阻击了由邛崃窜犯雅安的王陵基保安团，收复了雅安北区上里乡，在王德全部做政治工作的盟员参加了战斗。这样就配合二十四军起义部队阻止了东北来犯雅安的敌人，使王陵基摸不清底细而不敢再来，对保卫雅安起了作用。另外，我还亲自去荥经动员朱世正的民间武力，进行整训，作为总预备队，为安定雅安后方，阻止汉源羊仁安匪部北窜发挥了作用。解放军到达雅安、荥经后，王德全、朱世正各部均分别就地复员。

7. 活捉西康中统特务调查处少将处长余仲篪。1945年11月，中共地下党员、民盟盟员洪钟把特务头子余仲篪要逃往西昌的消息面告我后，我立即电话通知荥经赵锡骅组织力量拦捕。经派北区范炬明、任康执率柴国嘉部百余人，星夜赶到黄泥堡活捉余匪一行4人，后来交解放军公审镇压（1951年），大快人心。民盟从余仲篪处缴获的密件，对西康肃特工作，特别是对雅安、荥经两地肃特工作起到了积极的作用。

错案终于得到平反

根据上面列举的许多事实，可以说明民盟1949年在荥经、雅安等地所搞的反蒋地下武装，本来是支持配合刘文辉起义，阻击国民党军逃窜的革命武装力量。它参与保卫雅安，稳定西康，有助于解放军在成都平原将胡宗南几十万大军全部解决，可谓有功于人民，但解放后被错定为“反革命的土匪暴乱武装”，冤枉了不少人，直接间接受到株连的有中共地下党员、民盟盟员、民协会员和革命青年。

30多年来，我们虽然遭受不白之冤，有苦难言，但我深信，在伟大的中国共产党领导下，决不会冤沉海底的。明了事实真相的人，一定会同情支持我们的。

十一届三中全会以来，中国共产党重新确定了正确的思想路线、政治路线和组织路线，提出了一整套拨乱反正的正确政策措施，处理了大量历史遗留问题，使许多冤案得到昭雪、假案得到平反、错案得到纠正。1980年4月，最高人民法院认定：“朱世正在任国民党西康保安司令部上校总队长职务期间，率部参加了西康起义，对人民做了有益的工作。”根据对起义人员既往不咎的政策，撤销了1954年的判决，恢复了起义人员的身份。王德全亦于1981年11月，经四川省高级人民法院复查，撤销原判。朱、王二人均已恢复了起义军人待遇，做了政治安排。张志和、潘大逵、范朴斋、张松涛等人的右派问题，属于错划，均已先后改正。张志和的骨灰，已于1981年2月安放在八宝山革命公墓。

1981年10月7日，张松涛在北京中国社会科学院见到张友渔，向他汇报民盟在西康搞的地下武装斗争情况时，张友渔表示：“原来我也做过刘文辉的工作，你们搞武装斗争是打蒋介石、王陵基，有哪点不对？”又问：“以后这些武装是如何处理的？”张松涛说：“解放军一到就全部复员了。”他说：“这样就很好嘛。”

荥经这个案件，本属错案，但过去由于“左”的干扰极其严重，很难解决。1983 年 4 月，彭迪先、张松涛、赵锡骅根据从各方面经过核实的详细资料，向中共四川省委提出了申诉，请求复查改正。

中共四川省委对这一申诉十分重视，把它作为一桩重大案件，责成省委组织部、统战部会同公安厅、法院和雅安地委、荥经县委作了多次研究，反复磋商。荥经县委在做了大量的调查研究工作的基础上，向雅安地委写出了复查平反报告，经地委研究同意转报省委，最后于 1983 年 12 月 20 日形成了省委 51 号文件，即“中共四川省委关于雅安地委转报《荥经县委关于（以张志和为首来荥经勾结地主、土匪组织武装部队性质的请示报告）的复查报告》的批复”。

中共四川省委川委函〔1983〕51 号文件的主要内容是：解放前夕，民盟地下组织为了配合迎接西康解放，在中共地下党的支持参与下，派张志和、彭迪先等盟员负责争取国民党西康省保安司令部雅荥汉联防总队队长朱世正率部起义，并在起义后对人民做了有益的工作。但解放后，对他们没有按照党的政策作起义人员对待，以致一部分人在历次运动中因历史问题受到追究和错误处理。1957 年“反右派”斗争后，又把这支起义部队错误地定为“以张志和为首来荥经勾结地主、土匪组织的”“暴乱土匪性质的武装组织”，并决定“对中队长以上人员均以土匪骨干论处”。这就混淆了历史的功过是非,以致使参与策反起义工作的一大批民盟成员、中共地下党员和其他进步人士受到株连和影响。这实属一个错案,省委同意予以平反。

一、撤销1958年中共荥经县委5人小组、雅安地委5人小组和省委5人小组对这支部队性质所做的结论。过去因此而受到株连和影响的党内外同志,都要予以平反纠正。

二、对参加起义的军官和士兵,除起义后确实参加过叛乱或有其他现行反革命活动的以外,都应按起义人员对待,落实党的政策,妥善解决遗留问题。

三、在进行平反纠正、落实政策的工作中,要做好当地群众的政治思想工作,宣传党对起义投诚人员既往不咎的政策,避免引起误解。

这是党的十一届三中全会的路线、方针、政策的胜利,也是党的统战政策的胜利!

(本文原载中国文史出版社《文史资料选辑》合订本第41卷第121辑)

作者简介：彭迪先（1908—1991），原名彭伟烈，民盟盟员，经济学家，四川眉山县人。1925年入北平宏达学院，1926年留学日本。1938年回国后历任西北联大、武汉大学、四川大学教授。1947年加入民盟，1949年4月来西康任民盟西康省支部筹委会主任委员，参与策动刘文辉起义。新中国成立后，历任川西行署监察委主任、西南军政委员会文教委委员、四川省政府委员兼文教委副主任。领导筹建了四川财经学院（西南财经大学），之后任四川大学校长，后任四川省副省长、省政协副主席、全国人大代表、全国政协常委、民盟中央副主席等职。1984年加入中国共产党，1991年7月22日在成都病逝。

四川民盟策动川康军政人员起义概述

张松涛

一

四川民盟是怎样做川康军政人员统战工作的？这必须从头说起。四川民盟解放前的负责人张志和在其自传上说：“1937 年 9 月……李一氓同志来成都，邀我在韩伯诚家见面，然后同我去延安见毛主席……我向毛主席汇报了一生的经历……最后主席交给我一项光荣任务，主席说：‘你莫看国民党现时对我们还好，这是靠不住的，将来一定要打我们的。蒋介石与地方军阀是有矛盾的。你与四川军阀的历史关系最深，你可以策动他们。第一步，要他们不要做蒋介石的忠实走狗，不要与我们认真作对，只要随便应付一下；第二步，要他们在国共战争中守中立；第三步，最好把他们拉到我们这边来共同革命。这项工作很重要，你努力吧！’我当时要求留在延安工作，主席说：‘白区党的组织被敌人破坏，以你在四川的地位和关系，是我们最好的人选。’”

张志和回川后做了以下工作：

（一）1938 年春，第九战区司令长官兼四川省主席刘湘在汉口病逝，遗下四川省主席缺，蒋介石派张群继任，激化了川康军人同蒋介石的矛盾。

刘湘的高级幕僚张斯可电邀刘文辉到蓉与潘文华等共商对策，决定由王陵基领衔，数十位川军将领通电反对张群主川。张志和为了贯彻中共的抗日民族统一战线政策，一面向张斯可、刘文辉等宣讲大敌当前，团结为重，应当抵御外侮，支持蒋介石抗战，反对其控制川政应适可而止；一面劝导王陵基出川抗战。随后，经张志和向时任重庆行辕主任的顾祝同疏通，为王陵基争得第三十集团军总司令头衔，率领新编七十二军和七十八军到江西前线抗日。蒋介石后来改任王缵绪为四川省主席，缓和与川康军人的矛盾。王陵基请张志和为其参谋长，随军赴前线，一年多时间里，指挥王部作战取得小胜，王陵基还升了官。张志和因此遭到复兴社军人的反对，向蒋告密，说他是共产党员，张不得已于1939年夏辞去参谋长，返回成都。

（二）1939年冬到1941年上半年，张志和先派出谢伯周去乐山担任新十七师刘树成的参谋处长，又介绍洪沛然担任刘的秘书。1941年下半年，谢伯周用川军新十七师、新十八师（师长周晓岚为刘湘内弟）代表身份，以经商为名，与其弟谢心通（当时在昆明空军工作）协助曾庶凡，通过龙云的内弟李西平与龙云秘密接触。这时曾庶凡也是代表刘文辉与龙云联系。龙云后来还派过鲁甸县县长徐岳东和谢心通一道去昭通，同龙云的次子龙绳祖（当时任团长）洽商，徐、谢二人又一道去四川乐山与刘树成见面。通过这些接触，沟通了川军与滇军的联系，既是为坚持抗日做准备，也为后来联合反蒋打下了基础。

龙云在《抗战前后我的几点回忆》(《云南文史丛书》1985 年第 1 期)中写道:“抗战期间,在昆明的爱国民主人士很多,尤其是西南联大的教授和我随时都有接触和交谈的机会。谈到国家大事,所见都大体相同。对于蒋介石的集权独裁政治,大家都深恶痛绝。他们都反对内战,希望召开国民代表大会,制定民主宪法,用以束缚蒋介石,实行孙中山遗教,所以我对昆明汹涌澎湃的民主运动是同情的。张澜派人对我说,组织民盟有许多困难,我就竭力鼓励他放手干,我愿尽力帮助。后来刘文辉对民盟与我采取一致行动。”这里谈到的“张澜派人”,就有曾庶凡。龙云对民盟经费的资助,曾庶凡是经手人之一。

(三)1941 年春,经张志和联系,成都的一些大学教授、民主人士李相符、杨伯恺、马哲民、黄宪章、邓初民、沈志远等与刘文辉组成“唯民社”,对外以民盟的名义创办《唯民周刊》《大学月刊》《青年园地》《民众时报》等,宣传团结抗战,争取民主,反对独裁。这些报刊的经费,都是张澜请刘文辉资助的。

(四)1942 年 2 月,由张志和联系,刘文辉在重庆吴晋航家与周恩来见面,周向刘指出了坚持民主、反对独裁的努力方向。接着张志和向周恩来建议在刘文辉、潘文华处各设置电台一部,以加强联络。6 月间,中共党员王少春秘密到雅安设置电台于苍坪山,直到西康解放。

1943 年张志和介绍邓初民、马哲民、黄松龄等进步教授到雅安为“西康省训团”讲学,以提高西康军政人员的政治认识。

(五)1944 年 11 月 5 日民盟四川省支部成立。民盟主席张澜秘密吸收刘文辉、潘文华参加民盟组织。刘文辉介绍邵石痴、朱刚夫等入盟,潘文华介绍罗忠信、彭光汉、潘清洲、田一平、甘鉴斌、周从化等入盟。

这段时间,张志和还设法团结刘文辉、邓锡侯、潘文华三部主要人物组织了一个座谈会。刘指派段升阶、吴景伯;邓锡侯指派陈静珊、余中英;潘文华指派钟体乾、乔毅夫为代表,由张志和召集,每周开会一次。会前由中共秘密代表张友渔详细指导,并供给新华社消息,以免他们偏听偏信反动派的欺骗宣传。

二

1948 年 5 月,民盟四川省支部派我赴香港,经民盟中委周新民、李相符介绍得晤朱蕴山,引见李济深先生及中共负责人连贯,数度协商川康方面统战工作问题。当时决定民革在西南设立执行部,由杨耿光(杨杰)先生负总责。李济深先生托我带回致杨耿光、刘文辉、邓锡侯、张志和的函件。我在渝曾访杨耿光传达李济深意见,6 月中旬返蓉,向刘文辉传达。为了进一步了解实际情况,我于 8 月再度赴港访李济深先生商谈,又与中共负责人洽谈,明确了四川民盟应尽力协助民革,争取川康军政首要选择适当时机起义(当时谈过解放军东到宜昌北到汉中,川康刘、邓、潘即响应)。我旋即返川,10 月底到成都,再转康定访刘文辉,商谈日后的具体联系。当时拟设立联络参谋部于雅安,成都、重庆、昆明各地设站以密切联系,加强统战工作,但未能实现。以后民革川康分会在蓉成立,负责人为盟员周从化,民盟四川省支部尽力予以协助,并由吴汉家和我对民革工作提供一些意见,其后由罗忠信继续负责与民革联系。

1949 年元月初，蒋介石与张群分别电邀刘文辉去南京商谈，当时张志和、范朴斋、曾庶凡等不赞成刘去，认为蒋已临到绝境，还去殉葬干什么，如被软禁就更划不来。但刘文辉以其处境不同，不得不去应付，并借以探明蒋的具体打算。刘是同二十四军参谋长杨家桢一道去的。到南京的第二天，刘叫杨家桢去上海看张澜，征询张对四川局势的意见。张说时局两三个月后就有大变化，最后决战在四川，嘱刘快回去准备，迎接解放。1949 年春，重庆银行武汉分行经理唐午园过上海时见到张澜，张澜托唐带密信给潘文华，要他待机起义。

1949 年 3 月间，范朴斋同我谈起 2 月 4 日和刘文辉见面交谈情况："自乾（刘文辉字）约在戟森（朱戟森，四川民盟支部委员）家里晤面，谈约 2 小时，我是尽情把我的意见告诉了自乾。他说岳军（张群）对大局也极悲观，承认蒋无法翻身。我问他岳军是否将西南之实力作为蒋资本？他说不致如此。又说岳亦自认是过渡（来川继朱绍良当军政长官），他对王方舟（王陵基）则极不满。我问他：'岳回四川后，可能带来兵灾，那时情迁事迫，我甚虑把你牵入泥淖，那时是跟着岳走呢？还是反岳呢？'我问得极锋利。他说：'十多年的关系，我能跟着岳走吗？'态度表示得很坚决。他又说：'表老（即张澜）在京时，曾有信叫邵石痴（盟员，代表刘文辉）去见过他。'他又说曾告岳嘱其到沪晤表老与之明言……"

刘文辉在《走到人民阵营的历史道路》（全国政协《文史资料选辑》第 33 辑）文中谈到 1949 年张澜在上海逃出特务的包围，他在其中做了一定的努力，是指张志和和曾庶凡通过谢心通的关系所做的。1949 年春，曾庶凡去上海向吴克坚汇报工作，住在谢心通家里，请谢设法保护张澜主席安全。5 月 10 日，张澜、罗隆基被特务监禁，谢通过杨虎的英文秘书孙履平联系杨虎，再请杨虎与看管张、罗的阎锦文讲通，要阎保护张、罗。5 月 27 日上海解放那天，形势紧张，是地下党的一位化名陈约珥（即王锡珍）的同志到谢心通家，乘坐谢心通的汽车到虹桥疗养院对张、罗进行营救。而在一刻钟前，阎锦文已带走张澜、罗隆基，脱离了险地。

范朴斋过去曾在朱绍良、张群等下面当过幕僚，与国民党一些军政人员熟识，与刘、邓、潘亦有接触。他在 1944 年底参加民盟后更与张澜主席接近。1945 年 8 月间，张澜主席为了筹措民盟第一次代表大会经费，亲自写了三封信，派范朴斋回成都，面交刘、邓、潘，请他们资助经费。9 月间，刘文辉与潘文华各出 100 万元，邓锡侯出 50 万元。12 月间表老又要范朴斋往晤刘文辉，要刘出资 300 万元，刘应允照付，当即付出 200 万元，次年 1 月间，刘又经过邵石痴交来 100 万元与范朴斋转表老。

1949 年 4 月间，南京政府与北平和谈期间，范朴斋、曾庶凡都到了上海，他们往虹桥疗养院见表老。表老非常关心和谈大局，一再写信给刘文辉、邓锡侯，要他们在和谈成功时表示支持，发电拥护。又嘱范朴斋写信给潘大逵、张志和、胡克林等，要他们在李宗仁签和约时发动民意机关、团体及学生表示拥护。曾庶凡于 4 月 16 日直飞成都，表老致刘、邓、志和函由曾亲交。4 月 20 日和谈不成，21 日毛主席、朱总司令发布向全国进军的命令。当日晨第二野战军和第三野战军在西起九江东北的湖口，东至江阴长达500余公里的战线上强渡长江,23日解放军占领南京。

4月22日,曾庶凡从成都发电给上海的范朴斋:“独一味购妥,待机寄发,金线猴椅垫昂贵,洽购中。”意思是说,刘文辉同意,邓锡侯还在犹豫。

范朴斋于5月18日由上海到了香港,住在大中华旅舍。5月23日,范与中共南方局乔木(即乔冠华)联系,当时乔木希望川人能够拒绝国民政府迁川,并盼刘文辉派一可靠代表来港洽商一些具体问题。范朴斋写信给张志和、鲜特生,要他们发动民意反对国民政府西迁,并与刘文辉、潘文华各一函,请他们派员来港洽谈。

5月28日,香港民生公司转来上海周公舒(周孝怀之子)给范朴斋电,讲表老、努生(罗隆基)平安,希望范和叶笃义转回上海。三天后,范朴斋与叶笃义往晤龙云,相约去上海见表老。之后,龙云又向他们表示,两三周内云南可能有所行动。

6月6日,赵一明自渝飞港。6月18日,曾庶凡代表刘文辉到港联系。22日范朴斋与曾庶凡一道往晤乔木同志,由曾庶凡带回乔木向刘文辉所提的三点意见:一、马上在雅安开放民主运动;二、担负起四川其他部队的策反工作;三、速派杨家桢由港转京商谈,并带回电报密码和呼号。7月1日,范朴斋又与赵一明往访乔木,商谈民盟组织如何配合工作,迎接解放。7月3日,赵一明直飞成都,带回范朴斋给张志和的密信,内容主要是要他与中共密切联系,才能配合搞好工作,更重要的是策动刘文辉,进一步做好起义工作的准备。

张澜主席脱险到了北京后，非常关心四川的策反工作。他曾托杜重石带给杨家桢转交刘文辉的白绸条子，上面写了16个字："时机未至，不可轻动。时机已到，不能错过。"

我从香港回来后数次与刘文辉晤谈，知道他当时处境极为困难，主要是蒋介石给他制造麻烦。刘文辉于1929年曾联合唐生智反蒋，1930年又与阎锡山、冯玉祥反蒋，均以失败告终。1932年，刘文辉被刘湘联军挤到西康，偏安一隅，只因蒋介石无暇西顾，未能对刘下手，但也未放松对刘的压力，时常制造摩擦，使刘不得安宁，如1935年康属地区的诺那事变、1949年的甘孜事变等。宁属地区，当西康正式建省时，蒋介石即在西昌设立行辕，以张笃伦为主任，抗战胜利后改设西昌警备司令部，以贺国光为司令，主要是控制康、滇，监视刘、龙。蒋介石还在西昌挑起彝族与刘文辉的矛盾，制造混乱。雅属地区的特点是"土豪势力大、袍哥组织强、民间武器多"，蒋介石也利用其来给刘文辉制造乱子，如1946年春，因铲烟问题，引起中央军校学生朱世正等在天全、荥经地区进行武装对抗，西康第一区保安司令张禄宾阵亡；1947年1月间，又发生天全、芦山、宝兴事变，掀起反刘浪潮，刘费了很大力气才得平息。1948年4月间，王陵基来做四川省主席。王是坚决拥蒋反共的顽固派，与刘文辉对抗得很厉害。刘文辉为了自身的生存，必须西和藏胞，优待喇嘛；南联龙云、卢汉，与贺国光对抗；东联四川有实力的军政人员，与王陵基做斗争；对雅属地区的民间武力，又必须适当安抚，以缓和矛盾，然而这也只能是维持现状，仍有"隐患"潜伏。因为刘在西康的二十四军只有两个师、三个保安团分布在康、宁、雅三属和成雅道上，平时维护治安尚勉强可以，而要抽出兵力离康作战，实不可能。

三

解放军东到宜昌、北到汉中的战略方针，是我在香港听中共南方局连贯提出的，时间是在1948年9月，这时辽沈战役刚刚开始。10月间，我回到重庆，在中山路82号见到杨耿光先生，向他传达中共中央对川康军人的要求。当时曾分析过这一战略方针，耿光先生说：从历史上看，北方势力统一南方时，先解决蜀地然后顺流而东。如三国时晋先灭蜀，然后灭吴，统一中国；又如隋灭陈，也是杨素在奉节先练水军，然后东下配合长江各路灭陈；元军统一中国也是先经略四川，然后东下消灭南宋。今天情况大不同了。从蒋介石的心理上看，以西南为大后方，抗战取得最后胜利，他要走这条老路，不得已退到四川做最后挣扎。杨耿光先生认为，解放军可能诱蒋介石进入四川，再来彻底消灭之。总之，我们身处川康地区的反蒋拥共的同志，必须早做准备，为彻底消灭蒋介石军队而努力奋斗。

10月底到了成都，我向张志和汇报中共指示和民革领导人的要求，并将杨耿光对解放军东到宜昌、北到汉中这个战略方针的分析与认识向他说明，张志和也认为可能在四川做最后决战。为了川康军人响应这一战略要求，他谈到刘、邓、潘的兵力目前太分散，应该争取集中一些，刘的正规军能到四川，西康的社会治安以保安团和民间武力来维持那就好了。11月中旬，我去雅安。这时，刘文辉在康定开省参议会。我到康定与刘见面，向刘转达了港、渝、蓉等地同志的意见。这时淮海战役将胜利结束，刘认为蒋在东北和华中虽打了大败仗,但还可凑出 200 万军队,并在后方加紧补充,战争还不是很快能解决。他感到二十四军离康到川,眼前困难很多。我最后谈到,无论怎样,总是必须积极准备:一是加强西康军政人员对革命形势的认识,就是蒋介石必然失败,共产党必定胜利,早做思想准备;二是把西康的民间武力,无论汉、彝、藏都团结起来,共同反蒋,使后方秩序安定,迎接解放;三是积极与四川邓、潘加紧联系,到必要时,共举义旗,迎接解放军,彻底消灭蒋介石部队。刘表示:西康所属军政人员跟着走毫无问题;民间武力,不大靠得住,必须下点功夫;他与邓、潘联系,早已打好基础,时机成熟,就可以行动起来。

11 月底,我回到成都,与张志和研究了今后总的斗争方针。我们认为刘文辉最大的顾虑是怕雅属民间武力到时候不听招呼,反与蒋军配合,影响起义的部署。当时我们估计了民盟在西康的情况,张志和认为只有西昌(宁属)地区情况好一些。1945 年初,郭正坤(郭城)在西昌发展民盟组织时,曾指示在宁属各县掌握地方实力,做必要时武装斗争的准备。当时是在日寇侵占贵州独山之后,所以有那个设想。郭正坤在 1947 年下半年离开西昌来到成都,张志和与我商定,由省民盟组织派郭去外县活动,争取地方实力。随后,郭在简阳、资阳以及茂县、理县等地,分别建立了两支游击纵队,对迎接解放做出了贡献。雅安地区,只有二十四军中李伯平参谋在部队中发展了一些盟员,在雅安县法院工作的张声明发展了少数盟员。康属地区,只有邵石痴介绍的朱刚夫几个人在康定。我们商定,目前应把重点放在雅属地区,积极而慎重地发展盟员,作为联系民间武力的基础。设法把过去反刘拥蒋的力量争取过来转为联刘拥共反蒋的武力，这样才能解除刘文辉的后顾之忧，到必要时宣布起义。张志和还说，可找人去西康与陈仲光先生联系，通过袍哥的关系了解雅属民间武力的情况，以便研讨如何对这些武力进行工作。对于干部问题，我们也有所商讨，认为应尽力培训本地骨干，输送成、渝等地的大中学生去西康深入农村工作。

1949 年 1 月上旬，蒋介石电邀刘文辉去南京面谈。蒋说，局势看起来很严重，其实并没有什么，大家要乐观。接着又说，四川是抗战胜利的根据地，中央很重视，有了四川就有办法，如何部置，岳军会同刘详谈，一切都好商量，希望四川朋友忠诚合作。蒋随即调走了朱绍良，派张群当了西南军政长官。张群会见刘文辉时说："西南是最后堡垒，四川是西南的心脏，别的地方可以丢，四川不能丢，到必要时，中央将调百万大军来保卫四川。"这是露骨地说明蒋介石要在四川与解放军决战，以四川作为最后挣扎之地。刘文辉返蓉与张志和交换意见，证明中共中央定的解放军东到宜昌北到汉中，川康军人响应的战略措施，就是预计到蒋介石要退到四川决战而制定的。当前就是设法破坏蒋在四川决战的战略，如反对在四川征兵征粮、在大巴山设防等等。另外就是积极做好起义准备，与邓、潘加强联系，时机到来时，配合解放军彻底消灭蒋军。

那时张群的心理也是极为矛盾的，他在 1 月下旬到上海见到表老，说他又要回四川去任职了，征询表老有什么话要说。表老说："今天的大局你还不清楚吗？最好是跟人民走。"张群说："我也明知不行了，但我不能背离蒋公，他对我有知遇之恩，只有跟他走。”表老说:“你回去要为四川人民做些好事,首先应该释放政治犯,关起民盟那么多人应该放嘛,还有征兵征粮少做些嘛,也不要在四川打内战,这就是为川人造福了。”张群答应回去尽力办。

1949 年 3 月 26 日下午 4 点半,在重庆为营救渣滓洞被关同志,张群约范朴斋谈话。首先,张群要范转达表老,说他接受了表老的意见,征兵由 42 万减为 6.2 万人,征粮停征实物,并建议军政部除郭汝瑰、陈春霖两军及孙元良两军是旧番号予以整补外,新给番号的如罗君彤的十八纵队等六个师均予取消。张群又一再表示他只重政治、经济,不做作战准备。他承认无法再事“戡乱”“光荣的和平不可能,无条件投降也不可能,那只能屈辱的有条件和平,才可能解决问题。否则,李德邻(宗仁)接受了,行得通与否亦殊堪顾虑。”在这次谈话的同时,释放了田一平等 21 人出狱。

四

为了争取雅属民间武力,当时只有加强对西康盟员的联系,要求他们就地多做工作。恰好在 1949 年 2 月初,川大学生、荥经县盟员赵锡骅从荥经来蓉,通过其川大同学范炬民的关系会见其父范朴斋。赵说到当年积极反刘文辉的朱世正可以争取入盟,范朴斋认为此事应向省民盟联系,即向张志和介绍。张请吴汉家与赵锡骅商议,决定由赵回去做工作,吸收朱世正入盟。当时我在内江,接到张志和信,说朱世正可能入盟,我立即回信表示欢迎,希望通过朱争取更多的民间武力走向我们这边来。接着我就由内江去泸州与罗忠信联系,向他谈了朱世正入盟的事,请他注重联络地方势力迎接解放。然后去白沙民革夏仲实处联系,再到重庆,参与营救渣滓洞被关同志出狱。

赵锡骅3月中旬回到荥经先吸收朱世正的老师黄汝杰入盟,再经黄介绍朱世正参加民盟组织。这是从原来反刘的民间武力集团中首先分化出来的力量。因为朱是中央军校毕业的,头脑清楚,年轻有为,他的立场转变影响很大。但以哥老组织为基础而又散居民间的武力,组织不够健全,缺乏政治认识,还需加强训练,健全组织,才能真正成为人民的武装力量。

1949年4月中旬,民盟地下省支部得到情报,国民党特务要在4月20日左右在四川大学逮捕进步教授和学生。由吴汉家通知川大教授王道容转告彭迪先等立即转移,学生联络员李昌达转告学生中的盟员马上撤走。彭迪先得到通知后潜离川大,几经波折转移到雅安。学生盟员方智炯等因未联系上而被捕,于1949年12月7日在十二桥牺牲。

彭迪先到西康后,几次去荥经指导盟务,并对朱世正讲述政治和政策。朱对民盟的政治主张和当前形势的认识有了提高,加强了他联刘拥共反蒋的信心。

1949年3月底,我参与营救渣滓洞盟员出狱后,4月下旬与民革西南执行部负责人杨耿光商谈四川民革如何推进工作。杨认为和谈不成,解放军渡江作战,分三路进军,蒋军已不堪一击。他很想号召四川民革成员早举义旗,似乎只要群众起来大吼几声,就可以把国民党吼垮。我认为国民党军打解放军是打不赢,但镇压人民还是有力的,起义还得慎重。后来四川民革以准备不够而未宣布起义。

我在5月初回到成都,本拟马上到西康去,临时又因国民党第四十四军一个团住在铜梁虎峰场等地。该团有个营长陈家骥与盟员金拾珊有亲戚关系,经过疏导有意跟民盟走。我先是派赵蕴书去该部联络,这时张志和要我再去一趟,于是我去铜梁虎峰场与赵、陈见面,商定到必要时与省民盟联络的办法。我又与赵蕴书一道去铜梁县城会见抗大同学陈策远,请他加强与地方实力派的联系,做迎接解放准备。又经合川去北碚见梁漱溟,再到重庆与鲜特生联系,然后又经内江、资阳,回到成都,这时已是7月下旬了。经张志和、吴汉家等商定,西康必须建立新的领导机构,集中力量开展工作,以适应形势的需要,还要通过朱世正去争取雅属各县的民间武力,走向联刘拥共反蒋的阵营。

1949年7月间,为了加强雅属民间武力进一步的联系,由朱世正以“新康社”袍哥组织副社长名义,在荥经与天全交界地峡口坝召开了联谊大会。到会的有未暴露身份的中共地下党员,民革陈强立、向文芳,民盟王家祐、李毓昆,芦山程志武的代表樊绍泽,天全李元亨、陈万胜、陈万昌、李金栋等。会上先由朱世正谈当前解放军胜利,蒋介石军队崩溃的形势。讲到过去反对刘文辉是为了各自的生存,今天由于蒋介石的独裁政府造成民不聊生,我们要联合刘文辉,反对蒋介石来迎接解放,因此我们必须团结一致,做好思想准备,将来再以实际行动为迎接解放做贡献,争取光明的前途。陈强立也在大会上讲了话,最后大家都表示跟“朱大哥”走。这是公开宣传联刘反蒋拥共的一次民间武力大会。

以往民盟在西康发展盟员，是民盟四川省支部负责领导。这一年多来，由于形势发展快，原由四川转移到西康的盟员逐渐增多，各县也有发展，如荥经经赵锡骅联系和发展的已有五六十人，汉源陈敦泮联系和发展十余人，雅安张声明联系和发展的加上原来李伯平发展的约有二三十人，芦山、天全也有少数盟员，再加西昌、康定，总数将近200人。为了适应斗争需要，很有必要在西康单独成立盟的领导机构。于是由民盟中央委员兼西南总支部委员张志和，以民盟西南总支部名义（后亦征得西南总支主委潘大逵的同意）下达文件，建立民盟西康省支部筹备委员会。委员是：彭迪先、张松涛、赵锡骅、黄汝杰、朱世正、李伯平，后增加罗西玲。委员会于8月22日在荥经宝子山朱家祠小学成立，推选彭迪先为主任委员，张松涛为秘书处主任，赵锡骅为组织部部长，黄汝杰为宣传部部长，朱世正为动员委员会主任，李伯平负责财务（当时未到）。

在此之前，我在8月10日左右，由成都到雅安，会见刘文辉，将我来康筹备建立民盟西康省组织、培训干部和进一步争取民间武力以及朱世正入盟等情况与之谈了。刘很高兴，认为朱世正参加民盟很好，希望对天全、芦山、宝兴的民间武力都能做通工作。我也希望他进一步对西康上层军政人员做好迎接解放的思想准备。另一方面，我请他密切注意国民党特务在西康的活动，如发现他们有迫害民盟的情况，事先给我透露消息，以保安全。

8月中旬，在荥经城里赵锡骅家中，办了一个短期的学习班，对外地转移来的大学生和本地的知识青年，进行政治和军事知识的培训。彭迪先讲政治经济学和当前国内国外政治经济形势,张松涛讲游击战术、军事常识以及如何做政治工作。时间迫切,只有一周,虽在暑热天气,大家情绪高昂,精神振奋。培训的这批同志,是准备到民间武力中去当政治和军事骨干的。

民盟西康省支部筹委会成立之后的第二天,我就同朱世正、刘光书等一道率领武装数十人去天全会见陈步胜,向他讲述了当时的政治军事形势和民盟的主张,特别说明解放军很快就要全胜,蒋介石即将彻底垮台,劝其学习朱世正,走上联刘反蒋拥共的道路。陈步胜当时表示决定跟着"朱大哥"走,并当即请刘光书作为今后他与朱的联络员。朱世正即回荥经,我又去到天全始阳镇与当地的大袍哥段崇实联系,以朱世正为例,向他说明联刘反蒋拥共走上光明前途。段也表示跟着"朱大哥"走,请蒋国基作为他与朱的联络员。

8 月 24 日,张群的四弟张骧(名云飘)由重庆给张志和打来电话,说是蒋介石当天要飞来重庆,张志和于是化名何渠安于 25 日与二十四军参谋长杨家桢一道潜赴雅安。张志和为什么这样紧急成行?原来当王陵基 1948 年 4 月间任四川省政府主席时,向张透露了一个机密消息,说他来就职前,蒋介石亲授密令,要他一到四川就职即将张志和逮捕枪毙。王又向张保证说,他决不做这种不够朋友的事。随后他又向张志和夫人李莲芳说:"大嫂请放心,有我在四川,志和的安全是没有问题的。"这次蒋介石亲临四川,张志和不得不暂时避开,以免使王陵基为难。更重要的是:张认为关于策动刘、邓、潘等川康军队,业已组成了一个参谋团推动一切,可以按计划行事。西康方面由于情况复杂,民间武力不够团结，刘的兵力不足，故还是薄弱环节。而这时，福州解放，湖南起义，西北的马步芳部队被歼，胡宗南的几十万军队可能败退四川，经西康向云南或西藏方面逃窜，西康便成为战略要地，必须加强工作，把西康人民赶快组织起来，配合二十四军，坚决不让胡军向西南跑掉。张志和认为必须自己亲到雅安与刘文辉当面细商，才能完成这项重大任务。

这时四川省参议会正在讨论征实、征借案，民盟组织配合刘文辉发动省参议员范英士、焦允孚等盟员反对征实、征借，反对王陵基。蒋介石到了重庆，就约集刘文辉、邓锡侯等到渝，当面疏通，要他们支持征实、征借案。蒋介石还亲自向刘文辉提出："张志和已去西康，你回去把他捉来枪毙。"刘当时答复回去查，查实了就办（这是杨家桢亲告我的）。刘返雅安后，曾与张志和密商，张志和认为二十四军本身应提高战斗能力，必须进行训练，加以改造。西康内部问题由张志和与刘元瑄、杨家桢商洽进行。刘文辉即去成都与邓锡侯、潘文华密切联系，争取地方势力，继续反对王陵基，尽力破坏他的防卫工作。

9月间，张志和在西康狠抓武装群众的训练工作。主要是去荥经与朱世正当面宣讲联刘反蒋拥共的大道理，并由朱约集其部属骨干和群众数百人，向他们讲述祸国殃民的根子是蒋介石的独裁政治，西康的民间武力要联合起来，配合刘文辉的军队打垮蒋介石，迎接解放军，完成民主革命，大家才能过好日子。朱世正及其部属经过这次政治教育，对当前形势认识更清楚了，都表示接受领导，服从指挥。

在雅安方面，8月间，雅安县法院的张声明介绍了他的同学毛云相入盟。毛是西康雅、荥、芦、天四县联防副司令兼保三团团长王德全的政工室主任。王德全曾担任过雅安县民众自卫总队的副总队长,与雅安各区地方人士有密切联系,通过王德全去工作,可以把雅安附近民枪组织起来,于是由毛云相介绍王德全入盟。张志和向毛、王及时指出,应当积极派出得力干部,到各区密切联系,对散在乡间的民枪进行组织训练工作。组织工作安排如下:东区总指导员郭景泰,指导员苏继质、余德耀(包括名山、洪雅的民枪);南区总指导员谭永承,指导员李世华、赵仁恕;西区总指导员孙大莹,指导员尹化文、李家鑫;北区总指导员蒋增瑞,指导员苏维德、郭鹤翔(包括芦山的民枪)。

9 月间,王德全参加了刘文辉在其私邸召集的一次秘密会议,参会者大约有七八人。刘在会上示意做好迎接解放的准备,他马上要去成都,希望西康军政人员搞好与群众的关系,必要时上山打游击。

10 月间,我在成都曾同金拾珊一道去与潘文华的代表钟体乾老先生商谈和平解放四川互相配合的问题。我还去张斯可(原七十八军军长)家,请他对潘文华部属多加联系并宣传党的方针政策,减少群众对解放军到来时的畏惧心理。斯可先生是我宗兄("六一"大逮捕我逃脱后到他家躲了一段时间),过去他就是坚决反蒋和主张联共的,通过他去向四川军政人员宣传更有效些。

11 月,二野开始向西南进军,一野在秦岭一带稳住胡宗南军,准备出击。这时正是解放军东到宜昌、北到汉中,钳形攻势已形成,马上就要展开四川决战的形势。我与吴汉家即去雅安,在苍坪山杨家桢家里，见到张志和，商讨了川康民盟积极动员盟员和所联系的群众做好迎接解放的部署。吴汉家先回成都安排，他立即约集地下党员王一平、陈离（原任邓锡侯的师长）、万里（原任邓的参谋长）等，密商邓部起义事，布置迎接解放的具休工作，如护厂护校、了解敌情、宣传党的方针政策、安定人心等。我留雅安与张志和研讨民间武力的掌握与运用。雅安各区已有王德全实际联络，负责组训，稍可放心。芦山的程志武，态度还不明朗，需得再做工作，商定请陈仲光派民革成员杨耀武陪我一道，带上朱世正的信件步行去芦山。当天住在城里，和程的外管事联系，要他先与程志武通气，说是民盟组织派人去联系。第二天有程的弟兄陪我们去，走到十多里处，程已派人来欢迎。到了程家，算是以礼相待，说了些客套话。我向他讲道理，谈事实，指出蒋介石即将垮台，解放军很快就要到来；过去我们民间首脑与刘文辉相处不大融洽已是过去的事，今天情况朱世正看得很清楚，他参加民盟，与刘文辉合作得很好，刘还补充了他枪弹；只有西康军民团结一致打倒蒋介石，迎接解放军，才有光明的前途等。程先表示，他也没有什么力量，愿意跟着走，可是怕人家看不起，还说“刘主席骂我是土匪”等。我说过去的事过去了，现在是解放大军快到了，刘主席也要欢迎解放军，你的意见究竟怎样？程问，“朱大哥”参加民盟得到些什么好处？我说，这是政治态度，不是用钱可以买来的，主要看今后对人民的贡献。至于名义，到时候按所能动员的武装实力安排。最后程表示愿意跟“朱大哥”一起走。午饭后告别，我说：我们说话算数，今后我们多联系。你可以派人进城与陈仲光先生联络，我们也可派负责人再到你处联络,也可叫杨耀武老弟来回跑跑。杨老弟是民革的,今天民革、民盟都是一个事,打倒蒋介石,迎接解放军。程送出大门外,还派两个弟兄背枪送到芦山城。朱世正早在入盟后不久,曾亲自去芦山会见程志武,向他说:我们只有在民盟领导下进行一场彻底的革命才有真正的出路。这时朱世正已知道了程与国民党特务有勾结,曾问程:"什么人在你这里架设电台?"程说:"他们是穷途末路才来找我,他们不能左右我。"当时程也表示跟朱一道走。我回到雅安与张志和谈了会见程志武的情况,认为程这个人老奸巨猾,没有政治头脑,他的内心还是在钱、枪、官三方面着想,口头上说跟着"朱大哥"走,真正行动怕靠不住,还得继续做工作。在我去后不久,民革陈强立和地下党员朱平等十来个人,又去做程的工作。程先是满口答应,并在12月中旬成立了民主联军,正式宣布起义,在芦山城放鞭炮、张贴布告、示威游行……搞得很热闹。当刘文辉和西康宣布起义后,胡宗南、王陵基部队窜犯西康之际,邛崃大兵云集,雅安危急。程志武接受了贺国光的伪命,当上了"川康反共救国军总司令""新十四军军长",彻底叛变了,反将住在他家的地下党员和民革成员全部扣留准备杀害。雅安闻讯,张志和即找陈仲光和杨立之(芦山人,与程志武有故)商讨营救被扣人员,并请朱世正亲自去芦山。朱出发到了天全新场,拟约陈万胜、李元亨等一同前往。恰在这时王陵基的保安团窜到雅安五家口侵犯上里,被民盟组织起来的川康人民革命军第一纵队英勇击退。程知道后,觉得王陵基的保安团还打不过民盟组织的部队,这才给陈仲光、朱世正的面子,将被扣人员释放,时间大约是在12月下旬。

我回到成都已是11月下旬。12月2日或3日,刘文辉派车到新南门外陈斗南家门口来接我到了新玉沙街刘家。刘首先谈到时局紧张,蒋介石来成都找麻烦,应付困难;联络邓、潘起义之事已有准备,时机已经成熟,不宜再缓。刘还说要摆脱蒋的纠缠才好办。我建议他效法张(学良)、杨(虎城),在成都把蒋抓起来。刘说他们力量分散,单是成都军校的人枪也对付不了。我又请他营救关押在将军衙门的同志,刘说现在要集中精力应付蒋,如能找人买通特务,他愿出钱。谈到这里,副官来报说张长官(张群)来了,我就作为他家亲戚,由刘送上了汽车。

12月初,我由金拾珊陪同会见当时在成都的杨家桢,与之取得联系,谈了准备立即起义的情况和雅安方面的消息。

12月9日,刘文辉、邓锡侯、潘文华联名在彭县宣布起义,民盟潘大逵、胡克林、赵一明、韩文畦、张鹏翼等参与其事。西康雅安跟着响应,立即宣布起义,设立西康临时军政委员会,作为过渡时期的领导机构,民盟有彭迪先、朱世正两位参加。在康定的西康省张为炯副主席在12月12日宣布起义,西昌的二十四军副军长伍培英率部就地起义。在刘、邓、潘等起义的影响下,又经刘文辉去做工作,川鄂绥靖公署副主任董宋珩于12月21日在金堂、广汉率部起义,同时国民党军十六兵团副司令曾甦元也在金堂起义。国民党军十五兵团司令罗广文经刘文辉的策动于12月24日在彭县发出起义通电。国民党军二十兵团司令陈克非、川陕甘边区副主任喻孟群军长和四川省保安处长刘兆藜等,在刘文辉、邓锡侯的策动下,也走上起义的道路。此外,12月25日,国民党军第七兵团司令裴昌会在德阳宣布起义。12月26日,国民党军第十六兵团司令李振率部在成都东郊起义；国民党联勤第四补给区司令曾庆集也率部在成都起义。胡宗南部只有李文一个兵团抗拒，在新津、蒲江、邛崃、名山地区全部被歼，其余纷纷瓦解投诚，川西围歼国民党军的战役胜利完成。

五

就在刘文辉、邓锡侯、潘文华等在彭县起义后第三天（12月12日），蒋介石在逃往台湾前夕，曾乘飞机亲临西昌，选定这个地区作为“大陆游击根据地”，妄图在这里“回旋”，作为卷土重来的基地。当时西昌敌军计有胡宗南带来残部旅长朱光祖率领的一个加强团，加上原有贺国光部约1万多人。伍培英率部起义，争取贺国光不成，鉴于敌众我寡，只好率部突围。经过激烈战斗，撤退到富林，阻击由乐西公路窜来的敌军。胡宗南的王伯华部又窜富林，伍部遂转移到大相岭与敌周旋，接应解放军的到来。

康定在张为炯宣布起义不久，蒋军三〇一师田中田部从丹巴窜袭康定，张率部转移到营官寨。田占据康定后残酷镇压进步人士，民盟盟员朱刚夫、李玉良，民革成员吴焕、王德铭等十余人惨遭杀害。

雅安在12月9日宣布起义后，立即遭到四面攻击。东面：邛崃、洪雅受到胡军的攻击和总岗山张广德的滋扰；北面：五家口遭受王陵基部的拼命攻击；南面：富林、汉源受到贺国光、宋希濂部的侵袭；西面：受到甘肃退入康定的田中田等部的威胁。当时贺国光已被蒋介石委为西康省主席兼警备总司令，对过去曾经反刘的地方武力送枪送粮、加官晋爵、赠送美女、设置电台。芦山程志武被委以“川康反共救国军总司令”“新十四军军长”；天全李元亨被委为“第十五军军长”；其他的地方势力，也分别委以大小职务，要其为之效劳。起义的二十四军一三七师在丹棱、洪雅方面阻击敌人；一三六师在成雅道上邛崃、名山逐段设防阻击；西康保安团分散在雅、康、宁三属各个地区，兵力既少又分散。雅安宣布起义后第四天（12 月 13 日），王陵基扶植的以张广德为首的“反共救国军”裹胁 3000 多人开始向雅安凤鸣乡我部制高点进攻。

在这紧急关头，张志和商得西康临时军政委员会主任刘元瑄同意，采取紧急措施，立即通过王少春掌握的秘密电台向周恩来发出急电，报告雅安危急，请解放军早日来到雅安消灭敌人，并动员“川康人民革命军第一纵队”整队出发，阻击侵犯凤鸣乡之敌。还由刘元瑄商请彭迪先去荥经动员朱世正部属编为“川康人民革命军暂编第一师”，集中整训，待命出发，并维护雅、荥、汉等地社会治安。军政委员会还做了万一雅安不保，转移山区打游击的准备。

12 月某日，朱世正接到杨家桢和张志和的电话，当晚还有陈仲光的电话，说是胡宗南和王陵基部窜犯雅安，现在是敌强我弱，尽力阻击，雅安万一不保，准备撤退到天宝乡，要朱世正立即派人去雅安接护撤出人员。朱世正立即派来朱世炳中队长率领人枪 80，配备 3 挺轻机枪连夜赶到雅安，接到张志和、彭迪先和杨家桢夫人伍毓芬等滑竿十七八乘，另有一部电台和两部电话机及报务人员。当天晚间住宿石家桥，第二天才到达天宝乡。张、彭与报务人员住朱家祠，伍毓芬住朱世正家。电台、电话机安置好，就与康定、雅安、彭县的电台联系，还派出部队保护安全。当时还研究了雅安万一不保，敌军到来，如何配合二十四军选择有利地形，全力阻击敌人以待解放军的来临。

1949年12月17日，张志和接到周恩来复电：

> 张志和并转刘、邓、潘三先生，第二野战军刘、邓来电转如下：恩来亥巧（即12月18日）。
>
> 军委：我先头十七军与十军已于铣日（即十六日）攻占乐山、青神，正向西发展中，战果待报。十一军、十二军今（篠）日（即十七日）可达新津、彭山之岷江之东岸地带。
>
> 特此专告。

此电传出，对人心惶惶的雅安起到了安定的作用，对二十四军的官兵也起了鼓舞斗志的作用。

"川康人民革命军第一纵队"是由民盟西康省筹委会组成的，它在雅安宣布起义是12月7日，早于刘、邓、潘在彭县宣布起义两天。这支部队是以西康省保安三团为基础，将雅安四区和邻县的民枪经过编组训练而建立起来的。原保安三团团长王德全为司令员，原该团政工室主任毛云相为政治委员。于12月13日奉到西康临时军政委员会命令，该纵队前往阻击由民山侵入凤鸣乡的"反共救国军"张广德部，完成任务后驻防金鸡关，堵截流窜来康的蒋军。当天下午，王德全、毛云相率部到达姚桥，电话通知西、南两区的指导员回部工作，总指导员孙大莹、谭永承留在观化及沙坪坚持工作。当晚我军部署战斗计划，采取三面合击，通知二师名山徐联选团从左翼侧击，通知水口三师独立连从右翼侧击。纵队直属保三团一、三(缺二营)两营正面进击。14日拂晓，即发动向“反共救国军”的正面进攻，当天上午收复凤鸣乡，下午与名山徐团、水口魏玉发连在永兴会师，攻击前进，敌军不支溃退。15日，我军继续追击向青杠堰总岗山溃逃的残敌，余众逃入深山。此次战役计缴获敌军长短枪400余支，歼灭了王陵基扶植已久的作为窜入西康的先遣队张广德部。这次获胜消息传到雅安，政工大队在各个街口张贴捷报，并在《每日新闻》上报道战况，稳定了惶惶不安的人心。这一消息传到百丈、邛崃敌军中，引起了一些畏战官兵逃跑。值得一提的是住在上里的三师张其盛卫生连马上赶到姚桥，进行战地救护，沿途清理战场，掩埋尸体，送护伤员，重伤的送去雅安仁德医院医治，然后张才返回上里。

在人民解放军的配合下，二十四军起义军与纵队张炳南师在洪雅、丹棱、蒲江等地击溃歼灭王陵基的保安团。剩下的保安三团、五团原打算通过成雅公路窜进西康，公路又被二十四军毛团截断，改从邛崃夹关、芦山大川直趋雅安上里乡，以为小道无防，而这里已有我川康人民革命军第一纵队三师的一个民枪团防守。12月18日晚间，敌军进犯，予以阻击，以敌众我寡，上里五家口失陷。王德全在金鸡关接到北区苏维德电话，当即命令中里、下里、太平三地的纵队三师所属部队火速驰援。上里总指导员蒋增瑞与师长杨选臣、副师长兼参谋长杨安邦，将部队分为两支，由蒋增瑞、杨选臣带一支，由杨安邦、苏维德、郭鹤翔等带一支，赶到五家口，分占两侧几个山头。敌军这时已冲出五家口场，企图伸向中里。我中里纵队民枪快速赶到，展开攻击。正面与两侧配合，加上张其盛卫生连同另一个连袭击敌人后勤给养。激战数小时后，敌人伤亡较大，并且探知我军确有重兵防守，继续挣扎恐遭全体歼灭，便立即撤离五家口，我军收复原有阵地。

12 月 20 日下午，侦察黄金富从名山黑竹关回来，带来解放军三十六师王师长函一件和一个“八一”帽徽。王师长得知我军作战得势，指令我军在金鸡关、名山之间布防，作为三十六师的预备队，不让被包围的敌军突围。鉴于我军已在邛崃附近构筑第一道防线，在黑竹关附近构筑第二道防线，又指令我军和保安团在金鸡关一带构成第三道防线，以防敌军突围。我军即将纵队二师两个团和名山徐联选团集中在金鸡关要隘，作纵深配备，蒋增瑞督率北区民枪封锁夹关要道。接着在 12 月 22 日，我军展开对包围胡军的大歼灭战。敌军李文兵团彻底瓦解，王陵基亦被解放军所俘。

1950 年 1 月间，雅安到芦山的交通被匪徒窜扰，我纵队奉命扫清匪众，维护雅芦交通，即派纵队直属保三团三营加一个新兵连，由营长陈守朴率领，从雅安出发向芦山搜索前进。其时雅、芦、天要道飞仙关防守薄弱。1 月 21 日，侦得胡宗南部第七兵团胡长青残部六七百人窜至芦山、天全间，伙同李元亨、程开元(程志武之子)趁机袭占飞仙关，拟向雅安进犯。西康临时军政委员会命令我军急去进击匪徒，收复飞仙关，接应天全的二十四军某部。1 月 22 日，纵队司令部移驻多营坪。当晚王德全、毛云相即与李雅松、汤铭等商定，通知驻太平的纵队三师姚培义团火速从太平乡抄小路上山，配合从多营坪出发的陈守朴营两个连，在中午12时前赶到飞仙关对面高地，以火力掩护主力部队攻取飞仙关。又通知中里、下里部队登芦山岗，防守北区一线。王、毛亲率保三团一营及新兵连向飞仙关搜索前进。接近飞仙关隘口时，遭到匪众猛烈射击，卫士彭元亨腹部重伤，另有五人受伤。此时高山掩护部队发出信号，王德全即命令司号长张健明吹冲锋号。这次冲锋受挫，又急从预备队中抽选100多名组成敢死队，由一营营长夏福祥率领再次攻击。王德全发布号令：冲上关口重奖，后退者枪毙。再吹冲锋号，在一片喊杀声中，司号长中弹阵亡。匪徒在我军山上山下猛烈火力攻击下全部崩溃，奔窜逃命。我军收复飞仙关，交由保安团李维舟营驻守，其余分返原地。

彭迪先到了荥经，马上动员朱世正所属部队，在荥、雅、汉联防总队的基础上，整编为"川康人民革命军暂编第一师"，以朱世正为师长（只有番号，并未正式打出），分别在荥经县的小溪口、南罗坝、花滩、复顺四个点对部队集中整训。每个点约有600多人，分派指导员编队训练，准备编为六个大队，三个直属中队，还集中了一部开进荥经县城维护地方治安。这个部队当时是作为预备总队，随时待命开赴前线阻击敌人。当起义后的二十四军一三六师由伍培英副军长率领转战到富林防守大相岭时，朱部给予全力支持。

一次我在雅安得到确切消息，军统特务朱子江（朱世正之侄）第二天将亲自带人去荥经逮捕民盟负责人殷文达等（殷文达是彭迪先在西康活动时的化名）。我立即在当天下午3时动身，晚9点到荥经告知彭迪先立即转移到宝子山朱世正家暂避。随后朱世正见到朱子江，严词警告："殷先生是我的朋友，如果你娃娃要对殷先生下手，老子就对不起你！"这样才保证了彭的安全。

西康的中统特务头子余仲篪看到形势不利，企图率领全家逃往西昌。荥经是必经之地。我方探得确实消息，当即组织力量，在黄泥堡将其活捉，后余仲篪在重庆被镇压。

西昌方面，民盟的组织自郭正坤、唐惠昌等离开后，由章润煌负责，继续进行活动。1948 年章润煌转移到西昌，经地下党的帮助，团结地下民盟坚持斗争。1949 年 5 月间，国民党中央财政部派来专用飞机一架，企图通过西昌警备部将经济管制期间用金圆券向西昌民间强迫换来的黄金白银若干万两，全部运走。消息传来，西昌地下民盟张剑波、程源澄等立即运用地方上各种关系，组织 1000 多名群众在长坡桥一带，横卧公路，阻止汽车通行，并以数百人控制小庙机场，不让飞机起飞。同时发动工商界及各界人士展开舆论攻势，竟日斗争，迫使警备部贺国光电话中央财政部收回成命，不再运走金银，空机返航。（刘文辉在《走到人民阵营的历史道路》中提道："西昌警备部要管制花纱布，我们支持商人营业自由，警备部与中央银行勾结要将储存在西昌的银币和生银 20 万两用飞机运往重庆，我们就根据工商界要求组织民盟武装阻挡，结果花纱布还是自由买卖，白银也没有运走。"）7 月间，西昌警备部密令宁属八县参议会，筹组"宁属八县防共委员会"，企图集中各县人力、物力、粮草、枪支，负隅顽抗。西昌地下民盟又发动盟员在文教界中组织力量，联合地方上开明人士，趁"宁属八县防共委员会"召开筹备大会之日，有计划有步骤地突然袭击，冲进参议会，使他们的反共组织成立不起来。

此外，在西昌临解放时，西昌地下民盟还组织临时武装维持地方治安，维护厂矿、学校、企事业单位不受破坏。西昌于1950年3月27日获得解放。

1950年2月1日，解放军六十二军进入雅安，西康地下民盟在雅安由王德全组成的“川康人民革命军第一纵队”和荥经分区整训待命出发的朱世正的部属以及准备编为“川康人民革命军暂编第一师”而尚未正式打出番号的预备总队，认为阻击敌军、迎接解放的任务已经完成，即全部就地复员，终结了这段革命斗争的历史。

（本文原载中国文史出版社《文史资料选辑》合订本第42卷第122辑）

作者简介：张松涛，生于1908年10月，民盟盟员，四川资中人。1931年就读于北平中国大学政治系，1936年在资阳县政府办农村信用合作社，后到北平参加抗日救亡活动。“卢沟桥事变”后辗转到了延安，进抗日军政大学学习，毕业后到河南国民军训会工作，后由中共地下党安排在河南从事中国工业合作协会工作。1941年底到重庆，1943年到工合会成都办事处工作，1946年到川民盟专职从事民盟工作，参加了策反刘文辉起义。1949年8月来雅安，参与建立民盟西康省支部。1950年11月到华北革大政治研究院学习，1952年到成都大学任副教授。1983年当选民盟中央顾问、中央参议员，1997年任四川省民盟顾问。

张志和与四川民盟的革命活动

张弢英

旧军营中的戎马生涯

我的父亲张志和1894年出生于四川省邛崃县一个破落地主之家。清末，他考上了陆军小学堂。那时学校向学生灌输的全是“忠君爱国”和绝对服从的思想，但也有几个留学归来的教师利用课堂传播了一些民族革命和富国强兵的思想，父亲在这种教育之下读完了陆军小学。毕业后，于1911年升入西安陆军二中。其时西安革命党反正，推翻了清政权。父亲和一些同学应北路招讨使井勿幕之约，到三原县任教练官训练新军，从此步入了军界。这一期间，他曾随军辗转于晋东南，南北议和后仍回四川，在蜀军中任职。

1912年，父亲离川前往北京清河镇陆军第一预备学校学习，两年后又入保定陆军军官学校二期，1916年毕业。毕业后，他应居正、席正铭之约，准备前往山东运动起义，以反对袁世凯称帝。袁败，黎元洪上台，父亲乃和一些同学回到四川重庆，以后长期在川军中服务。他历任连、营长，多次参加了军阀间争夺势力的混战,由此也积累了一点所谓的“实战经验”,得到当时川军首领刘文辉的赏识和下层军士的敬重,渐次递升。父亲和刘文辉是保定军校同学,受刘的邀请去任旅参谋长,升任川军总司令部参谋,执掌刘的机要。以后他还出任过川军团、旅长,兼任过四川兵工厂总办,并创办过《新四川日报》及《新川报》两种报刊。

1926 年国民革命军北伐,刘文辉派父亲作为代表之一去武汉,表示响应革命,全军改为国民革命军二十四军。

在武汉,父亲结识了吴玉章、李汉俊、董必武、邓演达、李立三、张太雷及苏联顾问鲍罗廷等人,常同他们交谈,阅读他们所给的进步书籍,开始初步接触马列主义。在南昌,他又与郭沫若、李一氓等往还,革命意识渐增。大革命期间,应父亲要求,重庆二十四军政治部来过几位共产党员,也传播过一些革命思想,散发过一些宣传小册子。但反动派很快背叛了革命,刘湘在四川公开反共,屠杀共产党人。莲花池省党部负责人杨闇公秘密通知父亲离开重庆去成都,并告刘文辉不要跟刘湘跑,父亲听从他的话回蓉了。不几天,传来了杨闇公被刘湘杀害的消息。

革命形势急转直下,四川军阀为争地盘连年混战。1927 年,父亲在故乡邛崃县由他的旅部图书干事、共产党员洪仿予(即洪沛然,解放后在纺织工业部工作)介绍,加入了中国共产党。

1928 年至 1929 年,父亲随刘文辉部同刘湘周旋作战。驻防江津时,他曾尝试进行社会改革,如:取消江津县团阀设的护商局,免征过往船只税收;销毁刘湘部一高级将领开在江津的吗啡厂,逮捕非法牟利者;禁种鸦片;购买地产作为学校基金;在江津修建公园、影院、图书馆,兴修了街道、码头,开办过电灯公司、妇女职业学校、幼稚园等。当时他还想通过办团练干部学校以培养新的地方长官，通过在军队内办学兵队以传授革命理论、扩大革命影响，因环境、形势变化未能成功。

1932年刘文辉与刘湘交战失利，军队瓦解。父亲就此离开蜀军出川。

为消除内战，宣传抗日而奔波

1934年至1935年春，父亲同杨灿三、张富安、黄民安等出国考察了一次。他们到过印度孟买、新加坡、埃及、意大利、瑞士、法国、英国、荷兰、比利时、奥地利、匈牙利、捷克、波兰，然后进入苏联，参观了苏联最大的水力发电厂及各种工厂、农场、学校和文化宫，颇有收益。

1935年，父亲已返回上海，为了了解日本，又再次出国。他在日本住了半年，曾去千叶县看望了郭沫若先生。由日本回国后，父亲去两广，与李宗仁、白崇禧、陈济棠、胡汉民往还洽谈，鼓动他们抗日。当时这些人的口号是反蒋反共。据父亲说，他曾进劝这些人说："反蒋是你们争权夺利，不会得到人民拥护。现在日本帝国主义侵占了东北和华北，蒋介石置之不理，一意打内战，应当声讨他对日不抵抗的罪恶……你们反蒋的口号应改为抗日才对。要抗日，就要团结全国人民的力量来干，不应打内战，反共的口号应改为民主才好。"他们表示可以接受第一点，不接受第二点，胡汉民的态度尤其强硬。

父亲为了批评蒋介石"抗日三月亡国"的论调，巩固李宗仁等的抗日信心，曾写了一本《抗日必胜论》的小册子，送与李宗仁一本。父亲于1936年春回到上海，曾介绍桂系李任仁与救国会章乃器相识，也是想拉两广以扩大救亡阵线，结果未尽如人意。

延安见闻

还在抗日战争初期，父亲就受到中国共产党的指引。他曾以书面形式记述了毛主席亲切会见他的一段不平凡的经历：

> 1937年9月，友人韩伯诚通知我说："李一氓来到成都，邀你在韩家见面，然后同你去延安见毛主席。"我听后十分高兴，马上表示同意。因我1934年游历苏联时，眼见第一个五年计划成功，人民生活有所改善，坚信中国一定可以由共产党领导实现社会主义，故愿去延安参加实际工作，实现我生平夙愿，聊尽个人微薄力量……我们同坐飞机到西安，会见了自1926年在武汉久别的林伯渠，大家十分兴奋。国民党特务虽是每天都在监视着八路军办事处，我们还是很自然地往来。住了几天，办事处有汽车去延安，我们便搭这车前往之，同行还有一位美国记者。记得有一天途中夜宿在一座古庙里，我们就睡在门板上。一氓同志关心地问我习惯不习惯？我说多年的戎马生涯，我对这些是习以为常的。一路上还碰到刚从南京释放出狱的张琴秋同志，另外还遇见美国记者贝特兰，二人都以步当车，可见当时运输工具之缺乏、革命年代生活之艰苦。到延安后，我被安排住在外交部，除分别拜会了各首长外，我还参观了各机关、党校及陕北公学。其间毛主席让一氓同志先将一本用连史纸石印的

有关在江西几次反围剿的胜利战史给我阅读，我也送给毛主席我们辛垦书店翻译的克劳塞维兹大将所著的《战争论》一书和我所著的《现代战争论》一书。

一天傍晚，一氓同志通知我，毛主席当晚约我面谈，我便在晚餐后前往毛主席住处。毛主席亲切地接见了我。主席和我对坐在茶几两边，茶几上摆有茶点招待。主席一面同我谈话，一面吸着香烟，态度十分亲切和蔼，胜似家人骨肉。他把我所答复的话，大概是他认为重要的，马上在白纸条上记下来。最使我感动的是，当毛主席问到我们开办书店的经过时，我谈到1936年在上海辛垦书店我用李凡夫的笔名主编过《研究与批判》杂志，毛主席听后，马上从他的书架上把《研究与批判》取来，一面听我叙述，一面对照审视文章内容。使我惊讶的是，延安这么偏远的地方，他居然都能搜集到这一本小小的杂志。可见主席对革命理论宣传教育的重视及其一丝不苟的态度。

我向主席面报了一生的经历，在党的领导指引下，我所做的工作及遇到的重大事件。随即谈到我游历欧美、苏联、日本以及中国南北各省，参加救国会运动等经过。谈了几个小时，毛主席不但十分注意听我的陈述而且丝毫没有倦容，他极为诚恳地指示我、勉励我，这使我深受感动。主席还安排我去面见洛甫同志（即张闻天），并与之专谈一次。最后主席交给我一项光荣任务。主席说："你莫看国民党现时对我们还好，这是靠不住的，将来他一定要打我们的。蒋介石与地方军阀是有矛盾的。你与四川军阀的历史关系最深，你可以去策动他们：第一步要他们不要做蒋介石的忠实走狗，不要与我们认真作对，只要随便应付一下；第二步要他们在国共战争中守中立；第三步最好把他们拉到我们这边来共同革命。这项工作很重要，你努力吧！”我当时向主席倾诉了不愿在四川继续过军阀生活的心情，并要求留在延安工作。主席说：“白区党的组织多被敌人破坏，以你在四川的地位和关系是我们最好的人选。”因为我和刘文辉、邓锡侯是保定军官学校的同学，加以共事多年，刘文辉和我的关系尤为密切。主席对我分析了这些对党工作的有利条件，强调了任务的重要性，使我认识到应该服从革命的需要。我放弃留在延安的愿望，欣然接受了毛主席赋予我的光荣使命。因此，我终于答复主席说：“遵照指示，努力去干。”

最后，主席还嘱咐我注意保密，回川后要直接和主席派去的人单独联系。这次谈话，从头一天晚上一直谈到次日凌晨。

我在延安还参加了10月10日二、五方面军会师纪念大会和陕北公学的开学典礼，在这两次大会上我应邀讲了话。还参加了一次文艺晚会，那天晚会毛主席也参加了的。我见他坐在群众中把手臂搭在邻座那位同志的肩头上，十分亲切自然。

离开延安前，主席还交给一氓同志一张赠给我的他本人的相片，上有他亲笔题款，亲切地称呼我“志和同志”，下款“毛泽东”，我是何等的光荣和幸福啊！

1975年初，我陪同刚从四川来京养病的父亲去拜望李一氓。那时是一氓同志长期遭受“四人帮”迫害后，刚恢复自由，住在东交民巷的外交部招待所里。一氓同志问父亲说：“你还记得毛主席送你相片的事吗?”两位老人对这段历史都是铭记在心的。

火线积极抗战

父亲从延安回到成都后不久，党中央派邹风平同志向他传达：恢复他的党籍，要他在张曙时同志的领导下工作。以后父亲就按期交纳党费，并赠了一笔款给陕北公学，是分期交给张曙时同志兑到陕北延安的，曙时同志写有给父亲的证明。那时父亲十分努力地推动发展成都文化界的救亡运动。他在成都《新民报》(成都版，与陈静珊等集资合办的)上主编《政经周刊》，宣传抗日必胜的道理。

应四川省政府保安处之约，父亲还在保安处讲授“军事与政治的关系”，说明人民武装力量和政治民主的重要，非此不能动员广大人民群众战胜日本帝国主义。此书讲授后在成都印行。时吴玉章同志经过成都，应父亲之请，吴玉章欣然题签书面，由生活书店代售。

1938年春，第七战区司令长官刘湘在武汉突然逝世，川省盛传是蒋介石害死的。蒋介石委派张群为四川省主席，在川各军以王陵基为首群起反对，声言拒绝国民党政府迁川。我党认为这样反蒋是破坏抗战，不利于抗日救国，要父亲劝王陵基率军出川抗战，不要反蒋。他终于说服了王陵基。

王陵基同意出川抗战后，请父亲作代表去渝，与重庆行营主任顾祝同商妥:其部队编为第三十集团军,王任总司令,统率第七十二、七十八两军开赴江西作战。王陵基约父亲任三十集团军总司令部参谋长,共同抗日。党同意父亲协同王陵基赴前线抗日,并由张曙时同志去函介绍父亲到汉口八路军办事处会见周恩来同志。父亲到达汉口后则由李一氓同志引见周恩来同志,并会见了叶剑英同志。

当时四川军队中蒋介石"抗战三月必亡"的毒很深,战斗力极差,在瑞昌附近的第一战就望风披靡。王陵基受到蒋介石"撤职留任,以观后效"的处分,意志十分消沉。四川部队在瑞昌、武宁间的麒麟峰的防御情况也十分不好,但父亲仍应王陵基之请,帮助王陵基指挥战事。在前线战事激烈的时候,父亲和王陵基分别守在前沿阵地同时指挥作战。两军交锋,日军疯狂进攻,我方伤亡极大。在敌我相峙中,王陵基开始动摇、厌战,在电话中下令父亲率军后撤。父亲从公私两方为其分析利弊,晓以大义,说服他坚持战斗,希望他不要辜负四川父老的期望,将功补过……父亲一方面做精神上的鼓舞,一方面调派有力部队增援。最后终于以川军的英勇杀敌、忘我牺牲,击退了敌人的疯狂进攻,把日军阻止在武宁以东,使日军未能占领长沙。这次战役,日军伤亡甚众,我军缴获的军刀及战士日记等战利品无数。当时第九战区司令长官陈诚和政治部厅长郭沫若曾到武宁前线来慰问,郭沫若同志在所著《洪波曲》一书中曾写到这次慰问,也提及曾在途中见到父亲。由于打败了敌人,王陵基被撤销了处分,并受到褒奖。

一向害"恐日病"的四川军队打了胜仗,这引起了蒋介石的注意。

蒋派特务去前线调查，得知部队曾用毛主席《论持久战》作主要训练教材，并查明负责这一训练的人是我父亲。于是父亲遭到复兴社里许多黄埔生的嫉视，他被认为是共产党。那些人向蒋介石告密，迫使王陵基撤销父亲的职位。王陵基左右为难，因为父亲是他调来的，也是他要父亲任参谋长，并去参加蒋介石在湖南衡山召开的第三、九两战区集团军首脑会议的（席间有八路军参谋长叶剑英同志）；又是他让父亲任三十集团军总司令部中将参谋长并兼任三十集团军“战地军官训练团”副团长，全权负责主持训练工作的。为此，父亲还曾前往长沙见叶剑英同志，请其派专人任政治教育工作。叶剑英同志说：“此时此地没有人好派，就由你自找好了。”父亲乃约请了七十二军政治部主任汪道余作政治部主任、十六师副师长于邦齐（渊）任军事主任。他们针对当时受训官佐的“恐日病”，提出以毛主席的《论持久战》为主要教材，训练官佐树立抗日必胜的信心，精神面貌大为改观，所以部队才打了胜仗。

这些事王陵基心中一清二楚，父亲于他毕竟是有恩的。父亲明白其中的“隐情”后，也感到此后工作无法开展，毅然决定回川去了。

挑起四川民盟的重担

1941 年，父亲奉党的指示，参加了中国民主政团同盟（后改为中国民主同盟）。

父亲回忆这段经历时说：

在宣传工作方面,我竭力支持杨伯恺同志在《华西日报》主持言论;支持田一平在《华西晚报》上负责经理的工作。嗣后经费困难,也多由我设法补助,直至1947年6月1日我们被捕后,《华西晚报》宣告关门。然其所负债务,在我被释放后都还是由我偿还清楚的。

杨伯恺同志离开《华西日报》后,负责主办《民众时报》,经费完全由刘文辉负担。在此以前,我曾介绍邓初民、马哲民、黄松龄、张友渔等同志,先后为刘文辉讲授政治经济学及国际问题等,以提高刘文辉的政治认识,使其免受蒋介石愚弄与利用。《民众时报》便是他支持民主运动的一个具体表现,也是我替他主张布置的……

之后,我虽然出任中国民主同盟中央委员、西南总支部委员、四川省支部主任委员的工作,但那时我的主要精力仍然放在毛主席布置给我的争取国民党西南方面高级军政人员投向我方的统战工作上。当时最主要的对象是:西康省政府主席兼国民革命军第二十四军军长刘文辉、川康绥靖公署主任兼四川省政府主席邓锡侯和川鄂边区绥靖公署主任潘文华等。这一工作整整经过抗日战争和解放战争两个时期。我并经常介绍党的同志和进步民主人士接近他们,以推动工作。

所有这些工作,我都主动、积极地争取党的领导,先后在张曙时、罗世文、华岗、张友渔诸同志领导下工作。我每次去重庆,都必定要当面向周恩来同志请示汇报工作。每次见面,都是在恩来同志妥善安排下进行的。如:有时约我在《新华日报》营业部楼上，有时约在曾家岩八路军办事处。事先约好我先坐自己的汽车，开到指定地点后马上换乘恩来同志派来接我的汽车。这些都是在深更半夜进行的，因为白天有特务，尤其是国民党大特务徐远举亲自跟我周旋，或请我吃饭、看戏、打牌、跳舞等等，他千方百计每天会见我，藉以监视我的行动。但由于恩来同志的周密安排，我仍能从容与恩来同志会见。

1942年，经过父亲联系，西康省政府主席刘文辉第一次在重庆与恩来同志见面。关于这次见面，刘文辉在1962年所写的《走到人民阵营的历史道路》一文中有过记载："1942年2月，我同中共中央领导人之一周恩来同志第一次见面。这次会晤，事前是通过民盟的朋友(指我父张志和)联系的。为了避开蒋介石特务的耳目，时间在深夜，地点在重庆机房街吴宅，在座只有周和我二人，我们约谈了一小时……最后他还给我指出了努力的方向……经过这次会晤，我同党的关系，也就由一般联系开始进入了实际配合的阶段。"父亲回忆那时他所做的秘密接头工作情形时还说："刘文辉、潘文华两处的秘密电台是由我向恩来同志报告派去的。"

1942年6月，中共中央派王少春到雅安和刘文辉联系，并设有一个秘密电台与延安直接通报。这个电台一直工作到雅安解放，经历了将近八年而没有被破坏。

父亲说："后来王少春对我说，他在赴雅安经过成都时，曾拟与我见面，但因事前未联系上，恐泄露机密，便匆匆赴雅安去了。

其间，有一次恩来同志对我说：‘我们派在刘文辉等处的电台，他们不用，现在我急需电台，你回去向他们说，我拟把电台调回。’我回去向刘等传达后，刘文辉不肯，便没有调回去。潘文华使用不多，遂调回去了。”

刘处电台平日供给新华社报道解放区消息，使留在蒋管区的革命工作人员及时明了大势和党的政策。张友渔同志在他所著《我的回忆》一文中也曾回忆道：“我有时也通过王少春用电台直接报告延安，但很少。倒是刘文辉从电台上收到延安新华社广播的消息，经常派人送给我，比我从重庆工委得到的还快。”

父亲又说：“1946年初，恩来同志要我向刘文辉传达过他的话。”那时正值旧政协会议闭会不久，周恩来同志将要离开重庆去南京。他嘱父亲转告刘文辉：“政协决议能否实现，联合政府能否组成，要看蒋介石下一步如何走，现在还不能定。但是无论怎样演变，斗争总是不可免的，对蒋介石一刻也不能放松警惕。”他还叫父亲特别提醒刘：“今后的政权问题完全取决于人民的意志，如果人民不要他，谁也站不住。”（上述谈话刘文中皆有记载）

1945年，党派张友渔同志前来成都开展西南上层人士的统战工作。

张友渔在前著《我的回忆》一文中写道：“到1944年底，1945年初……工委派我作为党的秘密代表，去成都做文辉的工作。董老（即董必武）和王若飞同志给我的主要任务是以刘文辉为中心，同四川地方势力密切联系，研究如何配合工作，反对蒋介石不抗战搞内战，以保卫西南的问题……同刘文辉联系的线索是很复杂的……后来又通过张志和。张是刘文辉的老部下，在刘的手下当过旅长、师长，原是我党党员，后失掉关系，当时还没接上。刘文辉跟蒋介石有矛盾，所以跟我们拉关系。他那里有我们从延安派去的秘密电台机要人员王少春同志和他的爱人（王少春同志是台长）……我同刘文辉谈话的主要内容，是关于西南自保的问题。因为当时形势急剧发展，日本攻势很凶，蒋介石有放弃西南、甚至投降日本的可能。我跟他谈，如果蒋介石投降，要反对；如果蒋介石向西北撤，西南应'自保'，坚持抗战，我们可以支援他。我每个星期都要见他几次，给他讲国内外形势和我们的方针政策。"

张友渔同志在成都时，父亲曾接待他在父亲所办的健诚实业公司居住了一段时间。当时的负责人谷醒华、茹志波等，受父亲嘱托，对张友渔同志的安全做了认真细致的安排。

写这篇文章期间，张友渔老伯还提醒我们说："我在成都时，每两周都要和你父亲及杨伯恺、田一平四人开一次碰头会，研究决定怎样开展对刘文辉、邓锡侯、潘文华的工作。这个会很重要，有时就在你们家吃饭，你母亲还出来招待我们的。"正如张老文章中写的："我的另一项工作是领导统战系统的党员，以他们为核心，开展统战工作。如杨伯恺、田一平、张志和组成的小组，我每周跟他们谈一次形势，部署工作。田是党员，杨和张政治上按党员看待，还没有解决组织关系问题。"

父亲也曾提道："我在党的指引下，设法团结刘、邓、潘三部主要人物，组织座谈会。刘文辉指派段升阶、吴景伯；邓指派陈静珊、余中英；潘指派钟体乾、乔毅夫为代表，我为召集人。每周开一次，会前先由张友渔同志详细指导，并供给新华社消息，以免他们偏听偏信蒋介石方面的虚伪欺骗宣传。后为张群探悉，尽量破坏，并把潘文华调赴川东酉阳一带以拆这一团体。”

张友渔同志经常给父亲有关党的方针政策以及有关解放区和蒋管区的内部参考材料，当时均由我和爱人金拾珊深夜赶抄完后，分送给刘、邓、潘及钟体乾(解放后任四川省副省长)阅读参考。张友渔同志在成都期间曾邀请苏联塔斯社社长普钦科来陕西街72号我家和我们座谈。参加者有张老、父亲、我、拾珊和妹妹。谈话主要围绕苏联何时对日本出兵作战的问题，普钦科也问了四川封建势力袍哥的情况，气氛十分融洽。据不久前张老对我们讲，解放后，普钦科社长还到中国来做过客的。

那时我们家经常有国民党特务监视，父亲对张老的安全极为重视，嘱咐我们要时刻警觉注意。一天下午，正值成都行辕第二处处长郑锡麟来我家做客，门房刘大爷突然通知张老来访，父亲恐其被特务发现，立即叫我和拾珊出迎。拾珊当即陪张老绕道去父亲小书房会面，我在附近观察动静。遇到这类情况，我家的工友们都能认真对待，因为我们跟随父亲多年，深知父亲的为人和交往。当时张友渔同志生活十分艰苦，经常布衣简服，以步当车，从容不迫地出入于敌人包围之中，所到之处，总是平易近人，给群众留下深刻的印象。

回忆起张友渔在川工作时，父亲还说：“抗日战争胜利后，张友渔同志调回重庆，组织上曾派肖哲生同志来蓉与我联系，后肖被捕，即告中断。1947年春，我由成都去上海参加中国民主同盟二中全会，经过重庆时见着吴玉章、张友渔同志，张还交给我一份秘密文件，装在一支香烟里，要我到沪交与董必武、华岗同志。

我在上海时亦曾向董老、华岗同志请示开展民主运动的工作。”父亲在上海时应《文萃》杂志之请，还曾写过《国共战争管窥》一文，说明国民党坚持内战，必定要失败，告诫其必须停止内战。

临解放的几年，反动派的势力嚣张，民盟的活动也更加频繁而艰巨了。

1946 年，李公朴、闻一多先后在昆明被国民党特务杀害，成都各界于 8 月 18 日在蓉光电影院开追悼大会。民盟张澜主席、父亲和川盟负责同志均参加了大会。会上民盟同志愤怒声讨国民党反动派摧残民主、破坏政协决议、枪杀民主人士的滔天罪行。当天父亲还特别邀请西南联大朱自清教授参加了大会，并在会上作了发言。他平日言谈举止一向轻言细语，文静端庄，但他为死难烈士的不幸遭遇，却慷慨陈词，不计个人安危。

那次追悼会上，许多特务混进会场，伺机捣乱。在大会行将结束时，一小撮特务分子狂呼“打倒共产党尾巴民主同盟”等反动口号，大会仍然进行下去。会后父亲护送张澜主席走出会场，张澜主席刚坐上黄包车，特务们就用鸡蛋壳装红墨水及荷叶包豆豉、豆瓣等向张主席打去，打伤了张主席。事后我随父亲前去探望，并请名医董秉奇大夫为张澜主席医治创伤（董秉奇大夫同情革命，解放前夕拒绝随国民党反动派逃往台湾，解放后任第七军医大学副校长）。

1947 年 3 月，父亲到上海参加民盟二中全会后回到成都，局势日益严重，同年 6 月 1 日，国民党反动派在全国各地大肆逮捕民主人士。成都的宪、军、警、特全部出动，在全市搜捕进步民主人士。当天凌晨，川康绥靖公署主任邓锡侯派他的副官处长刘雄将父亲捕走，接着又来了大批特务包围了我们家。后来我们才知道由于父亲对邓锡侯长期进行统战工作，加之他们又有保定军官学校同窗之谊，邓知事态严重，就抢在国民党特务前“行动”了。后因张澜主席和黄炎培先生在南京加紧向行政院长张群交涉，我母亲又不断向邓、潘、刘各方奔走呼号，经多方友人催促，张群迫于形势只好电令邓锡侯释放，父亲终于重获自由。

“六一”大逮捕那天，住在我们楼下的民盟四川省支部的负责同志张松涛，在工友的提醒和帮助下从后门涉御河逃脱了敌人的搜捕，未遭敌人屠杀。和父亲同时被捕的，还有杨伯恺、范朴斋、田一平、于邦齐、孙蕴实、刘慕宇、罗启维、张大昌、颜士奇、王伯高、陈中平诸同志。杨伯恺、于邦齐、王伯高后来被杀害。

父亲说，对被捕同志的营救工作，他和四川支部是经过了不断努力的，但由于敌人的种种破坏，可惜未完全成功。

如 1949 年 5 月，张群抵达四川时，父亲即往张下榻的成都励志社访晤，要求根据重庆释人先例，释放监禁在成都的杨伯恺、于邦齐等同志，终以特务头子徐中齐从中作梗，又以时局急转直下未得结果。但四川支部对狱中同志始终尽力资助，川盟原有的荣利印刷厂出售所得款项大部赠狱中同志及其家属。直至成都解放前夕，吴汉家同志尚力图通过民革负责人曹四勿同志策反伪省警备部稽查处长周迅予，希望能通过周营救狱中的同志；贾子群（党员）同志也通过何亚明同志策反伪保安处政工处秘书特务头子柳慕云以营救狱中同志，尽管竭尽全力，可惜均未奏效。

在此再补述一件事。父亲曾向我们说过，张群在上海时曾向张澜、黄炎培表示，同意释放被捕盟员。其用意，正如他向黄炎培同志说的："过去一件件事你要我帮忙，今后要你为我帮忙了。"他指的是帮他照应母亲和弟弟。

张群的老母和在川康电信局当局长的四弟张骧（号云风）都留在四川成都，解放后，张骧对我们说，大哥临行前曾对他说过"你和张志和有交情，今后的一切，他总会负责照应你"的话。事实上父亲也是早就对他进行了统战工作。父亲动员张骧保护好四川西康两省电信局，将器材完好无缺地移交解放军，张骧确以保全电信局的实际行动迎接了四川的解放。解放后他当选为四川省政协委员，并出任全国政协特邀委员。张群老母活到九十高寿，他们都受到了党的礼遇。

1947 年 6 月，大逮捕之后，父亲负责四川民盟的工作担子就更重了。他和我们回忆这段时期的战斗历程时说："川盟的全部活动和一切成就都是与党的领导、和民盟广大同志、其中还有不少的中共地下党员的共同战斗、流血牺牲分不开的。"

以下是父亲在川盟工作报告中的部分材料摘要。

四川盟务自 1947 年 6 月 1 日起，遭受国民党反动政府严重打击，成、渝两地和其他地方的大批盟员均先后被捕，组织被迫由公开转入地下……由于客观环境的激烈演变，川盟的工作重点也各有不同。

1948 年的川盟工作重点是深入群众，建立武装。

川盟组织克服了盟内成员中"左""右"两种倾向，特别提出"严守岗位、艰苦奋斗"的原则，将原有组织加以整理后恢复活动；发展工作是号召盟员回乡，发动县的组织，求得面的扩展；为了巩固工作成果，经常派人到各地联络和督导盟员。

根据这些步骤，首先将原有各县的组织恢复，并在1948年的7月将四川大学毕业的二十几位学生干部分配各县工作，开展地方组织。截至四川解放前夕，川盟建立组织的地区总计有55个县市。

四川的盟务，成都是一个重点，原有盟员甚多，但“六一”事件以后盟员大部离散。地下工作初期，成都市分部由范朴斋同志任主委，韩文畦同志任组织委员。1949年春，范、韩因事离蓉，四川支部派吴汉家同志兼负市分部秘密组织责任（后因韩未成行，即由他代理市分部的主委）。当时与组织保持联系的盟员仅50多人，后扩展到200多人，直至解放前夕，盟员则已发展至400余人。民盟组织并领导的有：成都市职业青年联谊会、成都市民主妇女联谊会、青年自然科学工作者协会成都分会、青年文艺工作者联合会等外围群众团体。

此外，对于重庆市支部的盟务，四川支部也略有帮助。1947年8月张松涛同志曾协助重庆支部临时工作小组。1949年2月，重庆成立临时工作委员会，四川支部在渝盟员张万禄（中共党员）、刘一孚等50余人均转与重庆临时工会组织联系。

四川民盟支部在地下工作时期的负责同志计有：张志和（主任兼代组织）、罗忠信（联络民革及策反工作）、贾子群，中共党员（盟员训练工作）、彭迪先（文教工作）、王道容（文教工作）、韩文畦（盟员福利工作）、刘堃南（财务工作）、张松涛（对外联络工作）、吴汉家（组织内部工作等）。

四川民盟转入地下后，总部不久由沪迁港。川盟支部为与总部取得联系，父亲曾与省支部负责同志和在川中委开会，决定派张松涛同志赴香港一行。松涛同志于5月初到达香港,会见了周新民、李相符、李文宜、李群仪四同志,由他们引见了中常委沈钧儒、章伯钧两位负责人。松涛同志报告四川盟务并请示了今后的工作方针,李相符同志指示,以民盟三中全会宣言为准则,应加强地方组织,争取川康首要人物于必要时起义,并由总部交张松涛同志带回学生运动补助费,折合法币5000万元;受难同志救济费,折合法币5000万元。同年8月组织又派张松涛同志赴港,再晤周新民、李相符等同志,除报告盟务外,并商讨了川康统战工作问题(下文专述)。1949年,范朴斋同志赴沪转港对四川盟务总部亦有陈述,此后民盟总部由港北迁,联系因而中断。但四川支部仍本着三中全会指示的政纲、党的历来指示,在总的目标下,积极发挥独立作战精神,深入群众,加紧组织以求政纲的实现。

当时在成都有几次大规模的群众运动,是父亲和川盟其他负责同志直接领导发动的,值得提出的计有:

"四九血案"。1948年4月9日,以四川大学为主干的七个专科以上学校学生向国民党省府要求配售平价米的请求斗争(争温饱运动),这是在成都市分部青年工作委员会领导下发动的。

4月9日这天,四川大学、华大、成华、技专、川康农工学院等7个单位的同学1000余人在请愿中遭到军警冲击,当场重伤四名,轻伤数十名,被捕140余名,造成举国闻名的"四九血案"。此一经济斗争遂转化为政治斗争。成都市各专科以上教授、学生全体罢教罢课,该行为得到10个以上中学罢课的响应。经过两星期坚决的罢课行动,被捕同学得以先后出狱。

1948年5月,特务乔诚接管了成都市府。同年8月,民盟同志张万禄、赵文锦等发动成都市级公教员工生活请愿活动,孔叔宛同志担任请愿团主席,目的在于暴露反动政府,加重其困难,并揭发乔诚的贪污劣迹。此一运动时间延续数月之久。后民盟与市参会的反乔运动配合,乔诚的贪污行为遂成为家喻户晓的事实。到1949年初,张群亦不能不顾及社会影响,勒令王陵基将乔诚撤职。

1949年4月,民盟盟员、川大教授彭迪先、王道容、朱驭欧等同志约同中共谢文炳同志发起教职工争温饱运动,并由学生盟员李达冒、方智炯等发起尊师运动,两者相互配合发展。以四川大学为基础,逐渐扩展到成华大学、华西大学及成都各中小学,声势壮大。在4月20日晨,伪省府派军警入校逮捕学生,方智炯同志以川大学生自治会理事身份被捕(在成都解放前被特务枪杀),彭迪先同志及其他大学生盟员均因此被迫离蓉。

川盟响应中国共产党的号召,协助民革发展组织,做了一些工作,在此有必要记述一下。

1948年5月,四川支部派张松涛同志赴香港,除向盟中央请示今后工作方针外,还通过中委李相符、周新民两同志得晤民革朱蕴山先生,并引见民革领袖李济深先生以及中共负责人连贯同志。张松涛同志曾数度参与协商川康方面统战工作问题。当时决定,民革在西南设立西南执行部,由杨耿光先生负西南执行部总责,李济深先生托张松涛同志带回致杨耿光、刘文辉、邓锡侯、张志和的密件。松涛同志在《我参加西康民盟武装斗争》一文(未刊初稿)中回忆说:关于刘文辉主持民革川康地下组织方面与我有点关系，这里必须一谈。我在1948年6月中旬从香港带回中共华南局、民盟总部和民革主席李济深请刘文辉负责川康民革的信，以及朱蕴山同志、杨杰同志给刘文辉的信件。在6月下旬，经张志和约请刘文辉，由金拾珊、张弢英具体安排在陕西街72号张宅会面。当时张志和同志在座，我向刘文辉传达了香港各方面的意见和要求，并将几封信件当面交刘……李济深同志还专写密函绢条给张志和同志，要他“与自乾、晋康、耿光诸兄策定进步计划”。其原函张弢英尚保存。李济深先生密函内容如下：

志和吾兄勋右：

别来忽忽又将三载，至念。张、张两兄转港，具道吾兄领导革命，努力不懈，至佩贤劳。独裁政权的总崩溃即在目前；惟川康地居重要，一篑之功，仍在于此，至盼与自乾、晋康、耿光诸兄策定进步计划，迅付实施，外交方面，此间可负全责，余由松涛兄面详。专此，敬颂筹祺。

弟深上

八，廿九

松涛又说：“我第二次去香港的路费，也由刘文辉交给张弢英黄金二两，再由金拾珊转交我的。”

张松涛同志于8月份再度赴港，往访了李济深先生，又与中共负责人连贯同志洽谈，所得指示是：川盟尽力协助民革争取川康军政首要，选择适当时机起义（当时曾谈过解放军东到宜昌，北到汉中，川康刘、邓、潘即响应）。张旋即返川，于10月间到达成都，适刘文辉先生已赴西康（父亲使前往会见刘的秘书长段升阶先生，经过联系，松涛同志再转康定，始见到刘先生并商谈了以后的具体联系问题）。当时拟设立联络参谋部于雅安，成都、重庆、昆明各设站以密切联系，加强统战工作，但未能实现。民革领袖特别希望父亲协助民革在川西发展组织，以后民革川康分会在蓉成立，负责人周从化原为民盟盟员，父亲本着统一原则予以协助，并由吴汉家、张松涛两同志与之联系，对民革组织工作均提供意见。吴、张二同志常在周家或青羊宫望仙场喝茶、商讨工作，有时还有曹四勿同志参加。其后吴、张均另有工作，便由罗忠信同志继续负责民革联络工作，父亲与贾子群二人则与中共保持联系。另外，早在1946年，朱蕴山先生曾来蓉筹民革组织，父亲亦曾接待他在健诚实业公司住过。

松涛同志在回忆文章中谈道："争取刘、邓、潘起义工作，我们一直很重视，也抓得很紧……如钟体乾先生是代表潘文华与张志和联系的，我也曾与之接触，在1949年10月间就曾经由金拾珊同志陪同去和钟老联系，商谈和平解放四川互相配合问题，钟极表赞同。在1949年12月，由金拾珊同志陪同我去见刘文辉的参谋长杨家桢，联系交换起义情报，具体商谈雅安方面情况。"

金拾珊充当这样的联络员不止一次，可见当时统战工作开展得十分活跃，联系也很频繁。

在统战工作中，川盟盟员对中共地下党党员（包括一些跨组织的中共党员）、民革成员做了一些掩护工作：如1949年8月以后，川西中共党员及其外围团体民协委员大批向西康疏散。经川盟当地组织介绍工作、供给伙食者前后有二三十人之多。又如 1948 年华蓥山事件前，贾子群同志在南充联络北碚的杨薪德同志对中共党员支持掩护。华莹山事件后，大批中共党员撤至南充，由贾子群同志掩护，供应他们的生活。数月后又转移至成都，食、宿均掩护在卢生田、杜象谷、杨新德及金堂的陈平山诸同志家中，直至解放。1949 年 10 月，中共地下党员朱平、民革川康负责人陈强立率领 10 位地下党和民革成员去芦山县程志武处，策动程起义。程志武曾率部起义，后来在中统特务的唆使下，又叛变，把包括陈强立在内的 12 位同志囚禁起来要枪毙。父亲闻讯后立即与陈仲光通话，提出无论如何要想尽一切办法营救，朱世正也立即行动。经父亲和朱世正、陈仲光的共同努力，12 位同志终于安全脱险，得以生还。

这个时期，父亲在张曙时、华岗、张友渔等同志的领导下，继续对川中刘、邓、潘等作说服影响工作。

民盟转入地下后，父亲凭刘文辉等人的掩护，仍然展开活动。解放军渡江以后，四川支部决定加紧此项工作，征得刘文辉、邓锡侯同意，筹组联合参谋部（有中共同志参加），并制定了行动计划，因时局急转，才改变了原来的方案。在争取工作中，民盟的曾庶几、刘垫南两同志也是参与其事的。经父亲的工作，伪四十四军一五〇师四五〇团一营营长陈家骥在遵义前线率一团之众起义，该师随之瓦解。陈的起义，民盟曾派张松涛、赵南乔两同志到该营具体工作达数月之久。

川盟在策动国民党军队反正、保护公家物资及市民财产、和平解放成都、欢迎解放军进驻成都、缴获特务情报和枪弹等方面做了大量工作，都有很大成绩。

川盟还通过孔子嘉同志说服市长冷薰南（寅东）修好各街栅子，组成人民自卫队，并做了供应解放军兵差的准备。

成都解放后，川盟同志曾向人民政府提供大批各机关、团体、学校的调查资料，对接管工作是颇有帮助的。

父亲当时除了负责川盟领导工作外，本人还承担了一些具体任务，例如去西康建立民盟省支部，开展西康地区的统战工作。他曾向我们详尽地谈到他去西康建立西康民盟省支部、开展武装斗争、迎接解放的经过。他说："1949 年 8 月 25 日，我化名何渠安，随二十四军参谋长杨家桢同车潜赴西康。这是获悉了蒋介石在 8 月 24 日已飞到重庆的内部消息后，立即开始行动的。"这个消息是张群的四弟张骧，通过安装在我家的一部他的局长专用电话秘密告诉我们的。据父亲回忆说，当时去西康的原因有两个："1948 年，蒋介石任命王陵基（芳舟）为四川省主席。王到成都赴任后，就告诉我一个机密情报，王说他回川就职前，蒋介石曾向他亲授密令，要他一到四川即将张志和逮捕枪决。但王向我保证说，他决不做这种不够朋友的事。后来他又曾向你母亲表白说：'大嫂，请放心，有我在四川，志和的安全是没有问题的。'"因此蒋介石飞到四川时，父亲不得不暂时避开锋芒，转移工作。关于另一个原因，他说："其次，民盟的工作转移到西康省也由当时的全国形势所决定。对于策动刘、邓、潘及川康军队、蒋胡军队，业已组成了一个参谋团推动一切，不需我亲自在蓉亦可按照预定计划进行工作；而西康是西南方面最薄弱的一环，蒋、胡、王匪帮认为占领西康，不难持久顽抗，以待第三次世界大战爆发。而当时蒋介石指挥的西南胡宗南几十万敌军是可能从四川、西康向云南、西藏、印度方面逃窜的。我根据党和毛主席交给我的任务，要川盟在西康、四川地方早做准备，予以阻击，不让敌军安全南逃，为害人民。因此应及时做巩固西康的工作，在必要时还要动员西康民间武力进入成都平原，协同解放军和川境各地人民革命武装消灭蒋胡军队。但要达到这个目的，必须要做三件事：第一是消除西康军民的对立；第二要使军民团结一致；第三要使军民双方都共同走上革命的道路。西康军民对立有这一段经过：1946 年春，西康省人民曾武装起来反抗过西康军政当局刘文辉，当时刘文辉虽用和平方法平息这一斗争，但并未根本消除军民的对立。那支武装力量的首领朱世正串联了雅安、荥经、天全、芦山各县武力，自称总司令，并号称革新派，势力相当大。据刘文辉说，朱世正之所以敢于反刘是受蒋介石的利用……”

1949 年春，适有西康省荥经县的民盟盟员赵锡骅同志来成都向父亲建议，他说朱世正是蒋介石的学生，同他幼小有同乡同窗之谊，也许能够把他拉过来。

当时父亲认为，民盟如能把朱拉过来，可以协助刘文辉清除起义的障碍，于推翻蒋政权有利，遂同意民盟去西康做这一工作，并指定赵同志进行。赵回到荥经，先与朱世正最亲信的老师、荥经县府民政科长黄汝杰联系，约黄加入民主同盟。1949 年春，黄又介绍朱世正入盟。

同年 4 月，川盟认为彭迪先同志在川大有被捕的危险，父亲及时商请彭离川到了西康。川盟安排彭迪先同志到西康后，请他负责对朱世正及西康进步人士的理论教育工作。彭乃化名殷文达，亲赴荥经与朱、黄、赵等人讲授经济学、唯物辩证法等，提高他们对革命的认识。月余之后，成效甚好。

西康盟员提出了组织西康省支部筹备委员会。父亲认为有此必要，乃以西南总支部主任委员潘大逵名义代行主委，发表了彭迪先、朱世正、黄汝杰、赵锡华、李伯平、罗西玲、张松涛等七人为筹备委员。彭任主任委员、张任秘书、赵任组织、李任财务、黄任宣传、朱任军事动员、罗任文化，并报西南总支部及总部备案。

由于彭迪先等同志在西康做了些基础工作，父亲在蒋介石8月24日飞到重庆时，当即于25日化名何渠安离蓉潜赴西康雅安。父亲到雅安后的次日即着手写《论游击战》《人民的军队》两本小册子，这都是根据毛主席、朱总司令的著作为主导思想写成的，并以此为教材，作为雅安教育训练武装干部之用。

9月中旬他又亲去荥经同赵、黄、朱各同志见面，就他们主张推翻刘文辉军团问题反复说明利弊，并指出要彻底解决这一问题就得首先集中力量打倒蒋介石，推翻国民党政府的统治。父亲向他们分析了世界形势，指出只有站在民主方面才有前途。还指出他们这些地主武装力量，尽管没有法西斯之名，却有法西斯之实，如不彻底改革，走上民主战线为人民服务，最后是要归于淘汰，被消灭的。因此他们应当认清现实，把所有民间武力动员起来，从事民主革命，打倒蒋介石。这些道理他们认为是正确的。然后父亲和他们商讨怎样训练干部，怎样用《游击战》《人民的军队》之类教材进行训练等许多问题。他们(尤其是朱世正)经过十多天的研究讨论后,十分同意以上的观点和意见。于是父亲要求朱世正约集能号召的武装首脑人物,在他家乡天宝山寨子上聚集,由父亲同他们讲话。朱也同意了,并定于农历八月十五日聚齐,到时父亲由荥经县城去他们寨子上。那天到会的约400多人,父亲向他们讲解了世界大势、中国当前局势,说明民间武力应当从事民主革命,动员起来配合解放军肃清蒋匪帮残余军队才有出路等问题。到会全体人员均表示服从领导听指挥。随后父亲又找他们中间有群众威信的进行个别谈话,解答他们的问题,如此经过三天他们才各自陆续散归。

父亲在荥经县城又同各群众团体干部们分别研究讨论很多问题后,才回到雅安,并向刘文辉具体商谈策反川康军队,配合人民解放军消灭蒋、胡、王军队的种种办法和如何改造二十四军及改善军民关系问题。父亲回忆道:

> 我在雅安与刘文辉先生商定,刘仍去成都负责领导策动邓锡侯、潘文华及川康军队、绅耆、地方人士、民众团体、革命群众等工作,共同起来配合人民解放军解决反动军队,安定川康。我则暂留雅安和其他民盟同志在西康抓紧武装群众的工作,伺机配合人民解放军。后来,在西康战局揭开时,我便与二十四军参谋长杨家桢一道协同二十四军代军长刘元瑄阻击胡宗南军的作战,并经常将战况向周恩来同志汇报……

1949年12月9日，西康省政府主席刘文辉、四川省主席邓锡侯、川鄂边区绥靖公署主任潘文华联名自四川彭县向毛主席、朱德总司令发出起义通电，郑重声明，自即日起与国民党反动派断绝关系，竭诚拥护中国共产党、中央人民政府和毛主席的领导。这是党中央、毛主席和周总理亲自领导的统一战线的伟大胜利。刘、邓、潘在四川彭县通电宣布起义后，胡宗南军开始从陕西向川康南逃，蒋介石派的四川省主席王陵基率全川保安团九个团及胡部的一〇四师为南进先遣队，拟经邛崃、名山，通过西康、云南逃窜。此时刘文辉的二十四军即在邛崃大道上的名山附近阻击，不让敌人逃走。但刘军三个师中只有一个师可用，共有四个团，这四个团单对付王陵基的九个保安团已属劣势，况且胡宗南军大部陆续跟来，此时刘军所处形势十分紧张。但当时刘军后方是很安稳的，原因是民盟组织嘱咐朱世正在荥经动员民间武力三四千人，一面集中，一面派出是大学毕业生的盟员前往担任政治训练的工作，由彭迪先同志负总责。听父亲说："刘军在战局紧张的时候，怕名、雅不守，对外通讯中断，曾请我带电台一部先去荥经县安设在朱世正乡间山上家里，同各方接通联络，以保持通讯畅通。这说明朱世正和民盟一道，在关键时刻反对蒋政权是可靠的。刘军在前线最紧急的时候，还同意动员朱世正在荥经方面能动员的队伍，以备调用。"

刘文辉在彭县宣布起义后，在雅安成立了"西康临时军政会议"，以主持当时的军政大计，首要的问题是必须保卫雅安的安全。由于雅安的兵力薄弱，因而动员地方武装力量来安定后方秩序，加强前线的阻击工作。1949年12月中、下旬的20多天，是形势严重的关键时刻。我父亲在商得“西康临时军政会议”的同意下，采取了以下三项紧急措施：

1. 立即向周恩来总理电报告急，请求中国人民解放军尽早进军西康。周恩来同志通过王少春同志领导的电台于1949年12月17日拍来一封军事紧急电报，全文如下：

张志和并转刘、邓、潘三先生，第二野战军刘、邓来电转如下：恩来亥巧(即12月18日)。

军委：我先头十七军与十军已于铣日(即十六日)攻占乐山、青神，正向西发展中，战果待报。十一军、十二军今(篠)日(即十七日)可达新津、彭山之岷江之东岸地带。特此专告。

事态正是按照党中央的军事部署发展。在西康名雅道上，刘军前线战事正处危急的时刻，我解放大军神速地围追拢来，攻克新津、邛崃，王军溃逃，刘军前线解围，胡宗南军遂在川西平原被我解放大军全部歼灭，西南得以顺利解放。

2. 动员王德全(保安团长)以保安三团为基础，加上地方武装约人枪万余，建立“川康人民革命军第一纵队”，由王德全任纵队司令，毛云相任政委。王、毛率领保安团及民间武力开赴前线作战，消灭了王陵基在名山和雅安接壤的游击基地的张广德部。随又率部攻克被土匪头子程志武、李元亨抢占的飞仙关(此地距雅安只30里，形势险要，是保卫雅安的要地)。此外，王德全还指挥地方武装阻击由邛崃窜往雅安的王陵基的保安团，收复雅安北区上里乡(蒋增瑞同志曾参加此役)。从而使敌军知道雅安方面已有充分准备,不敢再向此方面逃窜。当时,雅安的《健康日报》以头条消息报道了此战。

3. 1949 年 12 月初,原二十四军起义前夕,代军长刘元瑄向彭迪先同志谈到军队均已开赴邛崃、名山前线,雅安空虚,形势紧张,请彭去荥经动员朱世正的队伍集中待命,安定刘军后方,保证起义成果。彭亲往朱世正处做了动员,正枕戈待命之际,因解放军迅速到来,便全部复员。

刘文辉在分析这股恶势力和民盟所做的工作时这样写道:“这批地方恶霸……如果时局一有变化……他们必然趁机蠢动与蒋介石的势力里应外合,实为迎接解放的一大隐患……后来,民盟有几个同志也在这里做了一些工作,在这股恶霸势力中,起了一些分化作用。”

后来父亲回忆说,西康民间武力完全接受了民盟的指挥,不但不和反动势力相结合,而且劝他们不要乱动,使其陷于孤立无援的处境,终致覆灭。

做革命所需要的工作

回顾过去的革命生涯时,父亲曾笔谈过自己的生活,他写道:

当时做的是革命工作,我却住的是高楼洋房,每天总是“座上客常满”怎么行呢?不是汽车便是包车。每天必有当时的高级将领如潘文华、邓锡侯、刘文辉等及其眷属往还酬酢,玩牌、吃酒、跳舞、旅行,明知这些奢侈生活是行为腐化,本可以不那么干，但是要做他们的工作，就不能不和他们过一样的生活……精神上痛苦、思想上矛盾。记得那年吴玉章、林伯渠、陈绍禹三同志在重庆出席参政会回延安路过成都来我家成都陕西街72号看望我时，我曾向他们郑重提出不愿再过这种腐化生活，并以此为掩护去做邓、潘、刘的工作，请求回到延安去。终以三位同志一致认为，再找不到具备我这样适当条件可以与川康将领开展接触、进行谈心工作的人选，而不允我所请，嘱我应继续工作，事情就从那次定下来了。那时对我这种生活方式，不仅反动政府的人这样看待我，就是我们革命阵营里的青年同志们也是这样看待我，甚至痛骂我是军阀、假革命……但是我又怎能扬言这是组织的决定、革命的需要呢？……

我在当军阀时（师、旅、团长），尽管没有直接剥削人民，干那些卑鄙贪污的事，但仅凭当时一个旅长每月三千元的津贴、师长五千元的津贴，这样积累好些年我就有了二三十万银元的财富……自然，这些钱的来源，还是从剥削人民来的，因此我思想上一直认为应该将其还诸人民，所以抗日战争前、抗战期间以及解放战争中，我历年从事团结抗日和平民主运动及反蒋革命工作……所有开支经费，总是尽其所有。我的个人家业，已全部贡献给革命事业。

父亲是这么说的，也是这么做的。

1928年，父亲在重庆时，与同他联系的中共四川省委地下党军事委员李鸣珂同志合办过《新社会日报》以宣传社会主义，由李鸣珂、罗承烈、罗静予同志负责编辑。此报问世不久,其销售量就超过了重庆任何一家历史悠久的报纸,终因触怒了蒋介石而遭封闭。

1927 年,大革命失败后,父亲和陈静珊曾出资在上海开办了辛垦书店,由叶青、杨伯恺经办。当时书店发行的《研究与批判》杂志是叶青主编的。后来杨伯恺发觉叶青有托派嫌疑,想撤换他,叶青不肯,两人相持不下。1936 年父亲到了上海,两人同意由父亲来主编这份杂志。父亲无法推诿,遂以李凡夫的笔名主编了《研究与批判》,标明革新号,以示与前有别。在此期间,父亲写了一本《现代战争论》,说明抗战必胜的道理。此书于 1936 年 10 月由辛垦书店出版。

在白色恐怖的岁月里,国民党反动派残酷搜捕和迫害共产党人和进步民主人士,同志们行动住宿十分困难。为了掩护革命,便于同志们活动,1927 年后,父亲还出资在重庆开办了一所旅店。1945 年在成都开办了健诚实业公司和临邛茶厂,用公司和茶厂安置、掩护了许多地下党和进步的同志,如萧汝霖烈士、杨谦、王英才等。健诚公司也是民盟健诚支部所在地,由谷醒华、茹志波同志负责,张友渔、朱蕴山等同志都在健诚住宿过,作家黄药眠住在健诚三四个月,完成了他的小说《一个日本军曹的日记》。

健诚所属的各厂、营业处还培养了不少专业技术人员,争取到一些市场,为革命积蓄了部分力量。后因父亲于 1946 年 6 月被捕,茶厂也就被反动政府封闭了。

父亲一生重视培养下一代的教育工作,即使时局艰危也未曾忽略过。

他不遗余力地遴选革命进步人士担任校长、教师和职员，对优秀教师配以优厚待遇，还不惜以重金聘请最好的建筑设计师和建筑工人，兴建校舍，开辟校园。邛崃有名的敬亭小学、敬亭中学就是父亲独资捐款十万银圆创办的。许多中共地下党员及进步民主人士都在这两所学校工作过，如现四川省社科院院长陈秋棠（陈文）、邛崃宣传部部长聂瑞祺等。

除创办敬亭中学外，父亲还和陈静珊、余中英、吴景伯在成都西胜街创办了一所协进中学。1936 年底，父亲在成都开展抗日救亡运动，和张秀熟、邓初民、马哲民、董问樵等诸同志组织抗日救亡座谈会，聘请为吴玉章同志在荥县创办旭阳中学的谷醒华老师任协进校长，对协进的人事做了调整，学校领导人和主要教学人员都是党员和进步民主人士，如丁华、胡一哉、沙汀等。在这些老师的影响下，许多学生认识了共产党是真正抗日救国的力量，不少青年奔赴延安参加革命。一些革命老前辈也多将子女送到协进求学，如朱德同志的女儿朱敏就是我在协进上学时的同学。后来，成都的抗日救亡运动及以后的民主运动，都以协进中学为中心，因而社会上称协进为“陕公第二”。

1946 年 6 月，国民党反动派实行大逮捕，学校主要负责人均被抓走，学校遂被查封。

根据我母亲的亲身经历和我们的回忆，父亲在关怀革命遗孤和家属、培养革命后代和有志青年方面，做了以下几件工作：

1930 年，中共地下省委军事委员李鸣珂（黄埔军官学校第四期毕业）被捕英勇牺牲。军委委员李觉民同志（现名刘人奎、武汉市政协委员）找到父亲商议如何安排烈士遗孤和家属，父亲立即资送烈士爱人及幼女回南部原籍，并将李唯一的幼子李瑜珊留在我家和我们姊妹一起教养，由小学、初中，直至1945年高中毕业后，才将他送至重庆交周恩来，由重庆八路军办事处转送延安学习，更名从珂，后来在河北省军分区工作。

1930年，中共四川地下省委书记刘愿庵牺牲后，身后萧条，其父母弟妹等无法为生。父亲立即承担责任，按月对其家属进行接济，并负担其幼弟刘孝祚的生活、教育费用，由初中直到武汉大学毕业。

抗战期间，多年积极从事革命活动的汪道余同志在成都被捕后，家属生活无着。父亲马上承担照顾其老母、兄弟、侄儿女六人全部生活的责任。先安排他全家老小到邛崃小北街我老家后院居住；后因其弟是农民，乐于耕作，即拨与田地，藉以维持生活；并将其侄汪荫生安排在父亲所办的敬亭中学，后又在临邛茶厂工作，直至1945年抗日战争胜利后，他全家才返回原籍安徽。

远在20世纪20年代，李铁夫向父亲介绍孤儿院院长罗某之子罗静予，要求资助培养，父亲当即允诺安排工作，资送他到上海学习无线电技术，奠定其从事电影事业的基础，对其家属也是经常资助照顾。解放前，罗还赴美学习考察，以后为党的电影事业做出了一定的贡献。

由于罗静予的介绍，父亲对有志贫苦青年巫一舟，也长期资助其生活教育费用，培养至上海国立音乐专科毕业，并为他购买钢琴，供其钻研直至研究生毕业。

那时我的家,成都陕西街72号,曾是许多革命者生活、工作的地方,也是烈士遗孀及其儿女往来居住的地方。吴玉章、林伯渠、陈绍禹及钱壮飞遗孀、地下党员张振华等同志都在此居住过,短则几日,多则数年。

值得提起的是中国民主同盟四川省支部成立后,经父亲和母亲商定,便将我家提供给省支部,作为四川民盟省机关所在地,川盟全体领导同志均常在大客厅开会、议事。民盟中央一些领导同志,如张澜主席亦常亲临陕西街论政。张群四弟张骧每次来成都也都住我家。

由于这些缘故,陕西街72号深受敌人注目。记得在1947年以后,国民党特务煽动部分学生游行示威反共,就在我家大门内外张贴许多反动标语。如"打倒文化特务张志和!""打倒共产党尾巴张志和!"

父亲的一生都在不断努力探索真理,追求进步,尤其在抗日战争和解放战争前后的十几年,他积极主动争取党的领导,在毛主席、周总理、张曙时、张友渔等同志的直接领导下,为祖国和人民竭尽所能,做了一些工作。他常说,如果没有党和毛主席的指引,在那尖锐、复杂的斗争中,必将迷失方向,一事无成。

1957年,父亲被错划为"右派"分子,于1979年平反,1981年2月1日,骨灰移放八宝山革命公墓。父亲若死而有知,也当含笑九泉了。

为了纪念张志和,实事求是地反映他一生中为党为人民的一系列活动,父亲的老战友、老朋友以及和他共同奋斗过的同志们提供了许多宝贵史料。张友渔老伯和四川省政协委员、川盟前负责同志之一张松涛帮助核实、补充了史料,其他如洪沛然、张开阳、何德钦、兰培德、朱自清教授的夫人陈竹隐等都提供了宝贵意见,均此一一致谢。

1983 年 7 月

作者简介:张弢英,张志和同志的女儿。

赴港求教促进刘、邓起义

赵一明

1949 年 12 月，国民党四川地方军政要员刘文辉、邓锡侯、潘文华在彭县发出通电，宣布起义，脱离国民党阵营，所部接受中国人民解放军改编，川西、西康等地得以和平解放。这是中国人民解放军在向大西南进军中的重大胜利，是解放军在不同形势和条件下，和平解放大片地区的又一种形式，也是党的统一战线政策的重大胜利。

1949 年夏初，我受重庆民盟和中国青年民主社主要负责同志的委托到香港，接到乔冠华同志传达中央关于策动国民党四川地方军政人员武装起义的几条原则意见后，积极协同各方推动刘文辉等的起义。现将这段工作的前后情况分述如后。

受重托赴香港

1948 年下半年，处于地下活动状态的重庆各民主党派，都为当时迅速发展的革命形势所鼓舞，都在研究根据各自的特点、各自的社会联系为迎接解放做贡献的工作。重庆民盟的一部分负责人和中国青年民主社的胡克林、冯克熙、刘兆丰、廖伯康和我经常分析解放战争发展的形势，研究重庆、四川各方面的政治、社会情况。大家一致认为，根据我们所掌握和了解的情况，民盟和中国青年民主社应当把自己的工作重点放在策动国民党四川地方军政人员武装起义的工作上，特别是在策动刘文辉起义的工作上。

当时我们认为，如果做好这桩工作，对已经陷于失败而喘息未定的蒋军集团妄图把残余力量集结西南，负隅顽抗，阻碍革命形势发展的企图将是沉重打击，是对迎接解放的贡献。另一方面，大家考虑，对于如何策动四川军政人员实行武装起义，还没有实际的经验，也无先例可资借鉴。策反工作具有严肃的政治性和原则性，工作需要高度机密，慎稳行事，否则不仅事与愿违，还会在政治上铸成错误。基于这些设想和考虑，我们决定派专人赴香港，以取得驻香港中共组织负责人的明确指示，使我们进行工作时有所遵循。这样，向策反对象提出的意见才有分量，才有利于推动他们下定决心，选择时机果断地举行武装起义。

1949 年 5 月下旬，我和冯克熙同志以商人身份，化名买了飞机票，拟从重庆白市驿机场登机，飞赴香港。由于冯在机场受阻，未能成行，我只身到了香港。下飞机后，我即去九龙太子道的重庆和成银行驻香港办事处机构，同事先已经约好的中国青年民主社同志、香港《大公报》记者张学礼和重庆《新民报》记者周亚君碰头，恰巧遇上民盟四川省支部负责人范朴斋也在那里。我将冯克熙在重庆机场受阻未能成行和我到香港的打算告诉了他们。范告诉我，民盟总部叶笃义由上海避难到了香港，曾庶凡也由成都到了香港，他们同住在一个旅馆。范邀我去碰面，我应邀与叶、曾会了面，并同住在一家旅馆。

两天以后，我同在香港的中国青年民主社的张学礼、周亚君、方百非等一起研究情况。他们听取了我们在重庆商定赴香港的打算之后，详细介绍了香港各方面情况，并建议和香港《今午报》负责人苏东先行会谈。苏东即田钟灵，是中共地下党员，1946年我们曾在一起参加筹建中国民主建国会的工作。

苏东和我见面并了解我来香港的意图后，立即用电话告诉了三联书店经理仲秋沅。仲原系重庆三联书店负责人，于1947年在重庆被捕入狱，被关押在白公馆集中营。1948年经重庆民盟与国民党行辕交涉，与民盟市支部、民主报馆和新中国剧社其他被押同志一同获释出狱。仲热情表示将立即向在港的中共负责同志反映我们的情况和愿望。

之后，我先后和严稀纯（解放后在华侨事务委员会负责工作）、张铁生（解放后任国际问题研究所主任、中埃友协会长）进行交谈。6月下旬，中共乔冠华同志约我去他的寓所交谈有关策动四川地方军政人员武装起义的问题。

向乔冠华汇报川情受领任务

1949年6月下旬，我和范朴斋同志一道乘车到乔冠华在香港的寓所会面。范首先向乔介绍我的情况说："赵一明是我们民盟重庆市支委员兼组织部部长，他从1945年起就在负责重庆盟务工作，重庆民盟许多重要活动和工作他都参加了，如举办李、闻追悼会、救济和迎接渣滓洞被囚同志出狱的工作，一度还兼任《民主报》的经理。最近他们正在联系重庆、四川国民党地方军政人员，推动他们做出抉择，脱离国民党阵营，以实际行动迎接四川、西南的解放。他这次亲自来香港就是为了听取有关方面的指示和意见。”

乔冠华说，他已经知道我来香港的意图，希望比较详细地把重庆各方面有关的情况介绍一下。

我谈到中共四川省委吴玉老在重庆时，我们民盟重庆市支部、《民主报》报馆和张友渔、于刚、洪沛然等同志在工作上有联系，得到他们多方帮助。特别是重庆举行李、闻追悼会，会议开得有声有色，在反击国民党的倒行逆施，争取民心上，这次活动影响很大。我又谈到《新华日报》在重庆时，我和周力行等工作联系突然中断。在“六一”事件和国民党悍然召开国大，逼迫上海民盟总部宣布解散后，民盟和重庆各民主党派、进步群众团体都处于地下状态。但是据我所知，不仅民盟、其他民主党派如民主建国会、三民主义同志联合会以及育才学校、社会大学和一些民主、进步力量掌握的学校如蜀都中学、民建中学、适存高级商业职业学校、嘉励中学的同志都在坚持地下活动，彼此还有联系，互通信息，相互支援。最近这段时间，重庆沙坪坝青年学生，为革命形势的发展所鼓舞，不顾国民党的压迫，显得相当活跃。地下共产党的报纸《挺进报》一度在群众中，特别是在青年学生和进步人士中流传很广、影响很大。民盟负责人潘大逵在李、闻事件之后，由昆明到重庆，受聘任教于重庆大学，重大的学生在广场贴出特大标语：“欢迎民主教授潘大逵到重大任教。”重大、中央工专、省教育学院等大专院校和部分中等学校学生，最近常常举办营火晚会，他们在会上高唱进步歌曲，扭秧歌，喊进步口号，国民党当局对此很伤脑筋。

我还向乔冠华介绍说，我们民盟重庆市支部主要负责人最近还同各民主党派组织联谊会，采取聚餐形式，定期碰头，交流情况，交换意见，商讨迎接解放的问题。参加联谊会的有潘大逵、甘祠森、徐崇林、吴华梓、胡克林、李紫翔、姜瑄、彭友今，刘堃水，鲁志成、黎又霖等。我们还同工商界一些比较进步的人士、重庆市参议会内比较开明的人士加强了联系，这次来香港的情况他们也了解，并表示支持。

我并着重谈到，这段时间我们把工作的重点，放在策动四川地方军政人员相机实行武装起义、脱离国民党反动阵营、争取为迎接解放做贡献上。为此，我们通过民盟一些同志的社会联系，做了解情况和暗中争取的工作。从总的情况来看，四川地方军政人员虽然已经体察到国民党的统治崩溃在即，但另一方面又面临着国民党中央的残余部队在四川大量集结，重庆、成都等地国民党驻守部队还在增加，特务组织的横行有增无减的境况。四川省主席王陵基、重庆警备司令孙元良、市长杨森都在不断叫嚷着不惜采取最严厉手段镇压任何反抗活动等等，因此相当多的国民党军政要员内心彷徨，不知所措。有的举棋不定；有的拖延时间，得过且过；有的心存侥幸，认为西南地势险恶，解放军进展不会太快；也还有人立誓要跟随蒋介石，与革命力量对抗到底。

我又向乔介绍了我们当时了解国民党军政人员面临解放表现出的政治态度。潘大逵是民盟西南总支的负责人，他曾同国民党西南长官公署主任张群做过较为深入的交谈。张群表示他已得知大局无望，但又自称他与蒋介石交谊很深，碍于做人的道理，无法与蒋背道而行，今后只好当“白华”了。国民党“川康绥靖公署”主任邓锡侯也曾向潘大逵表示过他内心的矛盾，他认为蒋的垮台毫无疑问，但不到时机确实不敢轻举妄动。邓说：“老兄，你晓得我那几杆破枪是遭不住一击的哟！”国民党“川鄂边区绥靖公署”主任孙震，表现出颇为顽固的态度，声称“身为军人不问政治”，对潘的策反实行“关门”。我谈到胡子昂也相机在进行一些工作，他曾旁敲侧击试探过一些国民党军政人员的态度。胡曾一度任过四川省建设厅厅长，他通过原建设厅主任秘书彭勋武，试探过驻扎在川东一带的国民党内政部警察总队队长彭斌的态度。据彭勋武说，彭斌认为他的警察总队是一个整师的建制，装备精良，似乎还想待价而沽。胡子昂还向我们谈过，国民党高级军官唐式遵，思想糊涂、顽固，现在还到处钻营，想担任重庆市市长等情况。

我还向乔冠华谈到，根据我们从各方面了解的情况来看，在国民党四川地方军政人员中，刘文辉先生的态度比较鲜明，行动比较持重，应当把策反工作的重点放在刘的身上。首先，刘同蒋的矛盾由来已久，是人所共知的事情。其次，1946 年冬，我到上海为解决《民主报》的经费问题并请示有关盟务时，民盟主席张表老（张澜）告诉我，刘文辉由他吸收参加了民盟，并履行了填表登记的入盟手续，只是为了不使蒋介石特务捏住把柄，已将所填表册烧毁，作为个别联系的盟员。当时张表老对我说，你们了解这一情况，对工作有好处（范朴斋当时插话，刘文辉对民盟在成都等地的活动确实给予了经济资助）。此外，1947 年、1948 年，刘先后两次到重庆，同胡子昂、罗承烈、陈铭枢先生等交换对时局的看法，表明了他对蒋不存在幻想的态度。最后，我还谈到，我们重庆一些同志认为：刘文辉任西康省主席，掌握一个军两个师的兵力，他所辖的西康省地区，包括雅、康、宁三属，这些地区处于我国西陲地带，地位重要。从政治关系上看，刘在四川地方军政人员中关系较多，如果他能率部起义，对四川的影响很大，可以打击国民党妄图凭借西南地区进行挣扎的阴谋。我们就是根据这些情况，把策反工作的重点放在刘文辉身上的，虽然也有人觉得刘关系复杂，是"多宝道人"，他同青年党也拉得有关系，我们也觉得这个情况当然需要注意，但目前形势于我们有利，应当通过深入的工作，促使四川地方军政人员，特别是像刘文辉这样的人不失时机下定决心实行武装起义，为迎接解放做出贡献。我这次受重庆民盟负责同志的委托，专程到香港，正是希望得到共产党组织的具体指示。我还谈起到香港后，已和先在港的胡子昂见了面，他表示要在这方面尽力协助工作。

乔冠华听了我介绍的有关情况及我们的看法和设想之后，带着笑容说，重庆民盟及各方面的同志和朋友正在为迎接解放努力工作，现在解放战争胜利形势已成定局，我们党中央、毛主席号召要把革命进行到底。刘伯承司令员已在北京广播了向华南和西南进军的命令，按照党中央的指示精神，在进行策反工作上应注意下面几点：

第一，欢迎国民党四川地方军政人员，脱离国民党阵营，实行武装起义，但行动上应按照刘伯承司令员在北京广播的原则办事。

第二，起义人员的财产除其土地应按照中国土地法大纲处理外,其余财产概在保护之列。

第三,起义以后不得另立番号,不得自行移防,就地维持秩序,保护国家财产。部队的供给就地解决,听候中国人民解放军改编。

我当时向乔冠华表示,觉得这三点意见实际上规定了起义人员应遵循的原则及对起义人员的待遇和行动方针。这使我们进行工作有了可以遵照的方向,一定要把这些意见转达给重庆民盟方面,并要协同各方加以贯彻,为促进刘文辉起义多做工作。

最后,乔冠华还托我借转重庆之便,设法告诉红岩村饶国模老太太,请她转告有关同志,将留在育才学校的一部分学生转移到解放区。

我和乔冠华交换意见大约进行了一个半钟头,随后,我和范朴斋同他握手告别。

回四川参加策动刘、邓起义的工作

在香港停留期间,我和胡子昂先生比较深入地交换了对时局的看法。胡子昂是胡克林的父亲,算是我们的长辈,我们一向很尊重他。我向他通报了乔冠华的几点意见,并征询回四川以后如何进行工作的意见。胡先生说,他来香港几个月,读了一些有关共产党的书籍和文章,特别是读了《论共产党员的修养》一书后,感到要真正做一个共产党员很不简单,要千锤百炼,表达出他对中国共产党的了解与尊敬。他还谈到 1949 年以来,他每次由香港返重庆时,总要设法带些文件给朋友们。他对我们民命、中国青年民主社一些同志拟在四川进行策反工作的设想及乔冠华对此提出的三条意见完全赞同。并表示，经过认真、反复考虑之后，决定介绍我和原成都市市长李铁夫会面，并通过李直接同刘文辉、邓锡侯联系，向他们转告香港中共组织的指示，望他们当机立断，掌握时机实行起义。随后，他又向我详细介绍了李铁夫的经历、他与李的交谊以及李同其他四川地方军政人员的关系等等。胡先生并亲笔为我写了介绍信。

返四川之后，我和民盟的同志用很多精力和时间同刘、邓本人和他们的部属进行联系，推动他们参加起义的工作。到成都后，我首先持胡子昂先生的介绍信，拜访了李铁夫，当时他卸任成都市市长的职位不久，我在小天竺街他的寓所会见了他。我现在仍然记得那次会面的情形：他的寓所较宽敞，室外有一大片空地，置有菊花数百盆。走进会客室，有一面颇大的瓷砖烧的香妃像，室内陈设豪华。我和李握手寒暄后，他说已得到胡子昂的信，知道了将要和我见面，非常高兴。我说：在香港同子昂先生等四川朋友谈到过当前的情况，大家一致认为蒋介石的统治崩溃在即，蒋军残余部队集结于西南，妄图挣扎，这完全是徒劳无益的，解放军的到来将是非常迅速的。大局已定，何去何从，四川军政人员应及早抉择，甚望诸先生能够面向光明，以实际行动为迎接解放做点贡献。为此，胡先生托我转告中国共产党香港方面的几点意见，盼能转致刘文辉、邓锡侯两先生。李当即表示一定要迅速转达这些意见，并约定与我保持联系。在 1949 年 7 至 12 月这半年时间内，我们一直互相往来，并多次互通情况，交换意见，相处较好。

1949 年八九月份，胡克林、冯克熙、潘大逵等民盟成员先后到了成都，其时除了由潘大逵与邓锡侯，胡克林与刘文辉直接联系外，还由潘、胡、冯分别通过杨家桢、周桂三、潘太迥等了解了刘、邓所辖国民党第二十四军和第九十五军的驻地、兵力部署、官兵状况、装备等等。所有重要的情况都及时转给在成都与我们有联系的中共地下组织同志。

1949 年 7 月下旬，李铁夫提出了一个要求说：刘文辉、邓锡侯得到香港中共组织关于实行起义应当遵循的三条意见后，觉得很好，决心按照“三条意见”的精神行事，但还希望地下党方面提出一些具体办法，以便在起义过程中加以遵循。当时地下党有一位同志认为“三原则”已经讲明了，不能再讨价还价。我们则不同意对刘、邓、潘等人提出的要求持这种态度，意见不同还发生过争执。后来我和胡克林等根据当时情况，分析刘、邓等人的处境和他们的心理状态，认为从大的政治、军事形势来看，前途如何他们看得清楚，香港中共组织的“三条意见”他们是接受的，应该说是有了起义的决心；但从眼前的具体情况看，他们又是处于强敌包围之中，从暂时的局部情况来看，又是彼强此弱的势态。刘文辉在同胡克林一次见面中说过，他怕蒋介石会下毒手。他们的内心可能是焦急、彷徨的，因而在贯彻三条原则意见的基础上，向他们提出一些具体意见，可以稳定他们的情绪，进一步促使其下定决心。例如可以提出：由他们自己选择适当的地点宣布起义；起义后发出通电；起义后对所辖部队做适当调整部署；起义后摘下国民党军微，驻地升起红旗（12 月起义时升了五星红旗）；为了扩大影响，尽可能广泛地与各方联系，部队的给养和起义的必要费用就地解决等等。最后，大家赞同了这些意见。据此,由我们草拟了《国民党四川地方军政人员宣布起义行动上应当注意的意见》一共 20 条左右,经成都、重庆地下党有关同志同意后,请成都地下党员高寿峨的哥哥高寿岷复写抄正,于 9 月底交给李铁夫。李不久后即告诉我们说,刘、邓两位看了提出的意见,感到有所遵循,决心参照那些意见,积极部署起义。成都解放后不几天,刘文辉、邓锡侯、熊克武、向传义举行便宴,请胡克林入上座,席间谈笑说,我们倒是跟你们几位年轻人走了一段路。胡克林和熊扬谈过曾为是否答复刘、邓要求发生过争执,熊扬说持拒绝提出意见的那位同志年轻了一点。

在贯彻香港中共组织几条意见工作过程中,我们还同民盟的负责人张志和、吴汉家、张松涛等保持了联系,他们了解我们在成都搞策反工作的一般情况。张松涛曾经谈起他们在西康、大邑一带搞了策动武装起义的工作,已组织了一批力量,并约我去看看。他说:"成都、重庆两地民盟组织搞的工作完全可以相互配合。"吴汉家则谈过他所了解的四川军政人员如李铁夫等的情况,认为情况复杂,提醒我们在工作时多加注意。张志和还在东二巷刘堃南家中举行便宴邀我交谈。

特别要着重提到的是,我们进行策动起义的工作始终与重庆、成都的中共地下党保持着紧密的联系。在我和冯克熙拟赴香港的行动过程中,都同刘兆丰、廖伯康等进行了研究,得到了他们的支持。我由香港转成都途经重庆时,把我在港的经过情况和乔冠华提出的三条意见请胡克林、冯克熙如实地向地下党做了汇报,并转告了乔冠华的嘱托。1949 年 10 月,成都情况十分紧急时,我又秘密转回重庆,在民生路廖伯康岳父家同伯康、吴宇同研究了情况和工作，并约定在刘文辉发动起义前，由一位叫汪禾嘉的同志同我联系，协同工作。事后知道汪即川西统战部副部长熊扬同志。在成都经常和我联系、协同工作的中国青年民主社成员洪宝书、育才学校学生王群等都是川东地下党的关系。成都地下党的张伯英、詹大丰等也几次交换过意见，研究过工作。10月中旬，成都的形势已经相当紧张，有一天我和胡克林到三益公剧场看川戏，为成都地下党同志所悉，他们特别慎重地提出我们有点麻痹，行动太不谨慎，我们接受了他们的意见，从那之后，我和胡克林在成都的住地就经常转移。潘大逵同志在情况紧急时，到了北门外崇义桥九十五军一个营部驻地内。现在回顾1949年，我由香港转回成都后大半年的工作过程，与重庆、成都地下党同志合作共事，得到了他们多方帮助，我深感他们在工作中注意坚持原则，有比我们更高的警觉性；在具体工作上，地下党同志能与民盟同志互通声息，相互商量，确实是风雨同舟、并肩战斗，共同谱写了统一战线的胜利纪录，共同为川西的和平解放贡献了力量。

彭县义举加快川康解放进程

1949年10月1日，毛主席在首都北京宣告了中华人民共和国的成立，这个消息给为迎接解放而工作着的人们以极大的鼓舞和振奋，也推动着我们加紧进行策反工作。11月，中国人民解放军向西南、四川进军神速，先头部队已经逼近了重庆。国民党反动派于崩溃的前夕还在实行疯狂的镇压与屠杀，妄图以此来延缓他们的灭亡。在重庆，特务们查封了由胡子昂先生主持的华康银行，抄了他在重庆铜鼓台的住宅，阖家老小只得到乡下避难。在成都，城防司令盛文杀气腾腾的布告贴满了大街小巷。国民党川北、川东的兵团则向西后撤，妄图收缩兵力作垂死一搏。11月底，重庆解放，蒋介石还亲自飞到成都，不断召见国民党军政要员，为负隅顽抗鼓劲打气，社会上的应变气氛也很紧张。总之，反动派在处心积虑地“应变”，人民也在准备应付各种意外，在准备欢庆解放的盛大节日。当时，邓锡侯的九十五军在成都北门外崇义桥驻有一个营的部队，刘文辉的二十四军在南门武侯祠也驻有一个营，两处皆有所准备。潘大逵同志就在崇义桥邓军的营部住了一段时间，进行联系活动。

这段时间，胡克林同志直接同刘文辉见面商议，不止一次地催促他从速行动，并指出行动过迟就不能保证在政治上产生较大的影响。刘则表示，他和邓锡侯担心蒋介石还可能对他们下毒手。

12月9日，胡克林来告诉我说，刘文辉托人告诉他，蒋介石果然于12月6日在北校场召见了刘、邓等四川军人，要他们立即飞到台湾，且先将眷属送走。刘、邓等人对此心感紧张，他们只得当面表示回去后即行照办。当他们由北校场中央军校出来时，深感时机紧迫，不能再有犹豫。于是按照预定的部署行动，决定由崇义桥转到彭县宣布起义。胡克林这时也找到刘、邓等，要他们立即约潘大逵转彭县，并要我立即到彭县。第二天早上邓锡侯、刘文辉乘车而行，在梁家巷会合后，共同乘车到崇义桥转龙桥镇宿了一晚，次日又到彭县，后即发出通电，宣布脱离国民党反动阵营，实行武装起义。

1949年12月10日下午,我由成都经崇义桥到达彭县,知道了起义部队的总部设在彭县龙兴寺内。当时刘文辉、潘文华卧病在床,各方面的事务由邓锡侯出面处理。起义通电已在头天(9日)发出,通电署名者有刘文辉、邓锡侯、潘文华。同时刘、邓、潘三部将领黄隐、杨晒轩、谢德堪、刘元瑄、伍培英、万里、潘大逈,以及陈离、李铁夫、牛范九等军政要员发出拥护起义通电。起义通电由刘文辉的秘书李静轩起草后,交给参加推动起义的各党派的人士看过,有的还提出了一些意见。如电报原稿中对蒋介石还有什么"是非功过国人自有公论"之类的文字,大家指出:蒋介石是发动内战的罪魁,涂炭人民的祸首,已经是罪证如山,哪里还谈得上什么"功过"评论。

当时在彭县龙兴寺内的临时招待处住的国民党四川军政人员很多,在我的记忆中有牛范九、邱翥双、陈离、李铁夫、张鹏翼、黄慕颜、严啸虎等几十人,还有一个青年党的杨叔明。

同时,在龙兴寺招待处的还有成都地下党的同志和来自川东地下党的同志如洪宝书等,第二野战军敌工部的朱德钦以及各民主党派也有不少人士集聚在这里,其中有当时四川大学的青年学生、民盟盟员邓文质、李国跃等。大家来自各方,关系不同,但都怀着一个目标——为迎接解放而奋斗,为策动这次颇具影响的四川军政人员的起义而忘我地工作。

从刘文辉、邓锡侯所辖的军队来看,不但上层有人在做争取、策动的工作,就是他们下面的师团长一级的军官周围也有人在活动。因此,这次策反的成功,决不是某一方面的功劳,而当归于以中共为核心的多方面的配合和促进,显示了的统一战线政策的巨大威力。

在准备起义期间，中共地下党和各民主党派以及有关方面的人士还成立了一个临时性的工作机构，这个机构负责同各方的联系和宣教工作。刘、邓、潘宣布起义后，九十五军一些政训人员思想上还有抵触情绪，竟纠集在一起唱《正气歌》。临时工作机构要我到一个学校(一支起义的军队驻扎在此校)去讲解对起义人员的政策，给他们指示投向光明的前途。国民党陈克非兵团派代表在崇宁直接和邓锡侯交谈后，我又同牛范九一道，到郫县该军驻地进行了一次宣讲解释工作。

彭县起义的消息传出后，驻在成都的反动军队像发了疯一般。12 月 13 日晚上，胡宗南部城防司令盛文命令所辖部队武装出动，用坦克、机枪向刘文辉在新玉沙街的住宅和武侯祠二十四军的一个驻地发起进攻。武侯祠驻军在地下党的策动下，原有一个准备搭救被关押在国民党特务机关内的同志的计划，也因此而未付诸实行。当晚，成都市内炮声隆隆，反动派不甘心灭亡的命运，覆灭前夕还猖狂一跳。当时，彭县还有情报说，胡宗南准备调集部队向彭县进攻，龙兴寺内人们为此议论说必要时向彭县西北海窝子山上撤退的问题。但好像大家对此终究不觉紧张，没当一回事。晚上，邓锡侯请了一些人喝酒，席间，邓兴致勃勃地说，彭县宣布起义，各路解放大军进兵神速，他胡宗南部队已经是惊弓之鸟，惶惶不安，如果他敢朝彭县来，我们就派点人打出去，他们是一触即溃的。

刘、邓在彭县举义后，他们所辖的地方部队、地方政府都纷纷来电表示拥护，相继宣告脱离国民党反动政府，听候中国人民解放军的接管和改编。当时还有其他军事集团,如杨森部属和董长安、罗广文等也都派来代表进行过联系;郫县胡宗南的陈克非兵团亦派员联系,后来均纷纷宣布脱离国民党反动阵营,实行起义。陈克非兵团起义后,成都市内和附近的国民党军队立即崩溃,成都终于在下旬获得解放。

12 月 30 日,中国人民解放军第一野战军第十八兵团一部在贺龙司令员的率领下,举行了盛大的入城式,成都全市人民热烈欢庆人民军队解放了古老的蓉城。那些在共产党的统一战线政策感召下脱离反动统治、毅然起义的国民党地方军政人员也庆幸自己选择了走向光明的道路。而在中共领导下积极参与策动这次起义工作的各民主党派同志们更是在斗争中经受了锻炼,为迎接解放贡献了自己的力量。

以上就是我所了解的 1949 年重庆民盟和中国青年民主社的一些同志参与策动四川地方军政人员起义的前后情况。当中国人民解放军军管会在各方面进行接管的时候,派了一位联络员来了解策动起义工作的情况。我们按照当时的实际情况写了一份比较详细的书面汇报材料,由胡克林交给了军管会的联络员李杰村同志,克林还在口头上补充介绍了一些情况。回顾这段经历使人感慨不已,时光荏苒,往事依依,这已经是 39 年前的史实了。

(1986 年于成都)

张志和与刘、邓、潘起义

童梓平

张志和(1894—1975),原名清平,四川邛崃人。幼年家道中落,祖父被痞棍串通衙门逼迫气死,父亲张敬亭亦被百般欺凌,逃亡在外。祖母、母亲既无恒产又无靠山,老弱三口,度日艰难。不久,祖母投靠志和二姑,剩下他们母子二人,形同孤寡。母亲为人做些针线活以谋生计,往往朝不虑夕,饱受清寒。

起初,志和在小学就品学兼优,各项成绩名列前茅。由于遭此横祸,忍痛辍学,到绸缎铺当学徒。远房亲戚闵伸瀛是劝学所所长,四十多岁无子,见志和聪明颖悟,且有胆识,心甚爱之,慨然为之捐资助学,于是志和得以在家乡读完高小。

清末以来,帝国主义列强的铁蹄蹂躏华夏、祸心常存蚕食鲸吞之意,而清王朝对内横征暴敛,对外屈膝求和。这些倒行逆施的行为很早就激发了他强烈的爱民救国思想,接受了当时种族革命的理论。1908 年(光绪三十四年),为了寻求灭清兴汉,御侮自强的道路,他愤然投笔从戎,考入陆军文化学校,转陆军军官预备校,继而考进保定陆军军官学校第二期,于 1916 年(民国五年)与刘文辉同期毕业。九年军校,时时处处力行革命,有勇有谋,深受同学拥戴。

一次,标统来校训话,讲外国军人不留辫子,操练方便利索,他遂趁机鼓动同学剪去“猪尾巴”。他一带头,大部分同学效尤,硬将这象征封建王朝的标志剪除了。总办、监督闻讯大怒,但苦于剪辫人太多,法难责众,只好勒令剪辫诸生以假发敷衍。

宣统三年十月初二,西安革命党进攻巡抚衙门,巡抚钱能训闻风潜逃。志和带动军官预备校同学守卫抚台衙门,又及时帮助“秦陇复汉军”训练新兵,积极参加东渡黄河、攻打蒲州、直逼运城、驱逐官吏、南下茅津渡,直打到宣统退位,南北议和。

民国四年,袁世凯称帝,为响应蔡锷北伐,张志和带领保定陆军军官生应居正、席正铭之邀前往山东烟台一带策动起义,加速了袁世凯的垮台。

民国五年,志和毕业回川,历任川军连、营、团长职务。刘文辉任四川军务帮办时,曾任刘的政治部主任、旅长、师长兼四川造币厂、兵工厂总办。

1926年,北伐军派代表与川军联系,刘文辉即派志和为全权代表到武汉,加入起义联盟,接受改编为“国民革命军第二十四军”。逗留武汉期间,常与吴玉章、李俊汉、董必武、邓演达、李立三、张太雷、俄国顾问鲍罗廷等接触往还。这些革命家给他讲国内外形势,灌输马列真理,赠他许多革命书籍。经这一番熏陶,志和从一个旧民主主义革命者走上了新民主主义的光辉道路。赓即到南昌,又与郭沫若、李一氓等接触,思想更为成熟。识破了蒋介石反革命两面派伎俩。应他请求,总政治部主任邓演达给二十四军派遣了一批政工人员,全是共产党员,多为黄埔生,其中一位姓袁的是留法生。邓先生又给志和许多小册子宣传品，加上郭沫若刚刚发表的《请看今日的蒋介石》，全部带回四川，翻印几万份四处散发。

四月一日到重庆，正是重庆“三三一”惨案的次日。应中共重庆地委书记杨闇公同志之约，在太平门内赵尧生之子的西药房内会晤。杨说刘湘已公开反共屠杀共产党员和革命志士，叫他尽快离渝回蓉，做刘文辉的工作，劝阻刘文辉不要效法刘湘。志和次日立即返蓉，按杨闇公意旨向刘文辉陈说利弊前途，稳住了刘文辉并收留了武汉派来的政工人员。不几天，传来杨闇公同志在轮船上被刘湘查获，并遭杀害的消息。成都上空，反共乌云密布。志和顶着逆流，在刘愿庵、吴景伯等人的配合下，四处讲演，声讨蒋介石和刘湘的血腥罪行。

武汉、南昌的熏陶加上这场血与火的锻炼，志和的共产主义世界观日益坚定。1927 年经洪沛然（洪仿予）的介绍，他加入了中国共产党，党派李鸣珂同志与之联系。从此，他战斗在敌人心脏，为党和人民做了大量工作。

驻军重庆时，为了宣传社会主义，他出资办了《新社会日报》，李鸣珂、罗承烈、罗静予任编辑。由于宗旨顺民意，文笔深入浅出，销量压倒各家大报。该报特别对蒋介石的暗探爪牙曾旷情在川的言行口诛笔伐，揭露其笼络四川军阀，分而治之的阴谋。此事终于惹恼蒋介石，电嘱刘湘强行取缔。刘亲自出马，《新社会日报》抗争无效，终遭扼杀。

1927 年后，国民党反动政府对共产党人大开杀戒，全国一片血雨腥风，共产党人行止十分困难。为了掩护同志们安全来往，志和专门出资办了一个特殊旅店暗中接送同志们，免费食宿，馈赠盘缠。在革命低潮，敌人疯狂时期，他尽到了一个共产党员的责任。

1928年，接李鸣珂通知任党组织军事委员，省代会召开，他即以此身份积极提出深谋远虑的提案。他建议：把他掌握的这支军队暗中变成培训党的军事干部的学校。物色出类拔萃的优秀士兵，灌输其革命理论，然后有计划有步骤地分派往川军各部队中去，发挥作用，发展党组织，在敌人最核心最要害的地方安放火种，一旦时机成熟，必成燎原之势。不久他就开始实施这一计划。他负责全面，师部军法处长杨云樵负责组织工作。武汉来的政工人员们深入连队踏实展开工作，收到很好效果。

1930年“立三路线”一时得逞，强调革命高潮已经到来，应当早暴动，早进攻。他们在江津的执行者喋喋不休地鼓吹什么统治者已腐烂到不能再维持了，而群众也已到非革命暴动就不能活下去的地步了，提出立即暴动。对此，志和同志力排众议，慷慨陈词，深入剖析时机未到的理由和依据，又语重心长地劝导切莫盲动。他以水果未熟不宜采食为喻，提出待机大举的正确主张。但当时江津立三路线执行者执迷不悟，不但不听劝阻，而且说志和是“等待主义”“不革命的机会主义”“反对立三路线”，开除了他的党籍。暴动失败，历史如大浪，淘尽泥沙见真金，志和同志的远见卓识，坚持实事求是的勇气，令人景仰！

从1932年起“二刘”（刘文辉、刘湘）争霸四川，战火连年。刘文辉失利退入西康。志和解甲回邛崃家乡建“敬亭小学”（后改为中学）。校址占地八十亩，布局仿成都华西中学，校产水田五百亩全由他捐赠。

1933年,他又与陈静珊在成都创办“协进中学”,陈任董事长,他任第一任校长。接着聘请谷醒华接任校长,杨伯恺主持教务,洪沛然、杜桴生、刘披云三同志任教,主张自强救国。由于人才济济,教育有方,“协进”声名远播,学生由四百多人迅速发展到一千四五百人。经过一段时间的教诲,大部分学生了解了共产党抗日救国的主张,识破了蒋介石政府的卖国阴谋。于是从这儿潜往陕北的学生络绎不绝,协进中学遂有“陕北延安公学第二”之称,成为后来历次进步运动的活动中心。

为了开阔视野,知己知彼,1934年,志和到欧美各国考察。之后,又特别到苏联参观了最大的水电站、工厂、集体农庄、学校、艺术文化宫,目睹了第一个五年计划的成就,体会到了社会主义经济的优越。这一切都更加坚定了他共产主义必胜、资本主义必亡的信念。

当时,日本军国主义正鼓吹“大亚细亚主义”“亚洲共荣”“中日亲善,经济提携”,叫嚣“亚洲应由日本人领导,中国要靠日本人治理”。志和同志为了彻底弄清这个帝国主义的真面目,特又专程考察日本。他从北京经满洲到横滨、神户、东京,在日留居半年,潜心研究日本的政治、经济、军事情况,对其各方面的认识又深了一层。在此期间,常去千叶县拜望郭沫若先生,向他请教抗日大计及各类问题,获益不少。

回到上海,正值革命走入低谷。他除了积极投身各种救亡活动外,还认真攻读马列经典,反思革命兴衰,培养翻译理论的人才。于是又与陈静珊合资开办“辛垦书店”,聘请杨伯恺、叶青主编《研究与批判》启发民智。不久,杨伯恺向他说叶青是“托派”,希望他亲任主编。为排除该杂志被“托派”染指,志和以李凡夫的笔名出任主编。杂志原名不变,但标明是“革新号”,以示区别。通过这个书店和这份杂志,出版发行了不少进步文章书籍。1936年10月,志和自己也写了一本名叫《现代战争论》的书,批判了蒋介石的不抵抗主义和泛滥一时的“抗战三月亡国”论。该书以翔实的论据和雄辩的论证阐明了抗战必胜的理由,帮助国人提高了认识,鼓舞了斗志。

1936年,志和回成都,与川康特委书记罗世文、特委军委车跃先以及邓初民、黄松龄、马植民等组织“国事座谈会”,协助车跃先创办《努力》周刊,与陈静珊、吴景伯筹资又创《新民报》(与南京《新民报》同名但经济上独立)。这些举措都有力地推动了成都文化界的救亡运动,在社会各阶层特别是大中小学里形成了一个抗日的高潮。为了打破蒋介石“攘外必先安内”,欺骗利用川军专打共产党的阴谋,他与张秀熟、罗世文分别联系郭秉毅、汪道余和刘湘的骨干,对他们进行耐心的劝导。在这些人的影响下,终于使刘湘慨然开赴抗日前线,将对内摩擦变成了对外抗战。

1937年9月,志和接友人韩伯诚通知,到韩家与李一氓同志见面,见面后得知是中共中央要志和赴延安见毛主席。听到这个消息,他兴奋不已。飞到圣地,亲聆主席教诲是他平生之愿。即与李一氓先到西安,在八路军办事处会见了林伯渠同志。自1926年武汉一别,十年重逢,不甚欣慰。小住数日后,他与美国记者一道搭办事处汽车到达延安,住在外交部。之后,分别拜会各首长，参观各机关、党校、陕北公学。其间，主席给了他一本用连史纸石印的书，讲的是江西几次反围剿的胜利战史。他也送了两本书给主席，一本是他的《现代战争论》，一本是他们“辛垦书店”翻译出版的克劳塞维兹大将的《战争论》。

一天夜里，主席约他去见面。主席边吸着烟边谈，随和亲切，情胜骨肉。志和把他从1927年入党以来情况向主席一一汇报：邛崃办团干校、川军中培养党的军干、重庆办《新社会日报》、白色恐怖中办革命旅馆，江津暴动前后，被开除党籍，保释穆青，出国考察，回国救亡，各省上游说等，谈了好几个小时。主席听得津津有味，不时做些记录。当主席听说上海辛垦书店的李凡夫就是志和时，很高兴，马上去书架上取了《研究与批判》各期，诚恳地做了评价和鼓励。他们就在这亲密友好的气氛中谈了一个通宵。事后，主席又安排他与张闻天专谈了一次。10月10日，在二、五方面军会师纪念大会和陕北公学开学典礼上，他都应邀讲了话；又荣幸地与主席一道参加了一次游艺晚会。在延安度过了难忘的日日夜夜。

临行前，主席亲自给他分配任务，叫他回四川做统战工作。主席说：“你莫看国民党现在敷衍我们，这是靠不住的，将来一定要打我们的。蒋介石与地方军阀之间是有矛盾的。你与四川军阀历史关系深，可以去策动他们。第一步要他们不要做蒋介石的忠实走狗，不要与我们认真作对；第二步使他们在国共战争中守中立；第三步最好把他们拉到我们这边来，共同革命。这任务是非常重要的，你要认真努力去干。”主席又送了一张照片给他，背面亲笔题写“志和同志留念”。从此，这神圣的使命，谆谆的教诲就伴随了志和同志光辉而不平凡的一生。

从延安回到成都不久，党中央派邹凤平同志来传达了恢复他党籍的指示。为缜密计，他今后只能与指定的人联系，绝对禁止与地方组织发生关系，志和同志严守这一约束直到解放，就连程子健部长于1950年赴京前约他谈话，他弄不清程的权责，也未与程详谈。当时，他只按张曙时同志指导，按时开会，缴纳党费（曾有一笔对陕北公学的捐款，经张曙时之手分期兑陕）。志和同志就是这样一个忍辱负重，严于律己，默默奉献的好同志。

1938年春，第九战区司令长官兼四川省主席刘湘猝死于汉口，蒋介石欲派张群填补空缺，钳制四川。此举一下子激化了川军与蒋的固有矛盾，以王陵基为首的十位川康将领通电反对张群主川。蒋见势不妙，改任刘湘部属王缵绪为四川省主席以作缓冲，军政界仍是一片沸沸扬扬。于是中共方面派志和出面调停，讲明大敌当前民族利益为重，应支持蒋介石统一抗战的一面。只要能达到反对其控制四川军政的目的就行，绝不能发展成川军内部自相残杀的局面。经志和多方斡旋，事态终于平息。志和又进而劝王陵基出川抗战。为达此目的，他先去渝与重庆行辕主任顾祝同处疏通（顾与志和是保定军校同学），为王陵基争得三十集团军总司令的头衔，率新编七十二和七十八军到江西前线抗击日寇。王陵基要求志和任集团军总司令部参谋长，志和经党组织批准后同行，并由张曙时专函介绍他到汉口八路军办事处与周恩来见面。恩来同志认真听了他的汇报之后，又叫他就有关军事方面的情况向叶剑英汇报。到江西前线之后，志和一直与党组织联系，接受指导。

武汉失守，卅集团军施行战地训练，王陵基任训练团团长，志和任副团长。训练中心为重点解决军队中的“恐日症”，志和亲往长沙请叶剑英派政工宣传人员。叶剑英一时无人可派，嘱他自找，他即请七十二军政治部主任汪道余出任训练团政治部主任，十六师副师长于邦齐（1947年6月1日被捕，解放前夕遭杀害）任军事主任，以毛主席《论持久战》等著作为教材进行思想教育。培训两月，士气大振，大部分官兵都能从根本上认识到抗战必胜，日寇必败的道理，纷纷请战尽快开赴前线，一扫过去闻风丧胆，生怕跑慢了跑不回四川的窝囊。1939年该集团军二出江西，几次打退日寇夹击、守住阵地，足见志和运用毛主席军事思想的娴熟。

江西报捷，王陵基晋升，而志和反遭许多复兴社黄埔生的嫉恨。这些人向老蒋告密说他是共产党人，蒋即令王陵基撤销他总参谋长之职。王陵基两难，向志和告以实情。志和考虑到如此局面，开展工作也难，干脆离职回川，另谋他策。于1939年秋回到成都，向张曙时同志汇报两年来军旅工作情况，然后留蓉仍做统战工作。

1941年，南京政府在军事上节节败退，政治上酝酿投降，“皖南事变”震惊中外。为防止内战，志和奉中共中央之命参加“中国民主政团同盟”（后改名“中国民主同盟”）以便公开活动。他积极开展强大的统战宣传，联合一切仁人志士，组成统一战线，有力地促进了西南地区救亡运动的蓬勃发展。他对西南地区高层军政人员间矛盾关系了如指掌，他明白，刘文辉、龙云与蒋介石的矛盾几乎到了水火难容的地步。刘在1924年曾与冯玉祥、阎锡山联合反蒋，于1929年又与唐生智联合再演故戏，蒋对刘恨之入骨，所以在1932年支持刘湘赶刘文辉到西康。而龙云在滇受“西南联大”进步教授的熏陶，政见与蒋也多不合，他力主抗战，反对独裁，反对内战。早在1938年，龙就经张澜架桥，在成都与刘文辉、邓锡侯、潘文华订立过“川滇康三省秘密协定”，联合反对蒋介石的“各个击破”政策，约定遇事采取一致行动。蒋介石也深知西南诸将各怀异志，却又因树大根深，盘根错节，奈何不得。

对此，志和同志派谢伯周、谢心通兄弟二人协助刘文辉与龙云内弟李西平接触，然后进一步直接与龙云交换川康滇接壤的川军与滇军的布防情况，协作防蒋，奠定了后来联合反蒋的基础。又派邓初民、马哲民、黄松龄、张友渔等同志经常给刘文辉讲政治经济学和国内外形势，使之免受老蒋愚弄。接着志和又联络了许多进步知识分子、教授、民主人士与刘文辉一起组织“唯民社”，经费由刘文辉负担。通过《唯民周刊》《大学月刊》《青年园地》《民众时报》来宣传“团结抗日，反对分裂，争取民主，反对独裁”，达到很好的效果。

1942年2月，由志和同志安排，刘文辉到重庆机房街的和成银行经理吴晋航家面见周恩来。恩来同志给刘文辉指明坚持民主，反对独裁，密切配合共产党的努力方向。这次谈话是刘文辉政治生涯中的一大转折，跟共产党由过去的一般联系进入实际配合阶段。志和向周恩来建议，在刘、潘处设立电台，让新华社的报道、毛主席和党中央的重要指示及时传到大西南。6月，中共南方局根据周恩来同志指示派王少春、秦慧芳、杨竹爱到雅安苍坪山刘文辉住处设立电台。这一电台一直由共产党员王少春掌管到雅安解放,发挥了巨大的作用。

1943年,志和又介绍邓初民、马哲民、黄昌龄等进步教授到雅安为刘文辉办的"西康省训团"讲学,提高了西康军政人员的素质。

1944年四川省盟员大会在成都慈惠堂召开。民盟中央主席张澜主持监选,选举了张志和、杨伯恺、田一平等九人组成四川省民盟支部第一届委员会,志和同志分管组织工作。同年,由志和联系、张澜出面,秘密接纳刘文辉、龙云、潘文华参加民盟组织。那本上百名的秘密盟员名册一直由志和保存。不久,在志和的影响下,川康军政届上层人士罗忠信、潘清州、甘绩丕、彭光汉、李叔尧、邵石痴、刘南、张鹦翼、彭友三、唐祖尧、聂无放、周从化、朱刚夫、于渊等也先后入盟。

为了充分反映人民大众渴望废除国民党一党专政,建立民主联合政府的愿望,民盟积极支持学生运动,志和与田一平、杨伯恺(三位均系党盟交叉)共同创办了《华西晚报》《华西日报》,分别由田一平、杨伯恺具体负责,经费由志和筹集。党组织派黎澍同志作《华西晚报》的总编。该报曾在1945年4月11日发表了在蓉文化界126位名人的《成都文化界对时局的献言》,提出立即结束党治,尽快召开真正能代表民意的普选国民大会,释放一切爱国政治犯等十条主张。《献言》对社会震动很大,令国民党震怒。

1945年12月11日,国民党特务冲进川大学生寝室,对学生盟员李实育进行强行搜查,并将一则标语塞进李实育箱内,对其进行栽赃,后将李打致重伤。《华西晚报》以《爱国有罪? 反内战有罪?》为题揭露反动派栽赃陷害、特务横行的法西斯罪恶阴谋。

为此,《华西晚报》多次遭特务砸抢,直至查封,全部债务皆由志和偿清。正如张友渔同志所评价的:“此报名义上是民盟的机关报,实际是党的宣传工具。”这也是对志和同志的高度肯定。

对于这段时期的活动,张友渔同志还在他的《我解放前的斗争生活》中谈道:“党派我到成都秘密做刘文辉的工作是通过张志和同志展开的。张是刘文辉的部下,是我们的党员。我的另一项任务是领导统战系统的党员,以他们为核心,开展统战工作。由张志和、田一平、杨伯恺组成统战工作领导小组,我每周给他们谈一次形势并布置任务。这段时间特别是张志和同志设法团结刘文辉、邓锡侯、潘文华三部的主要心腹人物组织了一个定期的每周一次的座谈会,传达新华社消息,以免他们偏听偏信蒋介石的欺骗宣传。刘文辉派段升阶、吴景伯;邓锡侯派陈静珊、余中英;潘文华派钟体乾、乔毅夫为代表参加了这个座谈会。”

当时,党对刘文辉的嘱托多由志和传达。1946 年 1 月 1 日,旧政协开会,志和任民盟军事组顾问。闭会后,周恩来将离渝赴南京,嘱志和转告刘文辉:“政协决议能否实现,联合政府能否组成,要看蒋介石下一步如何走,现在还不能定,但无论怎样演变,斗争是不可免的。对蒋介石一刻也不能放松警惕。”又提醒:“今后的政权问题完全取决于人民的意志。如果人民不要他(刘文辉),谁也保不住,要鼓励他把西康的工作做得好一点,以取得人民的支持。”志和将恩来同志的这些指示及时完整地传达给了刘文挥,统战工作又向纵深发展了一步。

这段时期，志和同志除了直接受张曙时、罗世文、华岗、张友渔诸同志的指导外，有时也到重庆亲自向恩来同志汇报请示工作，地点多在《新华日报》营业处或曾家岩办事处。为避国民党耳目，每次都是由恩来同志派车接送，深夜往还，安排缜密，未出过半点差错。

抗战胜利后，蒋介石仗着美帝势力积极备战，推行独裁，内战迫在眉睫。以中共为代表的人民用革命的“两手”对付反革命的“两手”，做好了各种准备。新形势下，民盟四川省支部改选，产生了以张志和、杨伯恺、于邦齐等11人组成的新委员会，志和同志任主委。1947年1月6日，他和鲜特生两同志代表四川盟员出席了在上海召开的民盟一届二中全会。大会分析了形势，指出要为局势的急剧恶化做出必要的准备，决定从此民盟的工作转入地下。3月，中共在蒋管区的代表团、办事处撤离，民盟便成为蒋介石残酷镇压的对象。6月1日凌晨三时，国民党军警宪特倾巢出动，在成渝两地逮捕中共、民盟、民主爱国人士三百余人。这次，志和亦未能幸免，被捕入狱。10月，便以“勾结共匪，破坏总动员，煽动叛乱”为罪名，宣布民盟为非法团体，勒令解散。

民盟总部得知志和被捕，立即派出黄炎培等同志出面与国民党行政院长张群多次交涉。张群迫于舆论，电告四川省当局放人。但四川省当局怕志和出来之后留蓉闹事，故意拖延，最后提出驱逐出境。出狱后，志和也曾致函张澜主席请示调动与否，张澜复函指示：工作需要，坚守原地领导斗争。在这样险恶的环境中，志和更加机智勇敢地开展工作。他与范朴斋、张松涛分头联络川大，协中等14名盟员骨干，在韩文畦家研究秘密工作的具体方案，到会的有范朴斋、张松涛、崔宗复、李保鲁、刘南、张万禄、刘光书等。大家按照张澜主席指示，统一了地下反蒋活动的共识，制定了“配和中共，辅助民革”的统战方针，提出“扩大政治影响，团结群众，在中共地下党的领导下，共同一致为推翻反动统治而奋斗”的行动口号。在他精心细致而踏实的指导下，成都民盟工作开展得有声有色。

当时，学生运动如火如荼，被毛主席誉为“中国人民解放战争第二战场”。在蒋管区“反内战、反饥饿、争和平、要民主、争温饱”的斗争中，志和同志在中共成都工委指导下积极开展工作。在蒋介石公布“宪法”之后不久，国民党四川省政府以煽动群众“诋毁官府”的罪名，逮捕了官箴予。为揭露其假行宪，真独裁的骗局，志和同志根据工委的意图，组织全市大中学生开展一次“保障人权，反对非法逮捕”的群众运动。12月28日，川大首先发难，由学生自治会主席杨茂德（盟员）出面召开“声援官箴予，保障人权”大会。30日，川大、华大、成大、协中等学生3000多人又集会示威、游行到省府请愿。当局害怕事态扩大，给刚公布的伪宪法“戳漏眼”（意为抹黑，让其自打耳光之意），终于“无条件立即释放”了官箴予。这次运动取得了预期的胜利，与志和不失时机地把握是分不开的。

这时期，王陵基已完全成了蒋介石的忠实走狗，当了四川省主席，他秉承老蒋旨意，妄图把四川经营成“固若金汤”的垂死顽抗基地。他们制定了一个庞大的方案，要征兵500万，征粮2400万石，新装备20个保安团，在大巴山设防，忘图阻止解放军入川。

志和同志特与刘文辉为首的川康上层人士组成“反蒋倒王”的秘密组织“川康建设促进会”，每周集会一次，交换意见，研究对策。会议接受邓锡侯的建议，以“川康渝国大联谊会”的公开合法身份开展活动。舆论上攻击王陵基的征兵征粮，设防大巴山的方案。提出川康“政治自治”“经费自给，军事自卫”的口号，与蒋介石的“戡乱”策略针锋相对。民怨沸腾，王陵基焦头烂额，进退维谷。志和又利用助王抗战，有恩于王的旧交，推荐彭汉光、甘绩丕为南线专员；李克刚为什邡县长；李叔尧为安县县长；王安樊为大邑自卫总队长。这些人都是秘密盟员，他们的出任，实际架空了王陵基征兵、征粮和大巴山防御计划。当蒋介石硬派粮食部长俞鹏飞来川督战征粮时，志和又组织了抵制运动。在中共成都市委洪德铭的指导下，1948 年 3 月 29 日他在川大教授王道容家召集了民盟川大区分部成员会议，中共成都市委统战组长兼民盟成都市分部青年委员会主任张万禄出席了会议。会议决定与蒋介石争粮。由青委副主任兼民盟川大区分部主任刘光书以“森林伙食团”经理的身份出面，成立川大伙食团联合会，向省府要求配售平价粮食每人两市斗；组织全校 60 多位盟员和其他进步团体骨干成员 500 余人，在校内外发动配售平价粮食签名运动。志和同志个人拿出价值 100 银圆的法币以补充宣传用具和宣传费用。群众发动起来后，刘光书等 10 位代表在竞成园召开记者招待会，征得更广泛的同情和支持。4 月 9 日，川大、华大、成华等大中学生 3000 多人游行到督院街，向王陵基“请求配售平价粮”。代表团主席刘光书代表各校学生向当局递交了请愿书，阐明了理由，提出合理要求。王陵基火冒三丈，扣押代表不放。数千学生,群情激愤,示威抗议,有百多名同学突破警戒线,冲入省府大门。埋伏的军警齐出,用刺刀、木棒、藤条向学生猛击,击伤就捆。当天有200多人受伤,132人被捕。“四九血案”震动了正在南京召开的伪“国大”,使即将粉墨登场的总统蒋介石又气又急,叫正在开会的川大校长黄季陆立即回川平息事态。黄向王陵基传达了蒋的旨意,被捕学生立即被全部释放,然后王又回头哀求川大师生复课。

1948年4月,志和为全面了解民盟总部1月5日在香港召开的一届三中全会精神以及党的战略方针、具体指示,特派张松涛同志两次赴港(5月和8月)。松涛同志在港会见了沈钧儒等中常委、中共南方局连贯同志、民革中央主席李济深,向他们汇报了四川盟组织转入地下之后开展斗争的详情,请示了今后川康工作方针,带回了盟中央《三中全会声明》《三中全会政治报告》和《今后组织工作计划草案》,还带回了连贯同志的《战略方针》,即加强西南上层人士统战工作,希望在解放军东到宜昌,北到汉中时,川康刘、邓、潘响应起义。总部要求刘文辉保护好电台,让通讯联系保持畅通无阻。张松涛这次还带回了李济深先生给志和的信,今录如下:

志和吾兄勋右:

别来忽忽又将三载,至念。张、张两兄转港,具道吾兄领导革命,努力不懈,至佩贤劳。独裁政权的总崩溃即在目前;惟川康地居重要,一篑之功,仍在于此,至盼与自乾、晋康、耿光诸兄策定进步计划,迅付实施,外交方面,此间可负全责，余由松涛兄面详。专此，敬颂筹祺。

弟深上

八，廿九

志和从松涛带回的各种文件中明确了盟组织必须站在人民立场上、主张"一边倒"的精神；明确了四川盟务工作的具体任务，那就是粉碎蒋介石"经营四川以保西南"的计划，为配合解放军的战略进攻，将国民党的最后兵力歼灭在四川盆地，为新中国建立做出新的贡献。

时局急剧朝着有利于人民的方向发展，党中央已发出"打到南京去，活捉蒋介石"的号召。全国人民渴望的民主联合政府、人民代表大会也在各团体、阶层中酝酿。对此，蒋介石一面在长江拼死顽抗，一面加紧经营四川。他的打算是能保四川最好，不能保时则由川康经云南外逃，或潜居西康、滇缅一带依附美帝，伺机卷土重来。1949 年元月，蒋就电邀刘文辉去南京晤谈，说："四川是抗战的根据地，中央很重视，有了四川就有办法。西南是最后壁垒，四川是西南的心脏，别的地方可以丢，四川不能丢。到必要时，中央可调集百万大军来保四川。"由此可见蒋对四川的倚重，也可见志和同志发动川康军政首脑人物否决征粮、征兵及川陕设防的"反蒋倒王"斗争具有釜底抽薪的重大作用。

面对大好形势，志和与刘、邓、潘研究决定成立"起义联合参谋部"，刘文辉派杨家祯、邓锡侯派陈静珊、潘文华派钟体乾参与。志和为召集人，与地下党员唐新民保持密切联系，筹划起义方略。这时，王陵基向志和透露机密，说蒋介石亲授密令要他将志和逮捕枪毙，示意他必须离蓉。不久蒋果来成都，准备“清剿”大后方。志和将诸事布置得井井有条之后，偕杨家祯赴雅安，直接住刘文辉军部，与刘共商起义大计。

1949 年，东南福州解放；东南陈潜、陈明仁起义，长沙和平解放；西北马步芳精锐覆灭，兰州解放，胡宗南几十万大军败进川来。按蒋介石旨意：“四川保不住就经西康去滇缅。”西康昼夜间变成军家必争之要冲。如何切断蒋军残部西窜，至少迟滞其行动以待解放军围歼的任务就摆在志和的面前。细谈中，刘文辉说：“西康所属军政人员跟我走毫无问题，与邓锡侯、潘文华联合行动也早已布置就绪，目前令我担心的是西康民间武装势力，去向难定。”话语间流露出力不从心的忧虑。

刘文辉的忧虑不无道理。当时西康各县均有庞大的袍哥组织，长期以来拥兵自重。对这支复杂的武装力量，各种政治势力都在争取利用。蒋介石就居心叵测地对其加以庇护、扶植，用它来与刘文辉分庭抗礼，达到控制刘文辉的目的。1946 年初夏，刘文辉派保安部队到荥经县铲鸦片烟苗，即与当地袍哥组织发生冲突。一千多人的保安队顷刻被歼，第一保安副司令张禄宾在荥毙命。该地反刘总指挥朱世正（中央军校毕业）因此声名大震，也因此与刘文辉结下冤仇。接着朱又于 1947 年 1 月在“西康民变”的幌子下，纠合天全县的袍哥李元亨、陈步胜，芦山县袍哥程志武，宝兴县的杨朝明等率队伍 5000 余人，向刘文辉的地方政权发动大规模武装进攻，一度攻陷天全、芦山两座县城，兵锋直逼省府雅安。对此，蒋介石在南京幸灾乐祸。在他心目中，心腹之患不是这些“土匪”，而是刘文辉。所以他在康滇要地西昌设行辕(后改“西昌警备司令部”)以控制西康、监视云南。派王陵基为四川省主席后,更是收编土匪袍哥、挑唆少数民族,常与刘文辉闹摩擦。而刘文辉的二十四军两个师、三个保安团,分驻雅安、康定、西昌三属,这点部队过去只与民间武力纠缠已常捉襟见肘,如今胡宗南主力入川,要与之抗衡,更显得众寡悬殊。

为了解决刘文辉这一心腹之患,1948 年 11 月,民盟四川省支部主要负责人张志和、张松涛、吴汉家在成都槐树街 39 号兰绍谦家中研究对策。志和认为,刘的顾忌在袍哥,矛盾集中在雅安,而焦点人物是荥经的朱世正,于是提出把工作重点从成都及其近郊邛崃、大邑转移到西康雅安,集中力量做朱世正的工作。会议决定派川大盟员学生、荥经人赵锡骅同志去疏导。赵与朱世正和他的老师黄汝杰接触后,晓之以理,分析天下大势,耐心细致地对其进行引导,终于使朱认识到“联刘反蒋拥共”的道路势在必行。1949 年 2 月,锡骅专程赴蓉汇报。赓即,张志和、范朴斋、吴汉家、张松涛反复研究,于 1949 年 3 月 14 日决定吸收朱世正入盟。五月彭迪先同志也秘密转移到荥经,给朱讲了国内外形势,指出弃暗投明的通途。为了把朱世正的工作做得踏实到家,关键是在彻底消除朱、刘之间的宿怨。于是志和在锡骅同志的陪同下,专程去荥经宝子山朱家住了三天。朱对张既感激又尊重,集合心腹弟兄百余人听志和讲演。志和讲了蒋介石的祸国殃民,又讲了“反蒋联刘拥共”的道理,使这些骨干分子受到深刻的启发。最后又派党盟交叉的蒋国基、刘光书、沙勤生留住朱家。派段维庸、沙国柱在朱家祠堂小学教书,共同启发开导,确保朱的转化工作万无一失。

朱世正根据志和指示，以他自身转化的实践去影响整个雅属民间武力的政治倾向。1949 年 7 月，朱世正以“新康社”袍哥负责人名义在天全、荥经交界地峡口坝召开了联谊大会，到会的有地下党员、盟员、民革成员和天、芦、荥的袍哥武装大小头目。朱世正同志讲了大好形势之后说：“过去我们反刘文辉，是为了各自的生存。今天刘文辉反对独裁，拥护共产党，是明智的选择，我们应当和他联合。我们要团结一致，不让蒋介石残部进入西康，为全国的解放做出贡献。”在他的倡导鼓励下，与会者都表示：“一定跟着朱大哥走反蒋联刘的光明大道。”这是雅属地区民间武装第一次公开宣布联刘反蒋拥共的大会，形成了良好的声势，鼓舞了友朋的斗志，乱了敌人军心。不久，志和又出面牵线搭桥，让朱、刘面谈，冰释前嫌，言归于好，刘文辉还送给朱世正不少枪支弹药作为见面礼。联刘反蒋既成定局，刘文辉悬在心上的一块石头终于落地。

自 1947 年国民党宣布民盟为非法团体以来，为躲避疯狂镇压，成渝等地已暴露身份的盟员相继转移隐蔽。由于刘文辉是秘密盟员，又是川康反蒋派实力人物，西康自然就成了革命爱国人士避难的安全地带，当时雅安有“川康香港”之美誉。1947 年至 1949 年，大批革命骨干纷至沓来，仅荥经县就转来 30 多位（大部分为党盟、团盟、协盟交叉）。这批力量在西昌、康定、雅安、荥经、汉源、天全、芦山积极广泛地开展盟务工作，发展了新盟员百余人，建立起读书会、学友会、农互会、盟友会等各种群众性外围组织。志和同志见时机已经成熟，就于 1949 年初夏，以西南总支部委员的身份，代行西南盟总支部主任潘大逵的名义通知：成立中国民主同盟西康省支部筹备委员会，以彭迪先为主任委员、张松涛为秘书、赵锡骅负责组织。在志和同志的指导下，新筹委做了以下几方面的工作：

首先是加强了宣传。创办起省支部机关刊物《光明旬刊》。主要撰稿人有彭迪先、杨正南、洪钟（党盟交叉）等，于 1949 年 9 月 18 日发行第一期，内容是根据新华社消息宣传解放战争的大好形势和目前党的方针政策。每期均有时事述评和军事述评以及为群众释疑的专论。该刊物及时报道了新政协的召开和 10 月 1 日中华人民共和国成立的消息。刊载了《共同纲领》、《西康人民当前的任务》、毛泽东的《论人民民主专政》，张志和的《人民的军队》、《论游击战》等专论。志和的两篇文章是专为改造民间武装、准备与国民党作战而写的。这些文章消息，不仅使盟员能及时了解时局的发展，也为革命群众提供正确的斗争方式方法。除了办报，在荥经，由重大、川大和本地大中学生组成的流动剧团还演出了《白毛女》《蒋匪跳台》等革命剧目，为迎接解放，提高群众阶级觉悟起到很好的作用。

其次是改造、培养民间武装骨干。为了配合起义，阻击残匪，补充刘文辉兵力，志和提出对民间武装及时改造和培训。根据这一指示，1949 年 8 月，先在赵锡骅家中组织了学习会。川大及荥经学生 20 多人到会，听彭迪先讲形势和政治经济学，听张松涛讲军事和如何开展政治思想工作，历时二周。10 月又在荥经联络站由童梓平主持，学习毛主席的《为人民服务》《纠正党内错误思想》《三大纪律八项注意》，到会人数增加到 30 多人。经过这番学习培训之后，将这批骨干分配到民间武装各部队中去担任政治指导员，特别加强对朱世正队伍的改造。自朱入盟以后，党盟组织就开始对其所属“雅荥汉联防总队”的大小头目和士兵进行改造组训。第一次是由朱集合民间武装首脑和贴心官兵400多人，在天宝乡听志和讲局势、讲出路、讲如何联刘歼灭胡宗南残部。接着又是张松涛、彭迪先等对朱的参谋、秘书、中队长以上骨干数十人讲《新民主主义论》《共同纲领》等文件精神。又选择可靠性强、人数多、兵力集中的杨三江、王华勋、袁福祥、彭廷魁四个大队集中到荥河乡集训，做好实战准备，定名为“荥河纵队培训班”，班主任赵锡骅，任康执、陈应颂、秦朝忠分别负责政治、军事、后勤，范炬明、肖军、吴家声到各支队分别担任政治指导员。培训的主要内容是分清红军与白军的区别；学习“三大纪律八项注意”，反复强调“一切行动听指挥，不拿群众一针一线”。通过学习，队伍懂得了“为谁打仗”“解放军为什么战无不胜的道理”。培训期间，彭迪先得到洪钟消息说西康中统特务头子余仲篪将过荥经窜往西昌，于是培训班连夜组织20多人，由范炬明带领到凰仪堡，立即将余匪擒获。

为了扩大推广荥经培训朱世正队伍的经验，确保雅安这一战略门户，志和又派雅安民盟县分部负责人张声明、郭景泰等去做天、芦、雅联防司令兼保安三团团长王德全的工作，并很快吸收王入了盟。刘文辉也及时命令西康省保安副司令王靖宇，把保安系统和“西康省训团学友会”中上层骨干派到雅安东西南北四区参加组建。各区派去盟员三人任政治指导员（其中不少是党盟交叉），组成“川康人民革命军第一纵队”，王德全为司令员，毛云相为政治委员，下辖三个民枪师，保安三团为直属团，司令部就设在雅安新市区王德全家中。这支武装于1949年12月7日晨，在雅安四个区同时举行升五星红旗的仪式（比刘、邓、潘起义提前两天）、散发反蒋拥共传单、张贴《川康人民革命军第一纵队告民众书》，誓师布阵，守卫雅安。

1949年10月，张志和、刘文辉、陈仲光、朱世正四人在刘的军部共商军民协同作战的详细方案。中心内容就是胡宗南、王陵基果真来窜犯雅安怎么办？刘说蒋的长江防务已全盘破产，现就指望西南这一片了，可能会花代价力争。胡宗南残部几十万不能小视，虽打不赢解放军，打我们却有余力。解放军入川之前，我们务必做好充分准备，妥善对付才行。经研究决定：二十四军一三六师陈明扬、毛国懋两团在成雅线上打阻击战、袭击战，破坏桥梁要隘，使胡宗南的机械化失灵；一三七师则在洪雅、丹棱一线的川康道上展开袭扰，拖垮蒋军；“川康革命军”配合二十四军和保安团在雅安北区、南区、荥经的东北区、西南区、天全的东南区，扼住川康、雅富路上各处咽喉要地。这一带是崇山峻岭，许多天险一夫当关，万夫莫开。我们得此天时、地利、人和之优势，定能让敌人望而却步。方案已定，志和负责协助刘元瑄筹办西康方面事宜，请刘文辉速赴成都与川军首领邓锡侯、潘文华商议，联袂大举。

10月16日，毛主席发出进军西南指令：“二野主力务于12月到达四川叙永、泸县、重庆一线，切断胡宗南集团及川境诸敌退往云南的道路与白崇禧部的联系。”解放军在西南展开凌厉的攻势。11月30日西南重镇重庆解放，西南防线土崩瓦解。成都虽是大兵云集，却是冰山一座。刘、邓、潘三人也聚首成都，联合起义。参谋部内,紧锣密鼓地筹划布置。民盟西南总支的潘大逵、重庆市支部的赵一鸣、胡克林、冯克熙等也前来参与策划,加强领导。

1949年12月5日周恩来同志终于给雅安电台发来指示:“时机已至,不必再作等待。”志和立即将电文转给刘、邓、潘。12月7日,蒋介石以在成都北较场召开会议为名,企图把川康高级军政人员(包括刘、邓、潘)劫往台湾做人质,以此阻止川康两省起义。这时,潘文华已如约在彭县翘首以待。刘、邓二人接到蒋介石会议通知后,即于当日下午携带少数随从,避开特务耳目,赶到彭县邓锡侯九十五军防地,紧急商定于12月9日签署发出起义通电,并于11日将此通电发给毛主席和朱总司令。电文如下:

北京毛主席、朱总司令并转各野战军司令暨全国人民公鉴:

蒋贼介石盗窃国柄廿载于兹,罪恶昭彰,国人共见。自抗战胜利而还,措施益形乖谬。如破坏政协决议各案、发动空前国内战争、紊乱金融财政、促成国民经济破产、嗾使贪污佥壬横行、贻笑邻邦、降低国际地位,种种罪行,变本加厉。徒见国计民生枯萎,国家元气断绝。而蒋贼怙恶不悛,唯利是图。在士无斗志,人尽离心的今天,尚欲以一隅抗天下,把川、康两省抗战所残留的生命财产,作孤注一掷。我两省民众,岂能忍与终古。文辉、锡侯、文华等过去数年间,虽未能及时团结军民,配合人民解放战争,然亡羊补牢,古有明训,昨非今是,贤者所谅。兹为适应人民要求,决自即日起率领所属宣布与蒋、李、阎、白反动集团断绝关系，竭诚服从中央人民政府毛主席、朱总司令与中国人民解放军第二野战军刘司令员、邓政治委员之领导。所望川康全体军政人员，一律尽忠职守，保护社会秩序与公私财产，听候人民解放军与人民政府之接收，并努力配合人民解放军消灭国民党反动派之残余，以期川、康全境早获解放。坦白陈词，敬维垂察。

刘文辉、邓锡侯、潘文华　叩

一九四九年十二月九日

通电发出的当天，蒋介石气急败坏，立即命令成都城防司令盛文用坦克、大炮向刘文辉的住宅和武侯祠二十四军驻地发起猛攻。刘、邓、潘一面指挥部队反击胡宗南部队的进攻，一面派员四出，对徘徊歧路的其他国民党部队进行策反。在三位将军的义举推动下，川鄂绥靖署副主任董宋珩于 12 月 21 日在金堂、广汉，十五兵团司令罗广文于 12 月 24 日在彭县，二十兵团司令陈克菲、杨森部属喻孟群军长、四川保安处长刘兆藜等部也先后纷纷高举义旗，倒戈相向。在解放军强大攻势面前，在众叛亲离、四面楚歌声中，国民党集结于成都的，40 万正规军终于反正投诚。成都宣告和平解放。

正如贺龙元帅所评价的："川康将领的起义，政治上的影响大于军事上的影响。"刘、邓、潘三位将领在蒋介石"决战成都"的关键时刻率部起义，又促变 40 万蒋军土崩瓦解，使西南历史文化名城未曾泯于战火，这是党长期以来推行统战政策的伟大胜利。

这胜利中包含着志和同志的心血和汗水，志和同志功不可没。

如前所料，胡宗南见40万大军覆灭，立即率残部向西昌方向窜逃。战火立即烧至西康，而雅安门户首当其冲。东面，胡宗南从洪雅来攻；北面，王陵基从五家口入侵；南面，新任西康省主席兼警备司令贺国光与宋希濂联手在富林、汉源遥相呼应；西面，田中田部从甘肃败来参加围攻；更有一批不见棺材不落泪的地方袍哥势力，接受蒋介石垂死前的封赠，前来卖命助战。芦山袍哥程志武被委以“川康反共救国军总司令兼新二十四军军长”，天全袍哥李元亨被委以“十五军军长”。除此而外，还有王陵基扶植的张广德部“反共救国军”三千余人，乱纷纷来犯雅安。企图不惜血本，杀出一条血路来。

在这紧急关头，志和同志指挥若定。他与西康临时军政委员会主任刘元瑄商议御敌之计：首先叫王少春同志用电台向周恩来呼救，然后命令“川康人民革命军第一纵队”阻击从凤鸣乡来犯的张广德部。一面又请彭迪先急赴荥经调朱世正的“川康人民革命军暂编第一师”在南线雅荥汉大道设防，配合二十四军伍培英部守卫大相岭和泥巴山。并在天宝乡朱家架通与北京、彭县的电台、电话。其余川康武力，全部集中待命。最后还做了万一雅安不保、钻山打游击的准备。总之，全力拖住敌人，以待解放军的聚歼。

12月17日周恩来复电如下：

张志和并转刘、邓、潘三先生，第二野战军刘、邓来电转如下：恩来亥巧（即12月18日）。

军委：我先头十七军与十军已于铣日（即十六日）攻占乐山、青神，正向西发展中，战果待报。十一军、十二军今（篠）日（即十七日）可达新津、彭山之岷江之东岸地带。

特此专告。

这一振奋人心的消息，鼓舞了二十四军官兵的斗志，安定了雅安的人心，坚定了西康全体军民保卫家乡的决心。“川康人民军第一纵队”奉命反击来犯之敌，三战三捷！

一、歼灭名山县“反共救国军”。名山国大代表黄埔四期学生张广德，伙同总岗山王汉，又勾结王陵基，成立“反共救国军”，控制了名山的车岭、马岭、永兴和雅安的凤鸣乡，直接威胁雅安城郊的姚桥。12 月 13 日，我部王德全、毛云相率纵队司令部直属保安团至姚桥，向敌人发动猛烈进攻；次日拂晓攻克凤鸣，乘胜追击，当晚光复永兴；与名山民枪团会合后，15 日又追击匪巢总岗山。残匪远遁深山，十七日遂布防于金鸡关要隘。此役解了雅安北线燃眉之急，振奋了军威。

二、击退王陵基保安团。王的保安三团、五团来窜西康。因邛崃公路已为二十四军控制，遂绕道夹关、芦山的大川偷袭雅安上里。12 月 17 日晚，当地起义部队觉察，奋起堵截。但因民枪团兵力不足一团，上里乡失陷。王德全闻讯后急电中里、下里的纵队第三师前往增援。战斗至 18 日晚，夺回上里，王的残敌逃窜。

三、浴血抢夺飞仙关。1950 年 1 月 21 日胡宗南部第七兵团胡长青残部 700 多人，窜入芦山、天全，伙同李元亨、程开元，偷袭攻占了天、芦、雅三交界的天险飞仙关。同时占据了天全的梅子坡和始阳镇，截断了起义部队保安三团二营与雅安的联系。王德全即命三团从金鸡关移驻多营坪，二营越陆王山到飞仙关附近集结待命。命太平场民枪团亦直赴飞仙关两侧，截断李、程两匪联系。又命中里、下里民枪团抢占罗纯岗北区一线，俯控芦山。布置妥当，亲率一百敢死队从公路赤膊猛攻。李元亨发现腹背受敌，后路又断，即仓皇撤逃。保安三团乘胜追击，收复飞仙关。

雅安阻击战北线告捷，解放军神速推进，其他各线不战自乱，终于在川西平原上被全部歼灭。这一伟大胜利一是归功于党的英明领导；二是归功于解放军的军事胜利；三是刘、邓、潘的起义；四是各民主党派、爱国人士的配合；五是地方民间武装的明智抉择和英勇善战。而这五方面的工作中也包含了志和同志从1937年奉毛主席之命后，十三年如一日，克尽厥职达成任务的终生心愿。

志和同志于1950年6月1日在北京政务院向党中央汇报工作时，对自己的一生做了回顾。在此，我们就用他的话作本文的结束语吧！

> 我出身寒苦，从小又受民族革命的影响。稍长，通过学“马列”懂得反帝反封建的道理。在辛亥、洪宪、北伐中都站在革命斗争的前列。自1937年奉毛主席之命，到成都搞统战工作以来，一直战斗在敌人心脏，克尽厥职，完成了任务。
>
> 我们在川康发展盟组织，协调各种关系，使各类武装力

量转化到人民的阵营中来。刘、邓、潘的起义，以朱世正为首的民间武装的弃暗投明，都有力地支援了解放军围歼蒋、胡、王匪帮的最后战役。我们成功地保卫了雅安、粉碎了王陵基残部和地方匪帮的进犯，断绝了蒋匪打通川康，连接滇缅，待机卷土重来的妄想，提早结束了大陆解放战争。

我觉得，我对革命是异常忠诚的，工作是努力的，是问心无愧的。

今天是志和同志诞辰一百周年的日子，谨以此文献给这位为革命忠贞不渝，忍辱负重，默默奉献，“问心无愧”的良师益友。他的精神，他的风范，我们将永志不忘。

1994 年 6 月 9 日于荥经

作者简介：童梓平，民盟荥经总支原主委，荥经县政协副主席，离休干部。

雅安起义经过

杨学端

一

刘文辉由于向来站在反蒋的立场上，素为蒋介石所不容。抗战因刘文辉表面表示恭顺，圆滑应付；二因国内舆论制裁，蒋不敢公然打击刘文辉，但是暗中进行种种阴谋策划，但始终未果。最初，派特务马遂良带别动队一个支队，四五百人长驻雅安，势力遍布全省。后又派特务罗国玺和某某等先后来康任税务局长，暗中监视刘之行动。抗战中期，曾把缉私队、税警大队等武力开到康省，企图布置据点，准备消灭刘部，但为刘文辉所拒，不敢直开雅安，徘徊于新津、邛崃之间。刘又布置兵力于成雅之间，尽力阻碍其行动，故其终未得逞。1941 年，蒋又想分化刘的内部，任命刘元瑭（刘文辉侄，时为一三七师长）为新十二军军长，令其回雅安索取部队开到陕北参加反共。刘元瑭因刘文辉只给他一个团，不满所欲，竟与其弟元琮在大邑、邛崃间打了一仗，几乎造成内部分裂。

抗战胜利后，蒋介石下手解决龙云之时，蒋本人飞到西昌，一面就近指挥对龙军事,一面还想顺手将刘文辉一并解决。我记得在蒋到西昌之翌日,蒋曾致电刘文辉说:“西昌风景优美,惜不得与兄同游尔。”意图将刘诱到西昌,迫其就范。由于刘文辉软硬兼施,圆滑应付,未中其计,蒋也无可奈何。

及到全面内战时期,蒋对刘文辉的猜忌防范更甚,除了特务的严密监视外,又在西康策划两个阴谋。一个是策动荥经、天全、芦山等县的土豪程志武、朱世正等武装叛变,围攻县城,在荥经城边把保安司令张禄宾打死,将天全境内的康雅大道阻塞,造成紧张局面;另一个是,派特务张广德(黄埔四期生)在邛雅之间的总岗山,组织武装,号称万人,在刘军驻区内打家劫舍,使刘军疲于奔命。

二

刘文辉与刘湘交战失败,退至雅安后,保留部队不多,主要由其子侄元璋、元瑭、元瑄、元琮等率领,旧人带兵者只有张伯言、袁国瑞和我三人而已。1937 年夏,重庆开整编会议,二十四军编为一三六、一三七、一三八三个师。抗战末期,部队屡经改编,二十四军保存两个师一直属旅。一三六师刘元瑄驻西昌,一三七师刘元琮驻雅安,刘文辉之婿伍培英为直属旅旅长驻康定。起义前为了便于进行准备工作,执行预定的所谓“应变计划”,刘又将驻西昌的一三六师师长刘元瑄升调为二十四军军长,驻雅安;伍培英升为一三六师师长,驻西昌;刘元琮仍任一三七师师长兼副军长,驻雅安,兼顾洪雅。

当时的西康省分为宁属、雅属、康属三区。宁属的西昌设有所谓“委员长行辕”,遍布特务,并驻有相当武装,情势极为复杂。

刘文辉拟定起义计划时，预定以伍培英负西昌区起义全责，雅安由刘元瑄和省保安副司令王靖宇负责，康定由张为炯和原西康屯垦司令唐英负责。

1949年9月某日，刘文辉由雅安赴成都时，曾在私寓内召集内部主要人员开秘密会议，说明本人此次赴蓉的必要，希望大家在统一意志之下，团结内部，联系民众，做好自己的工作，以待时局变化，不必惊惶恐惧，盲目妄动。最后说，只要大家能听他的话，一致行动，就有前途。会后刘即去蓉。以后我们即照刘的指示，暗中准备，做了些储粮储弹、充实内部、联系地方的工作。

三

雅安起义前，曾预拟设立一解放委员会，由二十四军军长刘元瑄、保安处长王靖宇及各进步党派和地方负责人员组成，以便指导全军全省的起义事宜。宁属方面预定以师长伍培英和原宁属屯垦委员会袁品文等主持其事；康属方面以省民厅厅长张为炯、屯垦司令唐英负责主持；雅安所设的西康省解放委员会则“总其成”（解放委员会成立后，又仿照云南起义之例，改称为“西康省临时军政委员会”，后接刘文辉自彭县来电说，西康军委会名称与贺龙将军领导的“西南临时军政委员会”名目相近，乃又改称“西康省临时军政会议”）。

1949年12月7日，刘文辉与邓锡侯由成都秘密出走，当日夜间与雅安电台取得联系。我们在雅安知刘已脱樊笼，便积极作起义布置。次日刘、邓受蒋军威胁，夜奔彭县。刘、邓因仓促出走，许多重要密本和电台呼号都未带出，与雅安和各方面的通报大受限制，起义通电于8日用明码由彭县发至雅安，转请中共雅安地下电台发出。刘在彭县与雅安通报时，通电就为蒋方所收得。所以我们尚未看见起义通电，西昌的贺国光就来电质询究竟。

9日上午，雅安的西康省临时军政委员会（简称“军委会”）正式成立，由军长刘元瑄、省保安处长王靖宇主持。成员有刘元琮、杨学端（宁属代表，西康省军管区副司令）、杨家桢（赴成都，未到）、张志和（民盟）、彭迪先（民盟）、陈耀伦（省田粮处长，雅属代表）、陈某（康属代表）和民革的某某等共约十五六人。中共地下党员一人曾来参加会议数次，后来未出席。

军委会成立时，全体人员齐集军部后面旗场举行典礼，唱中华人民共和国国歌，由刘元瑄简略致辞，大家当场把青天白日帽章取下，换上红布剪的五角星。

雅安宣布起义后，立即遭到四面攻击：东面邛崃、洪雅受胡宗南部的攻击和总岗山张广德的滋扰；北面五家口遭受王陵基的进攻；南面富林、汉源受到贺国光、宋希濂的侵袭；西面受到由甘肃退入康定的田中田等部的威胁。

当时胡宗南以其基本队伍第一军（军长陈鞠旅）为骨干的李文兵团拟由成雅大道经雅安南下进入西昌。行至邛崃，为二十四军驻邛崃、名山之陈明扬、毛国懋部所阻，相持数日，雅安军委会又增兵阻击。胡部乃改道由蒲江、丹棱南进，想经过洪雅进入西昌。雅安又派刘元琮一三七师在洪雅阻击，对抗数日。胡军为了要逃命，猛冲刘师，同时又利用总岗山张广德匪部于侧背肆扰。因此刘元琮师陷于苦战，几不能支。适解放军已解放嘉定，很快就来到了洪雅，与刘元琮会师，接替了刘师，正面向胡军扫荡，立即将胡部李文兵团击溃。胡部第一军军长陈鞠旅在战败时实行火线起义。陈鞠旅后在西南军区任高参，他曾谈及当时胡军想打通成雅大道，消灭刘文辉军，不料遇到刘军的顽强抵抗，以为洪雅方面必然薄弱，企图乘虚向洪雅南进，与从叙泸南走的宋希濂军会合。不意乐山很快就被解放，宋军已被消灭。结果该军也在丹棱、蒲江、洪雅地区全被消灭。

与胡部进攻的同时，王陵基亲自指挥十几个保安团由崇庆、大邑进攻，想经由大邑、芦山间山地向雅安进军。其先头到达距雅安50里之五家口时，遭到我军的强烈抵抗，相持七八日。当时邛崃、洪雅方面战事正紧，二十四军已无部队可以抽调，雅安军委会即以西康省保安队为主力抵御部队，并调原担任守备城区的军管区司令部直属补充第二团张怀猷所部前往增援。经过几天的恶斗，才将王部击退，王陵基终于败退回川，为解放军所俘。

雅安起义后，由于匪特的事先布置，曾闹过土匪滋扰情事。荥经的朱世正经民盟争取，加入民盟，投向人民。芦山的程志武和天全的某某等仍然啸聚多人，打家劫舍，又与总岗山的张广德互相勾结，拦劫汽车，为患行旅，直到1950年2月解放军到达雅安才被消灭。

西康省会康定与雅安同时宣布起义后，不数日，由甘肃省败退下来的甘军田中田等部约万余人到达康定，武力占领了康定地区。已起义的西康省府代理主席张为炯出走关外，暂避其锋。原西康屯垦司令唐英受反动派诱惑，倒戈投向田军，自称“反正”，因而康定起义中断。直到1950年3月解放军第十八军进军康定，才得到解放。

西昌方面：二十四军一三六师原来驻宁属各县，师部驻西昌，与西昌行辕贺国光部形成对峙状态。师长伍培英酝酿起义时，贺国光佯表同情，暗中空运胡宗南部一个团到西昌，驻在西昌机场附近。12月9日伍部宣布起义后，贺部和胡部突起袭击，围攻伍部。伍的部队分驻各县，形甚分散，无法抵御，乃败走富林，西昌起义因此中断。反动派改组西康省府，以贺国光为省府主席。为时不久，贺国光飞逃台湾，又以西康省大土豪羊仁安代理省主席，企图顽抗。1950年4月解放军自雅安、云南两路进军西昌。某日，盘踞西昌的田中田正在开大会庆祝“反正”之际，解放大军先头已抵达距西昌数十里之礼州、黄水塘等地。反动派惊恐万状，胡宗南等反动头子趁夜上飞机逃走。羊仁安、唐式遵等逃往少数民族地区，不久也为解放军所俘获。西昌反动残余，到此已歼灭无遗。

政协四川省重庆市委员会秘书处供稿

（原载中国文史出版社《文史资料选辑》合订本

第17卷第50辑）

作者简介：杨学端（1888—1969），四川西昌市人，陆军大学正则班第六期毕业，川军将领，陆军少将。1932年任二十四军五旅旅长，1935年率部追剿红军，1937年8月任二十四军一三八师副师长，1938年秋兼任二十四军西昌行营主任，后任西康省军管区少将副司令。1949年12月9日在雅安参加起义，后任重庆市人民委员会参事、重庆市政协委员。1969年去世。

回忆西康民盟

赵锡骅

一、大陆上的香港

现在四川西南部的雅安地区、甘孜藏族自治州和凉山自治州，国民党政府时代，曾于1939年设置西康省，川军二十四军军长刘文辉任省主席。刘文辉和蒋介石素有矛盾，对蒋介石排除异己的政策坚持顽强的斗争，不但使蒋介石的嫡系军队不能进入西康，即使已在西康设置的特务机构也受到了控制，难以发挥作用。用其二十四军军官的话来说，是形成“半独立状态”。

1942年2月的一个深夜，刘文辉在重庆机房街民族资本家吴晋航的公馆里，由张志和引领，秘密会见了周恩来。6月，周恩来派王少春夫妇到雅安苍坪山脚下刘文辉的一个旅司令部内设秘密电台，让刘文辉和中共保持秘密联系。1944年，民盟主席张澜亲自吸纳刘文辉和川军队二十三军军长潘文华秘密参加民盟。刘文辉在成都和一些进步学者、教授取得联系，不少在中共的领导和影响下由民盟出面主办的进步报刊都得到刘文辉的赞助和支持。历次学生运动，刘的驻蓉部队和潘文华的下属盟员彭焕章(光汉)的一六四师都是对其暗中进行保护的。刘文辉曾于1942年邀请邓初民、杨伯恺、李相符、马哲民、黄宪章、黄松龄6位名教授去雅安西康省训团讲学。他们中有3位是中共党员，5位是民盟盟员，其余是党盟交叉。之后民盟成都市分部委员、协进中学老校长肖华为避特务跟踪，也曾到雅安苍坪山陈跃伦副官长公馆里避居。

蒋介石发动全面内战后，加强了对后方人民民主运动的破坏和镇压，不少进步人士被迫转移，有些远走香港，有些近去雅安，雅安一时被称为"大陆上的香港"。1949年，大批进步人士转移到雅安。中共成都地下市工委统战小组成员、交叉盟员、作家洪钟，通过刘文辉的儿子、华西大学"民协"会员刘元彦的关系转移到雅安，以"西康省政府雅安行政机要秘书"的名义住在刘文辉的公馆里；由刘文辉的侄儿、二十四军代军长刘元瑄任董事长在成都创办的《西方日报》，于4月间被迫停刊后，主笔杨正南和编采人员帅世熙、翟静之、万世祥、卢集干、胡立民、伍国荣等转移到雅安，在雅安恢复出版了《新康报》；转移到雅安的大学生也多，川东地下党和川西地下党在雅安都建立了组织，川西边地下党在雅安也有活动，民革在雅安也有组织和活动；民盟转移来的人也不少。发展盟员，建立省、县组织和地下党密切合作，实际上都是依靠地下党的领导和帮助，积极开展宣传和争取团结各阶层上中层人士的工作，为配合刘文辉起义和迎接解放而奋斗。

二、发展盟员建立组织

1944年秋，我在四川大学经地下党员林梦奇介绍参加党的外围学生秘密革命组织“中国青年民主救亡协会”（抗战胜利后删去“救亡”二字），简称“民协”。1954年春，民协川大干事成立，我任干事会组织干事。同年秋，民协领导人、中共老党员、民盟中央委员四川省支部委员李相符教授决定介绍我和川大民协干事会负责人达凤德参加民盟。在民协的领导下，我先后参加筹组并负责进步学术团体“时事研导社”和“文学笔会”的工作，积极投入学生运动。1948年8月，国民党政府戡乱特种刑庭传讯革命学生。地下党支部书记严楷全（开明）来通知我，说传讯名单上有我，规定传讯不到者开除学籍，但我这样在学运中时间久的，特种刑庭可能想从我身上理抹关系，要我拒绝出庭，转移回家乡开辟工作，任随他们开除学籍。我离开成都的当天，我五弟锡鸾和范炬明同学送走我后，回去为我收拾住地时，刑庭法警就来传我，对着照片盘问我五弟好一阵，才悻悻而去。

我回到荥经城内老家，住我院后菜园里的小平房内养肺病，旋即考虑在家乡开辟工作的问题。我在成都已经知道刘文辉是支持掩护进步活动的，我在家乡又有些社会关系，都是有利的条件，但用什么组织的名义开展工作呢？我认为，“民协”是搞学运的学生组织，不适宜在县上发展建立组织，以我的家庭在县上的社会关系，开展民盟的活动是相宜的。1949年春节刚过，我便潜回成都，找入盟时亲自给我办手续的民盟四川省支部主委张志和汇报请示，他同意并授权我回家乡发展盟员、建立组织，给了我一些铅印的入盟登记表。

归后，我先发展成都协进中学回乡高中学生赵锡鸾、县法院书记官官峯、县农民银行练习生秦朝钟入盟。赵锡鸾介绍小学教师朱仰东入盟，朱仰东入盟后又介绍小学教师吴家声、孙华榕入盟；秦朝钟介绍东街回乡学生毛尚文、石明玉入盟；县立中学老教师黄汝杰，桃李多、声望高，我三姐是在他家里补习的几个高徒之一，我也执弟子礼，向他介绍一些时局后，他的理解是："民盟和中共是一条线。"在这样的认识基础上，我发展他参加了民盟；城厢镇副镇长、工商界人士赵鸣和、县政府兵役科长陈应硕等也入了盟。

刘文辉"为了解决军政费用，增辟财源，在西康境内广植鸦片，运销内地，流毒社会，曾引起国内舆论的非议，蒋介石也抓住此事大做文章"（《成都文史资料》第 22 辑第 202 页）。1946 年，刘文辉派保安团下乡铲烟，遭到民间袍哥武装的反抗，国民党军统特务朱子江趁势窜回荥经挑动反刘。在这次雅属反刘事件中，芦山程志武任"抗铲总司令"，荥经天宝乡朱世正任副司令。朱进过县里初中，在国民党中央军校毕业，较有文化，在解放战争时期想找出路，他手下的杨学江曾向我五弟赵锡鸾说："朱哥从报上知道你哥是共产党（1948 年 4 月 14 日成都《新新新闻》发表成都警备司令严肃虎致三大学公函，警告三校有'奸匪分子'，名单中有我），想和他取得联系。"朱也是黄汝杰教过的学生，而且很听黄先生的话，我想通过黄先生做他的工作，争取他改变反刘的态度，转过来和刘联合，参加民盟，支持配合刘起义。我向张志和汇报时谈到过这个问题，张同意吸收他入盟。黄汝杰入盟后，我便请黄对朱做好工作，介绍他参加了民盟。

国民党政府经济崩溃，法币（纸币）成了废纸，信封贴在邮票上，民间自发用银圆或大米易货，荥经旅成都等地学生供给困难，纷纷辍学回乡。我感到民盟在荥经的发展工作已有初步基础，可以进一步在知识青年等方面开展工作，但缺乏工作骨干。川大进步同学中有需要转移的，可以欢迎他们到荥经来。于是再度潜赴成都，通过川大文学笔会会员、盟员范炬明和内务书记、民协委员邓文质和他们联系，欢迎他们到荥经来和我一起工作。

得悉川大彭迪先教授因上黑名单暂避居在城内民协干事、盟员刘承俊家里，我立即前去看望他。彭先生是盟员，他说张志和准备安排他到川西一个地方部队的营部去掩护，我建议他到西康，还可以开辟工作。他也乐于和川大同学们在一起，向张志和汇报后，张同意由我接他去西康。

早几年毕业的川大校友，盟员杨汇川也和我相约同去西康，于是我们三人同行。彭先生易服戴墨镜先坐人力车走90华里到新津县，躲避成都南门车站的盘查，再由范炬明、杨汇川和我到老南门车站乘到雅安的长途汽车出发，车到新津县车站时，范炬明立即下车，换上彭先生坐范的位子，我们三人一道去雅安，范炬明一人自行转回成都。

公路上的汽车都很破旧，有顺口溜形容说："一去二三里，抛锚四五回，修理六七次，八九十人推。"车在中途抛锚修理时，我们有意在离乘客们稍远的路边休息。杨汇川比我大几岁，抗战初期参加过地下共青团，有些地下工作经验，提出我们三人同行需要"编关系"，以应付环境。我于是主张彭先生和她算兄妹，她行三，称她三妹，她又算是我的女朋友。关于姓名，彭说他已更名李文达，我说殷商是我国信史的开始，不如彭先生叫殷文达，三妹叫殷文川，二人都同意。从此入康后，大家都称他殷先生、殷公，称杨汇训殷三姐，彭则亲切地叫她三妹。

到雅安后，在县前街19号我二哥赵锡鹏家里住宿，他在雅安搞气象测候工作。此后从成都到雅安来找我联系的人，一般都由邓文质、范炬明介绍先到此找赵二哥接待住宿，这里便成了民盟在雅安的接待联络站。

次日我们同到荥经，途中有武装守哨防土匪的，过往行人，都要收“哨钱”，我们拿着朱世正的名片，一路安全无阻，“哨钱”都没交过。

我家的房产，在小城里算是最多的，靠收房租生活，土地只有两三亩。我1948年回去后把土地卖了，以粮食作的价，以后用来维持来客的生活。清华巷一院住房，后面有较宽的菜园，园中竹林掩映着三间消夏的平房，一间上有小楼，我们就住在这里，殷三姐住在小楼上，此处成了民盟的机关。

殷公甚感结束隐蔽生活呼吸自由空气的舒畅自在，要赵锡鸾陪他到街上走耍一趟。这一来，小城就传开了，说我家来了一位教授，殷公感到这样引起注意也不好，就又转回雅安，住到赵二哥家里。不多几天，地下党的同志发现他来了，告诉军长刘元瑄，刘便邀请他到苍坪山上刘的公馆里做客寄寓。殷公的生活安定下来，便继续写书，同时抓盟的工作。

蒋国基，川大自然科学研究会会长，1947年春，继刘光书任民盟区分部主委，功课好，在中间同学中有威信，同年声援南京、天津“五二〇”事件“反饥饿、反内战、反迫害”大会时，被安排任主席之一，身份有些暴露。邓文质约他到西康，殷公到后几天，他就和盟员尹大贻同到荥经,我介绍蒋去天宝乡朱世正家做客,和朱联络。尹身体不好,留在城内寄住秦朝钟家做联系东街群众的工作(后转雅安)。不久,川大沙国勋(勤生)、沙国柱兄妹同到荥经,大沙是民协入党,小沙是民协会员,我也介绍他俩去天宝乡。大沙住朱世正家,和蒋一起工作,小沙由朱世正安排在朱家祠堂教小学。他们都兼做联系农村群众的工作。

文友、平原社诗人葛珍(段维庸)到荥经,我也介绍他去朱家祠堂教小学,他是党员,我争取他交叉入盟,和蒋、沙他们一起做当地群众工作。

1947 年春,以前任川大民盟区分部主委的刘光书,作为一届学生自治会常务理事,1948 年“四九”运动游行到省政府请愿要平价米时,被推为省政府谈判的首席代表,是 14 日警备司令部公布的川大 34 名“奸匪”名单中的第一名,稍后和王雪瑶一起来到荥经。刘比我们年龄都大,有群众工作经验,我也介绍他俩去朱家做客做工作。

天全始阳镇师范学校校长高仕荣,是川大教育系高年级同学,我知道他思想进步,这时通信和他取得联系,争取他办了入盟手续。他同意在天全安排盟员的社会工作,我便介绍蒋国基、刘光书、王雪瑶转到天全,由高安排蒋在天全县中,刘、王在始阳师范教书,开辟盟的工作。

女声社负责人陈为珍,曾被川东来的特务冒充她哥哥来会,被骗出女生院,遭到逮捕。女同学们发现后,由时任学生自治会理事长的盟员陈光明领头,强烈要求黄季陆校长去保释陈为珍。黄是国民党省党部书记长,见事情闹开了不好,便出面过问,将陈释放回校。陈参加毕业考试后,盟员李国跃是市长李铁夫的侄儿,开小汽车来将陈接走。陈在掩护中需要转移,邓文质向她介绍我在西康的情况后说,希望她“于公于私都要去帮忙”。陈于9月和交叉盟员黄仲实来到荥经,我介绍他俩去天全找高仕荣,后被安排在天全中学教书。陈是党员去天全后交叉入的盟,他俩在去天全的途中夜宿小店时,随带简单衣物都被土匪抢去了,后请朱世正出面追查,退回了一部分。

邓文质在成都继续帮我们做联络工作,他是民协会员(已入党)。我征求他的同意后,介绍他和民盟省支部吴汉家联系参加了民盟,更便于在成都继续帮我们做联络工作。

在荥经城内,成都华西坝协进中学学生刘光烈回乡后来访我晤谈。他是民协入党,我们在成都便有联系。我说明在县里开展民盟工作的情况后,建议他交叉入盟一起做盟的工作。他同意入盟后,我请他负责领导一个回乡学生的区分部,这个区分部有一个外围组织“学友会”,因此通称“学友会区分部”。

原在成都《民众时报》做行政工作的交叉盟员任康执,通过地下党的关系到雅安后,经杨正南和殷公接上了民盟的关系,殷公介绍他到荥经。我请他和小学教师盟员赵锡琼一起借用茶商兰翅云表叔茶店侧院空房办了一个地下接待站,负责安排来荥同志的住食和联络工作,并负责领导东街一个由青年知识分子和市民盟盟员组成的区分部,这个区分部因有外围团体“民友会”,通称“民友会区分部”。根据殷公的意见,还请他跑交通,负责雅安、荥经、天全之间的内部联络工作。

殷三姐不但身体比我好,能力也比我强,是我的得力助手,许多实际工作都靠她做。她不但联系城内盟的基层组织和盟员，还步行上天宝乡和蒋国基、沙勤生、朱世正他们一起商谈工作，有时还到雅安协助殷公工作。

我和殷三姐、刘光烈、任康执形成了荥经民盟的领导核心，经常互相联系，有比较重要的事情，便约他们一起研究决定。

在雅安，刘元瑄的机要秘书罗西玲，机智干练、能说会写、才华出众，早年参加过地下共青团，和殷公及殷三姐都谈吐相投，由二殷介绍他参加民盟。杨正南到雅安后化名杨可诗，主持雅安《新康报》。殷公曾是《西方日报》的特约撰稿人，在雅安和杨重逢后，争取杨参加民盟，便于开展工作，打开局面，杨同意了。殷公不知道杨是川东地下党在雅安的组织的负责人，后来还推荐他做民盟省支部筹委，他推辞了，只答应做宣传部干事，过问宣传工作。洪钟是中共成都市统战小组成员，通过刘文辉的儿子、华大民协会员刘元彦介绍到雅安，以刘文辉秘书的名义住在刘文辉家里。他是交叉盟员，和殷公接上了盟的关系。

老同兴酱园铺店员江文远，早年参加过中共，罗西玲和殷三姐介绍他入盟。经理陈雪松早年也入过党，又由江文远介绍他入盟。

县法院推事张声明，在成都时已入盟，我们在川大时是排球球友，殷三姐和他也熟悉。我们和他接上了组织关系，他介绍了法院书记官谭永承、县参议长孙述尧之子孙大营和川大回乡同学杨淑和、刘德群等入盟。

汉源县法院推事陈敦泮在成都时已入盟，张声明和他联系上后，我们委托他在汉源发展盟员，开展活动。

初夏,殷公到荥经,殷三姐提出,雅、荥、汉、天都已发展盟员开展活动,应建立盟的省级组织以加强领导。我们三人商量后,由我再潜赴成都向张志和汇报请示。形势日紧,张另约我在城东北一条小街的一位太太家里会面,同意了我们的建议。次日坐小汽车将书面通知送到范朴斋家里,由范炬明转交给我,通知用民盟西南总支部的名义,主委署名潘大逵,张志和(西南总支部委员)代行。通知成立民盟西康省支部筹委会,由殷文达任主委,委员张松涛(兼秘处主任)、赵锡骅、黄汝杰、朱世正、李伯平(李伯平是雅安二十四军的中级军官,张志和原来发展并直接联系的盟员)。

7 月底,民盟四川省支部组织委员会委员张松涛来雅安后,殷公领他一同来到荥经。8 月 3 日,在天宝乡朱氏宗祠举行民盟西康省支部筹委会第一次会议,由殷公主持,出席张松涛、赵锡骅、黄汝杰、朱世正,列席殷文川,张松涛做记录。由我传达西南总支部关于成立西康省支部筹委会的通知后,决定筹委分工:赵锡骅任组织部部长、黄汝杰任宣传部部长、朱世正任动员委员会主任、李伯平任财务委员会主任、殷文川任组织部秘书兼管具体财务工作。会议初步设想组织袍哥武装起义问题,动员委员会即指这方面的工作。

会后朱世正偕张松涛去天全,吸收袍哥首领陈步胜、李元亨等入盟。张松涛随即返雅安转成都,朱世正回荥经。

增补罗西玲为省筹委。先后成立民盟雅安县分部,由罗西玲任主委、张声明任组织部部长;天全县分部由蒋国基任主委;汉源县分部由陈敦泮任主委。

各县继续发展盟员，安置转移来的进步同志，开展群众工作。

雅安方面，发展川大回乡同学张正江、法院职员蒋增瑞等。俞稺夫转移雅安后也参加了民盟，还发展了赵仁恕，潘传贤等同志，成立外围团体“青江歌咏团”。11月，西康省保安团团长王德全经张声明介绍入盟。

李伯平在二十四军中下级军官中发展的近20位盟员，也和县分部接上关系，编成了一个区分部。

西康省银行经理郑梦麐，曾负责接待过来西康省训团讲学的进步教授，这时也参加了民盟，接待掩护上层盟员。

天全方面，蒋国基联络成都五老七贤之一尹仲锡之子、盟员尹志纯来天全始阳师范教书，党盟交叉唐绍虞、罗洛庚转移到始阳师范教书。他们发展了本地天全中学教师高明星和学生杨克纯等入盟，几位盟员组织了以学生为对象的“晨曦读书会。”

汉源方面，大邑盟员白开茂、杨安荣经川西边地下党负责人李安澜（川大同学，文学笔会会员）介绍转移到荥经后，我们安排他们去汉源协助陈敦泮工作。

荥经方面，盟务由省筹委组织部直接领导，12月末召开盟员代表大会，成立县分部，选举童梓平为主委，秦朝钟、孙华榕、吴家声、石明玉为委员。

入秋，范炬明约了川大进步团体戏剧研究会会员吴国治、包锡鸿、徐仲良同来荥经，他们都参加了民盟，积极开展文艺宣传工作，同来的还有川大民协会员党玉田，也参加了民盟。

重庆大学学运骨干曾紫霞，1947年暮春，曾由文学笔会首任对内代表（文笔创始人，负责人）、诗人杜谷（刘令蒙）陪着来川大访我，交流学运经验，并经杜谷介绍参加文学笔会。后来在永川县被捕，关在重庆渣滓洞监狱（与江姐同牢房），是小说《红岩》中孙明霞的生活原型。被营救出狱后到成都，得悉我在西康，为避再度被捕，便化名田秀华，和范炬明一起来到荥经。我让她住在我家后院平房，征得她的同意后交叉入民盟，任省组织部干事，管档案资料，兼做民生小学妇女班教师，并参加文艺宣传工作。

二十四军团长张纯嘏，是张志和直接发展的盟员。他路过荥经时来找我联系，介绍本县二十四军驻军营长余照普入盟，余随即来我处办了入盟手续。他也认识到民盟和中共是“一条线”，态度诚恳，没有社会习气。罗西玲曾来我家做客，谈古论今，研究工作，顺便也鼓励过余。余对盟的工作认真出力，殷公从雅安给我打电话，就是利用刘元瑄的军用电话打到余营，余即派人通知我们去接。殷三姐常在街上走动，虽未化妆打扮，究竟是大城市来的，余营有军士说荥经来了一个女的“洋歪歪的”，扬言要寻衅打她。幸好余照普得悉后严加制止，说殷是和军方有关系的人，不准乱来。余还向我们反映过他从电台得到的情报。

8 月下旬，张志和得悉蒋介石将飞重庆，遂于 24 日搭乘二十四军参谋长杨家桢的专车同到雅安，化名何渠安，避居杨家桢公馆。杨应张的要求，增派一班士兵保卫。

25 日，杨随同刘文辉应蒋介石召集去重庆开会，其间，蒋向刘提出：“张志和是共产党，听说到了西康，你回去赶快把他抓来杀了，免遗后患。”刘当面应付说：“回去查实就办。”刘回到住处对杨家祯谈及此事，杨问：“那你咋个办？”刘答：“我回去后再向蒋报告说张志和已经走了就是。”

张志和避居的杨公馆和殷公避居的刘公馆是近邻,张到后就和殷公密切联系,指导西康民盟的工作。9月由一勤务兵护送来到荥经,勤务兵称他老太爷,住在我家,由我陪他到东街秦朝钟家里会见了几个盟员,又陪他到天宝乡朱世正家里和朱晤谈。住了三四天,朱将一个孩子拜寄给张做干儿子,张赏了他一个金元。张志和要我给朱世正10张盟员登记表,让朱介绍他能号召袍哥武装首领和骨干入盟,我如数给了朱。

10月,张松涛介绍重庆转成都的盟员张文政(政第)到荥经,张曾在成都主编《胜利报》,我安排他住在接待站,任宣传部干事,旋即任"荥经流动剧团"团长兼剧团民盟区分部主委。接着张松涛又介绍重庆盟员童梓平到荥经,我安排他和张等住在一起,童搞过警务,准备让他参加武装工作。12月底成立荥经县分部时,经我提名,童当选分部主委。

荥经县自卫总队副总队长陈志霄(总队长是县长黄璞兼任)的下属高永富来向我说,陈志霄向我问候,他因脚有疾病,行动不便,不能过府拜访,请我移步去叙旧。我去访他谈话后,吸收了他和高永富入盟,他的儿子陈春泽曾和我在王秀升老师私塾里是同学,此时已是袍哥头目,随即也入了盟。荥经东西北三区是朱世正的势力范围,南区是陈志霄父子的势力范围,陈春泽就坐镇南区乡下,朱、陈先后入盟,两大派势力不再对立,我们四区各乡都可以派人下去做群众工作了。

我们在雅安地区开展民盟工作时,西昌和康定两地已有民盟的组织活动,西康宣布起义后,国民党田中男匪部窜犯康定,杀害了不屈的民盟康定区分部主委朱刚夫同志。当时因交通困难，我们尚未和两地民盟组织取得联系，本文暂未记述两地情况。

三、省支部的宣传工作

1. 编印《光明旬刊》，印发宣传小册

殷公在雅安，亲自抓省支部宣传工作，他提出并亲自主编省支部的地下机关刊物《光明旬刊》，10 日一期，由盟员刘德琼刻写蜡纸油印，任康执跑交通，送达到天全、荥经，主要撰稿人：吕师尚（洪钟）、杨可诗（正南）、何渠安（张志和）、殷文达（彭迪先）。

殷公在 1992 年出版的《我的回忆与思考》一书中写道："在宣传工作方面，杨正南入盟后，我就和他主编西康民盟地下刊物《光明旬刊》，用以加强盟的宣传工作，党盟交叉的洪钟也经常为《光明旬刊》写文章。我们根据新华社消息，主要宣传当时解放战争的大好形势和党的方针政策。9 月 18 日发行第一期，每期有时事述评和军事述评，有专论，解释群众疑虑。该刊宣传新的政治协商会议在北平召开，报道了 10 月 1 日中华人民共和国成立的消息，还刊载了《共同纲领》，撰写发表了《川康人民当前的任务》等一些重要消息文章，发行了《共同纲领》研究、农村工作专号，印发了毛泽东同志的《论人民民主专政》，以及张志和写的《人民的军队》《论游击战》等小册子。"

收听新华社消息，是利用刘元瑄公馆里的美国军用大型落地式收音机。

殷公在荥经时，殷三姐提出，请他给青年知识分子盟员讲课，他欣然同意讲社会发展史和政治经济学，便由刘光烈组织了十来个盟员到我家后院来听讲。他的指导深入浅出，理论联系实际,讲得很生动,接连讲了好几次,学员们亦以能受到教授的启蒙教育为荣幸,听得很专心。

我的表哥谭君锄,早年参加过抗日宣传工作,失业回乡后任县中学校长、国民党县党部书记长,向我说他已参加民革。他家中有厚厚的6本国民党印发的《共匪反动文件草编》,里面全是延安整风文献和毛泽东的重要著作,我如获至宝,向他借了一部分回来供盟员骨干阅读。8月下旬张松涛来时,说他曾经到过延安,进过抗大,我便请他以毛泽东的《论游击战》作教材,给盟员骨干讲了两次游击战术。

我陪张志和到朱世正家里去时,朱通知了几十个袍哥武装骨干,集合在院内天井坝上并请张志和讲话,张当师长带兵多年,有群众工作经验,讲话不讲空洞、有大道理,善于用听众容易理解的通俗事例来说明问题。他讲话说:“你们不是喜欢捡刘文辉的枪吗?那就开到川西坝子去捡王陵基的枪!”这就把他们的矛头,从反刘文辉方面引开,进而宣传和刘文辉联合。张讲完后要我也讲,我也简单讲了一点联刘反蒋问题。

荥经“民生小学”附设“民生通讯社”,社长朱仰东,不定期出版油印四开通讯报道。对9月21日新政治协商会议在北平召开和10月1日新中国成立的消息及领导人名单进行报道,还用板报的形式,在正街第二完小大门侧贴出。原川大文学笔会负责人、地下党川西边负责人李南从大邑来我家和我联系时,见到大街上报道新中国成立的消息,说像解放区一样了。

12月12日,西康宣布起义以后,临时军政会议政工大队邀请殷公和杨正南、赵利锋(新民主主义青年团负责人,政工大队长），一起在基督教浸礼会大厅公开宣讲《中国人民政治协商会议共同纲领》和毛主席的《新民主主义论》等重要文件，连续讲了几次，并举行座谈，很受群众欢迎。

民盟在荥经的外围团体学友会、民友会、群益学会、农友会、雅安的青江歌咏团及天全的晨曦学会，都是争取团结群众的组织形式，也是开展宣传教育工作的阵地。不少积极分子在外围团体中通过学习提高了认识，参加活动得到锻炼后，被吸收入民盟。

2. 筹办民生小学

荥经是坐落在盆地边沿的山区小县，城内只有一所中学，三所小学，机关也极少，我们计划转移许多同志来荥经开辟工作，但在此又不易找到社会职业作掩护。赵锡鸾对陶行知的平民教育思想素来极为崇拜，他有几个志同道合的同学和朋友也是中小学老师，有的已经入盟。1949 年暮春，我要他们去筹办一所民办小学，借以宣传革命思想，培养幼苗，并掩护同志，以便蹲下来做群众工作，他们立即行动起来。我将他们组成了荥经第一个民盟小组，以赵锡鸾为组长，朱仰东、吴家声、孙华榕为组员，并以他们为基础成立“荥经私立民生小学筹备委员会”，以赵锡鸾为主任，进行筹办工作。关于校名，他们原拟用“大众生活学校”，我考虑为了有利掩护同志，校名不宜突出，改定为“民生小学”，既可以说是取孙中山先生民生主义之意，也可以说是生活学校的意思，还挂了一个民盟的“民”字。筹委会拟定了《民生小学章程》的宗旨是“广开教育之门，来者不拒，不来者送上门去”。报请县政府批准立案后，县府将城东“魁星楼”“中和阁”两个相连的小庙划拨做校舍，荒芜的原东方公园作活动场地。为了争取社会的广泛支持，筹委会又请朱世正做董事长，陈志霄做副董事长。朱捐赠银圆15元，陈捐赠5元，做开办费。争取县政府在碾磨捐项下拨款大米2石，将东方公园四周空地租与附近农民，预收租大米3石，向荥经中学借课桌25套，向城东镇中心小学借课桌凳20套，请木工吴应刚半价帮做课桌20套，筹委们自己动手伐竹、搬石，修补校舍，所用毛竹系盟员肖锦捐献。

学校于9月1日开学，成立了校务委员会，除盟小组4人外，增加了盟员赵锡琮、朱淑恒和学生姜蜀菲。以孙华榕做校长、赵锡鸾做总务主任、吴家声任教务主任、朱仰东任生活指导、任康执同志是不挂名的实际领导人。教员有外来同志任康执、曾紫霞、吴国治、范炬明、包锡鸿、饶用唐、张文政及回乡同志兰肇琨等。他们中多数因另有工作需要，来去难定，又延揽了几位本地青年学生做教员（大部分先后入盟），教员一律不支薪，外来同志由地下接待站安排食宿。

学校招收一至五年级学生一百几十名，后增至近200名，学生不交学费，由学校供给教材和练习本。三年级以上的教材是油印本，一二年级的教材是手抄本。开设的课程有：《新民主主义论》（由任康执教）、国语（陶行知编教材）、算术、历史（吴晗著《中国史话》）、团体活动。教学生革命歌曲和陕北秧歌舞蹈及体育等，由吴国治负责。

全校集会时，唱国歌《义勇军进行曲》和陶行知作词的校歌："割茅草，搬石块，自己的学校自己开。我们互相教导，互相亲爱。读书不做读书呆，想想以前，抓住现在，创造将来。"根据学校宗旨，推行陶行知倡导的“小先生制”，组织学生回家后以课文教其父母弟妹及邻居未入学的儿童。

开办“民生小学妇女班”，由赵锡琮任班主任，曾紫霞做教员。组织妇女入学，进行识字和常识教学；成立“民生通讯社”，由朱仰东任社长，不定期出版油印四开通讯报道；成立“民生小学儿童团”，由童梓平领导，五年级学生姜蜀菲任团长；到附近乡下办“平民小学”，儿童团员们抬着黑板，带着自己抄写的课本下乡给农民上课，教唱革命歌曲，通过扫盲，宣传革命。

之后民生小学又调盟员肖锦、朱勖陶、谭昌熙、刘洪钧、程光榕参加工作。盟小组也扩建为区分部，吴家声任区分部主任委员。组织部调饶用唐和赵锡鸾去学友会区分部负责（仍兼小学工作），以接替刘光烈的工作。11月中旬，组织部调任康执、吴家声去北区组训武装，区分部由孙华榕、朱仰东负责。

12月13日，盟省筹委组织荥经庆祝起义大会，民生小学全体师生集队参加了庆祝大会，并组织秧歌队、高跷队、歌唱队参加游行。1950年元月，童梓平将县中校少先队和民生小学儿童团合并，以刘光第、姜蜀菲为正副队长，组成“少年儿童宣传队”，进行广泛宣传活动以迎接解放。2月9日，荥经和平解放，民生小学组织高跷队、唱歌队、舞蹈队前往南门外迎接解放军入城。

解放军驻荥部队五五三团文工队为群众演出时，邀请民生小学参加演出，还特别与民生小学组织联欢。

荥经县人民政府成立后，民生小学区分部将民生小学交给了人民政府领导。

3. 成立民盟荥经流动剧团

到荥经来的川大盟员同学中，范炬明、吴国治、包锡鸿、徐仲良等是川大进步文艺团体“戏剧研究社”的成员，范炬明原是“文学笔会”会员，少年时在北平读过书，会讲普通话，嗓子也好。文学笔会于1946年冬至1947年春，在川大演出了几场陕北的秧歌舞，是成都最早的秧歌舞演出，范曾参加这些演出。范等人以后又组织成立了“剧研社”，川大专职戏剧指导是著名进步导演肖锡荃，剧研社员都受过他的教益。范带来了一本三联书店出版的革命歌剧《白毛女》，于是《白毛女》剧的排练工作很快就顺利地开展起来了。

范炬明做导演、曾紫霞扮演喜儿、张文政饰杨白劳、本县小学教员王家祜饰大春、包锡鸿饰黄世仁、吴国治饰穆仁智、本县旅外学生四川省艺专孙静客饰张二婶、协进中学赵锡鸾饰村干部、本县中学生刘世勤饰黄母、谭淑君饰大婶、龚学权饰大锁、范炬明饰王大伯、徐仲良饰打手兼二胡伴奏。他们用简易办法将剧本油印分发演员准备。杨汇川是川大昆曲教授龚圣舆的门生，她吸取一些昆曲身段来教曾紫霞排练《北风吹》等唱段，丰富了表演手段，增强了气氛。台词用方言唱念，使群众容易听懂，感到亲切。《白毛女》首场在北街明城小学内演出，邀请学校师生、社会人士和附近的农民群众观戏，我们和全县盟员都去看了。虽然布景简单，演出效果还是较好，观众颇受教育，小城轰动，省城雅安的《新康报》也做了报道。

我们为了揭露旧社会的黑暗，歌颂解放区的光明，为迎接解放做好思想发动工作，又编排几个小节目，准备让剧团深入到农村去巡回公演。将剧团定名为“民盟西康省筹委荥经流动剧团”，任命张文政为剧团民盟特别区分部主任委员兼团长。剧团先在荥经四乡巡回演出。殷公对剧团工作亦很关心，多次巡回演出都是他亲自领队，有时还在演出前向群众发表简短演说。

荥经等地农村，概由拥枪自持的袍哥（哥老）首领控制，因此《白毛女》在乡下演出时，就出现了地主和农民一起看戏的场面。如组训袍哥队伍时，剧团曾到集训处去演出，袍哥队伍中的大多数成员都是贫苦农民，许多人在看演出时感动得掉眼泪，演到杨白劳被逼得服毒自杀时，一些人甚至哭出声来。盟员王华勋是一位哥老会首领，有一次演出结束后，范炬明问他演得怎么样，王说：“是，有些地主就是那么刻薄。”演出激发了群众的阶级感情，提高了群众的阶级觉悟。建立了农民的六合、官田、小溪等地的农协会员，看了演出后便积极收集材料，监视地主，为迎接解放做准备。

西康起义后，1950年元旦，殷公将我和杨汇川及剧团调到雅安，在“边疆大戏院”卖票公演。为了适应起义后的政治气氛，将《白毛女》改名《解放前后》，接连演了好几天，场场客满。地下党对剧团的演出也很支持，党直接领导的西康省临时军政会议政工大队大队长罗西玲，副大队长、雅安地区新民主主义青年团负责人赵利锋二同志亲自领人提了一大篮鸡蛋到大北街民盟省委筹委机关驻地来慰问大家。《新康报》也对剧团的演出发了消息报道和评论。

国民党潜伏特务封芦山县恶霸程志武为“反共救国军”司令，策动他进攻起义后的省会雅安。介于芦山雅安之间的天全县谣言四起，人心浮动。天全盟组织负责人蒋国基要求剧团去该县演出,以配合起义部队加强宣传工作,稳定人心。全团同志不顾个人安危,由殷公亲自带领,去天全和县属始阳镇演出,当地全体盟员近20人集会座谈欢迎全团同志。天全演出结束回雅安后,中共雅安工委指示临时军政会议政工大队欢迎剧团全体同志参加该队工作。

2月1日,人民解放军举行庄严的入城仪式,从河北街穿城直到南门坎。雅安各界人民倾城夹道欢迎亲人解放军,临时军政会议政工大队组织了宣传队,其中有流动剧团演员扮的高跷活报剧《蒋匪逃台》,很受群众欢迎。

解放后,西康军区刘忠司令员主持召开了各界人民庆祝解放座谈会,会后举行联欢晚会,由已经调到雅安军管会文秘接管处工作的原流动剧团演出秧歌舞等节目。准备进军康定的康定地委宣传部部长白雪峰观看了这次演出,感到满意,欢迎他们全体演员转到康定地委,以他们为骨干组成康定地委文工团,随军解放康定,继续为革命演出。

四、活捉西康中统特务头子余仲篪

国民党的特务机关"中央调查统计局"在雅安设有"西康省调查处",处长是长期从事破坏革命运动、屠杀共产党员与民主人士的特务头子余仲篪。

西康起义前夕,余见势不妙,企图逃窜西昌,再从那里坐飞机逃往台湾。他们动身的前一天,以刘文辉私人秘书身份作掩护的洪钟(原名吕朝相,当时化名吕师尚)去向彭迪先说:"余仲篪明天要去西昌,你要不要通知荥经民盟同志,组织力量在路上

‘欢迎’他一下？”

彭当天就利用刘文辉的代军长刘元瑄的军用电话，接通荥经余照普营（余是盟员），告诉我余仲篪将路过荥经的消息，示意我调人在路上拦他。

我们革命学生最痛恨特务，在学校经常受到他们的诬蔑、攻击和迫害。曾紫霞曾向我讲述过渣滓洞难友中还有川大同学江志炜（江姐）、李慧明、张国维（二人都是交叉盟员）、马秀英（民协会员）等同志在狱中英勇斗争的情况。近日已传来反动派溃退前，在重庆中美合作所大屠杀的噩耗，亲密战友生死难卜。眼下有特务头目要从我们所在的地区通过，我想报仇雪恨的机会到了，立即召集杨汇川，刘光烈开会研究，作出了捕捉余仲篪的决定和有关部署计划。

余要经过的站口黄泥铺，紧靠北区边缘，恰好我们在那里已有较好的基础。盟员陈应硕是县府兵役科长，他和北区袍哥武装首领熟悉。我曾采纳他的建议，派他以视察兵役为名到北区开辟工作，由范炬明和熟悉袍哥情况并以枪法著名的盟员肖锦，以及在当地有老同学等关系的吴家声和他一同下去，做争取联络袍哥武装和发动农民群众的工作。他们在荥河场办了一个地方武装训练班，用我的名义挂名班主任，荥河盟员彭学贤做副班主任，后又增派了任康执、秦朝钟下去，几个盟员骨干一起分别负责政治、军事训练和后勤工作，已有一定的成绩。

按余沿途必经的站口，从雅安动身后，应当天夜宿荥经，次日到城西40里位于大相岭山脚的黄泥铺住宿，准备第三天翻山，我们便计划调北区的武装力量到黄泥铺捉余。

我先找以城厢镇副镇长职务作掩护的盟员赵鸣和了解黄泥铺的情况，赵说他和驻防该地保安大队的曾文涛军需相熟，可以找人送信给曾，要他相机争取保安大队的袁玺之大队长支持我们或保守中立，我认为可以，就叫他照计去办。

我又派盟员刘芝和负责侦查工作，刘侦知余一行4人当日已到城内住宿。次日清晨，彭迪先在电话中指导赵锡鸾立即到全茂旅店与一位尾随余仲篪到荥经的张姓同志接头，从张处得悉余一行当日早饭后即动身去黄泥铺住宿，我们便派赵锡鸾、石明玉二人限时赶到北区荥河场，向范炬明等传达捕捉余的紧急通知。

赵、石二人不到3小时赶了40多里路到荥河场。范和任康执、吴家声等几个盟员干部当即开会研究，并和王华勋商量，决定调用柴国嘉的队伍。柴外出尚未归来，便先叫柴的一个小队长率领20多人，由范炬明、肖锦指挥，连夜向黄泥铺进发，沿路声称是朱世正的队伍，通行无阻，于次日凌晨赶到黄泥铺上场口外埋伏待敌。

余钟篪很狡猾，让先行者去试探路上虚实，时近中午，自己一行4人才走出场口，他和他的女婿骑马，两个女儿坐的是滑竿，还有几匹马驮着东西随行。小队长一见要犯来了，心情激动，鸣枪示威，带头冲上前去捕捉。余见此情景，立即掉转马头跑回场内去了。

荥汉大路蜿蜒在两山之间的峡谷里，两面山巅的住户也有武器。他们以为土匪抢劫行人，便开枪向大路上射击，捉余的部队也开枪打击。范等正沿着田野跑步追赶余时，有些子弹从他们脚边扫过,射入冬水田中,吱吱之声可闻,幸未受伤。袁大队长赶出场来向两边上高喊:“误会!误会!不要打了!”山上才停止射击。

余退回旅店后,曾去找袁大队长请派武装护送他们过大相岭。袁推说前面的人太多,过去不了,等一下再说。

范等在场外也暂时撤到附近一户人家隐蔽。傍晚,柴国嘉率领近百人枪赶到,于夜间将黄泥铺包围。范、肖、柴等带少数人进场找袁大队长交涉,袁答应不保护余仲篪,他们再去包围旅店,叫开店门,冲进去抓余。余等闻声起床时,已是满屋的人,其女婿手中提着驳壳枪,但不敢抵抗。肖锦上前下了他的手枪,范命人将余及其女婿反缚双手,并当众宣布说:“余仲篪,你是特务头子,我们把你逮捕问罪!”然后将余女也押在一起,派人看守起来。

次日早晨,范等率领队伍,押了余等一行,往县城方向进发。

余尚有几匹驮东西的马,另住一马店,范等活捉4人,高兴已极,未及注意他随行的马驮子。范等率队走后,他的马驮子继续往大相岭前行,被不知是谁的队伍拦劫,抢走了银圆等物,有一部电台也被打坏了。

押解途中,在幺店子休息时,范审问了余仲篪。余极狡诈,竟胡扯什么他的调查处是调查水利的,令人十分气愤。

押到离城12里的花滩镇时,王华勋、杨三江和朱世正分别从北区和东区率队赶来接应。范派人到城内来接我,我立即由盟员李毓松持枪护送至花滩,表扬了王华勋、杨三江他们积极支持参与这次活捉余仲篪的武装行动,和朱世正也碰头商量了工作。

范领我到一个准备好的房子里去审讯余仲篪，我要余招供他们在西康的特务活动，他说没有什么活动。我问他知不知道中美合作所大屠杀的情况，他说不知道。这是个老奸巨猾的家伙，审讯毫无进展。

我和朱世正商量好，由我将余押回城内看管审讯，朱将余的随从三人押回天宝乡他家院子中看管。我即将余带走，仍由李毓松持枪押送。范、朱他们也各回原地去了。

我们将余关押在我家菜园后面的一间小房内，由我去找县长黄璞借了一套脚镣手铐给他戴上，由赵锡鸾负责看守，李毓松、党玉田、任康执、童梓平等也曾参加看守审讯，后交县政府监狱寄押。

我将活捉余仲篪的情况用电话向彭迪先报告后，他很高兴。他在回忆录中写道："我得到这个消息后，很高兴地立即从雅安赶到荥经，把余匪的两只眼睛贴上膏药（避免他看清方向趁机逃走或认识我们），亲自审讯。"

西康宣布起义后，彭迪先调我和杨汇川去雅安工作，以后二十四军起义部队伍培英师在西昌受到贺国光部的攻击，撤退到荥经，王伯华部尾随其后。荥经形势紧张，荥经县党盟组织研究，决定武装审讯余匪，追出他的潜伏特务网点，相机处置余仲篪。

盟县分部成立审讯组，向伍培英师部借来一排人的武装，到县监狱将余仲篪及其女婿、女儿提到县银行民盟机关审讯。由任康执、党玉田、朱仰东、孙华榕负责审讯记录；秦朝钟、吴家声统一安排调度；肖锦、朱淑恒（女）搜查看管；朱勖陶、刘洪钧执法;刘芝和、陈荣祥带领外围团体盟友会的积极分子参加警卫。

余见到有正规军,以为要处决他,恳求不杀他的女儿、女婿。告诉他是审讯以后,他又顽抗不交代,只好将他推进挖好的土坑里,以其人之道还治其人之身,进行填土。填土齐腰了,他见我们不会轻易放过,才开始招供。他逐一供出了雅属各县潜伏特务的组长和组员名单,我们这才将他挖出来送回监狱,但对康、宁两属,他仍未招供交代。

县分部将余招供的材料以及地方情况调查材料,武装护送童梓平一并带去雅安向上级汇报。

2 月 9 日解放军进驻荥经后,党玉田调县公安局任审讯股长,吴家声参加侦查侦缉工作。首先将余仲篪招供的荥经潜伏特务组长罗秀峰的匿藏地侦查确切,再由解放军五五三团调"黑虎队"将其缉拿归案。罗秀峰招供了从重庆潜回荥经的中统特务李儒江、任俊虎、刘允充三人。解放军又将李、任二特务捕获。捕捉李儒江时,他正在草拟烧毁粮食仓库的计划。三人中只有刘允充潜逃。

解放后,将余仲篪及其供状移交解放军审处。我们把从余身上没收的一支金表带到雅安,经在雅安经营档案的干事杨淑和经手移交给西康省公安厅处理;以后又从余女身上搜出的半截金条,由荥经县分部委员孙华榕连同余匪一并移交给五五三团政治部。

1951 年,经重庆最高人民检察署西南分署提起公诉,最高人民法院西南分院将余仲篪判处死刑,并于 1 月 29 日押赴磁器口刑场执行处决。

五、民盟和中共的密切关系
——依靠党的领导，风雨同舟，生死与共

雅安地区的中共地下党雅安工委，由杨正南任书记。我们依靠中共的领导，和中共联系的渠道，主要是由张志和、彭迪先亲自找杨正南联系。重大问题都要找杨正南商量，如民盟组织武装用什么名称、番号，以及它的行动计划，都和杨正南商量过的；一般工作，则有许多中共党员交叉同志在盟内以盟员身份参与盟的工作，可以经常商量。

在雅安，洪钟是中共党员交叉，罗西玲、冯泽生是超龄团员交叉。冯后期安排做省支部秘书处主任干事，杨正南亦安排做省支部宣传部主任干事。

在荥经，我们安排任康执实际领导东街民友会区分部和民生小学区分部的工作，刘光烈负责学友会区分部，曾紫霞负责妇女工作。刘光烈和曾紫霞又兼省组织部干事，在荥经的重要工作，我们都要和他们商量。杨汇川是老地下共青团员，很重视这个问题，调雅安后她也超龄入团了，接着我也以民协关系转团。

中共地下党川西边委负责人李安澜，到雅安后曾和张志和、彭迪先、杨汇川等联系、研究工作。他在川大时曾和我住在一起，同搞文学笔会的工作，因此又到荥经我家里来找我商谈工作。我向他谈了民盟工作的情况，他提出，如川西有军事行动，他们需要转移一些同志来康时能否帮忙安置。我说可以掩护支持，并希望他派人来帮助加强我们的工作，他去后即派了马锡录来荥经。

汉源方面，中共地下党雅安工委曾先派江文远，起义后又派李绍文、唐绍虞和荥经盟员石明玉三同志去汉源做党的工作，同时指导民盟的工作。

天全方面，也有几位党盟交叉同志。

和中共的联系，还有一个重要渠道。张志和早年参加过党，曾由李一氓接他去延安见毛主席，毛主席要他回四川做地方军人的工作。周恩来开始约见刘文辉，就是张负责联系的。西康起义后，国民党胡宗南、王陵基、贺国光等残部三面压境进犯，西康形势紧张，张志和便利用中共设在刘元瑄那里的电台直接向周恩来报告，请求早派解放军解放雅安。周恩来于12月17回电，告知解放军已解放乐山、青神、正西向雅安进军中，这对我们是极大的鼓舞和支持。

中共和民盟的关系，既是政治上的领导与被领导的关系，又如刘光烈在回忆录中所说，是“风雨同舟，生死与共”的同志关系。党的组织和党员身份在盟内亦不公开。党员同志个个都谦虚谨慎，诚挚对人，团结党外同志。对工作中的问题，大家认真负责地进行研究，可以发表不同意见，也可以进行争论，最后在党的路线、方针、政策下统一起来，出发点都是为了迎接解放的大业。长期保持着这样良好的同志式的关系，是使当时工作得以顺利开展的可靠保证。

六、开展群众工作迎接解放

入冬以后，解放大军挺进大西南，西康民盟积极开展群众工作，进行调查研究，以迎接解放。

荥经的群众工作,分为四个方面:

一是继续加强外围团体“学友会”的工作,发展会员近百人,以团结教育回乡学生。假日借中学教室请县长黄璞给全体会员讲韩愈的《师说》,以争取他的公开支持;荥经藉军统特务朱子江(解放后被镇压)窜回窥测学友会的活动,他们采取以攻为守的策略,索性请他到会讲演,他来讲国家主义,被会员们询问得不能自圆其说,只好灰溜溜地离去。

二是深入农村,做团结贫苦农民的工作,由刘光烈、任康执二位交叉同志分头领导。他们把党的工作和盟的工作结合起来做,组织在农村有亲戚或同学关系的盟员,带领盟员和党员及民协会员去农村利用亲友关系的掩护,蹲下来做贫苦农民的工作。

刘光烈先后派川大民协会员曾竹坪(原名曾克兴)、许季去汉村坝、胥家湾、南罗坝团结贫苦农民,利用祠堂办农民小学,成立秘密农会。又派盟员张正樑等去南罗坝组织公开的“民友会”,召开成立大会时,附近几个村的秘密农会会员都来参加了。于是这一带农民的公开组织是民友会,核心组织是秘密农会。

东街盟员贫民陈荣贵是南区石滓乡人,约同石梓场青年陶世伟回乡,联络陈家新、刘锡忠等一批青年学习进步书刊,成立工农互助会,刘光烈派盟员石明玉、谭永昌下去协助工作。当地恶霸聂庚三(解放后已被镇压)得悉后,派爪牙率领二十多人枪入场,扬言有“土匪”混进场上,要挨家挨户搜查。石、谭、刘、陶撤回城内向刘光烈汇报后,刘和我研究,决定由朱世正的副官、盟员石章凡,以雅荥汉边境联防总队长朱世正的名义,委派毛祖恩为联防总队石滓乡直属中队长,陈荣贵为副中队长,刘锡忠、黄朝生为参谋,正式挂牌活动,并用朱总队长的名义致函聂庚三请予“关照”。工农互助会发展会员六十余人,公开举行成立大会,我派盟员陈应硕以县政府兵役科长身份前去参加,使工农互助会合法化,给聂庚三以威慑。工农互助会办了一所小学,有学生四十余人,引进民生小学的教学内容,教学生唱革命歌曲。其还办《春潮旬刊》,以转载《光明旬刊》的内容为主,扩大宣传。

任康执带领盟员孙华榕、吴家声和川大来荥学生盟员包锡鸿到城南孙的老家小溪口一带做群众工作,先后成立了小溪口、刘家湾、复兴乡三个农协会,发展会员近百人。向乡公所提出由他们组织青年农民成立义务冬防队,不收冬防捐,深受农民欢迎,乡公所不得不发给步枪5支。

西区鹿鹤乡乡长张家福是孙华榕的亲戚,任康执又以张家福家庭教师的身份作掩护去该乡做工作。张家福和村小教师庹开荣(解放后任副县长)都有进步要求,任依靠他们组成了鹿鹤乡农协会,调孙华榕、吴家声去协助做宣传工作。乡农协开成立大会时,乡长张家福当场表态,支持农民不交租不交粮,把粮食留着交给解放军。任康执在会上宣讲了新中国成立的消息,农协会员心情振奋,革命热情高涨。张家福又将乡公所枪支交给农协会农民自卫武装队,维持地方治安,监视地主恶霸。

吴家声带领盟员、川大民协会员党玉田到吴的老家烟溪沟,拜访1935年红军长征过荥经时的农会主席、委员和参加红军北上人员的家属,组织农协会。当地保长勾结坏人吃血酒,密谋干掉党玉田。民盟用联防总队长朱世正的名义当众传话警告说:“不准在地方上闹事,如有风吹草动,要以保长问罪!”保长被威胁后再不敢动党玉田。

三是在城内开展对市民群众的团结教育工作。东街外围组织民友会成立后，发动群众贴标语控诉冯保长吃喝人欺压人。冯保长要求镇压公所追查，镇公所派人下来了解，群众说不知是谁贴的标语，但内容都是事实。盟员赵鸣和以副镇长身份向镇公所提出，最好撤掉冯保长以安定民心，以免闹出乱子不好收拾。于是冯保长被撤换，盟员陈荣祥被推荐继任保长。陈向群众宣布，不派捐收款，保护群众利益，又发动群众治理了强占公地的恶人，很受群众拥护。民盟随即推广东街经验，扩大民友会组织，我派刘光烈以民盟省筹委组织部干事的身份去加强领导。于11月下旬成立荥经县民友总会，推赵鸣和任总会主任，在西街、北街、南街也建立分会，宣传群众、组织群众，斗倒一贯道、赶走点传师、防奸防特。北街李保长制止民友会在茶馆里活动，赵鸣和以副镇长身份亲自到茶馆参加民友会的活动，李保长遂不敢再来捣乱。

雅安方面，张声明等组织“川大同学会雅安分会”，以联络友谊、砥砺学行的形式进行宣传教育工作。盟员郭景泰等组织“雅安青年进修学会”，将其中思想提高快的吸收入盟。县分部参与协助民协成员杨之熙，杨霞莹和中学教师陈伯伦（以后入盟）创办“青江歌咏团”，使雅安革命歌曲流行，形成迎接解放的浓郁气氛。

天全方面，几位盟员组织“晨曦读书会”，团结教育在校和回乡学生。他们解放后多数参加了人民政府的工作，民盟为党培养干部起了一些作用。

西康起义前夕，殷公和刘元瑄联系好，约朱世正去雅安与刘元瑄会面，朱向刘表示坚决支持刘文辉起义，刘元瑄送朱子弹2箱，朱回荥经后，即刻兴奋愉快地来告诉我会谈的情况。

12月12日，西康宣布起义，刘元瑄希望殷公去荥经看看朱世正的武装情况，张志和便让殷公去荥经组训朱的武装。

朱世正的联防总队，没有正式编制，都是他所能号召的民间袍哥武装。殷公到荥经后，主持将朱所能号召的东西北三区的袍哥武装，还有盟员、城厢镇长陈志霄所能号召的南区的袍哥武装，分四个点集中训练，每个点实到人枪一百左右；由我书面委派杨三汇、王华勋、柴国嘉等十来个袍哥武装首领任支队司令员，任康执、刘光烈、秦朝钟、朱仰东等二十多个盟员任政治指导员和政工人员，并安排童梓平负责联络各组训点的工作。在起义的号召下，民盟使两大派民间袍哥武力首次携手合作。殷公亲自出面讲话，指明方向，鼓舞士气，宣讲反蒋拥共，要求地方武装力量改反对刘文辉的态度为支持刘文辉，团结起来，支持刘文辉起义，安定地方，保护老百姓。

组训十来天后，因解放军先头部队已经挺进洪雅，与刘元瑄师会师，雅安紧张形势缓解。政工人员刘光烈、任康执等在汇报会上建议结束组训，殷公在电话上征得张志和的同意后，宣布就地复员。

这次组训，目的是宣传反蒋拥共、争取团结地方武装力量、支持刘文辉起义、安定地方、保护人民，起到了安定地方、壮大起义声势的作用。所用粮食，是我事前商得县长黄璞同意，借用县上储存各区的公粮，解放后由我出具证明，经西康省统战部转军管会报销(组训民间袍哥武装的经过,将在下一节讲述)。

雅安方面,西康省保安三团团长王德全于11月参加民盟,县分部组织部部长张声明给他派了几个盟员去做政工人员。起义前夕,王德全率保三团配合二十四军毛国懋副师长指挥的一个团驻军,将勾结匪特企图窜犯雅安的名山县张广德匪部打垮。起义后,王德全率团驻防中里乡,与窜犯上里五家口的王陵基匪部对峙,王匪不敢蠢动。刘元琮在洪雅与解放军会师,派部队增援中里,王德全又奉刘元瑄之命调往西区飞仙关增援王建营长守军。胡宗南匪部见防守严密又恐解放军追来,遂撤逃。王德全不但在刘元瑄代军长统一指挥下积极参加保卫雅安的行动,还利用社会关系,争取联络雅安地区民间袍哥武装。张志和授命他组织"川康人民革命军第一纵队",使他们参加起义,对安定社会秩序、壮大起义声势起了积极作用。

各县还根据地下党的布置,做了许多调查研究工作,整理成材料,解放后送交解放军,供接管的同志参考。

西康宣布起义后,12月13日,荥经民盟在东方公园召开庆祝起义大会,由赵鸣和主持,殷公发表了热情激昂的讲话,赢得全场掌声。会后游行,以有各种表演的宣传队为前导。殷公和赵锡骅、黄汝杰、朱世正、殷三姐、赵鸣和走在队伍的前面,两边是联防总队的武装人员,接着是全县盟员,民生小学师生及各外围团体的代表,游行结束后又派宣传队沿街向市民宣传。

2月1日,解放军进驻雅安,西康正式解放。民盟西康省支部筹委会由杨正南执笔写了一封向解放致敬信,由杨正南带交廖志高政委。2月3日,廖政委接见了殷公,听取殷公汇报西康民盟的工作。2 月 10 日，殷公离雅安返四川大学。

2 月 8 日，解放军向荥经进军，朱世正随行并沿途招呼地方民间袍哥武力跟随他拥护解放军，不得阻挡。9 月解放军进驻荥经，全县党员、盟员、民生小学师生和各外围群众团体代表，集队到城南溪口挥舞红旗，敲锣打鼓欢迎解放军。

解放后，盟员基本上都参加了人民政府的工作，上层盟员还有政治安排。罗西玲任雅安县县长（后调西昌），杨正南任雅安军管会文教接管处副处长，冯泽生、赵锡骅参加文教接管处工作。西康省人民政府成立后，杨正南任办公厅副主任，张镇国任秘书，杨汇川任研究室研究员，赵锡骅任文教厅秘书，冯泽生任中教科长。杨立之任雅安中学校长，陈雪松、郑梦麐先后任省工商联主任。交叉盟员唐绍虞任县教育科科长，江文远任县民政科长。老百姓说，那个卖酱油的都当科长了。

荥经方面，任康执任县委秘书，刘光烈任县人民政府民政科长，秦朝钟任县财政科副科长，童梓平任县教育科副科长后任副县长，赵鸣和任县工商联主任，孙华榕任县中教导主任，毛尚文任二完小校长，党玉田任县公安局审讯股股长，吴家声参加侦查工作。

天全方面，黄仲实任县城关区区长；陈为珍在县委负责妇女工作；高仕荣继任始阳师范校长；高明星任城关小学校长；王纪沅任思经小学校长。

还有一些盟员转回成都，未在西康参加工作。

七、组训民间袍哥武装

1949 年 9 月，张志和自雅安来到荥经，杨家桢派了一个勤务兵护送他，张后住在我家后园。我向他汇报了荥经的情况后，他先要我陪他去看基层区分部的盟员同志，我陪他去东街秦朝钟家里，和东街几位盟员作了叙谈。接着又在我家里约见了民生小学的负责盟员孙华榕、吴家声、朱仰东等同志，张对他们筹办民生小学一事表示赞赏，后来又要我陪他去访问朱世正。我们同乘滑竿到天宝乡朱家，朱世正诚恳殷勤地接待我们，称张的老官衔张师长，还让他的儿子拜张为干父，张赏其小金元一枚作为见面礼。朱通知东北两区他能号召和影响的袍哥武装骨干四十人左右齐集朱家院内天井坝里，请张志和讲话。张曾经带兵多年，有群众工作经验，讲话不空洞，有大道理，而且善于深入浅出，用听众容易理解的通俗事例来说明问题。我曾向他反映，朱世正的袍哥武装曾一度打败过刘文辉的保安队，缴获一些武器，他们津津乐道的是“捡刘文辉的枪”。张志和因此讲话说：“你们不是喜欢捡刘文辉的枪吗？那就开到川西坝子去捡王陵基的枪！”这就把他们的矛头从刘文辉方面引开，向他们宣传和刘文辉讲联合。这是很好的，但也流露出他的军事思想，是开到川西坝子去打仗。张讲完后要我也讲，我也简单讲了一点联刘反蒋的道理。

张要我拿点入盟登记表给朱，由朱介绍来听讲的袍哥武装骨干入盟。我交了 10 张登记表给朱，由他介绍 10 人入盟。

我们在朱家住了三四天才回城里。

张志和在我家,共住了一周多才回雅安。

张志和、殷公和我都是想搞武装的,但这次张志和在荥经,却尚未做搞武装的具体布置,和朱世正也没有商定过搞武装的具体办法。殷公和朱世正数度面谈,也没有说定什么措施。到冬天,张志和与殷公都对搞武装迟迟没有搞起来流露出不同程度的不满。

殷公在1981年3月写的回忆录《解放前夕民盟在西康雅安地区的地下斗争》第九章第3节中写道:“王德全原是西康保安三团团长。大约在1949年10月间,张志和曾经一再向我介绍王德全入盟,我没有同意,因为我认为西康保安部队将来要随二十四军起义,我们没有必要派人去搞策反工作。其次,我们正对朱世正进行教育转化工作,还有党员住在他家,前后搞了将近一年,效果如何还要看将来事态的发展,有一个朱世正就够费劲了,再来一个王德全,那就更麻烦了。”(据《殷公回忆录》记述,王德全是张志和后来决定吸收的)

张志和在给我的信中写道:“此所以我最初主张政治训练教育也迄今迟未实行,有来不及之虑了。”

至于搞武装的目的,我们三人则有所不同,我吸收朱世正入盟的目的,一是掩护我们的工作,保障成员的安全。朱世正有情绪时常说:“不是我的支持,赵锡骅在荥经不能立足。”这个话是有些道理的;二是转变反刘的力量为拥刘,安定刘文辉起义的后方,使他少一些后顾之忧;三是起义后蒋军犯境,朱的武装可以配合刘文辉的部队进行抵抗。

殷公对搞武装的目的,从他以后和杨正南争辩时列举的理由看来,也是以自卫为主。

张志和对搞武装不但有明确的目的,而且一再强调,他明确的目的是什么。就是出兵川西。如前述9月间号召朱世正的袍哥武装到川西坝子去捡王陵基的枪,回雅安后又于10月20日在他亲笔撰写的小册子《川康民众当前的任务》中号召“武装起来,开赴前方解决反动军队”。(用中国民主同盟西南总支部印行的名义油印散发)这是该小册子第三节的标题,也是该小册子的中心要求。

西康起义前夕,经过殷公与张志和的联络,刘元瑄欢迎朱世正去雅安会面。朱世正即去雅安和刘元瑄会晤,表示坚决支持刘文辉起义,自己负责安定后方社会秩序,刘赠送朱子弹两箱。朱回荥经后,即刻兴奋地来告诉我会谈的情况。

也在这段时间,关于要不要搞武装的问题,在雅安有一场辩论。殷公在前述回忆录第七章中写道:“杨正南同志对我说,听说解放军给蒋管区搞地下工作的指示是,抓紧调查了解各方面情况,保护厂矿等建设,防止敌人撤退时搞破坏,最好不要搞地下武装。我说,你知道,民盟在西康搞地下武装,是张志和、赵锡骅他们先搞起来的。我到此地一看,土匪如麻,情况这么复杂,我们不掌握一点武力,不仅特务土匪要乱来,万一蒋王(陵基)匪军窜犯西康,二十四军抵挡不住,我们就只好上山,赤手空拳在山沟里怎样同敌人周旋,那岂不是坐以待毙?我们两人辩来辩去,最后我说,反正我主要是搞宣传教育工作,军事问题要问隔壁老头子(张志和),他是民盟上级,又是搞地下武装的创始人,我管不了。”

这场辩论之后，西康即将宣布起义时，张志和要殷公到荥经主持组训朱世正的袍哥武装，刘元瑄也对他说："我们的军队都开到邛崃、名山前线去了，雅安空虚，形势紧张，我想请你到荥经去一趟，看一看朱世正的队伍怎么样。现在路上乱得很，你最好穿一套棉军服去。""这样，翌日一早，我（殷公）就在雨雪泥泞中奔赴荥经。"

殷公到荥经后，向我和殷三姐讲了他和杨正南辩论的情况，还说："他（杨正南）激动得把军大衣都脱了。我说，'你辩不赢我，你是病号，我可以把你站倒说来坐倒，坐倒说来睡倒。'"

12 月 9 日，刘文辉、邓锡侯、潘文华三位爱国将领在川西彭县宣布起义；12 日，刘元瑄用西康省主席刘文辉的名义在雅安宣布西康起义；13 日，民盟在荥经东方公园召开了庆祝西康起义大会，会后游行，殷公在庆祝大会上发表了演说，并走在游行队伍的前列，然后便着手组训朱世正的袍哥队伍。我们和朱世正商量好，由他通知他所能号召的袍哥队伍分点集中，我派青年知识分子盟员去做政治指导员进行组训。给养问题，由我去找黄璞商量动用县仓库的公粮，得到他的同意和起义后的西康省临时军政会议的批准。

我书面委派杨三江、王华勋等十来个武装首领作支队司令员，又派二十多个盟员下乡去实际负责组训工作，其中每个支队书面指派一个盟员任政治指导员。

组训民间袍哥武装共分以下四个点：

一、北区武装在城西 12 华里的花滩坝集中，组训杨三江、王华勋、柴国嘉、袁福祥等的队伍，派任康执、吴家声、孙华榕做政治指导员。

二、西区武装在城西南数里的南罗坝集中，组训彭廷魁、秦家光、秦家辉、郑焕彬等的武装，派刘光烈、毛尚文做政治指导员，何开宣、李银光等做政工人员。

三、东区武装在城东8里的到底坝集中，组训孙培先、熊大全、秦启明、朱世礼、陈怀壁等的武装，派朱仰东、肖锦、谭永昌等做政治指导员，郑树贤、程光榕、翁家文等做政工人员。

四、南区武装在城南2里的小溪坝集中，组训陈志霄、陈蜀平等的武装，派秦朝钟、党玉田、包锡鸿做政治指导员，石明玉、吴顺钢等做政治人员。

派童梓平联络各点。殷公亲自主持组训。政工人员下点的前一天夜晚，殷公在兰家院子天井坝里召集他们讲话动员，宣讲《中国人民政治协商会议共同纲领》。

朱世正是刘文辉省主席委派的雅（安）、荥（经）、汉（源）边境联防总队长，没有正规编制和粮食。总队部设在停业了的县银行旧址，常驻十来个青年武装。朱将他能号召的袍哥武装编为15个大队（朱原自述15个，县档案记载为18个），这次召集组训的就是这批武力，再加上城厢镇长盟员陈志霄号召的南区民间袍哥武装。朱世正主持召集各组训点的袍哥武装首领到联防总队部来开会、宣传起义，一时袍哥舵把子云集，门前架起数挺机枪。从前因派系关系，从未有全县民间武力首领一致聚首的局面。这次在起义的号召下，两大派系领袖，盟员朱世正、陈志霄携手合作，将全县民间袍哥武装团结起来，是一件空前盛事，殷公出席讲话。

每个点集中的武装人数为一百人左右。

北区花滩坝点的情况，当时的政治指导员任康执写道："民盟组织通知我与孙华榕、吴家声去花滩坝组训王华勋、柴国嘉、杨三江的袍哥队伍，我们三人都是指导员，队伍百来人，枪支长短60余支，人员非常复杂，有抽大烟的、有抢过老百姓的。我们三人商定，以政策形势教育队员为主，分工讲解放军进军将入川康的形势，要求支持解放的一切行动。讲解放军的三大纪律八项注意；孙华榕讲要支持刘文辉起义，在各乡保卫乡土；吴家声讲土地法大纲，解放后要成立农会，做到孙中山先生说的'耕者有其田'。我们安排早晚唱歌，上午听讲话，下午摆龙门阵。吃的粮食是从花滩仓库借的，天气冷，穿的解决不了就烧炭火暖身。我们三人深深了解这支队伍不好带，带不好，恐怕要出问题，主要是怕扰民。几天后县上民盟召开指导员汇报会，我与刘光烈同志提出有扰民迹象，反复强调他们不大听招呼，要求不搞了，更不能将他们拖出去打，各指导员均有此要求。主持会议的彭迪先、杨汇川听了汇报，感到很棘手，会后和赵锡骅三人研究，决定电话请求张志和同意后就地复员。"

西区南罗坝点上的情况，当时的政治指导员刘光烈写道："我接到赵锡骅通知，要求动员我所领导的盟员同志一起参加组训朱世正及其部属的武装后，党内就参加或不参加的问题作了详细研究，参加研究的同志有高国兴、余顺玲（王于）和我。我们分析了当时的形势，西康起义后胡匪部队分两路进犯雅安。从大形势看，解放军势如破竹，推进神速，不久即进入雅安。雅安吃紧，但党内并没有得到组织武装的通知，一时又难摸清西康民盟领导层的意图，踌躇再三，又考虑既然西康民盟上层已经决定，朱世正又积极支持，阻又阻止不了，只有参加进去掌握情况，相机行事，最后仍决定参加这次组训。”

决定后，我们对所领导的工作做了全面部署，安排城区同志兰肇琨（民协、盟员）、张正樑（盟员、民协）留守继续做好青年知识分子工作，掌握城内情况，组织动员学友会和盟友会找联系的党员，坚定参加组训，并随时汇报情况。

组训分四点集中，我和毛尚文、何开容、李银光被派南罗坝，对秦加光及彭廷魁部做政治指导员和政工工作。秦加光曾被吕永第（党员）做过一段时间转化工作，之前也与我有多次接触，思想已有变化，他很欢迎我去他那里。彭廷魁初次接触袍哥武装，对其情况通过秦加光了解了一些，但还很不熟悉。开始我们几个政工人员携带上“川康人民革命军”的标识、《三大纪律八项注意》和一些宣传材料来到南罗坝秦、彭部驻地。秦部约五六十人枪、彭部只有三十人枪左右，总计不到百人枪。我们先见到彭廷魁，他正躺着抽大烟，懒洋洋地从床上坐起来和我们答话。我们说明来意，向他交代有关事项，他反应漠然，只答应照吩咐办。我们请他集合弟兄伙见见面，他东喊西喊只到十余人，其余的竟不知去向。这十余人参差不齐地站在院坝里，个个衣裳单薄，发长嘴尖，在寒风中抱肘弯腰，簌簌发抖。我向大家问好后，简单说明来意及集训的目的，即宣布解散。然后分头找兄弟伙谈一谈，问他为什么要来，都说是彭大爷叫来就来。他们中有的打得来枪，有的说还打不来。

“我们又转至秦加光部驻地，秦的精神面貌及谈吐都比彭好，对这次组训的目的也较明确，谈起部下的情况，他介绍说：同他经常出入的十余人可以打枪，也还熟悉，武器有轻机枪一挺，长短枪五十余支。至于对组训的认识，组织纪律等还要经过一些时间的训练。秦部和彭部一样，多数人衣服单薄，也还有抽大烟的。”

“以后两三天我们都去那里进行宣传和组织工作，了解情况，也向其他集中点下去的同志了解情况，反映的情况大同小异，有的还反映有偷鸡摸狗，强买强卖等侵犯群众利益的事发生。因此我们考虑这批武装要调出去打仗至少必须在军事上和政治思想上经过一段时间的训练和改造，否则将不堪一击。由于袍哥武装组织纪律太差，缺乏阶级觉悟，时间一长必然扰民，失掉民心。消息传来解放军先头部队已进入洪雅，雅安的紧张状况已基本解除，已无必要再调武装出击。为此我向赵锡骅力陈得失利弊，要求马上召开政工人员会议了解各点情况，听取大家意见后当机立断，遣返各路人马。”

东区到底坝点的情况，当时的政治指导员朱仰东写道：“到熊家院子听讲的只有百多人，都是些无组织无纪律的幺二三队伍。向武装人员讲话是我请肖锦讲的，因为他也是袍哥，‘一行服一行’嘛，所以他讲比我讲好，讲的内容主要是要他们认清形势，只有跟着形势走，才有个人出路。”

组训几天以后，经刘光烈建议，召集各组训点政治指导员回城到我家后院开汇报会，由殷公主持，殷三姐参加，我因病没有参加。在会上，指导员们纷纷反映，这批武装无革命意识，缺乏组织纪律性，战斗力也不如想象中的强，就地维持社会秩序，或者敌人犯境时打游击可以，不能调出去打。他们多数是贫苦农民，来给舵把子背枪的，有的衣着单薄，指导员包锡鸿晾晒的内裤都被偷了，组训搞久了甚至调出去打，恐怕扰民。殷公后来在前述回忆录中也写道："亲眼看见了这几百人武器差，长枪短炮，个别的还衣不蔽体，过去也没有集中训练过。我觉得这样的队伍，威胁特务很起作用，但要支援雅安打硬仗却很不够，何况革命意识和纪律都说不上而扰民有余。据档案史料记载，集中组训时，因解决食宿有困难，"双江乡（花滩坝）有老百姓拦着政工人员哭诉说，他家的烂被盖、破碗都被拿走了。新添乡（到底坝附近）陈步胜的队伍（天全来的），把当地农民的萝卜都扯光了"。

朱仰东在1994年5月17日写的回忆史料中说："被组训的武装人员均是一些乌合之众""无组织无纪律的幺二三队伍"。

雅安社会知名人士杨国治1986年在雅安市政协文史资料研究委员会编印的《雅安文史资料选辑》第三辑上发表的《西康雅属的烟祸》一文，亦称朱世正的队伍是"乌合之众"。

1995年2月6日，我曾以上述杨国治评价朱世正的队伍是"乌合之众"的问题请教刘元瑄，刘笑着回答说"话不好听就是了，其实就是那么回事，要说缺乏训练这些"。

在汇报会上刘光烈、任康执、秦朝钟等认为这次集中组训已起到了安定地方，也有助于壮大起义声势和准备阻击胡、王溃军的作用。解放军前锋已近逼洪雅，雅安之危已解，力主不要再搞组训，更不能把队伍开到雅安。刘光烈说："如还要喊开到雅安，难免有争功或投机之嫌。"

会后，殷公和殷三姐及我三人会商，殷三姐向我谈了会上情况后,主张不要再搞组训了。我听了实际情况后,也主张不搞了,殷公毫无遗憾同意了。他说:“你们知道的,张志和这几天经常打电话给我,催促尽快把队伍开出去,我都说没有准备好。现在不搞了,也要电话同他说好。对了,我就向他提出‘就地复员’。”我和殷三姐都很赞成这个“就地复员”的办法。

但朱世正坚持主张要把队伍开出去,殷公亲自做朱世正的说服工作,又要朱的老师黄汝杰也配合做朱的工作。殷公在回忆录中写道:“我先去找黄汝杰谈(听说朱最听他的话),叫他想办法说服朱。我很严肃地一再对黄说,这是民盟组织上级的决定,你要在这件事上立点功才行。”

“于是,我主动打电话给张志和说,朱的队伍简直不行,根本不能开出来。张听说后沉默了一下,只好说那就叫朱不要开出来算了。正说到这里,朱赶来想听我们的电话上讲些什么,我就趁此向张说朱也来了,你在电话上给他说一说吧！于是,我把电话筒交给朱,他听了一会儿,挂上电话筒转身就走。我追上去问朱,张说了什么？朱很丧气地说,张师长说的,雅安不紧张了,叫我们的队伍不要开出去。我说,好,那你赶快把这几百人打发回去吧。这样朱的队伍很快就‘就地复员’了。……计算起来,朱的队伍从集中到荥经城郊到解散回去,前后共仅十天左右。”

组训之前,张志和在雅安主持考虑队伍的名称问题,他先提出用“人民解放军”的名义,经洪钟、杨正南的反对后改称“川康人民革命军”。洪钟近几年给我的信中犹说:“雅安起义后,有天在苍坪山上商讨人民武装的名号,因天全、芦山那边打起‘中国人民解放军’的旗号,司令为程志武(后叛变为‘川康反共救国军总司令’，被解放军击毙），政委为陈强立（民革）。”张志和、殷公也想用这个旗号，我当即反对说：“这个旗号不能随便用，是中共中央革命军事委员会领导的队伍才能用。”张、殷二公当即打消了这个主张，以后和杨正南谈，他也说提出反对意见是对的。

荥经集中起来组训的队伍，名称经张志和改为“川康人民革命军”，是定了的。队伍分为十来个支队，支队司令员和政治指导员是我书面委派的，但支队之上的名义和番号称什么，则还没有拟定，就“就地复员”了。我 1992 年在北京中国社会科学出版社出版的《民盟史话》一书中，只说“民盟在张志和、彭迪先的主持下组成了两支民间武力”。并无言名称、番号，就因为朱世正指挥的这支队伍一直尚未拟定叫几纵队或几师之类的番号。

组训工作结束后，张志和来信要殷公速回雅安主持省支部公开挂牌办公，并要我和殷三姐也去雅安负责省支部的工作。我们商量，让殷公先去，我和殷三姐留待帮助荥经召开盟员代表大会，选举县分部委员会，成立县分部以后再走。

张志和的这封信写得稍长，发了一些牢骚。他说：“罗西玲先站在二十四军的立场，以后又站在中共的立场，派吕师尚（洪钟）、杨可诗（正南）为代言人，反对我们的武装起义。”（引文摘自档案史料）“在雅安只有民盟站在统一战线的立场”。（这句话的含义我至今不是很明了。我 1950 年元月 1 日到雅安时，张志和已经返回成都了，而今张、彭二公又先后谢世，无从请教了）张要我们到雅安后不要说真话，就称我们组训的队伍有两千多人，还要殷公回雅安后不要住在原来住的地方。

殷三姐是老地下共青团员，已在雅安超龄入中国新民主主义青年团(共青团前身)。我到雅安后,曾经和我有关系现已超龄入团的盟员冯泽生对我说,杨可诗说你是老民协,应该转党,但你是其他党派的负责人,按党章规定要上级党组织批准,现在先入新青团,我也就超龄转团了。殷公住的刘公馆,那里做客同住的还有地下党员,来往的党员也多,我们都不会不说真话。殷公回雅安后,也没有按张志和说的办,仍然住到原来住的地下党来往颇多的刘公馆。

殷公在前述回忆录中写道:“到达刘元瑄家中的那天下午,恰好杨正南在刘家谈话,他一见到我回来就一下把我抱起,很高兴地说,这回你搞对了,没有让朱世正的队伍开出来。我说天晓得,那个队伍还出来得吗?我跟着又说,还是那次我们争论时你给我讲的那一套起了作用。”这一段话,殷公在1999年四川人民出版社出版的《我的回忆与思考》一书中再度全文刊用(第115页),可见其重视程度。

这次在荥经组训民间袍哥武装,目的是宣传反蒋拥共,争取民间袍哥武装,改变他们反对刘文辉的态度为拥护刘文辉,团结起来,支持刘文辉起义,安定起义后方,保护老百姓安全,迎接解放,起到了很好的作用。解放后川西、川东一些地区发生地方土匪暴乱,经解放军清剿方才平息。荥经经过我们在西康起义后组训地方武装的工作,解放后地方安定,这是我们工作的成效。20世纪80年代,荥经县委邀请我们回荥经开会,统战部部长还在强调荥经解放后比其他地区安定的好的情况。

张志和要殷公在荥经组训武装时,杨正南就劝殷公不要去荥经搞武装。在组训工作中,下乡参加组训工作的干部刘光烈、秦朝钟、任康执、朱仰东等回来汇报袍哥武装情况时,反映他们缺乏革命意识和组织纪律性,战斗力也不强,刘光烈等人还担心扰民,不能拉出去打。实际负责西康民盟工作的我和殷公、殷三姐三人根据汇报研究决定,适时停止组训。殷公提出"就地复员",我们三人一致同意,决定就地复员,结束组训工作,使这次组训取得显著成绩后没有发生问题。

后来知道,重庆地下党熊所同志(后任四川省委统战部副部长)于1949年春天曾到雅安传达他去香港时党的领导干部钱瑛同志对西南党组织的指示:西南地区的军事问题由解放军来解决,地下组织不要搞武装,以免带来复杂情况和问题。盟内党盟交叉同志杨正南、任康执、刘光烈、秦朝钟等的有关意见中,便反映出了钱瑛同志的指示精神,我和殷公、殷三姐三人的最后决定,既根据实际情况和干部意见,也符合党的指示精神。

八、从起义到解放初

1949年12月9日,川康爱国将领刘文辉、邓锡侯、潘文华在川西彭县龙兴寺宣布起义,因电台不明中央呼号,"致北京毛主席、朱总司令并转各野战军司令暨全国人民公鉴"通过电文系派专人送到雅安交杨家桢参谋长,由1942年周恩来派王少春在雅安刘文辉军部设置的秘密电台于11日发出,发报时间仍填为9日。

12日,二十四军代军长刘元瑄按照中共地下党组织的意见,在雅安隆重召开了起义誓师大会。

14日,成立西康省临时军政会议,由刘文辉任主席、刘元瑄任副主席、代主席。委员据杨家桢说有中共代表胡立民、高国兴，民盟代表张志和、彭迪先、朱世正，民革代表陈强立，二十四军代表杨家桢、刘元琮、陈跃伦（仲光）、杨学端等。

西康省临时军政会议发布了宣告起义的布告。

中共、民革、民盟联合发布了欢迎和支持起义的联合声明。

两项文告均在县城张贴公布。

13 日，民盟在荥经县东方公园操坝召开了庆祝起义大会（详见第七章刘光烈记述）。

游行结束后，宣传小分队上街宣传，站在板凳上向群众演说。刘光烈宣传说:“今天变天了！过去的天是白的，今天和以后是红的了!”

关于民盟出席西康省临时军政会议的代表问题，张志和提名殷公与朱世正后曾给我们来信通知，荥经知识分子盟员秦朝钟等二人得悉后来向我反映，说他们认为殷先生作民盟代表是恰当的，但认为两个代表都应当是知识分子才对，要我向张志和反映。我不知道避嫌，也未考虑名单已公布，不会变动的，仍将此意见如实写信向已在雅安的殷公反映了。朱世正入盟后表现好，对掩护支持盟员下乡做群众工作、保障盟员的安全、对安定地方社会秩序等，都是有贡献的。从他个人的这些条件来看，做民盟的代表也是可以的。一些知识分子盟员的反映，主要是认为民盟是以知识分子为主体的民主党派，这是民盟的性质问题，他们对朱世正本人的表现和贡献，还是肯定的。

雅安县原来的县长是青年党，西康省临时军政会议将他撤职，任命刘元瑄的机要秘书、民盟西康省筹委委员罗西玲做县长，指派县参议会议长孙述尧之子盟员孙大营做县政指导员。

在荥经县，上级指派我做县指导员，县长黄璞亲自来请我去向县政府机关工作人员讲话，我推辞未去，表示缓些时候再去（等待上面指示）。

省临时军政会议将雅安大北街已经歇业的汇通银行办公楼拨给民盟做办公楼，民盟接收后在大门口挂上“民盟西康省支部筹备委员会”的吊牌，在此公开办公。殷公亲自主持工作。

12 月 5 日、8 日、11 日，周恩来接连给雅安秘密电台台长王少春电示，要刘部守住西康、西昌，不让胡宗南匪军侵入，万一窜入，应步步阻挡，争取时日，此利刘、邓解放军赶到后协同歼敌。

西康宣布起义后，王少春每天两次通过电台向中共中央汇报情况，听取指示，请求中央迅速进军西康，并及时将中央指示转达杨家桢转告代军长刘元瑄。刘、杨根据中央指示制定作战计划，部署指挥所部阻击胡宗南，王陵基匪部。

刘、杨命一三七师刘元琮部布防雅安东北部邛崃、百丈、丹棱、洪雅一线，文建营长一营人守卫雅安西面飞仙关，盟员王德全任团长的保安三团靠拢策应，一三六师伍培英部布防西昌、富林一线监控蒋介石西昌行营贺国光部。

国民党胡宗南部和四川王陵基的保安部队，在解放军已经逼近，川西爱国将领纷纷起义的情况下，企图攻占西康，向云南逃窜，遂分兵两路向邛崃、洪雅进逼。

大军压境，雅安形势紧急，刘、杨坚决全力抵抗到底。因二十四军只有两个师三个保安团的武装，力量有限，做了必要时退守荥经山区的准备。

张志和曾请杨家桢介绍和王少春见过面，这时便通过王少春的电台给周总理发电报，请解放军早日西进解放雅安。

张志和与杨家桢商量后，张志和、彭迪先与杨家桢的夫人伍毓芬先撤至荥经天宝乡朱世正处，随带军用电台一部，电话机两部及报务人员，并通知朱世正派人枪来接，准备将天宝乡作为游击抗敌的根据地。朱世正随即派人枪来接了他们去天宝乡驻扎。

2 月 17 日，周总理给张志和复电如下：

张志和并转刘、邓、潘三先生，第二野战军刘、邓来电转如下：恩来亥巧（即 12 月 18 日）。

军委：我先头十七军与十军已于铣日（即十六日）攻占乐山、青神，正向西发展中，战果待报。十一军、十二军今（篠）日（即十七日）可达新津、彭山之岷江之东岸地带。

特此专告。

（电文见张松涛《四川民盟策动川康军政人员起义概述》，全国政协《文史资料选辑》二十二辑第 86 页）

周总理的复电，告知了解放军先头部队已靠近西康，正向西挺进援助的消息，是对西康起义军民的极大支持和鼓舞，对安定军心民心起了重大的作用。

起义前夕，雅安北面邻县名山县袍哥头子张广德，系国民党中央军校学生，在国民党特务的策动下，勾结王陵基匪部，企图窜犯雅安。二十四军驻守名山的毛国懋副师长从地下党同志处得到情报后，指挥驻军一个团，并有王德全（盟员）任团长的省保安三团参与配合，于 12 月 7 日先主动向张广德匪军发起进攻，一夜之间便将张广德匪军打垮。

12 月 9 日，刘文辉宣布起义后，王陵基匪部窜犯邛崃、洪雅时遭到阻击，不敢强攻。15 日，窜入雅安上里乡五家口，王德全保安三团部队驻防中里、下里，与之对峙，严阵以待。二十四军刘元琮师于 17 日在洪雅和解放军会师后又于 18 日返回雅安，19 日指派部队增援中里。王陵基匪部因见雅安早已设防，又恐被急速西进的解放军围歼，主动撤逃，旋即与胡宗南匪部一同被解放军包围，其所部大部分起义投诚，残余被歼。胡宗南只身飞逃海南岛转逃台湾，王陵基化装潜逃，在江安轮船上被捕。

起义后，胡宗南匪部从西面窜犯芦山县，勾结当地袍哥头子程志武向雅安窜犯。雅安西陲原有二十四军文建营长一营人守卫，刘元瑄、杨家桢、王靖宇商定，自中里调王德全保安三团翻山从侧面增援飞仙关守军。匪军见防守严密，又恐背后二十四军黄以仁团和解放军追来围歼，遂撤逃。

（以上西康起义前后的军事部署和军事行动情况，系由二十四军参谋长杨家桢于 1996 年 2 月 7 日和 12 月 26 日先后提供）

解放军解放洪雅后向西北直插邛崃，20 日，邛崃解放，雅安之危遂告解除。张志和与殷公等一行人及电台随即自天宝乡转回雅安，杨家桢曾命随员带一笔钱付与朱世正作一行人在天宝乡的生活开支，朱世正推辞了，由他招待。

刘文辉的保安三团团长王德全参加民盟后,态度鲜明,行动积极,接受民盟雅安县分部组织部长张声明给他派去的几个盟员作政工人员。西康起义后,王积极行动,利用社会关系,争取联络雅安的民间袍哥武装,张志和亲自授命他组织"川康人民革命军第一纵队",王德全任司令员,毛云相任政委。张志和还亲自剪了几个红五星让他们戴在军帽上,积极备战。

袍哥武装是民间组织,容易被敌特争取利用。王德全积极争取联络他们站到起义和人民方面来,化消极为积极,对于安定起义军后方社会秩序及壮大起义声势,是有积极作用的。

所谓袍哥武装,是没有固定人数的,一般的说法,是某人能号召多少人枪。雅安的袍哥武装很分散,头目众多,谁都不服谁,不像荥经,朱世正一人能号召全县大部分袍哥武装,又有一个边境联防总队的松散组织,经过民盟大半年的酝酿后进行了近十日的集中组训。雅安能在近一个月的时间里积极进行争取联络和组织他们的工作是好事。他们也有"第一纵队"的称号,但没有集中组训过,也无实际的编制名册,有的只是舵把子口头答应过,关系并不深,有的还不可靠,整个"纵队"很难说有多少人。

民盟雅安县分部起义后增派盟员下乡,协助王德全做袍哥武装的组训工作。南区派的是谭永承、李士华和赵言一三位,他们于12月18日下乡,又于28日返回,在乡下工作了10天,宣传起义,对袍哥武装进行了个别的争取联络工作。因他们住地分散相隔较远,又不能统一解决伙食问题,没有进行集中组训。谭永承归后曾向我汇报过工作情况,他们还写过一份题为《南区纪行》的工作报告，其中写道：

“组训民间武力不易集中的原因：一是交通困难，南区六乡五场距离遥远，山路崎岖，集中困难。二是粮食无着，南区山多田少，农村经济早已破产，因此粮秣无法解决。”

他们采取的宣传方法是：“随便地站在群众中（米市或菜市），从他们切身的问题下手解答疑惑，闻谈家事。这种方法、经验告诉我们是非常有效的。”

12 月 27 日，成都解放；30 日，贺龙、李井泉、周士第亲率解放军举行庄严的入城式。

1950 年元月 1 日，张志和返回成都主持四川盟务，行前嘱咐殷公待解放军到后汇报了工作情况再走。

同日，殷公函调我和殷三姐，还有荥经流动剧团到雅安，入驻大北街济康银行旧址民盟西康省支部办公楼内。每日清晨，流动剧团的同志们在楼顶上升起五星红旗，由范炬明指挥，高唱《中华人民共和国国歌》及《解放区的天》等革命歌曲。

西康省支部主要是搞宣传工作，欢庆西康起义、宣传大好形势，迎接解放。贴标语、写墙报、组织盟员和外围团体学习、开展革命文艺活动等。省临时军政会议政工大队邀请殷公、杨正南和赵利锋（雅安新民主主义青年团负责人，二十四军政工大队长）等一起在基督教浸礼会大厅公开宣讲《中国人民政治协商会议共同纲领》与毛主席的《新民主主义论》等文件，连续讲了几次，并举行座谈，很受群众欢迎（流动剧团的演出活动，第三章第 3 节已专题记述，此处不再重复）。

起义前，雅安发展了几位上层盟员：成都华西协和高级中学校长杨立之，因支持学生爱国民主运动受到反动派警告，被迫辞职转移雅安；任教会办的明德中学校长，由殷公吸收他入盟；老同兴酱园老板陈雪松，早年参加过共产党，这时让江文远在他的门市部做店员，还掩护党盟交叉的李绍文等在店内做职员和伙计，经江文远、罗西玲介绍入盟；1942 年刘文辉办西康省训团时，西康省银行经理郑梦麐，聘请进步教授马哲民、杨伯恺、黄宪章等来雅安讲学，并由郑负责安排生活，他们后来都是盟员，当时对郑很有影响，郑后经陈雪松介绍入盟；成都协进中学教师冯泽生，因避迫害转移雅安后，化名冯在兹，超龄（已 41 岁）入团，并接上民盟关系，工作能力强，殷公请他作民盟省支部干事代理秘书处主任的工作；做过康属道孚县长的张镇国也参加了民盟。他们都积极参加民盟的活动。

1 月下旬，川西匪特暴乱波及雅安地区，有起义部队和保安团队严阵坚守，匪特未敢攻城。1 月 31 日，盼望已久的人民解放军进军雅安北郊，暴乱匪特后撤，形势缓和。

省支部准备了一封向解放军致敬信，由做过成都《西方日报》主笔的杨正南执笔，“招展的军旗……”情文并茂。杨正南、胡立民以雅安地下党负责人身份去名山县和解放军六十二军政委廖志高接头，顺便将民盟省支部《向解放军致敬信》带去面交，未料廖政委表示，北京盟总部在行前打过招呼，暂不承认西康民盟组织，不收致敬信，杨正南只好将原信带回。

2 月 1 日，解放军举行庄严的入城式，雅安万人空巷，夹道欢迎亲人解放军。民盟除参加政工队的流动剧团演员参加宣传队，在军乐队后面演出节目外，省支部同仁和盟员都站在群众行列热情欢迎解放军,未使用组织名义出面。

2月3日上午,廖志高书记约彭迪先(殷公)去谈话。彭在1992年出版的《我的回忆与思考》一书第六章第八节《1950年初西康民盟工作的困惑》中写道:“我向廖书记表示敬意并汇报了工作后,他说,你们民盟总部有指示委托解放军转达你们:西南情况复杂,民盟组织不纯,总部不予承认,应停止活动,听候整理。他又问我,你学习过《中国人民政治协商会议共同纲领》没有?我说学习过,还公开演讲过好几次,可能限于水平,还不够清楚。”

“在一问一答过程中,我忽然想到,为什么廖书记要问我学过《中国人民政治协商议会共同纲领》没有,使我想起,很可能是因为他对欢迎刘、邓、潘起义的《三党联合声明》有意见。因为这个声明在列名时,把民盟列在第一、民革第二,中共被列在最后——第三名。于是我说:在西康起义前后,有一个月左右我不在雅安而在荥经,民盟有些工作是张志和他们在雅安搞的。印发什么《三党联合声明》,事前我不知道,我是在荥经才第一次看见的,廖书记调查了解一下就会知道。他说好,并看了一下手表,我说廖书记很忙,如果没有别的事,我就告辞了,过几天我就要回成都。这样,我从廖书记处回来后,立即传达他的讲话,取下了挂在汇通银行大门上的‘民盟西康省支部筹备委员会’的牌子,把西康民盟善后工作交给赵锡骅等去办。他们遵照办理,由张声明找潘传贤草拟了‘复员书’,说明迎接解放的任务已经完成,‘川康人民革命第一纵队’应予复员,缮印200份发给有关人员,宣告(民盟)雅安起义武装工作的结束。过了三四天,中共西康区(省)委统战部副部长黄觉菴又约我去谈了一个上午,在座的有胡立民同志。”

彭迪先在廖志高处谈话后出来,第一个就是找我传达,和我谈到上面不承认西康民盟时要哭的样子,我的心情也很惨淡。因为我们在成都因爱国为民屡受迫害,转移到西康后仍积极努力开辟工作,打开了局面,取得一定成绩,未料竟不被承认,盟员蒋增瑞听到这个结局时都气哭了。彭还说,他在廖处告辞时,起义的西康保安司令王靖宇来了,廖对王比对彭还要客气。我对这点宽慰他说,我们是革命阵营的,廖直率谈问题,用不着客气,王是新起义人员,所以客气一些。

我们还将停止活动静候,整理的通知及时向所属几县传达,并要求在盟员中传达贯彻。住地汇通银行因军管会安排给商业厅作办公地址,另外安排我们搬到原工商联旧址,我们只有一个档案框,由干事杨淑和管理,我经罗西玲和郑梦麐联系,暂时寄住郑家。

殷公在解放军到达之前,就作了回成都的准备。他约了我和冯泽生一起,提出他走后由谁代理他职务的问题,我提出由冯代理,冯推辞说:“人家一般是由组织部部长代理。”我说冯有经验,由他代理好。他戏说:“那我是代理的代理。”(他是代理秘书处主任),这一问题也就这样定下来了。

殷公在廖志高接见后两三天,正准备回成都时,发生了一件事情。他在《我的回忆与思考》第六章第八节中写道:“杨正南慌忙地赶来对我说,听说朱世正在荥经叛变了,你晓得不?我说,我还没有听说过这个消息,我离开荥经一个多月了,赵锡骅也没有向我说过什么。杨说,外面关于朱世正的谣言很多。我想了一下说,我打一个电报到荥经去,叫朱世正马上到雅安来,他来了就不会有什么问题,不来就很难说了。杨说好,赶快发个电报去吧！于是我就草拟了一个字数较多的电报,主要是说社会上有谣言,希望他坚决拥护共产党,马上到雅安来表明心迹(表明态度)。杨看了我草拟的电报后就同我一道找原二十四军军部电台,把电报立刻发出了。"

"朱世正接到我的电报后,第二天就从荥经步行到了雅安。他没有来找我,就直接去找廖志高书记并蒙其接见。过几天,廖书记派他做向导,随解放军进军荥经。进军时,据朱世正说,雅荥道上两边山间时隐时现地看得出不少被匪特策动来的人枪,由于朱世正沿途喊话打招呼,做宣传,他们不敢妄动,解放军不费一枪一弹,胜利进驻荥经。"

2 月 10 日,经杨正南安排,殷公和率领部队到大邑接受改编的杨家桢一道离开雅安回成都。他在前述回忆录中写道:

"二月十日我动身回蓉时,没有看见朱世正来找我。因为匪特暴乱,个人上路很危险,刘元瑄就叫我跟随杨家桢率领的在大邑接受改编的原二十四军一部分部队离开雅安转回成都。我因为朱世正的问题感到心情沉重,沿途遭遇匪特开枪伏击,又很紧张,日子难过,疲惫不堪,同川大经济系……三人结伴随军前进。殊不知沿途人夫行李,军队家属混杂一起,匪特乘机进攻,于是边走边打,一天的路程,时走时停,很狼狈地走了四天,满身污泥,始进入邛崃县城。进城后,我不愿再跟随接受改编的部队走了,暂时住入盟员张继和、叶静夫妇家中。殊不知,那个部队一走，邛崃城又被一两万暴乱匪特团团包围，城内经常被迫击炮攻击，居民时有伤亡。幸得英勇的解放军拼命死守邛崃县城，匪特多次猛攻，均被击退，否则后果不堪设想。我被围一个多月后，李安澜同志率领一支农民武装由大邑到邛崃联系工作，他从川大同学处了解到我躲在城内张家，便约我跟随他率领的农民武装突围去大邑转成都。这样，在他们的武装保护下，我们一道走到大邑，他又派十几个人把我从大邑安全护送到温江城下，跟着我就从温江赶回了成都川大我家，时为一九五〇年三月二十几日。”

关于《三党联合声明》将中共署名在民主党派之后，没有明确中共领导地位的问题，起义后解放军进驻雅安之前，杨正南、洪钟先后去成都汇报工作时，中共川西区党委组织部副部长马识途就曾批评过其违反了《共同纲领》，并谓是王维舟同志指出的。我近日和洪钟一起回顾过去经历时，我们揣想，可能因为解放前在蒋介石统治区，习惯于有活动便将群众列在前面，对党的领导地位，地下党几位负责人是有认识的。

关于不承认民盟西康省支部的问题，解放军六十二军进军西康前夕，廖志高政委曾在成都华西坝对干部做过一个入康工作报告，现存档案中有该报告记录稿，其中所谓“对民革民盟一概不承认，因过去已由其中央代为解释，因为我们对这些人尚未了解，并应告知其不再继续活动，开会时亦不多分其代表出席，以私人资格交往是可以的”。

根据廖志高的指示，西康区党委和雅安军管会不承认民盟组织，但对民盟人士，作为个人身份，仍是承认的、联系的。雅安地下党负责人杨正南于1996年8月6日在通信中说:“这是一个过程和手续,不存在对西康民盟的看法问题。会师不久,随后就发生了正式的组织联系,政治生活也是正常的,并未影响到康盟的信誉。”

过旧年期间,廖志高设宴招待各界人士,我和郑梦麐都被邀请了。我因民盟不被承认,感到不好意思,托病没有去,郑梦麐去了。他过后问我为什么没有去,好像陈雪松也是被邀请了的,其他还有无民盟人士,我弄不清楚了。10月1日国庆期间,廖志高再度在区党委统战部宴请各界人士,我应邀出席了,廖和来宾一一握手,胡立民介绍我的名字时,廖重复说:“哦,赵希(锡)(西昌、冕宁,口腔读如‘希’)骅同志。”表示知道我的名字,此刻方见本人。旧年后不久,区党委副书记兼组织部部长秦力生约见了我,他说:“民盟要跟着共产党闹革命,我们是欢迎的。”表示将安排我参加军管会工作。接见时,组织科长、雅安地下党负责人之一张安国在座,并作介绍。接着,杨正南任雅安军管会文教接管处副处长,区党委组织部和统战部安排冯泽生和我参加文教接管处的工作。成立文教厅时,杨正南调任西康省人民政府办公厅副主任,冯泽生任文教厅中等教育科科长,我任文教厅的秘书,杨汇川(殷三姐)任省政府办公厅研究室研究员。雅安知识界和工商界盟员,全部陆续参加了工作。杨立之任雅安中学校长,陈雪松任省工商联主任。郑梦麐参加西南革大学习后,接替三反运动中出问题的陈雪松任省工商联主任。罗西玲继续任雅安县县长。罗西玲旋调西昌,由老区来的王正元继任县长。江文远任县长民政科科长,老百姓说:“那个老同兴卖酱油的,都当科长了。”唐绍虞(党盟交叉)任县教育科科长,张镇国任省政府办公厅秘书,其他盟员,也都参加了学校,机关工作或下乡工作。

在天全,黄仲实(党盟交叉)任城关区区长,陈为珍(党盟交叉)在县委负责妇女工作,高明星任城关小学校长(蒋国基起义后已回成都)。在始阳镇,刘光书起义前已转移回四川,高仕荣解放后继任始阳师范校长,旋调任雅安专署文教科长;罗洛庚、王雪瑶先后回雅安工作;王纪沅任思经小学校长,还有几个学生盟员,也都参加了工作。

区党委考虑请殷公回雅安任西康省文教厅厅长,由廖志高发电报邀请,统战部又嘱冯泽生给殷公写信。冯对我说:“以前对人家那么不客气,现在要他回来,恐怕他不得干了。”冯把信写了,殷公于4月30日给“泽生仁兄,锡骅贤弟”回信说,他即将作为高教界代表去北京民盟总部开会,问托办什么事否。附言说:“廖志高先生来电已拜读,请代为致谢并致歉。”不愿回雅安了。

西康民盟组织虽一时未被承认,但西康民盟实际上为迎接解放,联络、培养、准备了一批干部,这方面,各级党委是承认和肯定的。只是在袍哥中发展的盟员,却基本上都成了问题。荥经在袍哥中发展了二十几个盟员,天全也发展了好几个(荥经县党史办公室主任柴玉贵在一次会上说,据他从档案中调查,民盟在荥经,天全共发展袍哥33人入盟)。他们在清匪、反霸、减租退押和土改运动中,基本上都是革命的对象,有的袍哥盟员甚至被蒋、胡匪特策动起来打解放军。如在天全始阳镇,西康起义后,胡宗南残部曾窜踞数目,其时袍哥盟员李元亨、段崇实、陈步胜、高联何纷纷叛变投敌,李元亨任胡匪残部组建的“反共救国军总司令”,召开会议任命段崇实为“军部副官长”(参见1990年8月16日中共天全县委统战部查阅有关档案后给民盟雅安市委的回信)。他们命爪牙将原来贴的“拥护共产党,打倒蒋介石”的标语撕去,换上拥护蒋介石的标语。解放军到后,又指使所属袍哥武装攻打解放军,后被逮捕镇压。天全县城解放后,陈步胜、高联何伙同匪特围攻解放军,解放军援军到后将他们击溃,陈步胜被击毙。

荥经方面在川西匪特暴乱波及雅安地区时,比其他几县安定,只是北区有天全陈步胜之弟陈步昌以匪窜扰过来做过乱,随即被解放军肃清。

1950年2月,朱世正和进军荥经的解放军五五三团一道回荥经后,先回乡下,随即又转城内居住,和五五三团保持联系。不久,朱突然被认为勾结暴乱匪特,加以逮捕。情况上报雅安廖志高时,廖正约见杨立之谈话,动员他回家乡芦山县做争取袍哥首领的工作。听到逮捕朱世正的消息,廖志高就发火了,批评五五三团为什么不事先请求,命令将朱世正送到雅安来(这是杨立之事后向我讲的)。

逮捕朱世正一事,荥经内部都有同志认为证据不足。

朱世正被送到雅安后,安排他住在雅安军分区招待所,他到郑梦麐家里来看我,由一位军分区政治部干事陪同,朱谈话自然,没有拘束。那位干事以后调到统部工作,名叫景作寘。过了一段时间,经廖志高安排,介绍朱世正到军大学习。

西康保安三团团长王德全于1949年11月入盟,团政治部主任毛云相比王早一月入盟,不久地下党同志通过罗西玲、江文远向殷三姐反映毛云相是特务,殷三姐决定停止他的民盟组织关系,民盟和外围团体的活动不再通知他参加,鉴于当时的历史环境,不便公开正式处理。张声明说他们是同学,不相信他是特务,仍让他照旧在保安团工作(20 世纪 80 年代),毛申请恢复盟籍,民盟雅安市委会专职副主委陈伯伦问他历史上有什么问题没有,他说参加过特务组织,有职务。民盟没有批准他恢复盟籍,也没有发现他有现行问题。解放后不久,“他们(王德全、毛云相)以阴谋叛乱罪被捕,被捕后没有查出犯罪事实、证人和证据,一直以嫌疑犯加以管押,五五年肃反运动中才以纵容部下叛乱和各条历史罪的罪名,判处无期徒刑。”(见张声明写的回忆史料)

为了统一盟员思想认识,进一步贯彻落实廖志高政委的指示,对盟组织进行初步的整理。在中共西康区党委统战部黄觉菴副部长的领导和胡立民科长的具体指导帮助下,于 1950 年 4 月 8 日至 14 日,在雅安县工商联旧址召开了“中国民主同盟西康省各县干部扩大会议”,出席代表:

省支部职员三人:冯泽生、赵锡骅、杨可诗。

雅安县代表四人:杨立之、江文远、郑梦麐、陈雪松。

天全县代表三人:陈为珍、苏济质、高明星。

荥经县代表六人:童梓平、刘光烈、毛尚文、石明玉、赵鸣和、王馨(尚有秦朝钟因公请假未到)。

省支部职员殷文川会议中期自成都赶回参加。

选举冯泽生、刘光烈、陈为珍组成主席团领导会议。

黄觉菴副部长到会讲话,说明西康区党委未承认省支部的原因,是受民盟中央所委托,并对会议给予勉励。会议由赵锡骅做政治报告。

冯泽生代表省筹委做工作报告，报告后分组讨论。

通过了《整理盟籍方针及办法》和《学习计划》两个文件。

决定了省、县盟务整理委员会的人选：

省盟务管理委员会：赵锡骅（召集人）、冯泽生、杨立之。

雅安县盟务整理委员会：江文远（召集人）、冯泽生、郭景泰。

天全县盟务整理委员会：高明星（召集人）、陈为珍、苏济质。

荥经县盟务整理委员会：童梓平（召集人）、石明玉、毛尚文、秦朝钟、吴家声、孙华榕。

这次会议的名称，是统战部黄觉菴副部长亲自斟酌敲定的，不承认西康民盟的组织了，省支部、县分部筹委名义便不能用，于是称为“民盟西康省干部扩大会议”。有点没头没脑，是不承认组织又实际承认了干部和大部分盟员的尴尬状态的反映。

1951年，准备成立省支部临工会，正式整理盟员名籍。酝酿名单时，党派科长胡立民告诉我，他曾在盟员中了解，问盟内谁有威信，一般都说赵四哥、殷三姐。后来告诉我说，准备提名我做主委，区党委副书记兼组织部部长秦力生认为我太年轻了。再后又告诉我，准备提杨立之做主委，我做副主委负实际责任。这个考虑本来是对的，但我因不懂统战精神和民盟的政治联盟性质，不理解民主党派的负责人有安排性质，遂提出应让冯泽生做主委，他政治性和工作能力都比较强，副主委都可以不设了。我宁肯不做副主委，也希望有一个政治性强的人做民盟的主委。

不久，民盟西南总支部来文，首先承认冯泽生、赵锡骅、陈为珍、杨汇川、江文远、杨立之、郑梦麐、王光壁（康定中学教师，以后调回成都任教）八人的民盟盟籍，指定由上述八人组成“民盟西康省支部临时工作委员会”，负责登记审查全省盟员盟籍，并指定由冯泽生任主委，赵锡骅任秘书处主任，陈为珍任组织部长，杨汇川、殷文川任宣传部长，江文远任学习委员会主任。

民盟西康省支部临工会在中共西康区党委的领导和统战部的具体帮助下，开会招待各界并宣布成立，正式挂牌办公，开始登记审查全省（包括西昌、康定两个专区）盟员盟籍。

1954年，省支部临工会，召开全省盟员代表大会，根据民盟中共的规定，改称民盟西康省委员会，选举产生省委员会委员，名单如后：杨立之、章润瑞、陈为珍、赵锡骅、罗西玲、杨汇川、江文远、高仕荣、谢开明（西昌）。分工：杨立之任主委，章润瑞（党盟交叉，从西昌调来）任副主任、陈为珍任秘书处主任，赵锡骅任组织部部长，罗西玲任宣传部部长，冯泽生调重庆工作，杨立之还任省教育厅长，章润瑞任教育厅副厅长。我的思想也通了，对杨立之很尊重，以后几十年关系都很好，我和他的亲属也都很熟。

1955年，西康和四川合省，民盟西康省委员会也和民盟四川省委员会合并了。

解放后的几年，西康省统战部（解放初的西康区党委后改为西康省委）黄觉菴副部长和胡立民同志诚恳亲切待人，既有批评帮助，更有关怀照顾。老胡善于和党外人士交朋友，批评于谈笑间，使人只感到友谊而不感到刺耳。一次他听到我有什么思想问题或意见，就说“赵锡骅那股水又发了？”我那几年肺结核病较重，他们对我的身体十分关怀。“五反”运动时，机关陈为珍通知我参加工作队，是让我参加锻炼，是好意，但老胡见我要去，听了报告后就说“你们要拉赵锡骅的命债吗?”就不让我参加了。我现已过70,身体尚好,自当怀着美好的感情来怀念他们。

省人民医院的主治医生对我说,统战部给秦世馀院长打过招呼,要照顾我的医疗,他们因此给我打了许多当时稀有的从国外进口的链霉素,使我的病情得到控制,我后来听力稍弱,可能就是链霉素打多了的副作用造成的。

(参与撰稿:朱仰东、杨正南、彭迪先、刘光烈、范炬明、洪钟、任康执)

作者简介:赵锡骅,1923年出生,民盟盟员,四川荥经县人。1943年考入四川大学历史系,在校积极参加抗日民主学生运动,先为民协会员,后加入民盟。1948年转移回家乡搞地下工作迎接解放。解放后任西康省民盟组织部部长,西康与四川合并后任四川省民盟文史委主任。

我与荥经盟员并肩战斗的回忆

任康执

1949年夏天，川东地下党在西康雅安地区建立临工委，由杨正南、张安国、胡立民三人组成，杨正南任书记。杨正南分配我到荥经县任川东地下党荥经县负责人，组建荥经县地下党党支部，并兼任县新民主主义青年团团委书记。当时荥经县川东所属党员有沙勤生、段维庸二人，我去荥经后沙即调离了。由于在蒋介石管区活动要绝对保密，杨正南指示我以民盟盟员的身份进行工作，叫我去找彭迪先老师恢复我已失掉的中国民主同盟的组织关系。我是1944年在重庆《新蜀报》工作时，在重庆特园经罗子为、李康介绍参加民盟的，先后调成都的《民众时报》和《华西晚报》、华昌印刷厂、川北游击队及四川大学印刷厂等处工作，1947年被国民党逮捕后失掉了民盟组织关系。我在雅安苍坪山刘元瑄家中找到了彭老师，彭询问了上述情况后，恢复了我的盟组织关系。他叫我同他一道去荥经工作，和我们一起去的还有川大学生刘光书、王雪瑶、蒋国基，赵锡鸾是由荥经县民盟主要负责人赵锡骅派来接彭迪先的。到荥经后，彭迪先介绍我认识了赵锡骅、杨汇川，又见到张志和、张松涛。赵安排我搞交通(荥经—天全—雅安),住在荥经县地下联络站,并在民生小学教书。从工作来讲,我把盟的工作当成党的工作的一部分,盟员就是和自己共同对敌斗争的同志。在工作中,盟员为掩护我并帮助我开展党、盟的工作做了许多事,赵锡骅长期供应我伙食。共同战斗的同志有赵锡鸾、孙华榕、秦朝钟、朱仰东、吴家声、张仲遐(张当时是鹿鹤乡乡长)等,他们当时并不知道我是党盟交叉的,但他们对我关怀备至。在地下斗争的艰难岁月中,我与盟员同志们风雨同舟,并肩战斗,共同为打倒蒋介石,建立新中国,做了一些有益于人民的工作:

1. 宣传工作

党和民盟当时在政治上大的目标一致,共同宣传打倒蒋介石,指出:我人民解放军已向西南推进,西南解放指日可待,蒋政权就要完蛋,共产党将在全国大陆取得胜利;使各界人士认清形势,帮助他们明确,只有反蒋、拥共、联刘(文辉),迎接解放,才是唯一的光明道路。对雅(安)、荥(经)、汉(源)自卫联防总队的大、中队长及士兵,荥经县警察局的警察,荥经县的公务人员,主要阐明共产党对起义人员的政策,提高他们的思想觉悟,并给他们交代任务:

(1)保厂保校,保护机关档案;

(2)积极配合我党和解放军进城后接管,安定荥经城乡秩序。在农村,主要讲《土地改革大纲》,打击顽固不化的土匪恶霸。收到了良好的政治效果。

宣传资料有党的政策指示,有民盟主办的《光明旬刊》。我是这些材料的转运者,从雅安运到荥经、天全,并负责送到有关同志手里。我还根据这些材料摘录成传单、标语,组织党玉田(团员)、秦朝钟(党员)刻印后分发张贴。

2. 组织工作

组织四乡的农民协会,由鹿鹤乡搞起,进而推动了两个区六个乡,把贫下中农团结起来,成立农民协会,并建立六合(鹿鹤)等乡农协武装组织。成都市转移回乡的地下党员刘光烈领导的曾竹坪、许季勘等也深入其他乡做了不少工作。经民盟的孙华榕、关家声、朱仰东,中共党员段维庸、杨育天、秦朝钟、吴顺纲,团员党玉田、张锡卿(女)、黄小凤(女)以及联系的群众庹开荣等共同努力,整个工作协调而有秩序,使当时荥经农协如雨后春笋般地纷纷建立起来,口号是:"打倒蒋介石!赶走美国佬!打倒恶霸地主!欢迎解放军!土地归农民!"

3. 调查研究

通过组织农协会的工作,我们进一步摸清了荥经全县共有枪支2100多支,建立了户头,掌握了一批恶霸地主名单。因此,解放后1950年3月的收枪工作和征粮工作都进行得很顺利。

4. 创办民生小学

这个小学还是一个对内对外的联络点。成都地区中共党员同志来荥经联络党的工作,便在这里找我联络。雅安工委联络员沈汉多次来荥经,还有工委搞统战的郑福基、川东党员唐绍虞,汉源县党员吕永弟,大邑县党员马锡录等,都是经过民生小学找到我的。对外联络方面,则由我负责组织"盟友会",作为民盟的外围组织。

5. 组训武装,配合起义

1949年冬,荥经民盟组织安排盟员参加组训朱世正所属雅荥汉联防总队的队伍,我和孙华榕、吴家声被分配到花滩区的荥河乡、泗坪乡、黄泥乡和鹿鹤乡工作,队伍集中在花滩场与鹿鹤坝两地,我们的职务都是指导员,负责组训。联防队员500人左右,枪支有200多支。组训的任务是改造这支队伍,使其配合刘文辉、刘元瑄在西康起义,阻击王陵基、胡宗南逃窜。1949年12月9日,刘文辉等在四川彭县宣布起义,雅安临时军政委员会成立,巩固了起义后方的秩序。解放军即将入康时,这支队伍征得省民盟领导同意,就地复员了。由朱世正直接掌握的常驻总部队的队伍负责维持社会秩序,安定地方,以迎接我解放大军的到来。在组训这支队伍时,军粮由民盟先征得刘元瑄代军长的同意,借用公粮使用,得到乡长张仲遐的支持。

6. 民盟领导在荥经成立"民盟西康省筹委会荥经流动剧团"

7. 活捉国民党特务余仲篪

为什么在蒋介石管制区的荥经县地下时期的工作搞得都很顺利呢?我认为有以下三点原因:第一,解放战争大好形势的影响和党的政策的威力。我军已解放南京,正在进军西南途中,因此,荥经的一些旧政权人物都纷纷要找出路。根据党的统一战线政策,民盟领导把朱世正争取过来,对其他人影响很大。第二,在党的路线、方针、政策指导下,党盟在工作中密切合作。民盟荥经县的负责人赵锡骅等在政治上、政策上接受党的领导,党盟合作开展各方面的工作。而民盟在组织上又独立自主,充分发挥它广泛争取团结各阶层人士的特殊作用。民盟省的领导同志张志和、彭迪先、张松涛等也有统战工作经验。彭迪先是进步教授,张松涛去过延安学习,他们注意用革命理论培训干部,对同志诚恳和悦,没有门户之见。第三,荥经地下民盟的同志,工作上任劳任怨,政治上眼光看得远,内部不闹矛盾,一致团结对敌,力量就倍增了。

(原载中国文史出版社《文史资料选辑》合订本第41卷第121辑)

作者简介:任康执,四川西充县人,1945年3月加入民盟,曾任西康日报社印刷厂厂长、峨眉电影制片厂基建处处长。

我在荥经的战斗历程

刘光烈

1948年冬，地下党成都市委派我回家乡荥经开展工作。这时民盟的赵锡骅也已回到荥经开辟工作，我俩在成都读书时就有过交往，他主编《荥经旅蓉同学会》会刊，我在上面曾发表了一篇题为《途中》的散文，揭露荥雅道上民不聊生、土匪猖獗、行人遭劫的情景。他在"前言"中向读者专门做了推荐，为此彼此曾交流过思想，谈得甚为投机。他是川大"民协"会员，我是华西协中"民协"会员，又入了中国共产党，这次回乡自然一见如故。他家在清华巷内，地方僻静，我常去谈心，交换对局势的看法。久之，他对我有了较深的了解，向我介绍民盟的宗旨，介绍我参加民盟。我加入中国民主同盟之后，不久被指定为组织部干事，还担任了一个大中学生盟员的区分部的书记。在我思想上，从此就把民盟的工作当成党的工作的一部分，把民盟的同志当成自己的同志，风雨同舟，生死与共，彼此长期保持着良好的同志式的关系，使当时的工作得以顺利开展。现在回忆起来，大概做了下列几方面的工作：

参与民盟的领导和决策工作

1949 年春以来，我和赵锡骅对如何开展工作等策略问题、开展基层工作问题做了认真的探讨和研究。我在成都只有学生工作方面的经验，对如何争取地方上层等问题，既无经验也缺乏认识，因此，我比较强调做好下层工作。当时赵提出，根据荥经的社会环境和我们的条件，必须先争取上层，在上层的支持掩护下去组织下层。他的想法是“通过上层，组织下层”。以后杨汇川到荥经，也参加过我们的讨论，最后取得了比较一致的看法：必须争取上层（地方官吏、士绅、袍哥势力）。特别在三大战役后，国民党在政治上已面临崩溃的绝境，地方势力要各寻出路，这就使我们有可能做好稳住和争取他们的工作，有了他们的支持和掩护，我们开展下层群众工作就很顺利了。另一方面，也必须有足够力量去广泛深入地开展下层群众工作，才能使我们在当地生根和发展。在争取地方上层时，赵也谈到了联刘（刘文辉）反蒋（蒋介石），争取袍哥势力，消除刘文辉后顾之忧的问题。对此我们都表示非常赞成，并补充我们还要做好中层和下层工作的意见，他也表示同意。彭迪先到达荥经后更加强了对雅荥汉联防自卫总队长朱世正及其部属的政治思想工作，使朱比较坚定地转向了革命，转到联刘反蒋的道路上来。赵曾向我讲了朱已经转变的情况，同时我们也配合加紧了对朱的中、下层的工作。如我做了争取石章凡（朱的亲戚，贴身副官）等人的工作，跟他们建立了比较密切的关系，我这个区分部的王家祜也做了他们不少工作。之后，为了组训地方武装的需要，1949 年夏天，我们组织一批大学生和中学生,进行了必要的政治和军事学习。彭迪先讲政治经济学,张松涛讲游击战术和政治工作,中间还插入对当前政治经济形势的分析。

赵在处理一些重大问题的时候,常常是约杨汇川和我共同研究。

1949 年 12 月 9 日,西康起义后,胡匪残部溃退川西,向西康转移。王陵基统率其保安团及程志武土匪部队分两路向雅安进犯,雅安一时吃紧。刘元瑄要求彭迪先马上动员朱世正及其所属武装集中待命,做增援雅安的准备,彭即到荥经做了部署。全县分点集中组训,我被派做政治指导员,负责小溪口、南罗坝、花滩和复顺四个点的集中训练。当时党内对这个问题也做了详细研究(1949 年秋,成都撤退了一大批川大学生及小学教员来雅安,都是"民协"成员和党员,由高国兴、周更新和我组成领导小组。周分管雅安,我分管荥经),参加研究的有高国兴和余顺玲(即王于,当时参与荥经的领导工作,分管一段时间妇女工作和"学友会"工作)。我们分析了当时的形势,认为雅安吃紧,支援雅安是必要的。再加当时胡宗南残部已窜入康定,形成对雅安地区的更大威胁,决定支持并参与这次集训,由民盟组织安排,下到南罗坝秦加光部及彭廷魁部做政工工作。经过十来天后,我得到解放军前锋部队已抵洪雅,雅安紧急情况基本解除的消息,便向赵锡骅建议召开政工人员汇报会。会由彭迪先主持,我和任康执都参加了。下列各支队的政工人员汇报了情况后,大家经过研究,认为这次集中组训已起到了安定地方,壮大雅安起义部队的声势以及为阻击胡、王溃军做准备的作用。现雅安形势稳定,解放军即将到来,我们组训的部队只适于就地对付来犯的胡、王溃军,不宜也不要再开到雅安。会后做出了“就地复员”的决策,并用电话向雅安张志和汇报并获得同意后,便将组训部队做了复员待命的安排。这件事不论动机和效果都是好的,对当时革命形势的发展和配合西康起义是有利的,也没有出什么问题。

赵锡骅还派我做了一些地方绅士的工作。县民众自卫总队副总队长、地方士绅陈志霄,在县里有相当势力,他经赵做工作后,已参加了民盟,彭迪先也亲自对他进行过教育工作。后来赵派我继续做他的工作,我和他进行过几次联系,向他讲了当时的政治形势和军事形势,对他提出来的问题一一进行解答,他和他所属的势力都支持我们的工作。我和毛尚文、赵鸣和(当时城东副镇长)等几个同志还组成了一个民盟小组,经常交换城区动态。在解放军进入荥经的前夕,曾闹过两次谣言,扬言土匪要攻城,搞得人心惶惶。我一方面通过从西昌撤到荥经暂住城东镇小学的伍培英余部的电台向雅安我军发了电报,希速来荥,同时组织赵鸣和、毛尚文、石明玉、张正樑、郑树贤、张正清、李毓松和梁志渊等在城区的同志注意巡逻监视以掌握敌情。从小溪口到花滩一线都经常有同志出没了解情况,向群众宣传,很快平息了敌人的谣言,安定了人心。

做青年学生的工作

国民党政府经济崩溃,学生就学困难。在外就学的学生纷纷返回桑梓,仅荥经城内就不下一两百人,因此如何争取团结这部分大中青年学生已成为当务之急。所以我回乡后着手做团结回乡学生的工作,经常邀约一批同学在张正樑家院内进行联谊活动，看书、看报、下棋、唱歌、跳舞，时间一长，大家就有组织起来的要求。

还在酝酿建立组织的过程中，地方反动势力和封建势力到处散播流言蜚语，造谣中伤，声言这批男女学生图谋不轨，企图把将要诞生的学生组织扼杀在孕育过程中。我和几个积极分子共同商量，要使学生组织建立，必须争取地方官吏及一些开明士绅的同情和支持，这样我们才能站稳脚跟，使组织合法化，才便于开展各种活动。因此我和李怀森、杨学洲、张正樑等数人，走访了县长黄璞及地方一些主要士绅，阐述了我们建立学生组织的动机、根据和宗旨，抨击了各种流言蜚语，收到了较好的效果。黄璞和赵锡骅是有联系的，他们对我们建立学生组织都表示同情和支持。这样既击破了反动势力的造谣和诬蔑，也还使一些中间和动摇的群众解除了顾虑。经过几天的酝酿讨论，进一步明确了目的、宗旨后，学生组织定名为“学友会”，于4月间在县中校举行了成立大会，到会的有百余人。

“学友会”作为我领导的民盟学生区分部的外围，是一个比较松散的群众组织，凡要求进步的回乡大、中学生都可参加。除联谊活动外，有时也开一些讨论会、报告会。为了进一步团结和教育“学友会”中的进步学生，成立了一个“读书会”，从其中发展了一批盟员和“新民主主义协会”成员。此外，我们还办了一个《九九》秘密油印刊物，由我负责组稿，张正樑负责编辑，内容是报道解放战争的消息和转载一些抨击国民党反动派的文章，以后还印了《共同纲领》《土地法大纲》《三大纪律八项注意》等文件。由郑树贤一个人漏夜刻字，在破旧的玻璃板上一张张地印。

这批同志在解放后也都成了征粮支前、清匪反霸、减租退押、土地改革的骨干分子。

农民运动、市民运动及盟友会

我回荥经后即注意寻找机会做发动农民的工作,不久结识了东街城市贫民陈荣贵,通过工作,他的觉悟很快得到提高,愿意去聂河坝发动农民。他联络了石滓场的陶世伟和陈家新等,组织发动了一批农民,成立"工农互助会",从我处带去了一些资料,向农民进行宣传。当时恶霸地主聂庚三感到这对他是个威胁,在解放前夕的一个夜晚,突然进行袭击,陈荣贵、陶世伟不幸牺牲,陈家新半夜泅水过河来向我报信。解放军入荥经后,陈家新即带部队去该处剿灭了这股土匪。

1949 年 8 月,成都转移来雅的同志与我接上关系后,即先后派了曾竹坪、王于、范定晖和许季戡等来荥经。这时我们就加强了农村工作,先派曾竹坪到老虎岗了解情况,发动农民,以后又转移至汉村坝,从帮助一个为生活所迫想自杀的贫农入手,提高贫苦农民的阶级觉悟,团结了一二十个十分贫困的农民,建立了秘密农会。利用该村的一个旧庙,办起了一所小学。曾竹坪既是校长,又是教师,还要自编教材,他白天教书,晚上发动农民。以后我又派许季戡及何开宣去那里协助办学和发动农民。由于我们工作的开展,对那一片的影响很大,保长已不敢压迫农民,主动向我们靠拢。

之后又调许季戡到胥家湾开辟工作,也成立了秘密协会,不久又发展到南罗坝、凉亭子一带,组织了以徐永祥为首的秘密农会。西康起义后，我又派张正樑等几个民协同志和盟员去这一带加强了农民运动的工作，公开在南罗坝成立了"盟友会"，召开了成立大会，非常热闹。这一带农民的公开组织就是"盟友会"，秘密组织是农会，核心是党的领导。

在汉村农民运动兴起不久，又派范定晖等到水池堡发动农民组织秘密农会，一直到荥经解放前夕才撤回。

解放后，县委正式给各区农会发了枪支。秘密农会的成员，成了以后减退、土改的骨干。

在城区东街一带，秦朝钟的家就是群众活动的中心。10月，民盟区分部组织成立了外围团体"盟友会"，吸收市民和各阶层群众参加。在短短的时间，荥经城内东、南、西、北街以及城郊，都相继建立了"盟友会"的组织。

从1949年到1950年2月，荥经的学生运动、农民运动、市民运动都是以"学友会""盟友会""农友会"这样的组织形式开展的。长期以来，盟员、民协会员和共产党员的身份多是彼此交叉的，他们共同携手，并肩战斗，风雨同舟，生死与共，为荥经的解放事业做出了贡献。

1985年2月

（原载中国文史出版社《文史资料选辑》合订本第41卷第121辑）

作者简介：刘光烈（1931—2013），民盟盟员，四川荥经县人，1949年2月加入民盟，曾任荥经县民政科科长。

我在雅安的一段经历

洪　钟

1948年8月,中共党组织从内线获悉,特务要对我下毒手了,通知我撤离成都,我原来考虑先到香港再转解放区,组织上同意,但为了安全,不准坐飞机。不久,反动派规定了内地去香港要取得官方证件,我只得取消原计划。我当时参加的是中共地下党成都市委领导的统战小组,这个小组对刘文辉的儿子刘元彦的工作做得较有成绩,刘元彦思想进步,对党的事业热情支持、赞助,我帮他筹编进步刊物《民讯》,并为该刊的主要撰稿人。经组织批准,胡立民和我一道去雅安,组织上还写了信交刘元彦转给刘文辉。我听胡立民讲,我俩的身份是半公开的,组织上的意思是将我们二人交给刘,请他保护起来,我们就是以这种特殊身份先后到雅安的。此后我们以"西康省政府雅安行辕机要秘书"的名义,住在刘文辉公馆,实际上隔壁的行辕,一次也没有去过。

据当时的华西大学地下党支部书记胡立民说:"刘元彦曾经透露过他父亲的困难处境和苦闷心情。刘文辉对刘元彦说:本想放下兵权、政权,但身家性命难保,吃一碗平安饭也办不到啊!

这说明刘文辉在国民党那里已是走投无路,走起义的道路是必然的。”

我到雅安之时,正值解放大军渡江前夕。一天,刘文辉告诉我,说他得到确实消息:“李德邻(宗仁)要在‘八条二十四款’上签字。”他叫我草拟三通电报稿,一通是致“李代总统”拥护签字和平条款电;一通是向毛主席、朱总司令的致敬电;一通是申讨王陵基致四川父老电。以后才知道那个所谓要签字的消息是范朴斋从香港带回的,不准确,电文没有发出。刘对第二通电稿很欣赏,认为写得很有感情。

不久,彭迪先也到雅安来避难了,他叫我致意刘文辉,想和他谈一谈时局。饭桌上,我把彭的意见转告刘,刘立即答应了,约第二天在公馆的客厅会谈。事后刘告诉我说:彭说他到荥经县会见了朱世正,朱有弃暗投明之意,因此,民盟一定要把朱拉过来,一道反蒋,支持二十四军起义。他表示这样做很好,这样在起义时就没有后顾之忧了。他对程潜、陈明仁在湖南起义的行为很欣赏,说:“程颂云做得对。”

以后,我们经常谈到解放大军的进军路线:巴山、剑门有险不好攻,从甘、青南下,没有粮食,大兵团不好行动。我说:“从湘西经酉(阳)、秀(山)、黔(江)、彭(水)进军如何?”他说:“这一带地方我去过,有充足的粮食,大兵团行动比较方便。”

我和刘还谈到统一战线的长期性问题。我根据《论联合政府》中的有关论点说:“只要共产党以外的其他任何政党、任何社会团体或个人,对共产党是采取合作的而不是采取敌对的态度,我们是没有理由不和他们合作的。”阐明党的统战政策并非暂时的相互利用，而是长期的、巩固的。

我曾问刘："你和周副主席有联系没有?"他说："有电台联系。"他还告诉我：抗战时期，冯玉祥、李济深曾约他和龙志舟(云)、杨杰等国民党民主派人士在孔祥熙公馆内杨虎住处，开了一些反对蒋介石的小会。因为在孔祥熙公馆，没有特务监视，周恩来也常来参加会议。

我根据"七大"的精神，在日常谈话中向他宣传毛主席的英明。他说："共产党内是有很多能人啊！毛泽东能集思广益，是了不起的。"

大概是5月底或6月初的某一天下午，公馆里接到从车站打来的电话，说刘从成都回来了，叫警卫人员去接。公馆里一个警卫也没有，我与立民和在雅安避难的刘元彦的一位同学到车站去接。在途中遇上刘，他行色匆匆，后面只跟有警卫一人，他用手杖指着小巷，叫走小路回公馆。他这次回雅安，与平常隆重热烈的气氛大不相同。吃晚饭时，他解释说："听说刺过汪兆铭的打手已到了成都。"说明他是怕蒋介石下毒手，才匆匆忙忙离开成都的。

他说："我有一个多年的嗜好(指抽大烟)，现在看来应该丢了。"从这年秋初，他就开始下决心戒掉这种恶习，戒得很苦，连上几步台阶都要人扶，终于给戒掉了。

解放大军渐渐向四川逼近，蒋介石还想负隅顽抗。9月初，蒋召集西南几省军政首脑会议。当时，雅安的人们都为刘去重庆担心。刘元彦却把当时的微妙政治关系透露给我们：当时张群给刘文辉打长途电话，叫他到重庆开会，刘问张群："我好不好来?”张群笑笑说:“来呀,没有什么的。”刘行前,嘱我代他写了一篇在会上的发言稿。那篇发言稿,避开当时的重大问题,只说什么“西康是边远地区,边荒之地,靠中央提携才能建省,西康人民对中央的恩德,永志不忘”等等,无非做些空洞的表态,以应付蒋介石。

在雅安时期,我和彭迪先交往较密,彼此推心置腹地交换意见,多次讨论时局,他主持的《光明旬刊》(油印)除第一期外,期期的“时事述评”主要是由杨正南和我撰稿,有的专论也由我写作。

(原载中国文史出版社《文史资料选辑》合订本第41卷第121辑)

作者简介:洪钟到雅安后,以刘文辉私人秘书为掩护,身份为中共、民盟交叉。

我与刘文辉的一段交往

张友渔

1944 年底，日本急于谋求迅速解决所谓“中国事变”，以便它集中人力、物力对付威胁日本本土的美军。所以，它一面再次发表“对中国国民政府的声明”，一面加紧对蒋介石的诱降活动；同时，“阁议议决一亿总武装”，再度调兵遣将，从军事上给蒋介石施加强大的压力，逼蒋就范。

在这样的历史背景下，我党为了克服危机，完成保卫西南、坚持抗战的任务，决定加强对西南地方实力派的统战工作，因而重庆工作委员会（南方局改称）特派我作为党的秘密代表前往成都，去做当时的川康边防总指挥、二十四军军长、西康省主席刘文辉的统战工作。当时在西南地方实力派中，刘文辉和云南的龙云是中心人物，他们同蒋介石的矛盾较大，同我们的关系比较好，有可能同我们合作。

刘文辉的主要势力在康定、雅安一带。从雅安到成都，一路上都部署有他的部队，他在成都武侯祠也驻有一小部分武装。

我当时在重庆，以“生活书店”总编辑、左派文化人士和“救国会”成员的身份活动。党内担负的工作是重庆工作委员会候补委员,政策研究室副主任。工作委员会的书记是董必武,副书记是王若飞,童小鹏任秘书长,政策研究室主任由董自兼,但具体工作主要由我负责。由于我长期做统战工作,同军政界上层人物打过交道,所以工委根据党中央关于保卫西南的方针,派我去做刘文辉的工作。当时董老在延安,这个任务是王若飞同志交给我的,王若飞跟我谈了组织上的决定和意图,并交代了具体任务。这个任务就是,不管形势如何变化,都要让刘文辉坚定抗战必胜的信心,团结西南地方力量,实行西南自保。并要他相信,不论在抗战中或抗战后,我们都一定同他相互支援,相互合作。为配合这个任务,还让我领导直属南方局统战系统的党员。

王若飞还告诉我,刘文辉早已与我党有接触。我们党的一些负责同志,周恩来、董必武、林伯渠等,都与他谈过话。1944 年夏以来,刘文辉还派人来找过王若飞两次,他表示愿意继续加强同我党的联系。

刘文辉毕业于保定军官学校,回到四川后搞军事,由上尉参谋升到军长。在极盛时期的 1924 年到 1932 年,曾据有川西的全部和川东、川南的一部分,共 70 多个县。在旧中国,有枪就有权,他靠军事实力当上了四川省主席、川康边防总指挥、国民党中央委员,成了川康政治舞台上的重要角色。后来,在 1933 年的“二刘”(刘文辉、刘湘)战争中,遭到失败,被迫退往西康,兵力大不如前,但仍在川康边保有一定实力,在四川全省政治舞台上仍有一定影响。

抗战爆发后,蒋介石多次想调刘文辉出川,利用日寇之手消灭异己,以达到吞掉四川的目的。刘文辉明了蒋介石意图,寻找种种借口拒绝出川。蒋介石的阴谋没有得逞，又命他出兵讨伐西藏，以达调虎离山之目的。刘文辉软磨硬抗，蒋介石只好又作罢。蒋见一计二计落空，干脆派嫡系部队进驻西康，强占硬夺。刘文辉寸土不让，集中兵力，严阵以待，准备公开还击，蒋介石只好下令撤回已西进的嫡系部队。

刘文辉毕竟是上层统治集团的一员，他与蒋的矛盾，有其反独裁、要民主的一面，但更重要的还是为了维护自己的利益，维护其在川康的统治地位。据他自己说，由于他的阶级出身，对共产党的认识不可能没有一个漫长的过程。他曾在蒋介石面前说过："我是大军阀，又是大官僚，是大地主，又是大资本家，样样占全了，共产党搞的是无产阶级革命，哪里还会要我！"这些话，虽是他用来麻痹国民党右派，掩饰自己与共产党的关系的遁辞，也反映他内心深处或多或少存有对共产党的疑虑。

我是怀着这样的认识，根据党中央的方针政策，结合当前形势去做刘文辉的工作的。

1945 年初，大约春节期间，徐冰找了辆长途汽车，载着我和华岗，还有协助我们做刘文辉工作的朱蕴山先生，一起出发去成都。

在成都，华岗和朱蕴山住在杨叔明安排的住处，我住在张志和开设的茶庄。张志和在刘文辉手下当过旅长，原来曾是中共党员，后来失掉关系，但与党有联系，在党领导下，他对刘文辉等地方实力派做了不少工作。

我做刘文辉的工作是通过三条线进行的。首先是同刘文辉的代表、青年党领导人之一的杨叔明商定。杨叔明的儿媳是刘文辉夫人的侄女，杨是忠于刘的。青年党虽然反共，但也反对国民党独裁，所以刘文辉把青年党作为依靠和运用的政治力量。特别是杨叔明这个人，虽是青年党的主要成员，但与刘文辉利害相关，可以说是“刘损俱损，刘荣俱荣”，因此他更要为刘着想，为刘做事。但因杨是青年党人，不便出面做“联共”工作，所以我到成都后，先找他了解刘的情况，摸摸底细，与他商定与刘见面的时间和地点。其次，我与刘的直接联系乃是通过张志和进行的。我第一次与刘见面，就是张志和陪着去的。最后，当刘文辉离开成都去西康，他亲自指定邵石痴作为他的代表与我经常联系，邵这个人是专为刘联系进步人士的。

刘文辉的公馆在成都方正街，门口没有岗哨，但外松内紧，内部还是有戒备的。我与张志和刚走进大门，刘文辉便迎出来了，他对我很尊重，很客气，把我迎进临近大门的客厅后，先问我在住处休息得好不好，方便不方便，有什么困难。我告诉他很好，很方便，没有困难，也向他表示了我们党的领导同志对他的问候。这次主要是见面，把以后交谈的时间定一定。经商量，确定每天上午来他家，每次谈一两个小时，如果有变动，或临时有什么事谈不成，就让张志和通知我改期。直到我离开成都为止，还从没发生推迟或改变日期的事，这可以看出他对我们之间的交谈是认真和重视的。每次我来，他都问我要不要派人接送，我说不用，安步当车，我走着来最好，不惹人注意，刘文辉也就同意了。

我和刘谈话时，只有我们两人在场，每次大约谈一两个小时，一般都是我讲他听，一直谈了一个多月。我与他交谈的内容，主要是向他分析国内外形势，讲解党的方针政策，指出保卫大西南的必要性和可能性，以及全面抗战前途必胜等。

刘文辉是个聪明人，有一定文化水平及较多的政治经验，他经常读书阅报，特别是在雅安设立了与延安联系的电台后，凡是延安发出的一切消息，他都收听。电台设在雅安，当他不在雅安时，他的夫人就把电台收的新华社电讯稿保存起来等他回来看，因此，他对一般国内外形势和我党的一般方针政策是比较了解的。我同他的谈话，就不能和尚念经般地再重复他所了解的东西，而需要从理论方面，实践方面，做深入的、具体的分析和阐释。

我的谈话主要深入下面这一中心问题，即日军的新动向和蒋介石面临日军入川的严重局势可能做出的抉择，以及西南地方力量所采取的对策。内容有以下几个部分：

一是分析了国际问题。我讲苏联红军继解放罗马尼亚、保加利亚、南斯拉夫、匈牙利、波兰之后，已经把战争推向德国境内；英、美、法联军在攻占法国后，也把矛头指向了德国本土；意大利人民又发动了起义；这一切，将最后地消灭希特勒，希特勒被消灭以后，打败日本侵略者也就为期不远了。

二是分析了抗战形势。指出只要全国人民增强团结，努力奋斗，并得到共产党的领导，我们就一定能够胜利。我还介绍了解放区和广大敌后区域的情况。

三是指出日本内部存在严重的矛盾和危机。人民反战情绪高涨，军队士气低落，经济濒于崩溃，政治动荡不安。

四是阐释我党坚持民主、团结抗战的方针政策，着重说明保卫西南的必要性和有利条件，明确表示我党一定竭尽全力支持他们保卫西南的斗争。不但八路军、新四军将同他们配合作战，夹击敌人，并且还要组织民众武装，到处抗击敌人。

关于党的统一战线政策，我党对于像他这样与共产党合作的爱国人士的政策，也是我这次同他谈话的重点之一。我向他讲了我们党关于反对国民党一党专政，建立民主联合政府的主张，讲了新民主主义革命的纲领，并引用解放区“三三制”政权，广泛吸收爱国人士、开明士绅参加政府工作的事实，说明我党与爱国民主人士的团结合作是真诚的，说话是算数的。只要是坚持抗战，坚持进步，坚持团结，党和人民就不会忘记他、歧视他，而是真诚相待，长期合作，保证在政治上、生活上应当得到的待遇，并举出我党对待李鼎铭先生等的事实来证明。

刘文辉在我谈话的过程中，很少提什么意见，更不发什么议论，他对我们的谈话是有周密安排的。在长达一个来月的谈话期间，除了第一次有张志和陪同外，此后的二三十次谈话，都没有第三者在场，也没有人进来向他请求或报告什么问题。像他这样一位地方实力派的重要人物，没有事先的安排与高度重视，这是不可能的。而且，连服务人员也不进来，他亲自给我茶杯里倒水，这一切显然是他事先交代过的，这说明他把我们的谈话看得很重要，很机密。

他提的问题不多，我能回忆起来的，有这样几个问题。

一是关于西南自保的问题。他曾谈到，万一蒋介石投降日本，他的装备、粮饷就会断绝来源，恐怕会遇到很大困难。

我告诉他，困难当然会是很大的，但不是不可克服的，关键在于同民众的关系，只要从思想上做好艰苦奋斗的准备，紧紧依靠群众,根据我们党的经验,争取自给自足,坚持抗战是完全可以做到的。我们党在敌后,不就是完全依靠群众;依靠自力更生,建立起了19个解放区、24个行署、104个专署、670多个县吗?八路军、新四军不也是分别由4万多人、1万多人发展到总数86万多人吗?何况,我们还可以给你支援,据我们了解,西南地方内部的团结合作也很好,可以互相帮助,所以说,困难会有,但都是可以克服的。

我还讲,如果蒋介石不是投降而是退保西北,那他就不会完全放弃西南,还会供给你们一定的装备、粮饷,这样做,对他也有利。在这种情况下,我们就可以通过正常渠道给你们以支援,这样困难也就可以大大减轻了。

刘文辉还对西南各地方实力派在四川如果沦陷的严重局势下,是不是都还有力量坚持到底有些疑虑。他委婉地表示:"西南自保,我是坚决的。不自保怎么办?我既不能像老蒋那样一走了事,更不能当民族的罪人,遗臭万年。我只有抵抗到底。问题是其他几位,现在都同我一样,很坚决,我们相互间团结合作得很好。但如果局势进一步恶化,蒋介石退往西北乃至投降日本,是不是都还有力量抵抗到底?对此,我不敢说绝对有把握。"

我说:"我同意自乾先生的看法,西南各方抗日的态度是很坚决的。自乾先生当然毫无问题,龙志舟(龙云)也不会有什么问题,他与我们党也有密切联系。华岗同志您很熟悉,他作为我们党的代表,经常住在昆明,同志舟先生联系,这您是知道的。志舟先生的部下也是很坚决的。而且,由于地理形势,日本人要进云南并不很容易。问题只是潘(文华)部兵力分散,邓(锡侯)

部实力薄弱，四川如果沦陷敌手，处境会极端困难。但只要能团结一致，依靠人民，在军事上采用游击战术，是可以战胜敌人的。对潘、邓我党也有联系，您也是知道的。我相信他们是了解这一点的，您可以放心！”

关于日本会不会进攻西康，刘文辉表示担心。我就前边已经谈到的日本内部困难指出，日本已经不可能长期打下去了，它无论在财政上、生产上、兵力上，都已是强弩之末，快到山穷水尽的地步了。只要西南坚持不太长一段时间，日本就吃不住了，何况西康的地理形势对日本很不利，日本不容易打进来，即使打进来。根据我们的经验，在这样的地理环境中组织群众进行游击战，日本军队要扫荡、巩固占领地也十分困难。只要把群众组织起来，完全可以挫败它，潘、邓部队和四川民众还可以从后面袭击它，我们八路军、新四军和地方游击队当然更要从各方面支援西康，夹击日军，它的侵略野心是不可能得逞的。

刘文辉还想了解我们党在西南地区的群众工作已经做到什么程度，是不是真能支持他，能对他帮助到什么程度。关于这个问题，我不便于具体说，更不能讲党已经有什么组织，只能笼统地对他说，几年来，在政治思想方面，已经在广大民众中打下了基础。万一日军进川，一经我们的号召，就可以普遍地组织起来，我们党将把必要的军事、政治干部留下来，进行组织领导工作。敌后的经验证明，这是很有成效的，会很快形成强有力的战斗力量，给日军以严重威胁，给您以有力的支援。我们发动起来的力量，会以各种方式与您合作。

他对苏联的态度也很关心。他问苏联到底对日本怎么样，会不会打起来。他对苏联会不会进一步援助我国也有怀疑，但讲得比较含蓄。

我告诉他，苏联与日本签订的中立条约，是看到希特勒德国东进的危险，为避免两线作战，暂把日本稳住的一时策略。苏联是社会主义国家，对中国抗战一直是真诚同情并给以援助的。事实上，苏联的援助一直没有断过，至于苏联会不会对日本宣战，那要看整个形势的发展。不过，我们不能把希望寄托在外援上，要靠自己的力量，自己要有信心。

在我们做刘文辉工作的同时，蒋介石也派张群做刘文辉等人的工作。对此，我们是知道的。但刘没有给我谈张群的情况，这是很自然的，他怕讲出后，传到张群、蒋介石耳中，对他不利。我也没有必要通过他了解张群的活动情况，关于张群的活动，我是通过文幼章、张澜了解的。

对于我所谈的内容，刘文辉听得很认真。全国解放后，刘文辉在他写的回忆录中说："1945 年 2 月间，张友渔到成都，党派他帮助我进行政治理论学习。他每天清早就到我方正街住所，给我系统地分析世界和中国革命形势，讲解革命理论和党的方针政策，连续达一个多月之久，我等于进了一次政治学校。"他在这里所说的，就是这次去成都同他的谈话，但他对我的谈话所做的评价讲得太客气，对我有些溢美。

在我同刘文辉谈话这段时间，我还找过当时住在成都的民主同盟主席张澜先生，请他同刘谈一谈保卫西南的问题。张是四川实力派的前辈，他们都尊重他，特别是刘文辉同张的关系很好。据张说，刘是民盟的不公开成员，并在经济方面支持民盟，他的谈话会对刘起作用的。

在这期间我还通过田一平做过潘文华的工作,通过杨伯恺做过邓锡侯的工作。潘、邓都同蒋介石有矛盾,怕被蒋吃掉,也有保卫西南的愿望。我就在这样的基础上同他们加强联系,争取团结他们。

1949年12月,胡宗南在我第一野战军的强大攻势下,由陕西退到四川,我解放大军兵分两路从南北两个方面入川夹击。在这关键时刻,刘文辉联合邓锡侯、潘文华等宣布起义,为配合我军解放西南,歼灭国民党主力,做出了贡献。这是我党通过各种渠道长期对刘文辉进行工作的结果,我在成都所做的工作只是其中的一小部分。

1945年8月,日本投降后,党把我从成都调到重庆,参加同国民党谈判的准备工作,以后就再没有同刘文辉接触了。

(原载《四川文史资料集萃》第2卷)

往事如烟　录记备忘

朱世正

抗日救亡，投笔从戎

1919 年 2 月 15 日，我出生于荥经县天宝乡前聚坝朱家院。

四川省雅安地区解放前叫“雅属”，包括雅安、荥经、汉源、天全、芦山、宝兴等县。荥经县出北门经荥河的梓童宫，渡河，沿河东下至到底坝约 15 公里。再从到底坝沿陡峭崎岖的羊肠山路，行两个多小时，到达前聚坝我家——朱家院（我家原属天宝乡，现已分为天凤、宝峰二乡）。朱家院四周为高大的楠木、柿树、参天的杉树，成片的竹林所环绕，村里住着二三十户朱姓，故名朱家院。

我家几代人都是读书的，是当地的世代书香，家中藏书逾万册，放了整整一屋子。父亲当家时，家里有田地 200 多亩。

父亲朱绍尧，好学，常接待落难的朋友。1911 年，荥经同志会暴动失败后，领导人薛莲舫、石献庭等隐蔽在我父亲家，直到辛亥革命胜利。1928 年，中共四川省委副书记、荥经人程子健也由我父亲掩护，在我家住了 18 个月。1929 年，中共川南负责人程经练(乐山人)也曾在父亲家住了一年多。这两位中共负责人离开我家时,父亲均赠与足够的川资。

这些事,在我童年的心目中就留下了深刻的印象,我朦胧中接触到革命人物和革命思想。

我在兄姐11人中是最小的一个,排行老幺。我从小就比较聪明,思想灵活,记性尤其好,读得书。但我并不满足于在家读孔孟。15岁时,我背着行李,徒步400多里,翻越二郎山,到康定读幼师。后又去成都读高中,就读于成城中学,接触到一些抗日救国的新思想。

我岳父石淡如,中医,住在后聚坝,离我家仅3华里,不远。岳父见我比较聪明、勤学上进,可望成器,决定将女儿石文玉的终身许配与我。1938年,我在家乡同石文玉结婚。

岳父石淡如,1927年曾在四川南充参加中国共产党。以后在白色恐怖下撤退回荥经,于是与党组织失去联系,隐蔽在家,仍继续宣传共产党的主张。1935年至1936年,红军驻荥经时,石淡如任县苏维埃委员。红军走后,他被国民党驻军两次逮捕。1936年被抓到县城关押两月多;1939年又被米营长以共产党嫌疑犯抓到县城,捆吊、拷打,还受过线手、烙烤等酷刑(将一把线香点燃,在他前胸后背等处燃烤),以致在身上留下终生烙痕。后来家里变卖田产,花钱将他保释出来。1947年7月,住进我家的中共地下党员、"民协"会员、民盟盟员都十分惊奇:一个山林老头,竟能一字不错地完整地唱出《国际歌》。

石淡如对我的思想有很大影响。他经常对我们谈到他当年革命的往事,如第一次国共合作、孙中山联俄联共扶助农工的三大政策、列宁派代表鲍罗廷来华帮助孙中山等。他总是教导我们要对国家人民做好事,对家乡、父老做好事。

1939年,抗日战争爆发一年多了,闭塞的西康省虽然听不到日寇的枪炮声,但半个中国已沦入敌手。我出于一个热血男儿的爱国心,在岳父石淡如的支持下,毅然地投笔从戎,弃学参军。我离别了19岁的妻子和才出生几个月的儿子,在成都考入国民党中央军校十六期辎重科,学习地点在湖南芷江,后迁至贵州。学习半年多后因战事紧张,提前毕业。

我毕业后,被分配到国民党军的二〇〇师,任侦察排长。二〇〇师是中国第一支机械化部队,著名抗日将领戴安澜任师长,师里有苏联顾问。

我到职后即参加1939年12月昆仑关(今广西大名山区)大战。一个月激战后,中国军队夺回了昆仑关,毙敌6000人,击毙敌旅团长中村正雄。我毙伤鬼子兵5名,与敌肉搏,我右手和左胸均负伤。因我作战勇敢,提升为副连长。1941年,我请假回家探亲。两个月后返部队。1942年我二儿子出生时,我正在前线作战,妻子石文玉带着两个幼子住在岳父家中,种着祖父留下分给我名下的十几亩田地。1944年,我参加湖南衡阳保卫战,同年又参加第四次长沙会战,我被提升为连长。1945年,参加滇缅会战,因指挥得当,晋升为少校副营长,代理营长职务。

抗战胜利后,1946年2月,我复员回到家乡荥经。离家五六年,只在1941年回来过一次。这次复员了,我才将妻子石文玉和两个幼儿接回自己的家。

荥经事件，官逼民反

刘文辉从1924年到1932年任四川省主席时，拥兵10余万，统治70余县，等于半个四川；还控制了西康地区（时称川边）。1933年，刘文辉在四川军阀混战中败退至康区一隅，继续统治这一地区。到1939年1月1日，西康才正式建省，刘文辉任省主席、二十四军军长。省会设康定县。西康省贫瘠落后，财政困难，刘文辉视大烟为西康省经济命脉；在统治者直接、间接支持下，西康农民大量耕地种植鸦片，面积多达数十万亩。政府官员、军队、地方人士则大做鸦片生意，从中牟取暴利，使鸦片烟毒泛滥。烟农又以鸦片换取大量枪支子弹，造成西康境内枪支泛滥，土匪横行，冤家械斗，连年不断。由于上述种种原因，西康在解放前是我国最为贫困落后的省份之一。

在这种情况下，雅属各县普遍大量长期种植鸦片。1933年，刘文辉委任唐登汉为荥经县县长。唐从云南引进良种烟籽，在荥经县强行推种大烟。农民种了烟，政府要收"烟金"；农民不种烟，则政府要收"懒捐"。在法币大幅贬值的当时，大烟相当于黑色的金子，是不会贬值的硬通货，做大烟生意的利润十分丰厚。唐登汉任荥经县县长的第二年，仅荥经县东区18个保所收大烟，交入雅安总仓库的"烟金"就近万斤。

国民党中央政府对于西康省普遍种鸦片一事，碍于国际观瞻和国内的压力，连年下令禁种。刘文辉一直采取明禁暗种的方针敷衍搪塞。禁烟令通贴城乡，大烟却照种不误。连年种，连年铲。铲烟有两种铲法：一种是做做形式的铲法，在道边路旁的田地里铲,偏远的地区不铲;而且采用锄头连根挖起的铲法,种烟人待铲烟者离去后,将烟苗扶起,重新栽好。比较认真的铲法,是用竹竿将烟花打落,烟苗就不能结果,就没有收成。地方人士则代表烟农与来铲烟者谈条件,送包袱,行贿赂,求其采用第一种方法,做个样子了事。

荥经县每到收烟金时,县长唐登汉和二十四军警卫营长刘济民则率队伍下乡收取,对于缴不上烟金的农民,经常捆绑吊打,甚至施以割舌,割睾丸,跺手指,跺脚趾等等酷刑。有的孕妇被捆绑吊打以致流产,惨不忍睹。老百姓十分愤恨,怒火中烧,有的被逼得烧了自家的房子,上山落草。

1945 年 11 月 13 日,烟苗已长到半尺许。刘文辉在国民党中央催促下,派保安部队去荥经铲烟。先派的是雅属保安司令杨致中。杨到了荥经,因摸不清刘文辉这次的态度是真铲还是假铲,迟迟无所作为,被撤了职。刘文辉改派张禄宾为雅属保安司令,率 3 个大队、9 个中队,总 1000 余人到荥经继续铲烟。这时已是 1946 年 3 月初,大烟在田地里含苞待放,如果铲了,种什么也来不及,半年的辛劳将成泡影,何况两三个月后要缴的烟金又从何来?张禄宾领着队伍开到荥经东区的到底坝、槐子坝一带铲烟。所到之处,士兵用竹竿铲烟,一片片地扫倒打断,老百姓恨得眼中冒火。

3 月 5 日晚上,槐子坝的农民陶国禄,黑夜回家,路遇保安队哨兵,陶国禄躲避,哨兵喊"站住",陶国禄就放开步子跑。哨兵开枪射击,陶国禄就开枪还击,黑夜中双方均未伤亡。

地方人士为"搁平"此事,主张交出陶国禄,可是张禄宾不答应,坚持是“烟匪抗铲”,要以武力消灭“烟匪”。张禄宾连夜在到底坝构筑野战工事。3月6日,张禄宾下令用轻机枪向上山避难的人群扫射,打死熊大松等四五人,重伤、轻伤多人。老百姓忍无可忍,积压已久的怒火终于爆发出来。他们拿起用大烟从二十四军官佐手中换来的枪支武器,拿起扁担、锄头、弯刀,愤怒地向恨之入骨的保安队还击。荥河两岸,东区上空,枪声、喊杀声,和着奔腾的荥河水声,响成一片。

两方面就这样开始作战了。

荥经县的地方武装力量,也就是袍哥队伍,本是无组织、无纪律、无领导的一盘散沙。真正打起仗来,需要有人领导和指挥。地方上的朋友想到了我朱世正。这时,我刚回乡探亲,不到10天,原准备住一段时间,将带妻儿回部队供职,并没有打算卷入这场冲突。我原本也痛恨种大烟,痛恨国民党当局的暴政,再加之他们说我是军校毕业,会带兵打仗,会指挥,而且在抗日战争中打过多次大仗,有经验……经家乡父老和同学、朋友的要求,推举我担任了荥经县地方武装的总指挥。我将各乡、各保的地方武装编成战斗单位,任命了大、中、分队长,以“荥经县人民义勇军”的名义,统一指挥。

张禄宾的保安队在人民的怒火中节节败退,一个中队长被击毙,另一个中队长和副官身负重伤,张禄宾的坐骑也被打死,两个中队被歼。张禄宾像输红了眼的赌徒,下令焚烧民房,败兵所过之处见房就烧。从到底坝、熊家山、晒金寺、大沟头、大田坝、兰家山一直烧到晒坪。沿途10余华里,火光冲天,浓烟滚滚,共烧民房300余家,激起全县人民更大的愤恨,男女老少汇成一股上万人的洪流，将保安队围困在荥经县城中。

3 月 9 日凌晨，我亲自率领天宝乡朱、石、秦三姓青年组成的敢死队 200 多人，靠熟悉地形，涉水暗渡荥河，利用河堰作掩护，绕过敌人防线，潜入城内，突然攻向敌人一个守卫中队，毙敌一半，俘虏一半。又以迅雷之势，猛攻驻开善寺的敌司令部，歼敌一个中队，攻占敌司令部。我城外队伍听见城内响起枪声，也展开进攻。丧心病狂的张禄宾命令大队长袁伯齐点燃东门，企图焚毁荥经县城，幸我义勇军赶到救灭。保安队土崩瓦解，张禄宾化装成老百姓，由 4 个卫兵保护，向汉源县方向逃去，他在汉源还有一个预备中队。

从 3 月 5 日到 3 月 9 日，义勇军全歼张禄宾三个保安大队，缴获捷克轻机枪、俄式步枪共千余支。保安大队长张明清被俘，大队长袁佰齐下落不明(1956 年在雅安市被查出、镇压)，掩埋了敌尸 100 余具。

战斗结束后，我立即下令义勇军一小时后撤出县城，并立即成立执法大队，严禁义勇军扰民，违令者严惩不贷。

3 月 10 日中午，张禄宾逃至催食堡，被我义勇军分队长李如轩认出并擒获。当李领着武装一拥而上时，张的卫兵弃枪而逃。李如轩挂电话向我请示，我下令就地枪决，将头割下送来县城示众。我命人写出布告张贴，大意是：匪司令张禄宾焚烧民房，枪杀无辜，罪恶累累，罄竹难书，就地枪决，以平民愤。当晚荥经县城乡人民敲锣打鼓，舞龙耍狮，欢庆胜利。

我命人以司令部名义拟出“告西康父老书”“向国民党中央控告书”以及“致天全、芦山、雅安各县地方武装头领的联络信”

并分送各处。

我知道斗争才刚刚开始,更大更激烈的斗争即将到来。

"雅属事件"调解休兵

1946年3月13日,刘文辉急令二十四军一三七师师长刘元琮派兵驰援荥经。刘元琮调朱食夫团从雅安县,黄以仁团从天全县,毛国懋团从洪雅县,还有陈明扬保安团共4个团的兵力来援荥经。

义勇军在雅安县和荥经县交界的飞龙关和麂子岗顽强阻击敌军,我亲自在前沿指挥,激战四、五日,尽管义勇军奋勇反击,仍被优势敌人突破防线。义勇军退过荥河,与敌军隔河对峙一个多月。4月20日,敌人以强大火力突破荥河防线,我义勇军步步抗击,终因敌我力量悬殊,武装头目又各自为战,不习惯于统一指挥,偏要和敌人死拼硬打阵地战。敌人付出200多具尸体,义勇军也牺牲四五十人,其中有大队长二人。4月25日,朱食夫团攻占天宝乡的宝子山。我坚决纠正战术上的错误,和敌人展开夜战,白天在深沟、老洞、森林、高山里休息,晚上袭击敌人。我亲自带领500多人的队伍,悄悄渡过荥河,走鸟道,翻高山,截断雅安到荥经的道路,击溃二十四军工兵营,截获二十四军特务连押送的机步枪子弹100余箱,烧毁军车3辆,攻击到离雅安城十余华里的枫木桠,雅安城震动。与此同时,我命荥经北区的王华勋、柴国嘉两个大队400多人,猛攻荥经县城。芦山县地方武装头领程志武也率队向雅安县挺进;天全县地方武装李元亨也阻住了黄以仁团。刘元琮师长不得不率毛国懋团、陈明扬团回防雅安县城，朱食夫团主力回防荥经县城。一三七师既未能消灭义勇军主力，自己又腹背受敌，到处挨打，所以攻占天宝乡两天后即撤走。

当“荥经事件”爆发时，地方武装头领如芦山县程志武、天全县李元亨都立即响应。我派人前往联络后，这时均来了队伍。李元亨歼灭黄以仁团300余人。刘元琮一三七师所辖兵力，顾此失彼，疲于奔命，实难应付。

二十四军一三七师经过五、六、七三个多月的扫荡，未能将地方武装主力消灭。刘文辉乃改用重金悬赏的办法，悬赏朱世正、程志武、李元亨的头颅各一亿元（法币）。又大肆宣传“荥经事件”“雅属事件”是“土匪暴乱”，是“烟匪抗铲”，并利用各县参议会、省训、县训、党训、财训人员对义勇军进行分化瓦解。

1946年8月，我在天全县铜厂沟的龙滩寺，召集荥经、天全、芦山、雅安各县地方武装头领会议，决定将国民党刘文辉政府统治西康的暴政和“荥经事件”“雅属事件”的真相对外公布，向国民政府中央反映，并决定由我同朱子江（即朱静泉）到成都开展工作。

我和朱子江到成都拜会了在川军曾任刘伯承师参谋长的韩伯诚，康籍知名人士杨敏之、谭励生、袁品文等，向他们讲述了事件真相，得到他们的肯定和支持。又动员康籍国大代表利用1946年国民党召开国大制宪的机会，在国民大会弹劾刘文辉种烟、制毒、贩毒给西康人民造成的灾难；还发动成都、重庆、南京的康籍学生游行请愿，要求撤换刘文辉。朱子江还乘飞机到南京走访各大报纸，开记者招待会，一些报纸报道了西康雅属发生的事件。在成都,以陈强立、宋亚东为首的我和朱子江在中央军校的先后同学制定了倒刘的军事计划,还成立了“西康省革新委员会”。总之,希望从政治上造成刘文辉被动、孤立的局面。

1946 年 10 月,“西康人民义勇军”正式成立,程志武为总指挥,我朱世正、李元亨为副总指挥。12 月初,我又在龙滩寺召集荥、天、芦、雅四县 80 多名地方武装头领的动员会议,布置战斗,目标是攻下雅安城,消灭二十四军的部队,赶刘文辉下台。

1947 年元月初,西康人民义勇军向荥经县城展开进攻,驻军朱食夫团不敢贸然出动。我带领天全、荥经两县义勇军 1000 多人,李元亨为前敌总指挥,奔袭天全城。程志武则带他的队伍去夺取芦山县城。

经一天一夜急行车,我带着队伍,晚上抵达天全县城。驻军黄以仁团只有两个连和 100 多名自卫队员守城,黄以仁本人带着大队下乡“办年货”(敲诈勒索)去了。拂晓,义勇军突然向县城发起猛攻,激战两个多小时,全歼守敌,占领县城,县长夫妇逃走。缴获迫击炮十多门,轻重机枪各 4 挺,步、手枪 200 多支,子弹 30 余箱。捣毁县政府、县田粮处,查抄了二十四军所办的银行、公司,查获大量鸦片、吗啡。还缴获粮食数百石,土白布数百担,均分给了贫苦居民。义勇军纪律严明,县城地方人士办了 100 多桌宴席招待义舅军。黄以仁团长得知县城失守,回师救援,遭义勇军伏击,损失四个排,一个连长被击毙,损失轻机枪两挺,趁夜突围到天全的始阳镇。

程志武派其大儿子程开元率 300 余人,攻占飞仙关,距雅安城仅 30 华里。程志武得知我已攻占天全县城后,始对驻芦山县城的邹善成团发起进攻，但不顺利。元月17日，我率队与程志武会合攻打芦山县城。邹善成弃城而逃。程志武与邹善成素有私交，竟在伏击地让邹善成顺利通过。

义勇军攻占了天全、芦山两座县城后，一三七师师长刘元琮在雅安调集毛国懋、陈明扬两个团和成都武侯祠警卫营，荥经朱食夫团，连同黄以仁、邹善成两个团，共近六个团的兵力进攻义勇军，要保卫雅安城，夺回飞仙关。

元月11日开始，义勇军与一三七师军队在芦山县激战至13日。我义勇军因力量悬殊、弹药无着，没有后勤保障，牺牲百余人后，撤出芦山县城，回兵天全县途中，在天全的高桥战斗中，又歼灭黄以仁团一个营。

我恨程志武部不听指挥，错失战机。认识到敌人力量强大，我们不能采用集中兵力大规模作战的战术；同时，春节即到，大家都想回家过年。因此，我决定，各县地方武装回到本县，伺机东山再起。我们消灭不了二十四军，二十四军也灭不掉我们。我们的力量依旧存在于各县广大农村。

至此，“雅属事件”基本结束。

从“荥经事件”发展到“雅属事件”，近一年的时间里，义勇军曾先后攻占天全、芦山、宝兴、荥经4座县城，在省内外产生了很大的影响。1947年元月下旬，蒋介石派张群飞抵成都，确认“雅属事件”非中共所为，对刘文辉施压，要他安定后方。社会上也盛传蒋介石准备以曾任西昌行辕主任的湖北人张笃伦来主政西康省。“民盟”中央委员、四川省支部主委张志和也在1947年初向刘文辉建议，要做好西康老百姓的工作，要搞好同川康人民的关系，特别要做好“雅属事件”的善后工作，不能再以军、保部队去镇压群众，那将会使矛盾更加尖锐。张志和的这番话，是重申中共周恩来同志的意见，并加以具体化。原来在1946年2月，旧政协闭会不久，周恩来将离开重庆去南京时，嘱张志和转告刘文辉：“……对蒋介石一刻也不能放松警惕”“今后政权完全取决于人民的意志，如果人民不要他，谁也站不住。”并鼓励刘文辉把西康工作做得好一点以取得人民的支持。

刘文辉在这种情况下，终于下决心，找到他的亲信陈仲光亲自回荥经调停（陈仲光曾任刘文辉部副官长，当时任西康省田粮处长，在雅属袍哥组织中是知名人士，陈是荥经人，并同父亲是至交好友，是我素来敬重的长辈）。1948年3月1日，刘文辉在雅安召开了“雅属行政检讨会议”。刘文辉公开宣布：西康今后加强禁政，不种烟、不贩烟、不收烟金。西康军、政人员不许贩烟，不许偷种。并拨款3万元救济荥经、天全、芦山、宝兴4县灾民。对省政府人事，各县县长，各县田粮处长也做了一些调整。康籍旅蓉、旅渝、旅京的学生，升学出国由西康省财政出钱。1948年夏天，又任命我为雅荥汉联防总队的上校总队长（刘文辉的“禁政”并未实行）。

至此，“雅属事件”完全结束。但是刘文辉与雅属各县地方武装头领之间，与我朱世正之间，隔阂仍然很深，互相猜忌，彼此防范。刘文辉派驻各县的军、保部队仍然监视，防范着各县地方武装。

组成雅荥汉联防总队

1948年下半年,我着手组织成立了“雅荥汉联防总队”。我在荥经县城内借了一个银行闲置的旧址,是一幢砖木结构的二层楼建筑,作联防总队部,我派秘书李毓松带了四五十人枪驻其中。我自己常住天宝乡我的家里。总队部与我家之间架有军用电话专线联系。整个联防总队辖18个大队、21个独立中队。底子是地方武装,也就是袍哥队伍,“荥经事件”“雅属事件”中的义勇军。我的基本队伍是天宝乡附近几乡的地方武装,以朱、石、秦等3个家族的年轻人为骨干。经验、阅历丰富的中、老年有识之士是我的参谋。这几姓之间互为亲戚,既有血缘关系,又是利害相连、休戚与共,所以联系得十分紧密。此外,编入我联防总队的还有若干股袍哥武装,主要是荥经的,其次是雅安、天全、芦山、宝兴等县的一些较小的武装头目,他们因为自身的利害关系投靠了我。雅属袍哥武装,当时至少分为两派,一派以陈仲光为总后台。陈是刘文辉的亲信,曾任副官长,省田粮处长等要职。我以及芦山程志武,天全李元亨、陈步胜都属于陈仲光这一支的。这一支袍哥组织的“新康社”,成立于1947年冬,陈仲光为总社长,我朱世正、程志武、李元亨为副总社长。袍哥武装的另一派以西康省保安副司令王靖宇为靠山,王也是刘文辉的重臣,刘文辉自兼省保安司令,以王为副职,掌握保安部队。为了自身利害,两派互有矛盾,所以有的投靠于我。我根据我所掌握控制的各股各支队伍的实力太小,分别编为大队、中队,原来的头领当大队长或中队长。队伍里的弟兄伙,平日在自己家里过日子,有事时，我一声令下，他们就背起枪来汇合，就是队伍。

荥经、天全、芦山、宝兴农村几乎家家有枪，种出鸦片后，用大烟同国民党部队的官佐换枪，也用大烟换粮食，刘文辉政府对我联防总队不给粮食，不补充枪支武器。因此，雅荥汉联防总队究竟有多少人枪，只能估计。大概编入我联防总队的有两三千人。通过联络，我能在天全、芦山邀约前来，共同行动的，还有两三千人，总共四五千人。芦山程志武、天全李元亨、陈步胜的武装队伍，由于利害相连，又都是陈仲光一派的，平时互派使联络往还，一旦有事则互相配合支援。但按其实力和资历，不可能屈居我朱某麾下，完全听从我指挥调遣，只能算是友邻队伍。

从“雅属事件”开始，我就注重情报消息的获取。它是眼睛、是脑髓，是决策的重要依据。我在雅安、成都、康定、西昌等地先后设置起大小联络点线，委派专人负责调查了解情况。这些大、小联络点线都以我的私人感情关系委托该地知名人士负责探听，专人负责转送信息。他们出生入死，垫钱垫米，为我帮忙，历尽艰辛，功不可没。

(1)1948 年开始，即委托杨学洲、王灿光、向文芳、杨学江为驻蓉联络参谋，长期与韩伯诚、杨敏生、谭励陶、薛奉先等密切联系，了解成都有关情况；又让他们与“民革”的陈强立、熊焕祥、余体仁、余天福、张学荣等互通信息。

(2)派中校参谋朱治仁(又名朱子伦)长住康定，与代省主席张为炯、省参议长胡慕先和荥经籍的陶亮生、王祖光、陶世泽交往，探知康定有关情况，即派人送来荥经。后来朱治仁又与康定的中共地下党员李良瑜、民盟朱刚夫、民革李文壁等长期合作，以致国民党军田中田部窜入康定时，朱治仁夫妇被捕、抄家。

(3)派石章鳌长住西昌，以集中仓库主任的公开身份为掩护，常与屯委会副主任袁品文、垦务处长宋亚东、县田粮处长王仲伯、冕宁的保安大队长彭长烈等秘密往还，若有重要信息，立寄荥经。

(4)在雅安武安街铁业公司专设联络站，由刘锡昌、王主玉主其事。派我联防总队第一警卫中队长朱世炳率中队驻凉水井，受刘、王二人指挥。该联络站公开挂出的牌子是“新康运输行”。运输行保商收费，为我总队部提供部分经费，购置转运所需物资，及时报送信息。是一条重要的联络线。只因刘、王二人皆系民革干部，故有关民盟之事未向二人亮相。

(5)从天宝乡经雅安到邛崃，成都一线；从天宝乡经汉源到石棉、冕宁、西昌一线；从天宝乡经天全到芦山、宝兴一线；这些联络路线，我以袍哥组织关系联络沿途地方武装头目护送，确保其地盘内安全，万无一失。1950 年 2 月，西康区党委书记廖志高指示我，设法护送民革重要成员余体仁去富林转西昌。余身揣廖书记以及陈仲光、刘元瑄亲笔信函，去规劝羊仁安、曹伯伦、岭光电等不要再跟着国民党跑，应及早回头。余体仁未见着上述诸人，即随人民解放军一八五师去解放西昌、盐源。我派去护送余的高永富、石章凡由富林返荥经时，经小关子被窜犯汉源的国民党三三五师王伯骅部抓捕，捆绑吊打，受尽酷刑，均未招认是护送民革余体仁的事，后来我托朋友刘集贤保释他们回荥经。

我任雅、荥、汉联防总队长，要靠我养活的主要是总队部的几十个士兵以及秘书、参谋、副官和奔走各地的联络人员，还有在我家打杂的男女勤杂人员。我同邻峰码头、友邻队伍间的交际应酬也不少。1949年夏天起，来我天宝乡干革命的朋友长年不断，住在我家，经常一两张圆桌开饭。总的说来，开支不小，一个小康人家是承担不了的。

当时我的经济来源，主要靠以下几项：

祖上留下的田地分到我名下的有10多亩，每年生产稻谷、玉米、黄豆、油菜籽等总共15000斤，远远不够上述开销。我靠的是：

一是向银行贷款和募捐筹建天荥铁厂和天宝乡小学。"雅属事件"结束后，虽然刘文辉拨款赈济受灾群众，但杯水车薪，粥少僧多。我乃倡议以工代赈，筹建天荥铁厂于槐子坝，解决数百名农村劳动力的安置问题。经陈仲光向刘文辉请求，批准在西康省银行雅安分行贷款5000万元作开办费，又请荥经茶商作担保，在荥经农民银行贷款5000万，又以天荥铁厂作抵押，向西康省农民银行贷款3亿元。全部贷款作为天荣铁厂之经费，只有我在紧急需要特支经费时，可在其中支取。为了让"荥经事件"中的失学儿童就读，我倡议筹办天宝乡小学，我向各方求助募捐，得经费5亿元。

二是收受馈赠。从1947年到1949年12月起义为止的3年中，雅荥汉联防总队的大、中队长，以及各地亲朋好友赠送与我的大烟计五六千两。我派人多次带到成都、雅安变卖后，购回食物与日用物资。

三是保商。1949年初，我派朱世炳中队驻雅安南郊凉水井，挂出"新康运输行"的牌子。托运往荥经、汉源、越西、冕宁的货物，愿意到运输行交纳一定的保商费，即由朱世炳派人护送，通过沿途地方武装的关系确保安全。到 1949 年 12 月起义时，每月收取保商费用二三百大洋，共约收大洋 3000 元。均由朱世炳带交我开支。

四是时任西康省田粮处长的陈仲光大力支持。从 1947 年到 1949 年 12 月，先后 5 次拨粮 5 万余斤，在荥经县田粮处支领，供我总队部及革命朋友每天的伙食。

五是我妻石文玉的资助。我妻石文玉善良、贤淑、深明大义。她完全支持我的所作所为。她一直在家操持家务，精心安排警卫人员，以后还加上革命朋友们的食宿、医药，毫无怨言地将其陪奁和私房财物，计有大烟 500 两，金圈 4 只，金戒指 6 个，以及银元、银锭等，派人带到雅安变卖，换回总队部及家用所需生活品。

惆怅彷徨，何去何从

“荥经事件”“雅属事件”结束了。但我感到失败、失望，内心有一种惆怅、彷徨的情绪。一方面是亲朋好友来庆贺我荣任雅荥汉联防总队上校总队长、“新康社”的副总社长。我也着手组建雅荥汉联防总队。另一方面我在思考前途出路问题，国家的和我个人的前途出路。

我原本是学生，在学校读书时就接受了爱国思想，我是中国人，总希望中国富强起来，不受外国帝国主义侵略。抗日战争爆发，我投笔从戎和日本侵略军作战，出生入死，负过伤，也曾打死敌兵；抗战，我在作战部队搞了 6 年，直到抗战胜利，我从排长当到少校副营长。回乡探亲,举眼一看,家乡在国民党的省主席、二十四军军长刘文辉统治下,烟毒与枪匪,成为两大祸害,最终还是老百姓受害。西康当局下令种烟,不种要罚以“懒捐”,种了又要收“烟金”。既下令种烟,又派军队来铲烟,敲诈勒索,不遂其意则烧房子,抓杀无辜百姓。官逼民反,酿成“荥经事件”,发展扩大成为“雅属事件”。

在“荥经事件”“雅属事件”中,我指挥地方武装打的是刘文辉。刘文辉是国民党的封疆大员,四川省主席、二十四军军长,当时,我根本不知道他已秘密加入中国民主同盟,只知道他同蒋介石为首的国民党中央有矛盾。

我打刘文辉,我有什么不对?

我们向国民党中央呼吁,请求援助,是因为当时我还对国民党中央抱有幻想。当时是1946年、1947年,我所受的教育、我在国民党作战部队6年的经历,使我还对国民党中央抱有幻想,希望他在抗战胜利之后,能够整顿,能够对西康的政局有所革新。但他不理解我们,而且依旧腐败,忙于打解放区,全无一点整顿、革新迹象。要靠国民党富强国家,复兴民族是靠不住的。若我想在振兴国家民族的事业中一展抱负,国民党是靠不住的。我率领和指挥的荥经地方武装,联络、约请协同作战的天全、芦山等地方武装,其底子都是袍哥队伍,都是没有严密组织、没有经过严格军事训练的乌合之众。我在荥经,特别是我家乡天宝乡及附近几个乡的地方武装之中,有很高的威信,指挥调动可以算是得心应手。但对天全、芦山的地方武装,特别是程志武的队伍,包括程志武本人,他对于我已实际超过他的声望 事实内心妒忌，不能同我精诚团结，真心配合。所以，“荥经事件”“雅属事件”中，我们同刘文辉的军、保部队只能打成平手。他也吃不掉我们，我们也打不垮他。这支队伍实力如此。

袍哥队伍，说得好听点叫“地方武装”，说得不好听的话叫“土匪队伍”。其实我没有当过土匪，也没有抢过一次人。但是，我既然被推选为“荥经事件”的总指挥，以后又是“雅属事件”的副总指挥，统率指挥的就是这些队伍。虽然我一再约束，告诫下属不许抢劫民财，不许奸淫妇女，但一时也很难禁绝。天宝乡及附近几个乡的情况好些。所以陈为珍、黄仲实两夫妇（均系党盟交叉）从荥经城去天全途中遇匪，钱财衣物被洗劫一空。我得知后，严令追回，结果费了些力气，才将衣物基本上退还。下面来报，“其余的东西已花费了”。能够追回一大部分，也算是顾全了几方面的情面，地方武装的情况就是如此。

刘文辉在雅属行政检讨会上公开宣称坚决禁烟，其实也是空话，鸦片是西康经济财政的命脉，要维持西康军政的大权统治，没有鸦片烟就不行。刘文辉封我为雅荥汉联防总队上校总队长，也不过是为平息“雅属事件”的一项安抚措施而已。联防总队不是正规部队，上面不给粮饷，不补给枪弹和装备。而且，他与我之间，都是互相猜忌，彼此防范，我怕他找机会报复我，他怕我找机会又兴兵造反。我决不能指望他对西康政局有所振兴，也不能指望他在振兴西康的事业中用我一展抱负。

1947年冬，陈仲光先生叫我参加他当总社长的“新康社”，并叫我担任副社长。“新康社”是雅属哥老会的一个统一组织。陈仲光本是哥老会中资深的大舵把子，在“新康社”任总社长是理所当然的事。我、程志武、李元亭等是副社长。陈仲光先生与我家是世交，是我尊重的前辈，他安排我也任副社长是对我的器重。但是，新康社成员中有不少是二十四军的军政人员，我对此也很失望。

所以，我虽然成了荥经最大的“武装头领”，在社会上称“总队长”“朱大爷”“舵把子”，有权有势，在雅属也是个知名人士，风光一时，但我内心惆怅、彷徨，什么才是我应当走的路呢？

在这种情况下，我的参秘人员一般也是上述看法。这时，我的岳父石淡如以及一些曾为红军工作过的老人启发我“何不去找共产党”。当时，我并不太了解共产党，时解放战争才开始不久，国民党军队还在气势汹汹地进攻解放区，共产党还处于弱势。但我从岳父及一些老人口里，知道共产党是为老百姓的。我想这也是个办法。

就在我参加“新康社”的同时，荥经人杨学渊去成都上大学，我托他在成都做我的联络人员，打探军政情况，随时通知我，并托他在大学生中帮我找共产党。为此，我给他400两大烟作活动费。当然，他没有帮我找到共产党。1981年，杨学渊从阿坝退休后来雅看我，我们谈到此事，都为当年的幼稚而失笑。当时去国民党统治区，在白色恐怖笼罩下，上哪里去找共产党？共产党处于地下，即秘密状态。他不暴露身份，也就找不着。

安定桑梓，加入民革

1949年2月底，我在天宝乡家里收到黄汝杰等4人联名来信，说荥经地方武装头领陈志霄为一方，田质彬、孙雨膏为一方，彼此争夺荥经县参议会议长职位，双方各调地方武装五六百人，把东城、西城截为两段，剑拔弩张，准备械斗。这一突发事件使我震惊。而黄汝杰先生曾是我老师，我一直很敬重他。我立即从天宝乡率两个中队人枪，快马进城。我一方面电告雅安陈仲光、陶亮生两位先生，请转报刘文辉主席并请示如何调停；另一方面我立即派出两组人员，都是地方上的前辈、长者，分别去双方驻地调解，劝他们要以桑梓为重，以父老兄弟姐妹的生命财产为重，要明大义，识大体，不能发生私人械斗。荥经从来没有私人械斗的先例，我们不能充当历史罪人。任何一方先开第一枪，都必须承担后果。这样，双方基本接受调解。我又亲自去说服双方调来的地方武装撤离"警戒线"，在上自城门，下至城隍庙一段，我派一支和平队进驻，维护治安。我又亲自走访双方各自调来的武装头目，希望他们不要介入"陈田事件"。这样，从各地调来的武装陆续后撤。我又派参秘人员拟函分送驻军，希望他们保持中立，万勿介入。

第二天中午，陈仲光、陶亮生、陈强立、王仲柏、王怀璧、聂以民（都是民革成员）同雅属保安司令邹善成奉刘文辉主席之命，率一个保安中队到达荥经康宁桥北岸。我亲自去劝说陈、田双方同荥经地方知名人士数十人前往欢迎保安中队。我向陈仲光等简单通报了初步调解情况，陈、陶、邹等都十分满意（陶亮生，荥经人，当时任西康省政府秘书长）。

第三天，陈仲光、陶亮生在县参议会召开全县乡、镇长、县参议会正副议长、参议员、地方知名人士和荥经党、政、军负责人参加的会议。在会上，陈、陶二位均发言开导，希望双方捐弃前嫌，团结起来,维护地方安宁、桑梓繁荣,让家乡父老有安居乐业的好环境。此次事件,幸有各方鼎力相助,双方互相忍让,没有酿成械斗,实桑梓之幸。会后,由陈、陶二位做东,宴请与会人员,席间举杯欢庆,其乐融融。

第四天,由我联合荥经地方知名人士设宴感谢陈、陶、邹诸位不辞辛劳到荥经调解,使事件各方冰释前嫌,和睦如初。符合刘主席安定地方着眼今后之意。

第五天,由陈志霄、田质彬、孙雨膏联名宴请与会众人,敌对双方握手言和、联欢,气氛十分感人。

第六天,由知名人士杨琢珊、王怀璧又宴请诸人。

县人闻陈、田(孙)事件圆满解决,均津津乐道。

也就在这时,陈仲光、陈强立介绍我加入民革(国民党革命委员会)。陈仲光是荥经人,同我家是世交,我称他“世叔”,历来我很尊重他。陈强立康定人,藏族,原在成都中央军校任上校教官,与我有金兰之交(拜把弟兄)。“雅属事件”反刘时,他是支持我们的。所以,他同我有较深的交情。陈仲光说,“民革”是国民党分化出来的革命党派,他是西康“民革”的负责人。陈强立说,民革同共产党是朋友,都是反蒋的。他二人来介绍我入民革,我当然答应参加。陈仲光还说:“新康社”的同仁大多数都转入“民革”。陈强立私下对我说:目前国共战争局势,已有极大变化,经过三大战役,国民党主力损失100多万,败局已很明显。未来是共产党的天下,我们应该靠拢共产党。刘文辉也会走这条路,因此,我们应同他联合。过去我们反刘,这个立场现在应该转变,转变为联刘。我问:副会长(指陈仲光)担任民革西康负责人,刘文辉主席是否知道?陈强立说,当然知道。陈强立没有对我讲刘文辉是川康“民革”负责人。我参加“民革”后,由陈强立同我联系。

民革的陈仲光、陶亮生指定聂以民、王怀璧继续留在荥经发展民革组织,吸收民革成员。以后在我率部起义过程中,协助我做了不少工作。我们关系相处不错。

加入民盟,初识殷公

1948年秋,四川大学学生赵锡骅从成都回到老家荥经。赵锡骅在川大学生运动中是积极分子,是骨干。1944年10月成都“民协”成立时,赵锡骅曾参加“民协”,以后又参加了中国民主同盟(民盟)。1948年9月,国民党反动当局的成都“戡乱特种刑事法定”对川大的进步同学发出传票数十张,以“危害民国”的罪名传讯出庭受审。赵锡骅也是被传讯者之一。出庭的话有风险,可能是自投罗网,有去无回;不出庭的话,则必须撤出川大,离开成都。当时组织上让本人自己决定。赵锡骅因此转移回到荥经,住城里老家。

当时,我刚受命组建雅荥汉联防总队。

赵锡骅转移回荥经,想的是在家乡找机会组织地下武装队伍,继续干革命工作。关于搞武装斗争,在1948年那时,中共地下党员,“民协、民盟、民革”等地下革命组织成员都是这个思想:在城市学生运动中搞“红”了(暴露了),站不住脚了,就转移到农村去搞武装斗争。赵锡骅认为我任总队长的雅荥汉联防总队这支地方武装的实力,是可以争取来搞武装斗争的。社会上传说我的队伍“人枪上万”，其实没有那么多，直属的、我能够约请来的共有几千人。赵锡骅知道：关键在于争取我。

赵锡骅知道黄汝杰先生是我素来很敬重的老师，便先去拜会了黄先生。黄先生是荥经比较知名的读书人（知识分子），在中、小学都曾任教，桃李满堂。军、政界和地方武装头领中，不少人都曾是他的学生。他有学问，又见多识广，足智善谋。我和赵锡骅都曾是他的学生。赵锡骅同黄汝杰几次接谈，觉得黄先生思想倾向进步，头脑清醒，参加民盟是够条件的。遂约黄先生加入民盟，黄先生毅然应允。

赵锡骅同黄汝杰谈到我朱世正。黄先生谈了自己的看法，他说：1927 年荥经的中共地下组织被赵西城出卖以致失败，还有一个原因，就是因为自己手中没有武装力量，赤手空拳，难以取胜，也难以自保；随时都有被捕、被杀的危险。前车之鉴，不可不考虑。当前，要在荥经搞革命，首先应该把朱世正拉过来，进而发展其加入民盟，有这支实力作后盾，可望在荥经打开工作局面。黄汝杰先生的话，正与赵锡骅之意不谋而合。黄汝杰表示，这事最好由我先出面去对朱世正进行说服动员。

黄汝杰先生不顾体弱多病，高度近视，三度到天宝乡与我促膝谈心，抵足而眠，情甚殷切。他的说法，在许多方面同陈强立的意见差不多，但有一点是说得更具体的。相同的是：国共逐鹿中原，已打完三大战役，共产党已取得决定性胜利，国民党的统治必然垮台。民盟是共产党的朋友，是一个可以信赖的政治团体，应该参加民盟。说得更具体的是：赵锡骅很重视我手中的地方武装这支实力，应在今后时局的变动中发挥作用。我同我的参秘人员详细分析、研究后,认为黄先生的意见可行。不过我觉得,荥经的“民盟”组织由赵锡骅领导,还要我受他指挥、调度,他一个白面书生,年龄还小我几岁,既不会行军打仗,又毫无哥老社会的经验,他怎能做我的上级领导人?我加入民革时,不存在这个问题,因为陈仲光先生是我长辈,在袍哥组织中也是我们的首领。我历来就敬重他,信服他。黄汝杰先生和我参秘人员都认为我参加的是民盟组织,而不是依附赵锡骅,服从民盟组织并非要我听赵锡骅的,他个人意见如果不对,我不理睬他,他有啥法?

1949年4月,赵锡骅正式通知我:民盟组织于4月13日决定发展我为盟员。以后我才知道,赵锡骅为此事曾于1949年2月专程由荥经去成都,向民盟四川省支部汇报情况,请示行止。经省支部负责人张志和及范朴斋、吴汉家、张松涛等反复研究后,认为此举可为刘文辉起义解除后顾之忧,故决定吸收我为民盟成员。

5月,赵锡骅通知我:四川大学教授彭迪先(民盟成员)已转移到雅安,准备来荥经看看。赵锡骅要我派人到雅安去接,护送来荥经。我立即表示欢迎。我当然愿意同民盟里地位较高、水平较高的人士会晤。我立即派人到雅安,保护他安全抵达荥经。

以后我才知道:1949年4月中旬,民盟地下四川省支部得到情报,国民党特务将于4月20日左右在四川大学逮捕进步师生,其中彭迪先教授有被捕的危险。当即由省支部吴汉家同志通知川大教授王道容同志(党、盟交叉)转告彭迪先立即转移。学生联络员李昌达同志转告学生盟员马上撤走。彭迪先收到紧急通知后潜离川大,几经波折转移到雅安;学生盟员方智炯因未联系上未得通知因而被捕,于1949年12月7日被国民党反动当局杀害在成都十二桥。

彭迪先到荥经后,化名殷文达,暂住城里赵锡骅家,我多次与他见面。我出身于书香世家,对于知识分子,尤其是有学问的学者,我是很尊敬的。彭迪先对我大讲国内形势,归统为一句话:蒋介石政权必然崩溃。结论是:个人唯一的出路是"弃暗投明",跟着民盟同志一道进行反蒋联刘拥共的工作。我对彭迪先的谈话,当然表示赞同,接受。但我内心对他那"弃暗投明"四个字颇有反感。他根本不重视我参加抗日作战6年的经历,也不知道我对于蒋介石并非信徒也非亲信,他似乎只看见我在袍哥武装中有人枪近万的实力,可以争取、利用,而看不见我身上还有反帝反封建的爱国心与人民性。我觉得他善于照着讲义教书,缺乏针对人的实际思想、实际情况做思想工作的经验,也缺乏干实际工作的社会经验。不过我既然加入了民盟,依靠"民盟"组织,又何必得罪彭教授呢?所以我对彭迪先始终是十分热情。

峡口坝聚会,地方武装应变

1949年6月,陈强立同陈仲光研究之后,亲赴荥经同我商量,以"新康社"总社长陈仲光的名义,由我发函,陈强立附署,约请荥经、天全、芦山、雅安各县部分有号召力的地方武装头领聚会于天全、荥经交界处的峡口坝,定名为峡口坝联络大会。聚会目的是争取雅属地方武装,提醒他们不要同国民党反动派相勾结。

以后我才知道，这件事是陈仲光、陈强立根据刘文辉授意而进行的。因为刘文辉一直担心雅属地方武装在他的“后院起火”。“荥经事件”“雅属事件”的武装反刘行动虽已结束，但刘文辉与地方武装之间互有顾忌，互相防范、戒备。刘文辉顾虑时局一旦有变化，他要起义，雅属地方武装与蒋介石反动派勾结，里应外合，成为西康起义的一大隐患。刘文辉已经得到情报，忠实于蒋介石的王陵基，时任四川省主席，委派薛奉先为邛崃县长，负责与雅属地方武装诸头领联系。

事实上，我当时确已得到薛奉先派人送来密函同我联系。薛奉先之父薛莲舫曾在天宝乡教学多年，薛奉先随父在天宝乡长大，我自幼即同他相熟。据说，薛奉先也派人持密函与程志武、李元亨等联络。我没有理睬薛奉先，却同意陈仲光、陈强立的意见，召开峡口坝联络大会。

当然我也对陈强立讲，我已经加入民主同盟。陈强立表示赞成，而且说，我们两人，一个在民盟一个在民革，彼此照应，分工合作，是好事情。

我同陈强立商定：会期定在六月下旬，地点选在峡口坝。此处位于天、荥、雅3县交界的三角地带，是万无一失的安全地区。该地有七八个四合大院，可以容纳1000多人食宿，柴米方便，特产丰富，猪肥鱼鲜，实是一个小小的鱼米之乡。

会前，我从雅、荥、汉联防总队派出得力人员，分工负责做好后勤、会务、警卫等方面工作。

发出通知后，各地武装头领均如期到会，有天全李元亨、陈步胜，以及隶属我雅荥汉联防总队的各大队队长、中队队长。芦山程志武因病未能亲身到会,特派全权代表范绍泽率其子程开元、程开春带数十人枪前来参加。

整个大会期间的后勤供应,采取到会人员自愿捐助的办法,多少不论。据后勤人员汇报,共收到大米6800斤,猪20头,黄豆600斤,香烟100条,白酒千斤,以及粉条、带皮、竹笋、食盐、调料等等物资。会议必要的零星开支,由我捐出大烟200斤卖作费用。

我以“新康社”副社长身份主持会议,并首先发言致开幕词。陈强立在雅属事件中与各地方武装头领都有接触,成立“新康社”时他也是副社长之一,由他做形势报告。

陈强立对大家讲:国民党9个战区,几十个兵团,800万军队,经过三大战役和中原主力决战后,损失殆尽。只剩下西南三省,而三省中的高级将领,也是风吹墙上草,摇摆不定。有的与中共是早有联系。就是蒋介石亲手培养出来的将领,也是投的投,降的降,叛的叛,已到不可收拾的地步。国民党败局已定,西康偏僻地区,雅属更是弹丸之地,想与解放大军抗拒,无异于螳臂当车。值此时局多变之际,我们如何应变,值得大家考虑,需要大家商量。我们的意见是,首先应当安定地方,保卫桑梓。不同刘文辉的军、保人员挑衅,引起战端。我们自己内部也要团结一致,不能再打私仇械斗了。陈强立还暗示大家:不要被省外野心家、阴谋家所挑拨利用,不要上当、受骗。暗指王陵基命薛奉先来人联系之事。

我在会上也明白告诉大家,雅属事件时我们反刘,曾求援于国民党,他们不理睬我们,实在令人寒心。现在国民党败局已定，川滇黔将领纷纷准备起义。刘文辉先生已向共产党靠拢，我们也应向共产党方面靠拢，才有出路。所以我们可能要联刘、同刘文辉联合，同二十四军配合。过去反刘，今天又要说联刘，都是大势所趋，大家要有个思想认识和准备。

我进而告诉他们：我们应当主动捐弃前嫌，牵起手来，不要再互相械斗，糜烂地方。要使我们的父老、兄弟、姐妹安居乐业，否则我们会成为千古罪人。

参加这次联络大会的地方武装头领，在会上会下纷纷表示：跟陈大爷（仲光）走，跟朱大哥走，听陈代表（强立）的。峡口坝聚会举行了三天，顺利地进行，胜利地结束。这次聚会，为西康起义吹响了一支前奏曲。

反动派震怒，逮捕通缉剿办

成都一家较大的民办报纸《新新新闻》，在峡口坝聚会后的不久，以“峡口坝英雄聚会，陈代表应变有方”为标题，为这次聚会发了消息，并绘声绘色地在报道中加以渲染。军统、中统等特务机构均将他们侦得的情况分别上报其主子。这样，国民党反动当局十分不安，非常注意。

首先采取行动的是中统特务。时任内政部调查统计局西康调查处处长的余仲篪，派出便衣特务潜伏在荥、雅道上的观化、紫石地段，意欲截杀陈强立。扑了空。因为陈强立见芦山程志武只派代表来参加联络大会，而称病不亲自到会，放心不下。故会后经天全转赴芦山与程志武见面后，经飞仙关回雅。余仲篪这次阴谋未能得逞。

1949年7月，陈强立由雅安去成都向刘文辉汇报峡口坝联络大会举行的情况。一天，在成都少城公园被其康定同乡之军统特务吉某某（一说是泸定特务杨某某）认出，并跟踪监视，行至羊市街口，陈强立被特务抓捕。先关押在成都实业街的密室，于8月押解飞往重庆西南长官公署二处，囚禁在重庆某秘密监狱，受尽种种酷刑，如老虎凳，电刑等，手被压断致残，但陈强立坚决不暴露其"民革"身份。在狱中，他同国民党中将参议阎志远同关一室。陈由蓉解渝时，在飞机上遇见杨懋实、陶亮生（均系民革成员），隔座相望。杨低声说：正找自公（即刘文辉）营救。陈答：万勿找刘，千万不能暴露（民革）身份。陈强立在蓉失踪后，西康民革负责人陈仲光曾派人在成都多方探询无着。直到9月底，成都军校余体仁（民革成员）给雅安民革的刘锡昌来密函："新康公司副总经理已由蓉飞渝"，始知陈已被押去重庆。1949年11月30日，重庆解放前夕，国民党看管监狱的特务和军警，各自逃走，牢门未锁，陈强立与阎志远遂走出监狱，各奔东西。陈强立返回雅安，继续在"民革"组织里从事革命工作。

陈强立原本代表"民革"组织同我联系，他在成都被捕后，民革与我的联系中断。同时，民盟组织对我抓得很紧，我的主要精力都用于民盟方面。

1948年8月，国民党川康绥靖公署高参韩百诚将一封国民党国防部给川康绥署的"未齐"（8月8日）电抄交陈仲光转我朱世正。电文内容称："查前西康匪首朱世正勾结异党，阴谋在川康边境暴乱，荥经天宝乡是暴乱的策源地，有异党分子沙氏兄妹、殷氏兄妹参与主谋，仰该署迅予查究剿办。此令。"1949年10

月4日,二十四军代军长刘元瑄又转抄一封国民党国防部给川康绥靖公署的第二封“酉江”(10月3日)电,交民盟西康省筹委主委彭迪先转我,内容为:“查前文该署勒办荥经匪首朱世正勾结异党阴谋暴乱一案,未见具报。已分令驻蓉暂编第二师待命,仰该署配合行动。此令。”

国民党国防部给川康绥署的两封剿办我朱世正的电令,关心我的人均替我捏一把汗。但我认为我选择民革、民盟从而靠拢共产党的道路是走对了,峡口坝聚会震动了国民党的国防部和特务机关,遭到通缉剿办是光荣的事。还有云南民主联军司令朱家璧(以后在云南起义)也遭国防部“通缉巢办”。

关心我的安全与前途的老友,如川康绥署高参韩百诚,西昌屯垦委员会副主任袁品文,均先后与我来信嘱我注意防范。韩百诚来信以暗语告我:“吾弟沉疾,(一)亟宜良医会诊;(二)床前室内,尤应护理精心;(三)稍事疏忽、病情定与日俱增;(四)沉疴有案,家庭会遭致不幸……”“家庭”一词,指住在我处的中共地下党及民主党派诸同志之安危。

西康省政府代主席张为炯也从康定来信,嘱我注意安全,不可去成都,防范敌特暗杀。

刘文辉当然不同意驻蓉暂二师入康剿办,那会对日后起义十分不利。他设法搪塞阻止了此事。

关于国防部两电及各方来信,经我总队部参谋、秘书多次研究后一致认为,“一不做,二不休”,干脆干到底,坚决走刘文辉先生起义之路,别无选择。决定由参秘人员为我起草致二十四军代军长刘元瑄先生一代电,表我决心。代电内容如下:

俊松勋鉴：国共中原主力决战，胜负已定。解放大军横扫江南，势如破竹，蒋家王朝岌岌可危。中国人民解放军一、二野战军，势必东进夔万、南取滇黔、北击剑关，入川蒋军定成瓮中鱼鳖。当此大好时机，贵军若能率川康军民，挥戈起义，截断川康要道，阻击胡宗南、王陵基残部南逃滇缅，配合解放军出奇兵穿插在川西平原，打乱蒋介石'扼守大西南'和'川西决战'的迷梦，地方免遭战祸，人民免受兵燹之灾，实川人之幸，亦康人之幸也。弟自奉自公之命，负责羌江河起至大相岭一线防务，定当克尽厥职，恪遵不渝，谨表微忱，愿将军察之。

朱世正　叩

成立"民盟"省筹委

1949年5月，彭迪先教授在荥经城内赵锡骅家住了几天，回到雅安，经地下党同志介绍，二十四军代军长刘元瑄邀请彭迪先住在他苍坪山家中，很受尊重和优待。不久，又由地下党员胡立民、洪钟陪同走访了刘文辉。当时胡、洪二人是成都地下党派去与刘文辉保持联系的，名义上是刘文辉的私人秘书。自此，彭迪先在雅安做上层策反工作，继续在刘家讲政治经济学。

7月2日，彭迪先再次从雅安到荥经，直接到天宝乡我家中。同他一道来的有杨汇川、蒋国基、尹大贻、沙勤生、沙水琪、段维庸、吴顺纲等。为了彭先生以及这批大学生的安全，由我派人去雅安护送前来。这批大学生是民盟在成都约来的。以后还继续约来荥经的有刘光书、王雪瑶以及陈为珍、黄仲实，还有范炬明、吴国治等多人。

过了几天，张松涛也来到天宝乡。他同我第一次会面，给我留下了很好的印象：40岁左右，穿一身白府绸的中式汗衣和长裤、手提一个小旅行袋，浅发、布鞋，步行来到我家，一身风尘，但精神奕奕。我觉得他是个吃得苦、不怕辛劳、沉着老练的实干家。他告诉我们，他是受民盟中央委员，西南总支委员兼四川省支部主委张志和派遣，来这里看看并传达几个问题：

一是传达民盟在香港举行的三中全会精神。大意是，要推翻蒋政权，别无他路可走。过去民盟是以和平、公开、合法的方式去争取民主，但已经失败了。今后应采取群众性的、革命性的组织路线，要鼓励盟员到农村去发动农民群众自卫斗争。应积极地支持以人民的武装去反抗反人民的反动武装。要与中共密切合作，承认民革及其他民主党派是友军。

二是通报了加强川康上层军政人员工作的情况。1948年，张松涛曾两次去香港，会见民盟中常委沈钧儒、中共华南局负责人连贯同志和民革中央主席李济深，带回了民盟三中全会的文件，以及在香港的中共、民盟、民革中央负责同志建议刘文辉起义的意见，以及李济深给杨杰、刘文辉的密函。还有连贯同志希望在解放军东行至宜昌、北到汉中时，川康响应起义的意见，刘文辉表示完全接受。刘文辉最大的顾虑是本身兵力不足且分驻雅、宁、康三属。而西康省民间武装势力不小，情况复杂，各种政治势力都在争取利用，如果时局一有变化，他们与蒋介石反动势力里应外合，实为西康起义一大隐患。

三是民盟四川省支部研究决定:把民盟的工作重心由成都近郊转移到西康雅安,决心把过去反刘拥蒋的力量争取过来,纳入联刘反蒋拥共的行列中来。切实做好西康内部协调团结,保持安定,通过组织培训提高其认识,以彻底解除刘文辉的后顾之忧。现在朱世正同志也加入民盟组织,还望世正同志以自身的转化去影响、转变整个雅属民间武力的政治倾向,过去反刘拥蒋,要转变为联刘反蒋拥共。

四是民盟中央委员兼西南总支部委员张志和同志以西南总支部主委潘大逵名义通知成立民盟西康省支部筹备委员会,以彭迪先为主任委员,张松涛为秘书,赵锡骅负责组织。

这样,我对张松涛产生了更深的印象,说的话能切合实际,而且冷静、沉着,不愧是曾去延安抗大学习、能文能武,常与民盟、民革乃至中共的高层人士打交道的实干人物,有水平、有能力。

彭迪先、张松涛同我商量决定:我立即派专人去天全、芦山、雅安、汉源等县联络地方武装头领,帮助他们转变反刘思想为联刘。同时又加强我联防总队大、中、分队长的思想工作。另一方面,由我派出人员着手准备8月下旬在天宝乡朱宗祠召开民盟西康省支部筹委会的成立大会。

彭迪先、张松涛在我家住了几天后离去。

1948年8月,彭迪先、张松涛、赵锡骅、杨汇川、黄汝杰、罗西玲等均先后来到天宝乡我家。8月23日,“中国民主同盟西康省支部筹委会”在天宝乡朱宗祠正式成立。推选彭迪先为主任委员,张松涛、赵锡骅、黄汝杰、朱世正、李伯平、罗西玲为委员(李伯平因事请假未到会)。大家很兴奋地畅谈了蒋军溃败情况和革命的大好形势,讨论了西康“民盟”的工作任务,还讨论了省筹委的分工问题。彭迪先和张松涛的职务是上级指定的,此外,确定赵锡骅为组织部部长,黄汝杰为宣传部部长,我朱世正为动员委员会主任,李伯平为财务委员会主任,杨汇川任组织部秘书。省筹委会对各县基层盟务统一领导,加快工作进展,并在原有基础上发展组织。因为张松涛不长住荥经(还负担有川盟的工作),秘书工作由杨汇川代管。

加紧联络各县地方武装

关于派出专人到各县联络联刘拥共反蒋之事,我的参秘人员认为,把反刘变联刘,工作难度很大,必须先派出有声望、有学识、足智多谋、能言善辩之士奔赴各县乡镇,与当地的地方武装头领疏通信息,通报国际国内形势及国共战争胜负已定的局面等,先打通思想。我认为这办法可行,乃分别派人出去:

第一组:朱济安、秦豹南、秦禄升率警卫朱世炳、朱世敏、传令兵徐启贵出天荥古峡去天全之新场乡,受到高联和、陈步胜、杨仕雄、高汝伦、韩朝柱等热情接待。我方人员向他们分析了形势,讲联刘、反蒋的必要性,他们一致认为陈仲光以及我的说法和行动很正确,愿同走一条路。继而转赴始阳镇,拜会了高礼贞、高仁先、段崇实、段启武、杜子和、高永联、高荣科等,说明联刘的重大意义后,收到预期效果,再转赴芦山。

路过飞仙关时,又受到廖承忠的接待,话也很投机。程志武得信后,早派其全权代表范绍泽在沫东乡欢迎,一道去程家坝与程志武及他属下“四大金刚”敬芳帆、周文郁、苏显文、黄开庄交换意见。他们均表示“听陈大爷(仲光)、朱大哥(世正)的”。

朱济安等不畏艰险,又深入龙门乡。当地地方武装头目牟国才与张德睿是生死冤家,经常发生械斗。朱济安等先用大矛盾统一小矛盾的道理,结合以前反刘而今要联刘的利害得失,逐一分析讲明。牟、张二人均表示“过去的事一笔勾销,从头来迎接新的时代到来”。

他们然后辗转到太平乡廖尚君处、灵关杨朝铭、杨朝义、和海珊家,说明陈仲光、张志和“联刘、拥共、反蒋”的重大意义。

第一组往返月余,行程五百余里,取得比较满意的效果。

第二组:朱世中、朱瑞臣、朱香山带警卫朱子涵、石章武去天全长期进行械斗的新场乡、兴业乡、前阳乡,以“联刘拥共反蒋”的大方向调解了当地地方武装头目数年的积怨,又支持李朝陛、李培之为东道主,在高桥召开了一次化宿怨、讲团结的和平会议,使械斗双方握手言和,取得丰硕成果。

第三组:朱世隆、朱鹤轩、秦蜀帆、邓继云、牟树堃率警卫多人去雅安南区的罗子洲,洪雅的张炳南、李玉光处传达刘文辉先生即将走向革命阵营的信息,以及陈仲光、张志和两先生的统战意愿,再以陈仲光的袍哥义气去说服他们。在国内形势急转直下的大好形势下,他们无不赞同。

到1949年9月,雅、天、芦三县的地方武装头领的思想基本转变,而大相岭那边的汉源还是个弱点。因而又派朱济安、秦豹南去汉源县,同控制大相岭及清溪的蔡连云、陈公卿、九襄的王芝芳、富林的羊炯明等通报了刘文辉、张志和、陈仲光的战略意图,辗转河道7场,行程七百余里,达到了预期目的。虽然花费不少钱财,也是值得的。

在策反天全、芦山地方武装头目的工作中,张松涛同志是出了大力的。他不顾个人安危,深入烽烟迷漫、私仇械斗不断的天全新场乡和始阳镇,约集当地地方武装头目,传达"民盟"省筹委成立大会的内容,并要求大家化干戈为玉帛,安定家乡,保卫父老兄弟之生命财产。他们对"联刘、拥共、反蒋"的政治方针热情拥护。

张松涛在始阳与当地知名人士段崇实、段启武、高礼贞等密谈后,他们均表示赞成"联刘"的谋略,故由张松涛在天全建立民盟分部筹委会,以段崇实为主任委员,高明星为联络委员。盟员刘光书、王雪瑶留在始阳师范教书掩护,蒋国基留在天全搞组织联络工作(以后刘光书由张志和、张松涛调去川南搞策反,遂离开始阳)。

张松涛考虑到程志武圆滑、狡诈,未必可信,他与我研究后,带上我的亲笔信,请民革成员杨跃武(杨是陈仲光先生的侄女婿,程志武深知此种社会背景)陪同去芦山进一步摸底。途径飞仙关受到廖承忠殷勤接待。当晚住宿芦山县城,请人将我给程的信带去程家坝。第二天程志武本人并同其全权代表范绍泽在罗家坝迎接。程认为陈仲光、朱世正介绍来的民盟负责人,非等闲之辈,更与一般袍哥不同,以上宾之礼相待。张向程说明来意后,程表示:陈仲光是我最信得过,最崇敬的人,我是绝对听陈大爷的。朱大哥参加民盟,很好,我愿与朱大哥一道走向人民革命阵营。我们是风雨同舟,一条船上的人,生死与共。张松涛继续向程说，过去军民间发生过一些不愉快的事，甚至兵戎相见，但已过去。刘自公、朱世正都有远见，大家毅然捐弃前嫌，消除隔阂。当今之计，就该军民团结一致，才有更大力量。程志武点头应允。张松涛进一步用袍哥话说：大丈夫一言既出，驷马难追，说话算话啊，请你派人与陈仲光、朱世正联系。我一定再派一负责人来与你联络，也可由杨跃武老弟来回跑跑。程志武完全认可。张松涛回到雅安向张志和汇报芦山之行的情况，认为程志武易动摇、不可靠。张志和也认为程志武不能与朱世正相比。程无政治头脑和远见，目光短浅，不纳忠言，为人相当狡诈，是明一套，暗一套的人物。果然，虽经中共地下党和"民革"地下组织派人继续争取，1949 年 12 月 13 日，程虽在芦山率部起义，但 9 天后突然反水，还扣留了中共地下党的朱平、俞稺夫及"民革"的陈强立、冯明清、熊焕祥等 12 人。刘元瑄调部队驰往援救，同时各方面出专人、专函疏通，我也写了信送去，他才放了朱平、俞稺夫、陈强立等同志，带起队伍撤回程家坝。

调解北区的矛盾

1949 年 8 月，荥经北区又发生王华勋、蔡国嘉与彭定魁、郑焕斌之间的纠纷，双方已是剑拔弩张，械斗之势一触即发。本来王华勋与彭定魁是儿女亲家，由于数年积怨，理不清的疙瘩，又几乎酿成械斗。自民盟组织发展到北区后，就本着"安定地方，着眼今后"（这个方针是刘文辉提出的，通过民革在峡口坝联络大会上贯彻下去）的精神，先化解地方武装头目之间的矛盾。我得知北区又将发生械斗，立即请民盟省筹委宣传部部长黄汝杰同盟员李毓昆等人先去荥河乡彭定魁家，再去泗坪乡王华勋家，分别对他们讲明国际、国内形势，和刘文辉、陈仲光的谋略以及我朱世正的态度和走向；劝他们本是儿女亲家，不能因为一些小事和误会而结成冤家。使儿子、女儿在中间左右为难等动之以情的劝解，双方都表态：愿听陈大爷和朱大哥的。

事情发展到这步，要使双方握手言和竟成了问题，究竟谁来将就谁？黄汝杰以三寸不烂之舌说服了王华勋去荥河场彭定魁家当面调解。双方见面那天，彼此仍不放心，荥河南岸是王华勋、蔡国嘉带二三百人枪，刀出鞘、枪上膛，处于戒备状态；荥河北岸是彭定魁、郑焕斌，人枪也是二三百，随时准备战斗。当黄汝杰、李毓昆陪同王华勋一道走过铁索桥时，双方戒备森严，如临大敌。此时黄汝杰出面担保王华勋的安全，并告诉他不是去赴“鸿门宴”。我在荥经城里，怕双方谈不好，发生械斗，后果严重，立即加派朱世隆带八九十人枪以急行军速度直奔荥河乡，先把双方队伍隔开，再会同黄汝杰、李毓昆过铁索桥到彭定魁家当面调停。整整谈了一天一夜，王、彭两亲家话明气散，握手言欢，和好如初。双方均表示愿意团结在民盟周围，一致“联刘、拥共、反蒋”。

加紧培训改造队伍

1949 年 8 月下旬，张志和从成都与杨家桢一道来雅。因为蒋介石马上要来成都，蒋认为张志和是共产党员，必须杀掉。早已命王陵基逮捕枪毙张志和。因此，张志和必须避开。同时，他为了协助二十四军整顿士气，分化反刘地方势力，在联刘、拥共、反蒋的口号下，做好阻击蒋军溃窜西康和安定地方的准备工作，所以转移到雅安与刘文辉面商一切，并推动“民盟”工作。

张志和于9月上旬去荥经视察盟务，为了进一步彻底解决我与刘文辉的隔阂，团结一致，共同反蒋起义，由赵锡骅陪同，专程到天宝乡我家来访问。我非常尊重这位前辈：搞军事，搞民盟，他都是我的前辈。接谈之下，他果然是学问渊博、见多识广、经验丰富，却又通情达理，具有真才实学的高层领导人，令我十分佩服。他在我家住了三天，把我最小的儿子收为义子，送了一个金币给孩子作礼物。我发出紧急通知，将我雅荥汉联防总队的大、中队长及天全、芦山部分靠拢我们的地方武装头目100多人集中在朱宗祠学习。由张志和同志主讲“论人民战争”“人民军队”“阻击战”“森林战”“袭击战”，他通俗的讲述使与会者易懂易解，深受启发和鼓舞。下午，他又就反刘到联刘的现实意义做了进一步的阐述。大意是：过去反刘，今天要联刘，是由于国内形势起了重大变化。刘文辉的思想、立场、观点和行动都趋向、靠拢共产党和我们的目标、方向一致，所以我们要联合刘文辉去反对祸国殃民的蒋介石，这是必由之路，是当务之急。蒋介石在四川是大军云集，准备川西会战；他在川西兵败，必退西康，我们要在邛崃山脉一线，展开一场阻击战。单靠刘文辉的二十四军和保安部队难以胜任，只靠民间武装也不能承担此任，只有军民合作、团结奋战才能有必胜之把握。这就是联刘的重大现实意义。

张志和等民盟领导同志对我联防总队所采取的方针是：争取上层，教育中下层，团结起来共同战斗。要解决的问题是骨干、干部问题。张志和来西康后,对这方面的工作极为重视。

接着,彭迪先和张松涛又对我的参谋、秘书和中队长以上的头目数十人,讲了联刘、拥共、反蒋的道理,还讲述了《新民主主义论》《中国人民政治协商会议共同纲领》等重要文件的精神。

根据张志和的决定,以雅荥汉联防总队为基础成立"川康人民革命军"暂编第一师于荥经。但是在成立之前,必须对这支地方武装部队先进行培训。因此,先在各连队派一名指导员,由中共地下党员、"民盟"盟员担任,负责训练。用张志和编写的《人民军队》为教材,由张松涛主讲《中国人民政治协商会议共同纲领》《三大纪律八项注意》。这些属于政治训练内容。

我到各连队主讲"遭遇战""袭击战""夜间战""森林战"。我告诉各级指挥员要善于捕捉战机,灵活运用;要善于消灭敌人力量而保存自己。我讲到要善于利用地形:在邛崃山脉中,对我们来说,许多都是有利地势;邛雅道上多属丘陵地带,荥汉道上地形复杂,地势险要,多处是"一夫当关,万夫莫开"。这些都是我们的有利条件,就要看我们指挥员如何发挥聪明才智,善于利用地形地势,当然还要靠战斗员勇猛冲杀。

经过三个月整训,使各连队指战员深刻领悟到我们这支队伍的性质是人民的军队,是为人民的解放而战斗的,共产党人毛主席是人民的大救星。来到荥经的地下党、地下民盟、地下民革的同志都是我们的老师,要保护他们。

因为国民党胡宗南部、王陵基部的溃军从成都败退出来就沿途遭到阻击和袭击,尚未进入羌江防线就被解放军歼灭。我们这支武装没有同胡、王溃军接触。但在维护地方安定,保护雅属革命人士方面，我们这支组织起来的"农二哥"队伍是发挥了作用的。雅属的地下革命组织包括中共、民盟、民革没遭破坏，革命进步人士的安全受到保护。

1949年初秋，我与张志和、陈仲光一道会见刘文辉后，11月，又办了一次"荥河纵队培训班"；选择可靠性强，人数多、武力集中的其中四个大队，在荥河场集训。赵锡骅任班主任，派出地下党员和盟员到各支队担任政治指导员。主要学习内容是讲形势，懂得为谁打仗，分清红军与白军的区别。讲解放军英勇善战的原因；讲"三大纪律八项注意"，特别在"一切行动听指挥""不拿群众一针一线"上反复强调。在培训期间，曾经在荥河部队调了20余人，由盟员范炬明带领参加了黄泥堡活捉中统特务头子余仲篪的战斗。

话明气散，共商阻敌部署

1949年9月下旬，刘文辉为西康起义在各方面所作准备已基本就绪。他同陈仲光、张志和研究，觉得还应该约我面谈一次，进一步巩固对雅属地方武装的策动工作。他们商量决定：由陈仲光专程到天宝乡约我去雅安同刘文辉会晤；张志和也从雅安来信，担保我的人身安全，催我速到雅安同刘文辉会面。

我到雅安后，由张志和、陈仲光同我一道去刘文辉官邸见面。互相寒暄后，张志和首先说：自公与表方先生（民盟中央主席张澜字表方）常有信函来往，自公与潘文华先生早在1944年冬就秘密参加了表方先生领导的中国民主政团同盟也就是今天的中国民主同盟。现在国内局势发展如此之快，在西康地盘上，在雅属地区如何阻止国民党溃军入境南逃？大敌当前，如何团结应变？是摆在我们面前的大事。今天自公约集大家来开个小会，看今后在雅属如何团结地方武装共同对敌？还是先请自公主席做分析指示吧。

刘文辉先生说："你们都知道西康地广人稀，粮微兵少，部队装备又差，而且分布在雅、宁、康三属广大地盘上。地区辽阔，交通又不便，若要集中兵力使用，少则半月，多则可达一月。这确实是我们的致命伤。胡宗南、王陵基有数十万兵力集中于四川，他们被解放军追击，必然分兵窜康境。我的二十四军和保安部队是无法抵御他们那美式装备部队的。我们不能同他们硬拼，更不能与他们打阵地战。我们只能利用我们几百公里的崎岖道路和高山、丘陵与他们打游击战。这点志和比我内行，我就不多说了。"

刘文辉先生接着又说："为堵击国民党溃军，我设想三道防线：

一是临邛防线。我已命令陈明扬团、毛国懋团配合地方武装在成雅道上多段阻击。这段多属丘陵地带，利用游击战、夜间战去破坏敌方后勤供应。炸毁桥梁、渡船，迫使敌方机械化部队寸步难移。

二是洪雅防线。我已命令朱食夫团、黄明仁团开赴洪雅、丹棱，配合地方武装展开一场你来我去，你走我来的偷袭战、游击战，使敌方疲于奔命。

三是蒙山防线。从芦山、名山到总岗山一带，是山地和丘陵的混合地形，是实行游击战的有利条件。我已命令第二区保安司令部邹善成率部防守。在邛雅道上打袭击战、夜间森林战、阻击战,破坏公路桥梁,使敌方顾头顾不了尾。

四是羌江防线。就由朱世正部队担任。由志和、仲光、世正你们三人先研究,写出防务计划来。在雅属道上拖垮蒋军。必要时放弃雅安。军政机关撤往雅安南区。在雅安南区,荥经、芦山架设电台,把敌人引入纵深而歼灭之。你们需要什么?提出来,我尽力办理。”

最后刘先生又说,荥经城乡里的中共地下党人,一定要他们不要公开露面;过早暴露,我难于应付。因为大西南还在蒋介石控制之中,胡宗南移防四川,号称50万大军;罗广文兵团长期驻防四川,也有数万;王陵基新组建10个保安团,加上原有团队,也有七八万人。我们的装备、兵力与他们悬殊很大;西康总人口380万,汉、藏、彝三族,民族隔阂又深,不易联合。中央军打不赢解放军,我们要等到解放军东到宜昌,北到汉中,川康才能统一行动。张表方、龙子舟、李济深、杨杰,与我常有联系,你们下去多多研究,局势发展太快,变化也大,我要到成都,还有许多事要去办……

张志和说:“自公构想很全面,很正确。现在,雅属地方武装,都在我们掌控之中,如果雅安不能守,我们来个兵退民撤,剩下一座空城。仲光、世正是本地人,又深得自公信赖,我们定能不负自公之重托,也会运用自如的。你就放心去成都吧。”

陈仲光补充说,由于敌我装备悬殊,我们应该利用有利地形,采取放进来,关着门打狗的办法,动员沿线父老乡亲撤到15公里外之山区,实行“坚壁清野”。兵法云:兵无粮而自散。无粮还打什么仗？在雅、荥、汉的路上，山高路险，大关小关，万夫莫入。当年石达开过不了大渡河，辛亥革命时傅华封冲不上大相岭，何况人们手中还有机步枪、手枪、手榴弹！就是滚木流石，敌方也冲不过蛮坡子、长老寨。目前，主要要抓的是进一步化解地方武装间的矛盾，加强团结，才能配合二十四军和保安部队堵截川康要道，不让胡宗南、王陵基溃军越雷池一步。

我当场表态说："自公和两位老前辈的谋略对我教益匪浅，增加了我一生中难以学到的战术知识。我定以雅荥汉联防总队的18个大队和21个直属中队为基础，改编为'川康人民革命军第一师'，在主席统一指挥之下，用以混淆敌方视听。我一定投入全部兵力阻止溃军窜康南逃。何况更有我最崇敬、最信赖的张、陈两位老前辈的策划和指导，我定照主席指示完成这项任务。我的初步计划是：一、整训部队，加强政治教育，增强战斗力；二、亲率大、中队长视察地形，构筑野战工事；三、必要时炸桥梁、烧栈道；四，派出精干人员战前策反、阵前喊话，沿途张贴政治性、政策性强的标语，溃军都从外省、外地而来，打乱其军心。总之，决不辜负主席之信赖，服从命令，恪遵不渝。"

刘文辉主席最后说，今天暂时谈到这里，具体工作就靠你们去办了。

在刘主席官邸会谈了两个多小时。

第二天，陈仲光先生又约张志和先生和我到他苍坪山"半随尘居"小客厅里作深一层的研究。张志和先生说："自公昨天请仲光、世正到他官邸座谈，他的意图很清楚。过去军民交恶，兵戎相见。今天是军民团结，风雨同舟，并肩战斗，这是川康人民的一件大喜事。我相信‘川康人民革命军’在世正统一指挥下，一定能完成阻击任务，不让蒋军窜犯康境。须知蒋军挣扎时间愈长，人民痛苦愈深。但我们应做半年到一年的打算去拖住溃军，打乱蒋介石的‘川西会战’迷梦。如蒋军狗急跳墙，分兵窜康时，由二十四军和保安队，再以川康人民革命军去配合，截断川康要道，予敌以迎头痛击。”

张先生又说：“自乾（刘文辉号自乾）说若雅安不能守可以放弃，但必须派几部电台到农村去与西昌、康定、成都密切联系。我已向自公请示，他已同意了补充‘川康人民革命军’的步枪和弹药，加强装备。所需粮食请仲光在省田粮处支拨。我们要在四乡囤粮以备急需。我看是可以操胜算的。”

陈仲光先生接着说，主席的智慧超群，应变措施得当，但必须等待时机成熟，才能出奇制胜。若时机不行，贸然行动，后果是不堪设想的。我们下去，首先而且必须把反刘情绪转变为联刘行动，后方才能安定，老百姓会因此而高兴的。主席在宁属已委任羊仁安为“汉越冕边区联防司令”，雅属成立了“天、芦、宝联防司令部”和“雅、天联防司令部”，雅安到汉源没有变动或新组建，很显然，就靠你世正了。他去成都主要是去与邓锡侯、潘文华会商川康大范围行动的大事。

我对两位老前辈所言唯唯是听。我只是说，在两位老前辈面前，我没有多的话，决定以实际行动来回答刘主席和两位前辈。我毕竟年轻（当时我才 30 岁），诚恳地希望两位前辈，无论在哪方面都多多指教。

后来听说刘文辉到蓉不久，蒋介石即飞抵成都，召集张群、胡宗南、王陵基及刘文辉等高级将领会议，研究西南三省防务及川西决战问题。刘文辉在会上表态说："我是大军阀、大地主、整个大邑刘氏家族都将为共产党所不容。为自身利益，为党国安危，我誓与共产党血战到底。哪怕打到只剩一兵一卒，都将继续战斗下去。"刘文辉这样说的目的是使蒋介石不防备他，他为川康的和平解放是尽心尽力的。

在陈仲光家小聚以后，张志和又进一步向我说："在岷江南岸的邛崃、大邑、蒲江、眉山、彭山、丹棱、青神是我们的老窝子，已开展联络工作。主要派肖绍成负责大邑县的地方武装，那里乡乡是战场。我与杨家桢已安排好邛崃的地方武装，配合陈明扬、毛国懋两团展开一场持久战。关于羌江防线，山重水复，主席已委托'川康人民革命军'统一设防、统一指挥，用灵活多变的游击战术，迫使敌军食不饱腹，夜不安寝，兵多粮少，互相争食，丧失斗志，抛盈郊之戈甲，弃满地之刀枪，使敌军的美式装备无法施展，在黄泥巴脚杆面前投降。

又说："游击战，不能死守，不在一城一地之得失。放进来打是一个办法。阻敌于康之外是主席的初衷，因为雅属崇山峻岭多，崎岖险道长，进行阻击战是有利的。因为我们知地利，得人和，如果敌军来势凶猛，首先破坏公路、桥梁，他白天修，我们夜间炸，迫使敌军进退两难。"

分工给我们的任务和作战方法都明确了。我的具体任务就是羌江防线，在雅安、荥经、汉源一线设防。

我的具体设防布置是：第一、第二、第四、第十、第十一共5个大队分别部署在荥经的复兴乡，雅安的观化、紫石、对岩担任大路沿线和后山的防务。

第三、第五、第六和西区 4 个大队分别部署在荥经的六合、花滩、荥河、泗坪一线、主要担任从荥经的古城到大相岭的防务。

第十二、第十三、第十五、第十六共 4 个大队，分别担任从芦山飞仙关起到两河口、乐英乡、新场乡、新业乡一线防务。

其他大队和直属中队，作预备队，机动使用，调援战事紧急地区，或调去断绝敌军后勤。或调去分段袭击和阻击，展开夜间战、森林战和飞石战（在险道岩石上打好炮眼装上炸药，待敌军路过时，拉响导火线，飞石从天而降）。

对于扰乱敌人军心方面，我做了如下准备：

物色精干人员，化装到敌军驻地搞战前策反，派出政工人员在阵地上喊话，沿途大贴标语。

策反、喊话和标语的内容有：

“家有老母妻儿，何必葬身他乡。”

“石达开前车之覆，后辄当可殷鉴。”

“前去乃不毛之地，蛮夷之区。”

“山秃穹而陡，水恶声似吼，去不得。”

内容由参谋、秘书拟出，文书抄写，准备到时在沿途张贴。

与反动派坚决做斗争

1948 年秋，军统特务分子朱子江从金汤设治局局长卸任归来，住居雅安武安街，但常往来于荥经、天全、成都、重庆之间。他虽是我的亲侄儿，但政治立场和思想观点各不相同。在“雅属事件”中他是我的得力帮手，他与我朱世正、程志武、李元亨、陈步胜等地方武装头领共同反刘。当时,我还是反刘、拥蒋的国民党员,我知道他是军统,但并不介意,只要他是反刘的,就可以一道共事。他去成都、南京等地游说、活动,向国民党中央反映情况。当然是我同意和派遣他去的。要说是“荥经事件”“雅属事件”是他朱子江策动指挥的,他还没有那么大的能耐。

1948年4月9日,王陵基因反共积极,被蒋介石派回四川任省主席。王陵基因为邛崃县地处西康前沿,是走向西康的咽喉,特别物色了薛奉先去任邛崃县长。由于薛奉先素对刘文辉不满,又同我天宝乡朱、石、秦三姓许多人有渊源。具体地说,薛奉先原为川军二十三军刘禹九旧部,刘禹九的队伍被刘文辉二十四军吞并后,他在荥经花滩下野;薛奉先的营长之职也随之垮台后,去成都当了寓公,生活日益困难。薛奉先之父薛莲舫,曾在荥经教学多年,桃李满门,天宝乡朱、石、秦三姓后生都是他的门下,我也是其中之一。薛奉先幼时随父母住天宝乡多时,与我等有世兄世弟之情谊。所以薛奉先企图利用“雅属事件”中的地方武装头领再次掀起反刘运动。

薛奉先由王陵基任命为“西康挺进军”司令,薛任命军统特务朱子江为政工处长。他先后派程、王、郑几个参谋到芦山、天全游说,派朱子江持他亲笔信到荥经找我。在黄汝杰家中,朱子江将这封“情深义长”的信亲自交给了我。这封信的内容大意是家父任教严道铜山,桃李满门。朱、石、秦三姓与薛家世谊深厚。看到刘氏家族盘踞西康,制造“甘孜事件”“普雄事件”“雅属事件”,使用焚烧战术,屠杀无辜,其罪行罄竹难书。当前是西康人民彻底觉悟,摧毁刘氏家族血腥统治的时机了。若世弟从今日起悬崖勒马，也为时不晚。若能与愚兄配合，我西康挺进军胜利之日，亦即西康人民之福也。西望铜山，不胜依依。

我的参秘人员看后，异口同声说："薛奉先的忠君思想太严重，其实刘禹九、刘文辉都是一丘之貉的军阀。薛奉先到今天还看不清局势的变化，太愚蠢了。"

朱子江太不识相，还在一旁说："大西南是抗日战争复兴中华民族的根据地，国军重换军备，国际风云一变，蒋总统力挽狂澜，谁知鹿死谁手？"

我反驳朱子江："你认识上就错了。抗日战争是国家民族生死存亡的战争，与国共的相争有着本质的不同，绝不可同日而语。你言必六韬，却不知天时、地利、人和，不足以语权谋。"朱济安、黄覆宇在场，见双方争执不下，才打圆场说："算了，算了！其实这国共双方的大事，非我等区区小民所议。所谓书生爱国，纸上谈兵，都是些不切实际的空话。"

不久，薛奉先又专派一刘某，携密函到荥经交郑子君转给我。我看后对郑说："请转告来人，奉先太不识时务。他若硬要为蒋家王朝殉葬，西康挺进军敢窜犯康境，我必率部痛击追剿。请转告奉先，我这个立场决不因私人关系而转变，还要敬告他早日回头。"

军统西南区区长徐远举要在川康建立特务基地，他看中了雅属地区，也看中了朱子江，特发给朱子江枪支（包括机枪、步枪、手枪）40多支，子弹千余发。要朱子江与军统雅安组长陈纪唐、成都的军统头子马维骧、何兆麟配合在川康建立特务武装。朱子江曾窜至大渡河畔勾结李明扬、田坝岭光电（均为彝族）等，在刘文辉后院放火。朱子江曾多次来煽动我与他们合作，都遭到我严词责骂。我劝其早日回头，他不听，甚至窜到荥经与洪雅交界的瓦屋山设立“王云洞安全区”而自取灭亡。

1949 年 8 月，朱子江约我去荥经城内姜大奎家聚谈。我仅带警卫二人前往。一进姜家大院，我觉得情况不对，一下就靠拢朱子江身边，两个警卫靠拢背后。我厉声问：“娃子！你两面三刀要干什么？弄清楚，今天荥经的武装还掌握在我手中，你这几个人可以说不是我的下饭菜。”我令他带领的李继文把人带走，说“我要与朱子江研究问题”。李只好把人带走了。

我向朱子江说，我们叔侄生于斯长于斯，亲亲的叔侄关系，在“荥经事件”到“雅属事件”中，我们同生死、共命运、风雨同舟，并肩战斗。今天你不听我的话而干出这种要挟我的事来，太愚蠢、太自不量力了。这是为亲者痛、仇者快的大蠢事。你自吹熟读诗书，你记得杜牧在《阿房宫赋》里说的吗？他说：“‘灭六国者，六国也，非秦也；族秦者，秦也，非天下也’，今天国民党已是腐败透顶，大官大贪，小官小贪，无官不贪，老百姓处于水深火热之中，怨声载道，已到崩溃、瓦解边缘。你何必还要为他们效忠？及早回来才有出路。你想我们在‘雅属事件’中曾哀求过国民党，你还写出《揭开西康神秘之谜》刊载南京各报，又如何呢？还不是成为泡影吗？你从报上已知国共双方中原决战，蒋家王朝败局已定，你还要为蒋家王朝殉葬，太不值得。不谈你，就是蒋介石嫡系的将军们也是投的投、降的降、叛的叛，你能撑此危局吗？我们不依靠共产党民主党派还能靠哪个？”

朱子江说：“幺爸，情况很清楚：你是受了你那里的共产党、民盟、民革分子的赤化了。国民党是分崩离析，各军之间是各保实力，遭共军各个击破，各战场才失利的。蒋总统曾在江西庐山牯岭的高级军事将领会议上很痛心地说：‘你们口口声声说要精诚团结，效忠党国，而在战场上各顾各，你打我不打，我打你观望，致遭共军各个击破。你们再不听我的话，将来会死无葬身之地。’他的话是很沉痛的。”

朱子江接着说：“国军虽然全线失利，蒋总统可以收缩兵力，靠大西南天险还是有希望的。同时，美国不会放弃这块地大物博的远东阵地，这就不是中国国共双方的问题，而是共产主义与资本主义的一场决战。美蒋双边协定，十五亿美元贷款很快签字。战争是打后勤、打钢铁，胜败乃兵家常事。蒋总统有了钱，更新设备，可以重整旗鼓。历史上刘秀昆阳一战，汉室振兴。现在西南还有一百多万正规军，台湾也还有几十万精锐之师，用现代化装备在沿海登陆，必然扭转战局。在这非常时期，我们建立自己的武装，建立自己的根据地，保卫我们自己的安全，又何乐而不为？再说，我们荥经仅一山城小县，二十四军就驻有两个营和一个保安大队。他们在这里干什么？监视你的一举一动。你未必不知道二十四军参谋处壁上的千分之一地图上，天宝乡朱家大院插的是最大一杆红旗，是他们的重点攻击目标。刘文辉不会忘掉‘荥经事件’‘雅属事件’的伤痛，你的处境已十分危险尚无自知之明，什么殷氏兄妹、沙氏兄妹，以及赵锡骅等，都是些书生，将来他们自身也难保，你听他们吹吹打打，事到临头，脚后跟朝着你，溜掉……太危险了。”

朱子江又滔滔不绝地说：“我读过不少马克思、列宁的书。

那些人知道什么？他们哪里知道苏联十月革命的悲惨遭遇，全世界都知道未必你不知道。我想，住在你那里的一批人，你在情面上放不下，只要你睁只眼闭只眼，一切由我来处理。你不背名，公私兼顾，两全其美如何？其实政治斗争，是没有什么道义存在的。望幺爸三思……”

我声色俱厉地说：“你说的什么？我们朱家先辈，代代都讲仁义，乡里聚首，均乐乐称道。我们应该继承先辈言行，不能出卖任何一个人。我不吃人肉，不喝人血，不拿别人的鲜血和头颅去换取荣华富贵，此事万万不行。做了会遭千古骂名。他们来依靠我，我当然保护他们，我怎能干无耻勾当？你则要三思：多行不义必自毙。我对他们保定了，你娃娃少在我面前游说，如果你不是我的亲侄儿，我早对你下手了。我读过许多历史，哪个暴君不是臭名昭著，遭老百姓唾弃？只有仁义之师才战必胜，攻必克。雅属事件曾求援于国民党，他们不理睬。蒋家王朝对你有何恩何德，使你留恋不舍？难道你忘了他们把你关入将军衙门（监狱）的铁窗风味了吗？我苦口婆心劝你还是及早回头。干脆告诉你，你要叫我把他们抛出来，办不到！”朱子江见我态度如此坚决，不敢再说下去。姜大奎忙打圆场说：“饭已摆好，请吃饭了。”

以后朱子江还不死心，分别在黄汝杰家和朱复初家多次要求我与他合作，要我将殷氏兄妹、沙氏兄妹、赵锡骅等放手不管，由他来处理，说是对我大有好处。我果断地说：“办不到。你不听我言，还要继续跟国民党走，后悔莫及。我们走着看吧。”

朱子江见说不动我，就向军统西南区长徐远举报告了经过。

后来徐远举密令朱子江与军统雅安组长陈纪唐配合内调局雅安处长余仲篪(中统)共同行动,准备暗杀我朱世正及隐蔽在我家的中共地下党员,地下民盟及地下民革人士,企图一网打尽。

1949 年 9 月,根据在刘文辉官邸会谈时刘的决定:补充我部枪支子弹以加强装备,并拨给我部部分粮秣。我派军需李毓昆到雅安领取军粮,我自己也到雅安洽领枪支弹药及手榴弹等。

李毓昆从苍坪山陈仲光的"半随尘居"出来,突然遇到朱子江。朱子江厉声问李:"殷先生就是彭迪先吗?他带的一伙人常住哪些地方?是不是那些异党分子都住在天宝乡朱世正处?"李答:"朱世正是你幺爸,你去问他就清楚了。问我,我咋晓得?我是奉朱总队长之命来找陈仲光处长领军粮的。"朱子江说,"你不说我也清楚,你此次来雅有双重任务:调拨军粮是事实,更重要的是与异党分子通风报信,你要好好考虑你的后果。"朱子江手握左轮,抓住李毓昆的手说:"你今天说的脱走得脱。"正在难解难分之际,陈仲光走出"半随尘居"说:"你们在说啥子?紧都说不完,快进来吃饭。"一场惊险才平息下来。李毓昆唯恐朱子江再纠缠,趁着到厨房添饭之机,溜下苍坪山,取得粮食调拨令后急转回荥经。

与此同时,张松涛在雅安也侦察到朱子江将率武装特务到荥经,意欲暗杀在荥经城里的彭迪先、赵锡骅、杨汇川等。张松涛立即冒险赶到荥经,通知彭迪先、赵锡骅,劝彭迪先赶快转移到天宝乡。彭迪先等夜行 30 华里,到朱家大院时已是狼狈不堪。当时我在雅安,我三哥朱世隆得知此事后,立即叫第一大队长秦启明、副大队长朱世礼派出三个分队人枪昼夜巡查,加强警戒,凡有路可通朱家大院的地方都增加哨兵。并叫启明下命令：凡见朱子江及所带人员就地击毙。朱世隆又请朱济安、朱瑞臣、秦豹南、石淡如等长辈去荥经城找朱子江及其父亲朱锡安，劝朱子江放下屠刀，否则就只有大义灭亲了。我在雅安得到消息后，立即赶回荥经。为了缓和气氛，我宴请荥经知名人士、县长、驻军营长，邀朱子江作陪。他看见大家把酒言欢的场面，见大家对我的热情景象，自知势单力薄，不是对手，只好撤回特务武装。

在荥经、天全的国民党、民社党、青年党分子，四处造谣破坏，煽动人心，期待美蒋双边协定成功，十亿美元到手，蒋介石重振旗鼓，卷土重来。他们的造谣煽动，加上一些地主恶霸的响应，弄得人心惶惶。如民社党西康省参议员孙超在荥经大喊大叫什么"陈(程)家武力孙家党"，意思是在荥经，孙家的人在国民党、民社党、青年党里都身居要职，在政治上有势力，陈(程)姓的人手里掌握有武力，合起来，在政治上和武装实力上都有权有势。而孙家程姓的人要"誓扫一切"，号召"戡乱建国"。当时说的"戡乱"就是反对共产党及民盟、民革等革命党派。我得知后，带上 4 个警卫突然到达孙超家。孙超家毫无思想准备，被这突然而来的事吓呆了，语无伦次。我开门见山，责问孙超："我听说表兄在一个会议上曾说你要把我家里的革命进步人士一网打尽，是吗？我希望这只是谣传，不是事实。我推想表兄决不会做出不利于桑梓，不利于朋友的事。如果发生，那就皂白难分了。万望表兄鉴谅我言之不恭。"孙超连连说："纯属谣言！谣言！我怎么会在老表面前干这种事！"

1949 年 9 月，我又得报：荥经国、民、青三个反动党派联合组织了一个“七人暗杀团”，准备在由荥经东区的天宝乡到荥经城的路上设下埋伏，相机截杀或暗杀中共地下党员沙氏兄妹、民盟的殷氏兄妹（即彭迪先、杨汇川）和赵锡骅等。由于他们知道他们的武装实力斗不过我朱世正，所以直到我在荥经率部起义并公布了暗杀革命进步人士者斩的“八斩令”，他们的阴谋始终未能得逞。

1949年9月，我接到密报：汉源县汉越冕边区联防司令羊仁安带200多人的队伍，护送胡宗南拟建中的十三兵团司令胡长青及其参谋长王炳南，取道荥经经雅安去成都。我命令两个大队在雅荥道上截击。羊仁安顽强抵抗。我第十一大队长李朝陛率部截击到羊仁安一行时，李朝陛上前对羊仁安说，我奉总队长命令，请羊司令官留下胡长青一行，放你单独去雅安见刘主席。正说话间，不知是谁打响了第一枪，双方顿时混乱，在观化所辖之周家嘴至余家湾地带全线交火。从中午到黄昏，双方互有伤亡。不料二十四军驻荥经的黄振营竟驰援羊仁安。我为了不同刘文辉的队伍发生冲突，命我两个大队撤出战斗。羊仁安、胡长青等趁机抄小路翻山到沙坪转赴雅安。羊仁安逢人就说：“我万万没有想到朱世正这娃娃不认我的黄。”当时羊仁安已接受胡长青委任为新十军军长。胡长青是胡宗南侄儿。胡宗南带领30多万溃军入川，胡长青拟成立第十三兵团，下辖四个反共救国军。我同羊仁安道路不同，只好兵戎相见。

活捉中统特务头目余仲篪

内政部调查统计局西康调查处长余仲篪是中统特务在西康

的头目。余本系南京晓庄师范学生，为投靠中统而出卖20多个进步同学，使他们惨遭杀害，他成了中统的宠儿，青云直上。

抗日战争时期，余任内政部调查统计局甘肃视察室主任，成为调查监视陕甘宁边区的反共黑手。1948年夏，蒋介石为加强监视刘文辉，任命余为西康调查处长。余来康后，在雅安、康定、天全、芦山大肆派遣和发展特务，如雅安罗良君、天全高鉴明，名山张广德、王汶，汉源罗希翰，康定杨仲华，还在芦山专门派一女特务携电台长住程志武处。

余仲篪对雅属的中共地下党、地下民盟、地下民革也严密监视。他曾侦知雅安武安街西康铁业公司是地下民革的活动据点（我的新康运输行也挂牌在内），竟携其女余申、余平到该公司内"玩耍"。适逢民革刘锡昌的妹弟（二十四军排长）来到公司，对余等进行盘问，并警告他以后不准潜入。余仲篪也知道荥经天宝乡有地下党、地下民盟、地下民革在该处活动，但他不敢贸然闯入，只在各地勾结地主恶霸四处造谣污蔑共产党而已。

1949年11月，解放军正向大西南进军时，余仲篪这个老奸巨滑的特务准备向西昌转移，待机逃往台湾。他收拾电台、焚烧档案后，率特务余自力、林懋及两个女儿计10余人离雅去西昌。中共雅安地下党侦得这一情况，通知了在雅安的民盟负责人彭迪先，彭立即用刘元瑄家军用电话告知赵锡骅和我。我断然命令第三大队王华勋在黄泥堡到大相岭的40华里地段严密监视和抓捕。王华勋派柴国嘉中队之蔡有祯、张宣林两个分队，由盟员范炬明、肖锦指挥，连夜向黄泥堡进发。

蔡有祯分队先去二台子埋伏，张宣林分队殿后。黎明，第一个出黄泥堡场口的滑竿及随行人员被误认为是余仲篪一行,双方人枪打了起来,张宣林身中一弹。随即弄清,这是一个叫陈专员的一行,不是余仲篪。

余仲篪老奸巨猾,听见场外枪响,他龟缩场内不走,去与驻黄泥堡的保安大队长袁玺之拿言语请求保护。张、蔡两分队长也找到袁玺之,说朱总队长下令抓捕余仲篪,请袁大队长协助。袁答应不保护余仲篪。经全场搜查,在一家旅店里将余仲篪、林懋、余申、余平抓获,押至花滩。赵锡骅和我得报后赶到花滩,商量决定,将余仲篪押回荥经城内审讯,将余的女婿林懋和两个女儿押到天宝乡朱家院内看守。

将余仲篪关押在赵锡骅家后院夹壁中。彭迪先从雅安赶到荥经,主持审讯。余先后招供出有关西康特务活动的不少情况,为解放后清查当地特务提供了材料。

1949 年 12 月 13 日,西康起义后,将余改押在荥经看守所。1950 年 2 月,解放军进驻荥经后将余移交五五三团。1951 年 1 月 29 日,最高人民法院西南分院将余判处死刑,押赴重庆磁器口刑场枪决。当时重庆《新华日报》刊出了这一大快人心的消息。

率部起义,迎接解放

1949 年 11 月 30 日,中国人民解放军解放重庆;接着,平武、江油也相继解放。川康将领刘文辉、邓锡侯、潘文华照中共中央指示的时间,于 12 月 9 日在彭县联名通电起义。雅安的二十四军代军长刘元瑄于 12 月 13 日通电全康军、政一元化起义。

我的队伍,在中共地下党、地下民盟、地下民革的领导和积极支持、参与之下，于12月13日宣布川康人民革命军暂编第一师（亦即雅荥汉联防总队）的18个大队、21个直属中队起义。

当天即在荥经东方公园举行庆祝起义大会。二十四军营长黄振、保安大队长黄星、县长黄璞、民众自卫总队副总队长陈志霄、县参议会正副议长田伟、陈伯昌等及机关、团体、学校师生一千余人参加了大会。彭迪先和我先后在会上讲了话，会后举行了声势浩大的游行。沿途高呼："打倒国民党反动派！""拥护中国共产党！""热烈欢迎中国人民解放军解放荥经！"等口号。全城各街道都挂着庆祝起义的标语，主要大街上扯着横标。整个荥经人民沉浸在一片欢乐声中。

为了准备起义，我的队伍已集中起来，经过初步组训。宣布起义后，我部一直就地待命，维持地方秩序。

为了进一步安定人民和稳定社会秩序，我特别发布了《告荥经人民书》，发布了《八斩令》。

《八斩令》内容大意如下：

通　告

通令本部起义，仅贯彻拥共反蒋之政治纲领，迎接解放，为解放人民于水深火热之中。查近来社会谣传胡宗南、王陵基残部阴谋窜康南逃；胡长青勾结羊仁安企图扼大渡河而守；唐式遵窜入芦山成立反共救国军；三三五师王伯骅残部又窜汉源，加以部分潜伏的军统、中统分子勾结恶霸土匪，四处造谣惑众。上述反动派不自量力，均属螳臂挡车，蚍蜉撼树。本部为维护雅荥汉一带社会治安，严惩一切反动分子破坏捣乱，特公告八斩令如下，望各周知：

一、造谣惑众，破坏起义者斩。

二、袭击友军者斩。

三、阴谋暗杀、残害革命进步人士者斩。

四、烧杀抢劫者斩。

五、破坏治安，假公济私者斩。

六、勾结敌特，聚众暴乱者斩。

七、焚烧档案，盗窃人民资财者斩。

八、奸淫妇女者斩。

切切此令！

川康人民革命军暂编第一师师长

朱世正

1949 年 12 月 15 日

我在荥经准备起义的消息传到芦山程志武，天全杨明星(地下民革成员)的耳里，他们在中共地下党、新联、民革的领导和参与下，分别率“川康边游击第一纵队”“川康边游击第二纵队”在芦山、天全始阳宣布起义，升起五星红旗。这时，整个雅属地区完全控制在中共地下党、地下民盟和地下民革的掌握之中。

1949 年 12 月下旬，四川省主席兼省保安司令王陵基派其保安第三、第五两团，从上里乡五家口进攻雅安，企图先打开一条通道再窜逃西昌。此时雅安震动，雅安军、政机关已准备放弃雅安，向南区之沙坪、大河、望鱼撤退。在此关键时刻，张志和先生同代军长刘元瑄研究，再同陈仲光先生商议，决定由张志和先生及二十四军参谋长杨家桢家属同军队的电台及其人员前往荥经天宝乡。我得知后，立即派身边警卫中队长朱世炳，带领中队人枪到雅安迎接。为防万一，我又派第一大队长秦启明率领人枪到观化、紫石加强保护。他们到我天宝乡，下榻朱宗祠，我唯恐发生意外，又从第9大队和第11大队挑选警惕性强，能征惯战的两个中队人枪来站岗放哨，可谓警备森严。凡属来人，未经许可不得擅入。

1949年12月20日，西昌的二十四军伍培英的一三六师遭到西昌警备司令贺国光部袭击，退至泸沽时已溃不成军，幸得我好友驻防冕宁的保安大队长彭长烈率部驰援。彭长烈不跟其第一区保安司令王子安去依附贺国光，单独走起义道路。伍、彭率部一同转道河道七场时，又得我之第十八大队长万开烈及周洪刚、山景福的大力支援得以平安转移到汉源。

伍、彭两部撤至汉源时，适遇胡宗南溃军三三五师王伯骅部窜据汉源，双方经过激战，伍、彭率部退守清溪；又奉二十四军代军长刘元瑄命令坚守大相岭，防止溃军窜犯荥经。数九寒天，大雪封山，人困马乏，彭长烈特派张廷时、副官欧富全，从大相岭携函飞报荥经我处求援。我得悉后，一面又从六合、花滩、石桥、大通桥等地求援老百姓支助大米数百斤、玉米馍千余个、草鞋千余双，以及油、盐、肉等支援伍、彭两部官兵。我还亲自到六合、花滩，急令驻该地的大、中、分队长杨云章、刘明杰、王才权、杨永寿、鲜以文、刘乃武、朱世钰、李品三等派人不分昼夜将物资送上大相岭阵地。

二十四军代军长刘元瑄，率领全康军、民起义后，成立了“西康省临时军政委员会”（后改称西康省临时军政会议）作为解放军未入康之前的真空期间暂时主持西康军政事务的机构。彭迪先和我代表民盟，陈强立、彭世颐代表民革参加为委员。

1950 年 2 月 1 日，中国人民解放军解放雅安。2 月 3 日，得彭迪先从雅安挂来电话，川康人民革命军暂编第一师完成迎接解放任务，应予复员。2 月 7 日，我奉六十二军司令员刘忠、中共西康区党委书记廖志高电召到雅，被任命为西康支前委员。2 月 8 日，奉命随五五三团团长王登贵由雅安出发，进驻荥经。沿途遭到土匪袭击，连打边走，当晚留宿观化，9 日，始达荥经。荥经地下党，民盟、民革及机关团体人士热烈欢迎人民解放军的到来。

西康省保安第三团起义改造纪实

1949年冬至1950年春在原西康省保安第三团从事军运工作的回忆

李雅松

1948年8月底,我所在的“民协”小组,按照中共川大地下组织指示,撤离川大,9月初到达雅安。在雅安市内搞了一段时间社会调查之后,按照雅安地下党的指示,同俞稺夫同志(原名余樾玉,川大学生)一道,通过民盟的关系,以盟员身份,前往雅安县中里乡,会同当地盟员张正江(川大毕业返乡学生,当时任该乡乡长),开展当地的“袍哥”、农民武装工作。后因情况变化而转到原西康省保安第三团从事军运工作,直到1950年6月,将该团官兵编入人民解放军为止。

一、从中里乡到保安团

1949年9月、10月间,雅安地下党在开展工作中,了解到民主同盟的同志们在对原二十四军进行策反工作的同时,对原西康省保安副司令王靖宇也开展了工作,并将其侄儿、雅安县保安大队(相当营)大队长王德全吸收为盟员。通过王家叔侄的关系，对雅安、荥经等县的“袍哥”、农民武装进行教育改造工作，以便聚集地方武装力量，组成“三新自卫团”，为截击胡宗南部队溃逃，保卫雅安安全做好准备。但他们的人力缺乏，开展工作的力量不足。这时，经地下党负责人周更新（原名邹永刚，川大学生）和俞稺夫、郭景太等同志（川大学生）挂钩联系，商定派川大撤至雅安地区的部分党员和“民协”会员，以盟员身份会同当地盟员，共同开展工作。这样，俞稺夫同志带着我随同郭景太到了中里乡，时间大概是10月初。

到中里乡后，郭景太根据民盟雅安负责人张声明（川大毕业，当时的公开职业是雅安地方法院的“书记官”）的指示，将俞和我介绍给张正江，组成以张为组长的民盟小组。对群众则声言：我们是张的好同学，前来看望张和谋求职业。张以协助工作名义，将俞和我安排到该乡中心小学工作。我们便借同该校师生、学生家长的接触和赶集等机会，接触群众，进行社会调查，了解情况，开展工作。约经一月，我们初步了解到：该乡胥儒纯、杨定彦为首的“袍哥”“舵把子”各有人枪数十，是当地主要武装力量。但胥、杨二姓常因家族私仇搞械斗，矛盾很大，影响该乡的征粮、收缴烟税等工作。为此，王德全便派保安大队的一个连（连长夏福群）常驻该乡。并不时派“秘书”毛荣相前去“视察”。名为维护当地治安，保护征粮、收缴烟税等工作，实则为控制胥、杨二姓“袍哥”武装，作为“三新自卫团”的重要组成部分。毛每次来中里都很注意我们的活动。我们对之亦很怀疑，于是决定深入了解毛的政治面貌和言行。初步发现毛有中统或军统特务之嫌。我们将初步所得的情况向下地党负责同志汇报后，按其指示:继续深入调查,掌握情况,开展工作,并对毛继续观察、监视和深入了解其活动。

这时,张正江按照民盟抓地方武装的指示,邀俞和我到他家开了一次民盟小组会,谈了他的打算:拟借王德全的势力,首先调解好胥、杨二姓的矛盾,使他们能联合起来,再团结其他零散力量,以实现民盟和王德全组织“三新自卫团”的计划。我们听后,基本赞成他的意见,并表示竭力协助他搞好这一工作。

这时,情况发生了突变。12 月初,胥儒纯借张正江召开调解胥、杨二姓矛盾的座谈会之机,事前埋伏下人枪,趁散会送客时,开枪打死了杨定彦兄弟 2 人,情况激变,两姓有立即发生械斗之势。张正江惊慌之际,为了尽快控制事态发展和保护我们的安全,以民盟小组长名义,安排俞稺夫和我立即赶回雅安,向王德全面谈这一变化,并希望王出面设法收拾这一局势。我们 2 人便立即赶回雅安,直接去王德全家——雅安市新市区“雅舍”,向他面谈了中里的变化和张正江的要求。王在接见我们并知道我们是民盟盟员时,一方面表示由他负责处理好中里乡的问题,一方面说明他也是民盟盟员,并粗略地谈了保安大队将扩编为保安团和组织“三新自卫团”问题,还表示决心跟共产党走,同二十四军一道起义,目前正进行准备工作,但人力不足,希望我们能留在他那里工作。我们回答,让我们考虑一下再作决定。

从王德全家里出来,我们立即找到周更新同志,向他汇报了这段工作,以及王德全的请求。经地下党研究决定:第一,我们 2 人可以留在保安团工作,但不能暴露我们的身份,可通过张声明介绍,办入盟手续,仍以盟员身份前去工作;第二,工作中,应按照“通过上层抓下层”的原则，把工作重点放在下层；根据“努力争取团结上层，积极教育改造下层”（主要对象是广大士兵，包括年轻的班、排长）的方针，抓紧对部队进行宣传教育改造工作，努力把保安团改造为在党领导下的一支真正的人民军队，使它在截击胡宗南部队溃逃、保卫雅安安全的斗争中，做出应有的贡献。就这样，俞稺夫和我便去了保安团工作。

二、保三团起义的前前后后

我们去到保安团后，住在王德全家。这时，该团正一方面酝酿准备扩编为西康省保安第三团；一方面进行起义前的准备工作。民盟的同志们也参加了这些活动。张声明、郭景太等盟员不时来王德全家了解情况。毛荣相也以“秘书”、盟员的双重身份，每天都来王家工作。俞稺夫和我按照地下党的指示，一方面对王德全准备起义给予充分肯定，并反复对其指出：作为国民党的旧部队，应当认清形势，坚决跟着共产党走，同革命人民站在一起，才是光明前途；同时反复向其宣传《约法八章》等党的方针政策；另一方面也通过积极参加该团的起义准备工作，逐步深入了解、掌握该团的基本情况和官兵的思想状况，为逐步开展工作打好基础。

12 月 5 日左右，俞稺夫同志对我传达地下党的指示说，因另有急需任务，他要立即调走，暂留我一人在保安团坚持工作。第二天，高国兴同志（原名蒙绍全，川大学生，川大地下党按中共成都市委指示，派到雅安党组织的负责人之一）来王家通知我并布置工作说：“俞稺夫同志调走后，组织上决定派新由川大撤退来雅安的朱江(原名朱兴泽,川大学生)、汤铭(原名汤又新,又名汤茗,川大学生)顶替他,同你一道在保安团工作。他们两人都是民协会员,你们3人编为民协的一个小组。你先到保安团,知道的情况多一点,由你担任小组长。你们的工作,今后由我直接联系。”于是,我便同朱、汤二同志一起在保安团参加了起义前后直到改编的全部工作。

保安团起义前后及其改编为人民解放军的全部活动,大致可分为以下几个阶段:

第一,准备起义。

原二十四军和保安团是在1949年12月9日正式通电宣布起义的。在此之前,保安团积极进行起义准备,主要开展了以下几项工作:

首先,按西康省保安司令部的命令,将王德全领导的雅安保安大队扩编为“西康省保安第三团”,王德全由中校大队长升为上校团长,先搭起团的架子。其次,为起义进行政治思想教育工作,成立一政训室,毛荣相任中校政训室主任;郭景太任团部少校参议;朱江、汤铭和我,以及另外两三个年轻人,做政治指导员。此外,还有副官彭元亨和张禄。这就是当时该团团部的全部人员。再次,将从中里等地调回雅安的3个连,编为第三营的7、8、9连,夏福群升任少校营长兼第八连连长。最后,是对部队进行起义前的宣传教育工作。除我们根据地下党的指示,继续向王德全宣传《约法八章》,进行起义的前途教育之外,主要是由我同朱江、汤铭、郭景太带领其余几个年轻人,向团部和三营全体官兵,宣传《约法八章》《三大纪律八项注意》等党的方针政策,进行革命前途教育和开展以教唱《三大纪律八项注意》等革命歌曲为主的文娱活动,为部队起义和服从党的领导打下思想基础。

第二,草坝扩编。

二十四军和保安团正式宣布起义后,在雅安成立了临时军政委员会,在我党统一领导下,负责指挥当时西康省的一切军政事宜。保三团根据保安司令部的命令,移驻市郊草坝乡,继续进行扩编建团工作。除已有的第三营外,另调来驻天全县的保安大队,编为该团第二营,营长罗;调来驻康定县的保安大队编为第一营,营长陈。这样,全团3个营9个连(共约六七百人)的建制初步完成了。团部,除从保安司令部新下调来一名副官高候章和一名参谋(姓名忘了),其余无变化。汤铭、我和朱江,则被分别派任第三营第7、8、9连的政治指导员。其余几个年轻人,则分别派任第一二营各连的政治指导员。我们也按前述内容,继续对部队进行政治教育。

这时,保安司令部传来了临时军政委员会的命令:邛(崃)、雅(安)、蒲(江)交界的总岗山地区,土匪张广德、王汉妄图骚扰雅安,命令保安三团火速前往总岗山阻击消灭之。

第三,进军总岗山,击溃张广德。

这大致是1949年12月中下旬约10天左右时间。王德全接到命令后,一方面对二十四军在他还未完成扩编建团任务,团司令部也还未建立起来,就令其剿匪,而又不发给足够的枪弹、粮、饷,发了些怨言;另一方面,还是从保卫雅安的安全稳定出发,积极布置了进军总岗山,消灭张广德的具体任务。经过一天多的准备和行军,第三日到达总岗山的半山腰一个名叫青杠堰的场镇外约2公里处的小溪边时,便隔溪同张广德部打上了遭遇战。土匪人数不详,但近两个小时的战斗还是颇为激烈的。到下午2时许,击溃了张广德这伙土匪,部队回到青杠堰住下。据后来了解,土匪之所以很快溃逃,除保三团的正面阻击外,沿川西南进军川西的解放大军由乐山向洪雅县包剿而来,已接近土匪的背面,张广德闻讯后,不得不赶快溜走。

第二天,是青杠堰的赶集日,我们借此时机,在茶铺中,在院坝里,向群众讲演,宣传新中国的成立,宣传党的方针政策(具体讲解《约法八章》),宣传二十四军已响应党的号召正式起义和西康临时军政委员会的成立。希望他们遵守党和新中国的政策法令,遵守临时军政委员会的各项规定,安心生产、积极协助军队清剿土匪,等等。当时,虽然人心惶惶,但仍有不少群众听了我们的讲演,效果还是不错的。

与此同时,为了分清良民和土匪,当天下午在场镇内进行了清查。连排排长来团部报告说,抓到一名借赶集混进场内的土匪探子。王德全听后命令将其拉去枪毙。我们知道后立即赶去制止,说明要坚决执行三大纪律八项注意,不能随意轻率的杀害俘虏,但为时已晚,人已被拉出去枪毙了!

之后,为了安定民心和维护场镇治安,巩固雅安的稳定,该团奉命暂时留驻青杠堰。但不到一周,又接到保安司令部传来临时军政委员会的命令:胡宗南部队由成雅公路向雅安溃逃而来,其先头部队已至邛(崃)、名(山)交界的黑竹关,令保三团火速回军守卫雅、名交界处的金鸡关,以截击胡宗南的溃逃部队,保卫雅安安全。

第四,守卫金鸡关,截击胡宗南。

保三团接到守卫金鸡关的命令,大致是12月底。作了一天准备后,于1950年1月初,回军驻于雅安市郊、金鸡关山脚下的姚桥。

进驻姚桥的次日是赶集日,我们立即按照在青杠堰的宣传内容和方式,对赶集群众和镇上居民开展宣传活动。当天虽然下着毛毛细雨,但赶集的人甚多,听众亦多而热情,有的人还问这问那,渴望弄清党和新中国的政策,效果极佳。

第二天,部队攀上金鸡关山,在金凤寺及其周围进行了搜索清查,未发现任何溃军和土匪踪影,当晚即撤回姚桥驻守。次日,听说由川西南沿成西(昌)公路包剿前进的解放大军已进至黑竹关附近,胡宗南的盛文兵团已从成西、成乐(山)公路之间狼狈逃窜而去。于是,保三团便奉命驻守姚桥,一方面准备迎接解放军进康,一面继续完成扩编建团工作。我们也抓紧时间,一面宣传群众,一面教育部队。

这时,王德全渴望和共产党、解放军直接联系,急于找到真正的党员。便一方面在我和朱江、汤铭3人中摸底,意图弄清谁是党员;另一方面又派了一个30多岁的老兵(也可能是排长),乔装成商人,前往黑竹关,去找解放军联系。约3天后,他从黑竹关平安地回来了,向王德全报告见到解放军的情况,传达了解放军领导同志的慰问和保卫好雅安的嘱咐;还带回了解放军给他的一个红五星帽徽和一枚“中国人民解放军”胸章;又交出解放军发给他用余的路费——1.5元银圆。王德全收下了帽徽和胸章,1.5元银圆则给了那个老兵。我们大家都十分高兴,全团官兵都大受鼓舞。

第五，移防多营坪，激战飞仙关。

保三团驻守姚桥时，为使每个连的编制人数落实，补充了一些兵员，其中也混入了少量外省籍兵痞。这样，连队情况变得更复杂了。我们不得不进一步加强教育工作。当时，雅安地区的局势很不安定。周围有国民党溃军的散兵游勇窜扰；潜伏的特务勾结当地土匪和地主恶霸等反动势力，不断骚乱，情况十分复杂；解放军又还未进驻西康，民心不够稳定，社会不大安宁。

在这样的形势下，盛传天全县的“袍哥”“舵把子”头子李元亨纠合土匪特务，妄图骚扰雅安市区。1950 年 1 月 20 日左右，保安司令部又传来了临时军政委员会的命令，要保三团移防雅安西郊的多营坪，守卫飞仙关，以阻击李元亨等土匪骚扰雅安市区。

部队进驻多营坪后，每天派一个连（或排）去飞仙关巡逻、设岗守卫。1 月 24 日，土匪从山上和沿河边袭来，战斗一打响，就十分激烈。除巡逻守卫的部队外，还不断增派部队支援，团部的人员（包括王德全）也全部上到第一线。从上午激战到下午 3 时左右，方将土匪击退。在这次激战中，保三团受到不小损失：有 10 多名战士负轻伤；团部副官彭元亨胸部重伤住进医院；副官余臂部负轻伤。

经过这次战斗后，飞仙关附近暂时平静下来，未发生大的战斗。但局势仍很不稳定，部队仍不得不警惕地守卫在飞仙关、多营坪一带，直至 1950 年 2 月 1 日，解放军进康部队——六十二军的先头部队进驻雅安。

第六，撤驻河北街，待命调川整编。

解放军进驻雅安后，在党的领导下，成立了雅安军事管制委员会，群众受到很大鼓舞，局势日趋稳定。军管会决定：二十四军和保安团全都从第一线撤下来，调至川西大邑县集训整编。于是，保三团奉命于2月10日左右，从守卫多营坪、飞仙关的第一线，撤回城区，驻在河北街，等待调往大邑的行动命令，扩编建团工作暂停。

这时，高国兴同志已将中共西康区党委副书记秦力生同志为接转我们3人组织关系，给解放军川西军事工作团黄团长的亲笔信交给了我们，并指示说："民协"的组织活动停止。"民协"关系在到大邑转关系前还不能暴露。离雅安前，工作仍同我联系，到大邑后，将秦力生同志的介绍信给黄团长接转关系，听从军事工作团领导。但在部队完成改编前，如军事工作团不准公开"民协"身份，还只能用盟员身份工作，不得暴露真正身份。听后，我们感到"可以喘口气了！"也就按照老高同志的指示，停止了"民协"的组织活动。

2月中旬是春节期间，为了庆祝西康解放和欢度春节，部队放假5天（也可能是一周）。官兵家在雅安市内者，均可告假回家探亲过节。团部的全体人员，家不在雅安者，均回到王德全家——"雅舍"过节。我和朱江、汤铭也住到王家。有时外出参观部队和群众跳秧歌舞，有时在家玩麻将。人们都沉浸在庆解放、度春节的欢庆气氛中。

春节刚过，由于土匪、特务和国民党散兵游勇尚未肃清，不时在城周扰乱；解放军仅是先头部队驻进雅安地区，地方大，兵力不足,不能积极地、及时地进剿城郊土匪;粮食和其他副食品等不能及时地充足供应;人心有些浮动,局势又转趋不安。甚至,雅安城南周公山上的土匪,竟使用迫击炮向雅安市区打起炮来,大有攻入雅安城内之势。解放军又因兵力不足,而陷于消极防守,只能用山炮回击周公山及其周围的土匪。

这时,保三团因未接到任何剿匪命令,而只能待命调川西整编。我们也都为用不上力而有些着急。于是,只好跑到解放军炮阵地后面小山上,观看解放军打炮,为他们助威。又过了两三天,保三团才接到“限1950年2月24日到达大邑集训整编”(大意)的行动命令,于是我们和团部的全体人员都立即回到部队,开展行军前的动员准备工作。

第七,保三团“叛变”,六十二军教导总队成立。

2月19(或20)日,我们回到河北街营地。王德全根据保安司令部传来的行军命令,决定2月22日从雅安出发,24日前到达大邑县集中。当日下午6时左右,在团部住的院坝里,召集各营营长开会,布置行军的具体事宜。我们8连同住该院。他们开会时,我便坐在院坝旁边听。会刚开始,突然闯进来两个背枪的“农民”。我认识其中一个是中里乡“袍哥”“舵把子”胥儒纯的“兄弟伙”——文老幺(不知其名)。他一进院坝,便直接招呼王德全,王也立即暂停开会,将文带入他(团部)的住室内谈话去了。而在院墙外,有几名士兵(其中有两名新补入8连的外省籍兵痞),一面通过院墙缺口向内东张西望地观察着什么,一面又对坐在院坝里的人们指指点点地议论着什么。我当即感到情况有些异常,便立即离开院坝,跑到隔壁院内的7、9连连部,找到朱江、汤铭同志，告诉他们这一突然发生的异常现象，并决定立即渡河赶回城内，跑到军管会秘书组驻地，找高国兴同志（高当时已被任命为军管会秘书组副组长）汇报研究这一变化。不巧，高因公外出未归，我们3人只好转到一家小面馆，一边吃晚饭，一边对这一突变情况进行初步分析研究。结论是：还不能肯定王德全保三团会立即叛变，但当天发生的这一情况却有此危险。我们必须提高警惕。但仍应和往日一样，回到王家（这段时间，我们和团部其他人员，每天都回王家住宿。）继续观察情况发展，再作进一步分析，和采取应急措施。于是，吃完面后，我们便仍直奔"雅舍"住下，这时大致是晚上9时。

当晚约11时，王德全同其副官们也和往日一样，提着马灯一同归来。见我们已在他家住下了，除问问我们何时回家之外，未谈其他问题。我们却注意到：他给了副官余一张特别通行证，命他提着马灯去了河北街，并在凌晨1时左右方回家。此外，未见其他异常情况。对此，我们3人一方面感到需进一步提高警惕，继续注意观察；另一方面仍感到还不能最后判定王德全是否会立即叛变，因而决定：不必立即跑到附近人民解放军部队去报告，待第二天去找高国兴同志汇报研究。

次日上午9时许，我们正在王家进早餐时，忽闻城北方向响起了枪声。早餐后，我们先拟赶快过江去部队驻地，但一到街上就听说解放军正在打河北街背后小山上的土匪，青衣江上的铁索桥和渡船均已封锁，无法过江了。我们便约王德全及其团部的全体人员，都登上苍坪山去观看解放军打土匪。只见解放军正用机枪、步枪向对岸山上的土匪射击，土匪也正顽固地抵抗还击。但在解放军强大火力下，不到半小时，就基本压住了土匪的还击，而涉水渡过青衣江，冲过河北街，并在机枪掩护下，许多战士很快冲上了一座小山，赶跑了山上的土匪，枪声也渐渐稀落下去了。又过了一二个小时，解放军就完全占领了整个小山区。战斗基本结束了。但由于还不能过江，我们只好又回王家。午后3时左右，传消息了：住在河北街的保安团勾结土匪“叛变”，已被解放军缴了械。王德全听后十分紧张，急得在屋里转来转去，不知如何是好！我们听后也感到十分惊异，不知如何办好！不久，两三名解放军干部来到王家，正式告诉他：“保三团勾结土匪叛变，已被缴械收容，‘请’他到军管会去谈谈。”（大意）王听后，带着一副紧张与“委屈”的神情，一边跟着解放军走，一边不断地叨咕着：“这是咋搞起的嘛！”

解放军仅带走王德全本人，对团部的其他人及其所带短枪，均未触动。这时，我和朱江、汤铭也逐渐平静下来，并初步研究决定：现在已不用立即去找高国兴同志汇报，更不用去向解放军报告了，而要留在王家（团部）继续监视、掌握其情况变化，并让团部副官张禄、余分头去保安司令部和毛荣相家，观察他们的反应和行动。晚7时过，他们都回来说：保安司令部的人员（包括王靖宇）和毛荣相，均于当日下午被“请”到军管会去了。当晚，我们同两位副官仍住在王家，继续监视观察，除王德全的短枪尚未带走，我们将其收存外，未发现其他异常事物或情况。

次日晨5时左右，又有两名解放军干部来到王家，对王的住房进行了搜查，但除我们交出王德全的短枪外，也未发现什么异常事物。临走时，又“请”我们和两位副官一同到军管会公安处去。途经新市区,又去了三营营长夏福群家,从床上把夏“请”了起来,和我们一道去到公安处。这时,公安处已集结了10余位保三团的营、连、排长。早餐后,我代表朱江、汤铭3人请求见公安处负责同志,并出示秦力生同志为我们接转关系的亲笔信后,公安处的负责同志对我们讲了一些客气话,送我们出了公安处。这时,保三团的军官们如梦初醒,有的感到十分惊异,说什么:“共产党都住在王家这样久了,还有不吃亏的!”还以为是我们3人向解放军作了报告哩!

我们从军管会公安处出来,便去军政委员会秘书组找到高国兴同志,向他汇报了这一变化的过程和我们的工作思想情况。老高一方面批评我们警惕性还不够高,了解掌握情况也不够深入及时;指出我们发现情况异常而又不能找到他汇报研究时,就应及时转向附近的解放军报告;要求我们吸取这一经验教训;另一方面,安排我们持秦力生同志的介绍信,去苍坪山保安司令部驻地见川西军事工作团派到保安部队的军代表。于是,我们立即到保安司令部,见到了军代表王建国同志。他热情地安慰鼓励我们说:你们这样年轻而还未进入社会的学生同志,在这样复杂、艰巨和危险的军运工作中,做了许多工作,已是很不错的了;他还十分耐心地帮助我们分析前段工作的经验教训,并鼓励我们吸取经验教训,今后仍要大胆工作。然后收下了秦力生同志给黄团长的亲笔信,表示接转我们的组织关系,安排我们暂到六十二军一八六师(几天后,因该师要进军康定,又转到一八五师)政治部侯科长领导下,协助了解保安团情况。同时告诉我们:几天后,六十二军将成立一个教导总队,专门收容集训保安部队的全体官兵。到时,他将领导我们一起工作。王建国同志的言行,使我们感到:这是一位具有较高政治思想水平和领导艺术,态度热情谦逊的领导同志,便很高兴地按照他的指示,到一八六师政治部报到去了。

过了10来天,在六十二军政治部领导下,“人民解放军六十二军教导总队”成立了。一位副团长任总队长,王建国同志任政委。下分两个大队:第二大队专门集训保安团的排以上军官。第一大队专门负责集训士兵,刘任大队长,孟光远同志任教导员。保三团原有各连士兵,基本上仍按原建制编为9个中队(相当连),派解放军干部任中队长和政指。各中队下分3个分队(相当排),由解放军派干部任分队长。汤铭、我和朱江被派任7、8、9中队的副政指。从此,我们3人就在解放军的直接领导下进行工作,正式成为解放军的连队干部了。

在约一个月时间内,部队进行了《约法八章》《三大纪律八项注意》等政策教育和“诉苦运动”的阶级教育,战士们的思想觉悟有很大提高。这时,总队部决定撤走各中队里的解放军中、分队长,改由第二大队中学习表现较好的原保安团的连、排长来替换,政指不动。这样,又过了10来天,约在4月中旬,六十二军给教导总队下达命令:保安部队仍按原计划,调大邑县集训整编,并限于4月下旬由雅安出发,两天内到达大邑。

第八,大邑整编和川西剿匪。

部队到达大邑后,归解放军川西军事工作团领导,六十二军教导总队撤销。保安团的部队编入二十四军的各师。我们所在的7、8、9中队编入二十四军一三六师四零八团三营的7、8、9连。

这时,每连战士约二百一二十人,连排干部十一二人。原各中队的正副中队长,担任各连的正副连长,原二十四军的正副连长另调工作。原各中队的政治指导员仍任相应各连的政指。这样,汤铭、我和朱江,仍担任7、8、9连的副政指,老政指李治民同志仍任8连政指。原教导总队政委王建国同志则担任了该师的军代表兼四〇八团的政委,仍领导我们工作。5月中旬,李治民同志调往该团二营任教导员,留我一人在8连作政指。朱江也随同调往营连任政指,后来合编时,编入六十二军一八六师,朱江同志也随之去了该师。

5月20日左右,该一三六师奉军部传来的解放军川西军区命令,随同解放军驻川西部队,参加川西地区的剿匪战斗。6月上旬,剿匪战斗告一段落,部队从大邑县西山区撤回城内营地,继续进行政策教育和"诉苦"教育。6月中旬,奉人民解放军西南军区命令:二十四军同解放军六十二军合编,其军、师、团部合编入六十二军的军、师、团部;营、连、排与相应的营、连、排合编;原二十四军番号撤销,其军官除少部分仍留任原职外,大部分送往解放军川西军区教导大队(驻眉山县)学习。我所在的一三六师同六十二军新一师(驻灌县县城)合编,四〇八团编入该师的二团,各营、连则依番号合编。我们8连编入该团8连。至此,原二十四军和保安团的历史便永远结束了。

按照军事工作团的命令,原六十二军教导总队到二十四军的政工干部均暂留新一师,一边协助该师团营连干部工作,一边办理合编移交工作。因此,我也被留在该师二团8连任副政指,一面协助老政指工作,一面向党支部办理移交手续。两周后,我们向新一师的师、团、营、连办完部队合编的移交手续，便随同川西军事工作团的撤销，又撤回六十二军，在军政治部领导下，用一周时间完成这段改造起义部队的工作总结后，王建国政委同原军事工作团的10余位老同志，以及我和汤铭同志，一同调往六十二军独立第一师（同年9月，该师又改编为“人民解放军西南炮兵暂三师”，并于10月北上装炮后，出国参加抗美援朝战争）工作。王建国同志任该师二团政委。我和汤铭则被分到师政治部宣教科任宣教干事。至此，我们也就最后完成了党交给的军运工作任务。

三、我对这段工作的一点粗浅认识

西康解放前夕，川西地下党同民盟派到雅安地区工作的同志们，根据当时雅安地区的具体情况，为了促进刘文辉起义、截击胡宗南部溃逃，确保雅安地区的安全，及时地胜利迎接解放，而决定抓地方武装，迄今看来还是正确的。工作的成果也证明了这是对的。二十四军和西康省政府宣布起义后，解放军还未进驻川西，更未进军西康，这段时间，雅安地区承受着胡宗南溃逃，国民党散兵游勇和土匪、特务相互勾结进行的骚扰等压力。这时如无一定的地方武装力量，仅靠起义的二十四军（兵力不足，且分驻西康全省），是难于保卫雅安地区安全而可能给人民群众造成很大损害的，甚至还很可能因此推迟西康地区的解放时间。正是抓了这些地方武装，才有力地保障了雅安地区的稳定，及时迎来了西康的胜利解放。不仅如此，从后来二十四军和保安团的整编工作看，凡是经过我党和民盟的同志做过教育工作的部队,都是比较顺利完成的,人员逃亡极少;其中不少官兵在其后的抗美援朝战争中表现很出色,有的在党的培养下,还成了我军的中层骨干。因此,可以说,基本上实现了将保三团等起义部队进行改造,将他们的部分官兵编入人民军队的愿望。

就我们几个参与这一工作的同志来说,的确,以 20 岁左右、还未出过学校门的学生娃娃,去承担这一复杂、艰巨、危险的军运工作任务,没有足够的革命热情和“初生牛犊”精神是不行的。然而,只要坚定自己的革命信念,坚决认真地执行党的正确指示,密切和群众打成一片,刻苦学习,谦虚谨慎,不怕苦、不怕死,大公无私,身体力行,还是能肩负起一定的革命任务,并保证其完成的。因此,回忆这段可贵经历,认真吸取经验教训,无论是总结过去,还是激励未来,对我都是很有意义的。

（编者注:王德全于 1975 年获释,恢复起义人员身份,1981 年平反）

（原载《回忆西康》）

西康保三团和川康人民革命军第一纵队起义经过

王德全　毛云相

一、历史背景

西康省主席刘文辉反蒋亲共，由来已久。西康军政人员无不明了蒋介石排斥异己的阴险毒辣手段，因而充满反蒋情绪。所以西康起义，是历史形成的必然道路。

1937 年 10 月，曾是共产党员和川军将领的张志和到了延安，毛主席要他在四川做西南高级军政人员的统战工作。张老回川后多次去见周恩来，并与刘文辉、邓锡侯、潘文华等频繁接触。1942 年 2 月，在重庆引刘文辉会见了周总理，由张老建议，周总理派王少春到雅安设立中共秘密电台，与延安直接联系。

1944 年冬，刘文辉参加了中国民主同盟。

1949 年，民盟四川省支部加紧了策动川康起义工作的步伐，由刘、邓、潘各自派出代表，组成联合参谋部，张志和代表民盟西南总支部参加，决定会师成都，实现成都起义的计划。后因蒋军溃集成都附近，急切却不能举动，张志和到了西康雅安。

二、解决"反刘情绪",策动地方武装迎接解放

党盟交叉同志张万禄曾告诉张志和"要搞武装斗争"。当时民盟四川支部负责人之一的张松涛,在1948年由港返川,于11月辗转到达康定,会见刘文辉,刘谈到西康本身兵力薄弱和雅属地区还有反刘情绪的隐忧。

1949年4月,民盟同志、川大教授彭迪先由成都转移到雅安,会同张志和吸收了曾参与发动倒刘运动的"雅属事件"的荥经地方武装首领朱世正入盟。是年初夏,由民盟西南总支部特派员张志和主持,在荥经成立了民盟西康省支部筹委会,彭迪先任主任委员,张松涛任秘书主任,朱世正任动员委员会主任。至此,分化瓦解了反刘的西康雅属地区的地方武装,并提出"反蒋、拥共、联刘"的口号,解决了刘文辉部分后顾之忧。而天全李元亨、高鉴明,芦山程志武,宝兴杨朝铭,雅安胥儒纯,名山徐联选、张广德、王汉等大大小小的地方土匪、恶霸,他们都是以江湖"义气"而互通声气的,脚踏两只船,阴险难测,这是刘文辉起义未完全解决的心腹之患。

三、刘文辉起义前的布置

刘文辉的起义做了两个部署:一是把二十四军和西康保安团调整了驻防,二是临去成都时做了准备起义的秘密布置。1949年约9月底,刘文辉即将去蓉同邓锡侯、潘文华商讨准备起义,迎接解放,以及如何应付蒋介石的事宜。临行之前,与民盟张志和交换意见后,在雅安游府街(今县前街)的私邸,召集了他的心腹

军政首脑,举行秘密会议,布置西康起义的工作。参加的有二十四军代军长刘元瑄、副军长陈光藻、副军长兼一三七师师长刘元琮、西康省保安副司令王靖宇、军管区副司令兼参谋长杨学端,还有驻防雅安的保安七大队大队长王德全等。刘文辉向他们明确表示拥共反蒋的态度,刘说川康解放为期不远,各方面要做好起义前对付非常事态的军事准备,听候通知。要团结地方,安定地方,把民间武力组织起来,作为军力的补充。荥经方面已做好这一工作,雅安方面要王靖宇、王德全做好这一工作。刘在团结地方,安定地方,特别倚重王靖宇和王德全。王靖宇是全省保安部队的首脑,负有安定地方的职责,自西康省地方行政干部训练团开办到停办,王靖宇一直兼任该团各期的教育长。西康各地的地方势力代表人物,特别是掌握基层政权的乡长,绝大多数在该团受过训练,同王有师生情谊,在西康的地方势力中,有较深的人事基础。王德全一直充任保安部队军官,同地方势力代表都有交情,他又是哥老会"忠义社"的副总社长,"忠义社"势力遍布雅安及邻近各县,他在雅安及邻近各县有许多拥有武装的朋友。故刘文辉特召王德全参加秘密会议,在会中,刘特别指示王靖宇和王德全,要采取各种手段和方式,团结和组织好雅安及周围各县民枪,防止捣乱,达到安定和为我所用的目的。会后即升任王德全为西康省保安第三团上校团长。不久,王靖宇又取得刘的同意,委升王德全为雅(安)、荥(经)、天(全)、芦(山)4县联防少将副司令(司令权光烈又是"忠义社"总社长)兼保安第三团团长,给予了王德全指挥4县及其地方武装的权力。

四、西康民盟的工作重点

民盟雅安县分部成立之前，雅安方面在彭迪先的直接领导下主要搞的是群众宣传教育、组织发展等工作。1949 年 8 月份，民盟盟员毛云相接受民盟组织的任务，在 9 月 1 日负责组成了一个“雅安青年进修会”并任理事长（以下简称青进会），团结、宣传和教育一批要求进步的高中以上的知识青年。盟员郭景泰（以后是民盟雅安分部宣传部主任）协助毛云相工作，盟员张声明（后是民盟雅分部组织部主任）直接领导毛的工作。

同年 10 月，王德全升任西康省保安第三团团长，以故交关系及起义工作的需要，邀请毛云相充任该团中校政工室主任，经过民盟组织的同意，毛云相担任了该职，并由省保安司令刘文辉、副司令王靖宇签发了委派令。毛云相为了使“青进会”有军队保护，请王德全担任了名誉理事长。王德全向毛密授了刘文辉的起义指示，张声明和毛云相介绍了王德全和一批“青进会”会员苏维德、余德耀、李世华、郭鹤翔、尹化文、李家鑫等加入了民盟，以后这些人都成了川康人民革命军第一纵队政治工作的骨干，有几个在起义后安置到起义军西康保三团任营和连的政治指导员。

重庆解放后，解放军歼灭溃集在四川成都平原的蒋军及王陵基保安部队之战，已经展开，阻击国民党军队窜犯西康的工作迫在眉睫。雅安民盟在张志和、彭迪先、张松涛的领导下决定把王德全作为组织武装力量、防止蒋军窜犯西康的工作重点，当即把任务交给了毛云相，并指定宣传主任郭景泰，盟员孙大营、张正江协助毛云相工作。因为,郭、孙、张等同志都与王德全有交情。10月的某一天,郭、毛、孙、张等都到王德全家中,与王德全纵谈当前形势,王德全有刘文辉的密示,彼此见解相似,一拍即合。并由毛云相介绍张声明与王德全见面。11月份,组织民枪工作紧张阶段,经张志和批准,彭迪先、张松涛同意,张声明、毛云相做介绍人,王德全参加了民盟。张声明并引毛云相和王德全会见张志和,听取张志和对组织民枪起义准备工作的指示。

五、成立“三新自卫团”

10月,王靖宇向王德全说:“组织民枪,应从组织民间自卫团体着手,该自卫团体,我考虑以提倡新思想、新风尚、新道德为号召。”王、毛等也觉得用“新”字较好,这可使人有革命感觉,给人以反蒋的暗示,民盟组织同意先行采用这个方式,积聚力量,便定名为“三新自卫团”(以下简称三新团)。由王德全出面号召,毛云相草拟团章,经王靖宇审定。团章内容有宗旨、组织、训练、联络、经费等若干章。主要内容是:以建立新思想、新风尚、新道德为宗旨,以武力保卫乡土免受盗贼扰乱、乱兵侵犯为目的。以王德全为领导,有500人枪者为分团,有1500人枪者为支团。毛云相介绍盟员雅安县民众自卫总队队副张健寰兼任保三团少校团副,专搞“三新团”的工作,管理文稿、档案、事务、后勤等,开始了半公开式的建团活动:

(1)张健寰办理石印团章事宜。

(2)由王德全出面,先后分别邀请雅安全县各乡乡长及一些地方上头面人物到城。由毛云相、王德全一个一个的接待,告以当前形势,及必须建立“三新团”的利害关系和重大意义,邀请他们参加。根据他们各自武力大小,给以分团长或支团长的名义。

(3)由王德全以“忠义社”副总社长名义,向雅安各区乡及洪雅、名山一部分地方上哥老会的头头,包括前面所提到的各乡长和地方上拥有武装的人物发出通知,邀请他们率领人枪参加“三新团”。

(4)吸收各区乡率领人枪较多的重要人物参加秘密组织“新民主主义研究会”(此会后文介绍)。

(5)派人去各区乡散发“三新团”团章。派出的人是:东区郭景泰,南区,西区孙大营,北区张正江。因为他们都是各区本地人,且是受当地群众尊敬的大学生。经过一系列建团活动,各地分团、支团纷纷成立,声势浩大。由此奠定了后来成立川康人民革命军第一纵队的基础。在雅安粹文印刷社印刷团章时,雅安的军统特务曾偷去数份。

六、新民主主义研究会

刘文辉在起义之前,为使部属思想有所认识和准备,由王靖宇亲手秘密组织“新民主主义研究会”(以下简称“新研会”),刘文辉任会长,王任副会长,吸收保安系统和王靖宇领导的“西康省训团学友会”的中、上层骨干参加。被吸收参加的人,如保安司令部少将政工处长张练庵、少将民训处长权光烈、保三团上校团长王德全、国大代表高秉鑫、国民党西康省党部委员兼组训处副处长胡泰华、成都《西方日报》社社长杨露等。该会翻印马列主义书刊和毛主席著作,并由会员执笔撰写宣传中国共产党政策的文章，制成小册子，在会内秘密散发阅读。

王德全、毛云相取得王靖宇同意，利用这一组织自印入会表格，在保安第三团中发展会员，吸收营连长参加，并吸收“三新团”各分、支团长参加。郭景泰代王德全写了一篇学习《新民主主义论》心得的文章，交给王靖宇副会长，印在小册子中，也在“新研会”中散发。

七、保护革命同志参加起义工作

王陵基在成都各地烂捕烂杀共产党员和民主党派人士，许多革命同志纷纷转移来雅。从10月份起，民盟组织曾先后交给王德全和毛云相保护的中共地下党员、盟员和党盟交叉的同志计有李雅松、俞玉（俞穉夫）、潘传贤、林育林、朱江、汤铭等。他们有的住在保安三团，给以指导员名义，有的住在王德全家中。11月初，王德全参加民盟后，保三团工作由雅安民盟领导。我们的工作转入起义准备，这些被保护的同志，接受党和民盟的使命协助起义工作。为了行动方便，都穿上军服，佩上保三团政工人员胸章。经常进出王德全家——雅舍。不久，给每人发了自卫手枪一支，子弹若干发。民盟雅安县分部张声明、郭景泰，也发给了自卫手枪。

八、成立川康人民革命军第一纵队

11月中旬，张声明传达民盟西康省支部筹委会的决定，命王德全和毛云相将所掌握的民枪，连同正规部队保安第三团，组成川康人民革命军第一纵队（荥经民枪为第二纵队），指派王德全为纵队司令员，毛云相为政治委员，从速编制部署，听候通知，举行起义。起义后主要任务为截断川康公路，驻防洪雅的止戈、炳灵一带，封锁雅安四境隘口，狙击蒋军窜康，保卫西康，保卫雅安，迎接解放。这个时候民盟支部正式派来盟员谭永承、苏继质、蒋增瑞、孙大营等参加纵队工作。

王、毛与共产党员李雅松、盟员张声明等开会决定了新的组织和人事，并下达了雅安军事起义密令。这个纵队以西康保三团为基本队伍，包括雅安全县民枪“三新自卫团”，及洪雅张炳南、名山徐联选武力，共计约10000人枪。为了壮大声势，特成立3个丙种师，保三团为纵队直属团，仍用其保三团番号，名称不变。南区西区为第一师，师长罗良骥，师部设雅安沙坪；东区为第二师，师长张炳南，师部设洪雅炳灵；北区为第三师，师长杨选臣，师部设雅安上里。赶制五星红旗5面，派出4个工作组。经民盟支部决定，在1949年12月8日清晨6时就地升旗宣布起义。由张健寰的爱人彭孟筠连夜秘密制出5面五星红旗，旗边用白条布书写纵队各师番号，另一面书写第一纵队番号。

工作组人员：

东区总指导郭景泰，指导员苏继质、余德耀；

南区总指导谭永承，指导员李世华、赵仁恕；

西区总指导孙大营，指导员尹化文、李家鑫；

北区总指导蒋增瑞，指导员苏维德、郭鹤翔。

4个工作组各领五星红旗一面，在12月初分赴东南西北4区师部所在地，其中南区、西区分驻沙坪、严桥及观化，以沙坪为中心。东区分驻炳灵和水口，水口有一个独立连，以炳灵为中心。北区驻五家口，以五家口为中心。各组总指导代表纵队有权决定各师军事行动，并负责宣传教育工作，直接与纵队司令部电话联系。凡属重大事情均须由各总指导书面签字盖章，纵队司令部才同意。各工作组到达驻地后积极展开工作，在12月8日举行起义的升旗仪式，进入战备状态。

11月份，名山县的官僚恶霸、国大代表、黄埔军校四期学生张广德，伙同总岗山土匪王汉，与王陵基勾结，在名山的总岗山成立了"反共救国自卫军"，控制了车岭、马岭、回龙、永兴等几个乡，威胁着雅安的凤鸣、姚桥等乡，并企图将魔爪伸入雅安东路门户金鸡关，充当蒋军窜入西康的开路先锋。他们的土匪武装三三两两地在金鸡关出没，弄得姚桥人心惶惶。11月下旬，王德全、毛云相为了打击匪军的气焰，显示在名山雅安两地有雄厚的反蒋革命力量，警告张、王二匪，不得轻举妄动，扰害人民，蛊惑人心，并劝告一般群众不要入伙，安心生业，迎接解放。根据这些内容，写成若干条简短通俗的传单，用名、雅革命群众名义油印许多份，趁姚桥赶场时，派出苏维德、余德耀、李世华、尹化文等人，前去秘密散发，暗中投丢在赶集群众的背篼里、篮子里，让他们不知不觉地把宣传品带到各地。

12月8日晨，三个师均来电话，报告已完成起义准备，公开向当地群众宣布。接着由潘传贤执笔拟了《川康人民革命军第一纵队反蒋起义告民众书》在四乡散发张贴。

九、击歼"反共救国自卫军"

12月9日，刘文辉、邓锡侯、潘文华通电起义，12日，雅安贴出宣布西康全省起义的布告，在刘元瑄、王靖宇等人的领导下，组成西康省临时军政委员会。于13日举行起义大会。会后即命川康人民革命军及保三团击歼名山的“反共救国军”，完成任务后驻防金鸡关，截堵流窜蒋军。13日下午，王德全、毛云相率部到达姚桥，司令部设在姚桥场上，电话通知西南两区的指导员回纵队司令部工作，总指导孙大营、谭永承留驻原地观化及沙坪坚持工作。

当晚部署了战斗计划，采取三方合击。通知二师名山徐联选团从左翼侧击，通知水口三师独立连从右翼侧击，纵队直属保三团一、三营（二营此时在天全）正面出击。兵贵神速，14日拂晓，保三团即发起向“反共救国军”进攻。于当天上午克服凤鸣，下午与名山徐团、水口魏玉发连在永兴会师，搜捕残匪。15日，追击向总岗山溃逃的残匪，残匪逃入深山。张广德在永兴溃逃时，纵火烧了参加我纵队某干部的住宅。在同“反共救国军”的战斗中，所有中共、民盟参加纵队的工作人员，都身冒弹雨，一同战斗到总岗山，我纵队无一伤亡。雅安城中，西康省临时军政委员会的政治工作大队，用大红纸在朝阳街口多处张贴起义军保三团胜利捷报，如“起义军王德全部在凤鸣获全胜”“起义军王德全部击溃名山‘反共救国军’进驻永兴”等。《每日新闻》也登载了描写王德全亲冒弹雨，指挥剿匪战斗的特写稿。

这一战役基本上消除了名山雅安的心腹之患，有效地控制住西康门户金鸡关，打破了蒋军企图在名山“反共救国军”的配合下进入西康的幻想。雅安街头大红捷报的胜利消息，极大地安定了雅安城乡的人心。

16 日，作战部队在永兴休整。17 日，正逢永兴赶场，毛云相在永兴戏台广场召开了军民祝捷大会，在会上讲了话，并散发了《川康人民革命军第一纵队反蒋起义告民众书》。名山县长某某也赶来永兴向我军慰劳。纵队政工人员一部分处理俘虏，一部分开展宣传，刷写大字标语，对受难群众进行抚慰，教部队唱革命歌曲《团结就是力量》《解放区的天是明朗的天》《东方红》等。

西康省临时军政委员会接到战果报告后，即来令嘱率主力在金鸡关一带布防。一周以后，王德全率直属保三团一三两营去金鸡关布防。侦察人员回报云：解放军第三十六师王师长已率先头部队从丹棱、蒲江到达黑竹关附近，侦察人员已谒见王师长，我们的起义和击溃“反共救国军”的行动受到王师长称赞和鼓励，并嘱王德全严加防守金鸡关一带，截击溃军。毛云相带领第一连及徐团及部分政工人员暂住永兴，办理善后。缴获的枪支奖给名山徐联选团，充实第一线力量。魏玉发连返回水口。在此期间，中共党员朱江、潘传贤、林育林等因另有任务，先后离开了永兴。

十、收复雅安五家口

王陵基的保安团在洪雅、丹棱、蒲江等地被人民解放军和起义军二十四军、川康人民革命军第一纵队张炳南师陆续击溃歼灭，剩下的保安三团、五团原打算通过邛雅公路窜入西康，但邛崃公路已被二十四军毛团截断，才改变主意，从邛崃夹关、芦山大川，直奔雅安上里。敌保安团误认雅安境内空虚，企图从上里进入雅安城，再由此窜西昌，殊不知上里已有川康人民革命军第一纵队第三师部分民枪防守。当天晚上，驻防上里的革命军部队发觉敌军来犯，即予阻击固守，但因只有一个团的民枪，抵挡不住敌军两个正规团的进攻，上里五家口陷落敌手。王德全在金鸡关接到北区苏维德的电话报告后，即命令中里、下里两地的纵队第三师所属部队，火速驰援上里。上里总指导蒋增瑞与师长杨选臣、副师长兼参谋长杨安邦将队伍分为两支，由蒋、杨各带一支，由杨安邦、苏维德、郭鹤翔带一支赶到五家口，两侧夹击。激战数时，敌军知我军有防，无力前进，即撤离五家口乃越芦山岗垭口，逃往他处去了。因五家口外面山峦重叠，地域辽阔，未予追击，中里民枪在上里防守、警卫。下里民枪赶到上里时，敌人业已溃退，乃返下里。王德全已做了另一增援准备，如北区战事不利，即派陈守朴第三营前往，得知纵队三师民枪已取得胜利，收复了五家口，第三营停止驰援。

在名山永兴，善后工作基本完成，为防张广德死灰复燃，毛云相将地方治安和驻防任务交给纵队徐联选团，即率保三团一连及纵队政工人员返回金鸡关与王德全会合。

1950 年 1 月中旬，中国人民解放军已全部消灭川西平原之国民党军队，起义军西康保三团奉命撤防回城，胜利回归，个个心情振奋，情绪激昂。到达青衣街车站，早有民盟张声明、孙大营等组织的欢迎群众，鼓掌迎接，鞭炮雷鸣。队伍过桥后，擎着川康人民革命军第一纵队军旗及保三团军旗，起义军精神抖擞，步伐整齐，高唱歌曲《团结就是力量》，从朝阳街口折入新市区原驻地，沿途有群众夹道欢迎观看，啧啧称赞。

十一、百家店飞仙关之战

解放前夕，为了清除刘文辉起义的心腹之患，西康省民盟负责人之一张松涛在杨耀武陪同下，持朱世正介绍信去芦山策动程志武起义。程志武是芦山土匪出身的袍哥头子，为人险诈狡猾，八面玲珑。张松涛会见程志武时，对其晓以“联刘、拥共、反蒋”之大义，他表面接受。西康军政当局将他作人质的儿子程开元放回芦山，程志武达到了要回儿子的目的。刘文辉宣布西康全省起义后，他也参加了芦山城拥护起义的大会。不几天，程志武听说名山张广德的“反共救国军”攻打雅安东区凤鸣乡，四川王陵基保三团、保五团占据雅安五家口的消息，在蒋帮特务的鼓动和密谋下，程志武又露出原来的反共反人民本相，将张松涛回雅后派去工作的共产党员俞稺夫、民革成员陈强立等12位共产党员和民主党派人士扣押起来，扬言要将这12人杀害以祭他的反共旗帜。刘元瑄、张志和当即采取营救措施，由西康省“留雅民联会”和有影响的知名人士陈耀伦、杨立之、朱世正、高秉鑫等十多人，向程志武施加压力。程匪被迫将扣留的12位同志放回雅安。但程的反心未泯。国民党的高级将领唐式遵总部被人民解放军消灭，唐式遵潜至芦山程匪老巢，封程为反共司令，李元亨为军长，程、李欣喜异常，再一次举起叛旗。1月中旬，二人率匪部围攻驻守芦山金顶阁的西康省起义军保安二团张怀贤连和二十四军黄以仁团的刘绍德连。川康人民革命军第一纵队直属保三团刚到雅城不久，即奉西康省临时军政委员会命令：“打通芦山、雅安交通，接应芦山驻军。”王德全同毛云相做出决定，派保三团三营,加上十一连(新兵连),由营长陈守朴率领,从雅安驻地出发,向芦山搜索前进,驱逐了沿途的零星匪徒。到达横山岗时,遭遇几十人的小股土匪阻击,激战约一小时,匪徒败走,三营机枪班长王栋等5人阵亡,当天下午宿营芦山百家店。由于陈守朴营长轻视匪徒的战斗力,放松警惕,忽略了夜间宿营的警戒和战斗的部署,遂遭到程开元匪众当日午夜的偷袭。陈守朴慌乱之际,置十一连于不顾,率本营的七八两连夺路突围,经龙池、大为,经过两天多才回到雅安附近溪桥子。十一连最后突围,损失人枪三分之二。省保安代司令王靖宇和王德全亲往安慰,并鼓励士气。以后一个被判刑十五年,刑满释放回芦山的原芦山任家坝保长任朝之路过雅安时说:"我在1950年6月19日傍晚,在程匪开元的威胁下,带着全坝人枪,伙同前往百家店偷袭了保三团陈守朴营。"

1950年1月22日,我方侦悉蒋军第七兵团胡长青残部六七百人窜至芦山,伙同李元亨、程开元盘踞飞仙关一带,拟向雅安窜扰。为了要打退叛乱土匪,接应天全方面二十四军某部,西康省临时军政委员会命令王德全部夺取飞仙关要隘。1月22日,王率部移驻多营坪。当晚王、毛及共产党员李雅松、汤铭等会商决定,通知太平乡之纵队第三师姚培义团火速从太平乡抄小路上山,配合从多营出发的陈守朴两个连,在中午12时前赶到飞仙关对面的高地,以火力掩护主力部队攻取飞仙关。又通知纵队三师中里、下里部队登芦山岗、罗纯岗,防守北区一线。王、毛亲率保三团一营及新兵连向飞仙关搜索前进。尖兵排刚到大深溪,就遭到河对面殷家坝匪徒袭击,在我军火力的猛烈打击下,叛匪龟缩。为了防止叛匪渡河，留下部分人枪警戒，部队主力继续挺进。当前锋接近飞仙关隘口时，遭到匪众的阻击，王德全、毛云相率参副多人已到达第一线，进入了敌人的火力网内，两个地下党员李雅松、汤铭也随王、毛到达险区，当经王、毛二人研究，令李雅松、汤铭二人撤下去办理后勤（飞仙关之战曾被李雅松作文刊登于党刊上）。在他们撤走之时，指挥部人员已遭到半岩上和飞仙关隘口匪众的猛烈射击，王德全身边的卫士彭元亨腰部受重伤，肠子突出，身边的马克沁机枪也被打凹了肚膛，另有 5 人受了轻伤。此时，高山掩护部队从指定地点发出信号，王德全即命号长张健明吹冲锋号。第一次冲锋受挫，情况紧急，王又从预备队中挑出 100 多人组成敢死队，由一营长夏福群率领冲锋。王命令先攻上飞仙关隘口的有奖，后退的枪毙。司号长再度吹起冲锋号，在一片喊杀声中，号长中弹阵亡。乌合的匪徒，在我山上山下猛烈火力打击下，全部崩溃，纷纷窜逃。我军收复了飞仙关，交保安团李维舟营驻守，姚团民枪回太平乡，纵队指挥部返多营坪。

此役我军主力处于仰攻，损失较重，王德全身边死 1 人、伤 7 人，全军共阵亡和轻重伤 40 余人。对死者，报请西康军政委员会从优给予了抚恤，伤员送雅安仁德医院医治，王德全垫支奖金 300 余元。第二天西康临时军政委员会派出慰问组前来慰问，保安司令部的刘易疆，民盟的张声明参加了这次慰问。2 月 1 日，毛云相也率川康纵队指挥部随战政工人员，从多营坪前往慰问。

起义军保三团旋师多营之前，因胡长青、王陵基匪军已被歼灭，于是将派驻雅安东、南、西、北四区的纵队的政工人员全部调回，飞仙关战役后，征求同意，安置到起义之保三团第一、三两营担任营连指导员职务，第一营政治指导员为李雅松，第三营为汤铭。

十二、纵队复员

2月5日，解放军派一个营来多营接防，起义军保三团调驻羌江北岸的河北街（挺进路、康藏路）一带休整待命。此时天全的第二营（营长罗祥俊）已回雅归队。不久，全团即奉命在2月25日开赴温江地区整编。

2月上旬末，民盟西康支部主委彭迪先，偕同张声明与王德全、毛云相会商决定，川康人民革命军第一纵队已完成了击溃土匪和蒋军企图侵扰雅安的任务，保卫了雅安社会安宁，迎来了解放军进驻雅安的历史使命，各地已陆续建立了人民政权，民间的武装组织没有继续存在的必要。除起义军保三团，仍归西康保安系统原建制外，川康人民革命军第一纵队应就地解散复员。

王德全与毛云相乃向纵队发出复员令，全文大要如下：

川康人民革命军第一纵队的全体指战员同志们：

我们为了拥共反蒋，保境安民，迎接解放，组成了川康人民革命军第一纵队，举行了起义，并东剿名山“反共救国军”张广德、王汉土匪武装；西击程志武、李元亨叛乱土匪；北阻四川王陵基保三、保五团的入侵。在同志们的英勇战斗下，因而取得了辉煌的胜利，保卫了西康，安宁了地方。同志们日夜辛劳，出人出力，流血流汗，深得人民解放军、西康军政领导和雅安、名山、洪雅、芦山、天全各县人民的赞扬。现在起义事业已经完成，各地人民政权已在建立，我纵队已无继续存在的必要。我们已经请示了西康的军政首脑、民盟领导，我纵队决定自即日起，宣告解散复员，望即率部回到本乡本土，予以解散回家，各务本业，听候当地人民政府安排。希望不要麇集不散，仍如过去拥抢自卫，或者甚至骚扰地方人民，则将有负于我们起义的初衷了。特此通令，望即遵照办理。

川康人民革命军第一纵队司令员　王德全

政治委员　毛云相

1950 年 2 月 10 日

复员令共油印了约 200 份，纵队民枪连级以上人员，每人发给一份。从此川康人员革命军第一纵队全部就地复员，完成了历史使命。

（原载《雅安文史资料汇集》）

罗西玲和他所处的时代

毕德锐

罗西玲,又名罗锋涵(1905—1957),湖南省新宁县人。父亲曾任四川省奉节县县长,后又在重庆政界任职,罗自幼在重庆求学,毕业于巴县中学。

1924年(民国13年)吴玉章、杨闇公、廖划平、傅双无等,在成都建立中国青年共产党(Y·C),与成都社会主义青年团组织之间实行政治联合,共同行动。

1925年8月(国共第一次合作时期),广州国民党中央党部特派吴玉章为四川党部筹备员回到四川。吴在重庆成立了国民党四川省党部,由李筱亭出面负责,实际上由杨闇公领导。

1926年1月,中国共产党重庆地方执行委员会成立,2月,正式成立中共重庆地委。机关设在重庆,杨门闇公当选为书记。

1924年,罗西玲在巴县中学求学时,便追随杨闇公从事学生运动,曾任杨闇公实际领导的国民党四川省党部青年干事,兼川东学生联合会主席,并加入共青团(C·Y)。

1927年(民国十六年)3月24日,英、美海军军舰炮轰南京,打死、打伤2000多人,史称"南京惨案"。杨闇公闻讯,立即在重庆组织工人、学生进行声援。于3月31日，在重庆打枪坝，召开声援大会。当时重庆驻防川军是刘湘部队，刘任川康边务督办既善后事宜，人称刘督办。刘湘的师长王陵基任江巴卫戍总司令。

“三三一”声援大会刚开始，就发现门口有人打枪，王陵基派出的便衣警察四处活动，枪声一响，群众慌乱，会场大乱。杨闇公由陪同到会的向时俊师长及卫队保护退出会场。当场打死在主席台上的有著名人士陈达三、学者漆树芬（南薰），并打死许多群众，打伤不计其数。又在街上打死外交后援会主席、工会主席冉钧（重庆党组织负责人）。杨闇公在化装成老太婆出走上船时被捕，4月7日，被挖眼、剖心、砍手，壮烈牺牲。重庆一片白色恐怖，党人纷纷流亡隐蔽，这就是震惊全国的重庆“三三一”惨案。

罗西玲在“三三一”惨案现场，从罹难尸体堆中爬出，逃入附近学生家中躲藏。这位学生即后来与罗西玲共患难一生的罗夫人赵程玉女士。

罗西玲在惨案发生后，由父亲提供官轿出城，逃离重庆，跑到广州，进入中山大学求学，继续搞学运。

1927年8月7日，党在武汉召开“八七”会议后，派人到重庆重建四川地方党团组织。

1928年2月，张秀熟在重庆召开四川省临时党代表会议，成立中共四川省委、团委。恢复党的工作后，罗西玲返回重庆，任团省委秘书，从事地下革命活动。

1930年，罗西玲被叛徒出卖入狱。后经父亲好友林润荪先生营救出狱。罗与党组织联系中断，先后辗转至成都、西昌、雅安谋生。

1939—1944年，罗西玲在西昌流亡，曾任宁南县政府司法官。有一次当罗秉公判案后，官司输了的一方亮出底牌，原来输方早向县太爷夫人送上“大红包袱”，回音是“包赢不输”。罗西玲愤然弃官而去，证明罗西玲为“官”不昧良心，这在国民党时代的官场中实属罕见。

罗西玲后来在西昌直接税务局任秘书。这个税务局中，除了局长外，还有几位是共产党员。

罗又曾出任西昌中学校长，交卸时，将节余款全部上缴（按当时陈规，由卸任校长收入囊中）。罗此举，在西昌传为美谈。

1941年（民国三十七年）元旦，驻防西昌的二十四军136师师长刘元瑄，创立《新康报》，代表地方势力利益，专门与西昌行辕在1939年办的《宁远报》（代表国民党中央利益）唱对台戏。《宁远报》办报经费由国民党中宣部、军事委员会总政治部拨专款，人员按军人支薪。

这两家报纸在1941—1945年抗日战争时期，尚能“和平共处”。

到1946年（民国37年）6月，国民党发动全面内战，解放战争开始，这两家报纸就各说各的了。

《新康报》由刘元瑄任社长、许成章任总编辑、罗西玲任主笔（罗同时任西昌中学校长）。罗除了为《新康报》撰文评论时政，还经常与编辑部小伙伴闲扯，吹牛，有时干脆就在编辑部住宿，作深夜长谈。罗多次讲起他在“三三一”惨案前后，在重庆提起脑壳闹革命时地下活动的传奇故事，以及中山大学各种学潮经过。因罗西玲蓄有浓黑的鲁迅式胡须，人称“罗胡子”，加上爱侃普希金、托尔斯泰、高尔基和美国的斯坦贝克的文学作品，他写的杂文讽刺辛辣，故有“西昌鲁迅”之誉。

这家《新康报》直到1947年上半年停办，编辑部工作人员中，共产党员、民盟人员，来来去去，十分频繁。最著名的人士有后任《中国汉语大词典》副主编的陈落同志、西昌民盟创始人唐会昌、新华社高级记者程再华，《四川日报》编辑帅雪桥、记者王石泉。这5位共产党人已先后辞世。

罗西玲在为《新康报》工作期间，结识刘元瑄，得到刘的敬重。刘委任罗为宁属屯垦委员会边务处秘书（刘元瑄兼任处长）。从此罗成为刘元瑄座上上宾，结下终生友情。1947年，刘元瑄移防雅安，罗西玲随刘到雅安，成为刘元瑄私人秘书。

1947年，《新康报》在西昌停刊后，人员撤离到成都，筹备出版了国统区一张左倾报纸《西方日报》，由陈落任总编辑，1939年担任过中共丰都县委书记的杨正南任主笔（解放后曾任西康省文教厅长），罗西玲任社务委员、主笔。董事长是刘元瑄。

罗西玲在《西方日报》只是挂名主笔，1947—1950年，罗在雅安任由刘元瑄担任代军长的二十四军上校秘书。常去成都《西方日报》沟通报社与董事长之间有关办报的大小事宜。

《西方日报》从1947年创刊，到1949年，越办越左，越办发行量越大，员工达200多人（编辑部、采访部、发行部、电台、印刷厂）。1949年4月，成都警备司令严啸虎打电话告诉社长杨露，大意是：你们这个报真是办得不成话！要办！就拿到北平去办！严啸虎说这话没过两天，有两位便衣特务在清晨来到《西方日报》找总经理许成章，说是“四川省主席王陵基请去谈话。”许成章同报社另一同事随同这两个便衣特务走后，直到深夜还没有回来。

接着，官方放话出来说，要放许成章二人可以，条件是：一、改组；二、停刊。

经过《西方日报》上层商议，于1949年4月22日在《西方日报》登出“解放军渡过长江”七个大字后，停刊。

报纸是停刊了，但200多号人的善后工作怎么办？隐蔽、转移这批共产党人的任务，落到了罗西玲头上。

罗西玲一身戎装由雅安赴成都，将杨正南等一批共产党人先转移到新玉沙街刘文辉公馆，那里门卫森严，确保安全。罗西玲随后叫郑副官拿一条子到成都去接人到雅安。这之间还闹了一个小笑话，郑副官一到，才知是接贵宾，他在雅安奉命时，还认为要他去抓这几个人到雅安。

到雅安后，罗西玲偕同杨正南等到苍坪山上会见刘元瑄。接下来的日子，便是刘元瑄、杨正南、罗西玲一起谈时局，分析军事进展形势。杨正南向刘元瑄介绍共产党的方针、政策，谈论马列主义粗浅道理，同时也共商在雅安恢复刘在西昌创办后停刊的《新康报》作为宣传阵地。

1949年，杨正南等原《西方日报》原班人马撤退到雅安，在7月8日便将《新康报》复刊，由杨正南任主笔，这张四开小报，一直出到1949年12月下旬停刊，成为传播党的政策的重要媒体，为号召西康各族各界人民积极行动起来，维护社会治安，支持二十四军起义，迎接解放做出了贡献。罗西玲为《新康报》复刊，出力不小。

罗西玲从1947年下半年到1950年1月31日这两年半时间内，在他所生活的那个时代中，留存有下列历史轨迹：

1947年，为《新康报》撤离西昌，为在成都创办《西方日报》，罗西玲都有为外人所不知的尽心尽力之处。

1948年，解放战争越打越激烈，辽沈、淮海、平津三大战役，震撼了全中国，国民党军队动摇起来。为了在二十四军官兵中稳定思想，刘元瑄成立了“新光社”（取新民主主义光芒万丈之意），由罗西玲担任总干事，在军队中发展了几十个成员，都是由刘元瑄亲自物色的，具体工作由罗负责操作。这个组织成员在准备起义的过程中，起过骨干作用，起义后这个组织即停止了活动。

1949年，中国民主同盟四川省支部委员会彭迪先、省支部负责人张志和转移到雅安进行活动，便介绍罗西玲加入民盟。

1949年8月，罗西玲任民盟雅安县分部主任委员，在知识青年和工商界中发展盟员，接待来雅安的秘密工作者，为迎接解放做了不少工作。

1949年10月，刘文辉由雅安去成都，行前将军政大权交由二十四军代军长刘元瑄总负责。12月9日，刘文辉在彭县与邓锡侯、潘文华发出通电，宣布起义。

1949年12月12日，刘元瑄在雅安公布起义通电，发布拥护起义的布告和有关命令。13日，又举行了二十四军起义誓师大会，并发布《告全体官兵书》。这么多电文、文告，大多由罗西玲负责起草。

为了维持地方秩序，维护社会治安，12月14日成立了西康省临时军政委员会，罗西玲担任秘书（1950年1月5日更名为：

西康省临时军政会议,罗西玲增补为委员)。这个西康省临时过渡政权机关存在了48天,开了38次会议,罗西玲是每会必到。会议由刘元瑄主持,上传下达各项会务工作,全由罗西玲担任。

临时军政委员会成立当天,解散了原二十四军政工处,成立政治工作大队,由雅安地下党领导,罗西玲担任大队长。

12月17日,西康省临时军政委员会,根据共产党和民主党派建议,任命罗西玲为雅安县长。至此,罗西玲有了三个头衔:雅安县县长;民盟雅安分部主任委员;二十四军政工大队大队长。

从1949年12月9日宣布起义,到1950年2月1日人民解放军进驻雅安这50多天中,罗胡子整天忙得昏天黑地。

罗西玲任雅安县县长后,进一步发动群众,推进各项文件学习。召开乡镇人员和镇民代表的学习会,学习《约法八章》,对旧乡镇保甲人员晓以大义,号召他们遵纪守法、维持治安,稳定大局,不要以身试法。为了有利于工作,罗西玲还参加了新民主主义青年团,成为地下团员。

1950年1月底,中国人民解放军六十二军先头部队到达名山。

为了筹备迎接解放军入城的盛大欢迎仪式,作为雅安县长和政工大队长的罗西玲,经过几天忙碌,准备工作胜利完成。在入城式前夜,筹备组特举办晚会,一方面检查工作中是否有遗漏之处,另一方面在迎接黎明的兴奋中举行庆祝活动。这个晚会上,大家唱歌跳舞,各出节目助兴,人人兴高采烈,兴奋不已。

轮到罗西玲出节目时,罗在会上回忆起几个和他在白色恐怖下闹革命的同志为革命奋斗牺牲、献出自己年轻宝贵的生命时，罗西玲不禁泪如泉涌。同志们上前劝慰，愉快同悲痛交织并至，会场一片哭泣和悲伤，给参加过这次晚会的同志留下了难忘的记忆。

1950 年 2 月 1 日，中共西康区委员会书记廖志高，中国人民解放军六十二军军长刘忠，率大军进驻雅安。雅安人用掌声和笑脸迎接解放军，盛大入城仪式圆满成功。

2 月 5 日，中共雅安县委、雅安县人民政府宣告成立。罗西玲亲手将原雅安县文书档案、人员清册、所辖资产移交给人民政府。

与罗西玲从 1947 年就相识的杨正南同志在罗辞世 45 年后写的《忆罗西玲同志》一文中曾说："罗西玲同志在这段时期为党和人民的事业立下了不可否认的功绩。"

这就是一位 83 岁高龄的革命老人出自肺腑的真心实话，是对罗西玲同志的公正评价。

新的时代来了，罗西玲开始了新的生活。

1950 年 2 月 1 日，解放军入驻雅安后，成立了中国人民解放军雅安军事管制委员会，罗任秘书。之后罗西玲又开始新的征程，随解放军进入西昌。

1950 年 7 月，罗西玲任西昌军管会文教科长，教师讲习班副主任，继任西昌技专副教授，在西昌参加教师思想改造，接受政治审查。

1951 年，罗西玲任西昌民盟 5 人审查小组成员，对西昌地区原有盟员的盟籍进行登记审查。

1953 年，罗西玲奉命调回雅安，任西康省文教厅工农教育办公室主任。

1955 年，西康省撤销。

1955 年 10 月至 1956 年 4 月，罗西玲任雅安市副市长。

1955 年 12 月 18 日，罗西玲当选中国民主同盟雅安市分部主任委员，同时担任雅安专署文教科科长。

1956 年 5 月，罗西玲当选为中国人民政治协商会议四川省雅安市第一届委员会副主席。

1950 年到 1957 年 4 月，这 7 年半中，罗西玲都在教育界工作。他工作努力，敢于负责，赢得了西昌、雅安中、小学老师们好感。

1950—1956 年这 6 年中，罗西玲在新时代日子过得称心如意，和老朋友吹起牛来，谈锋不减解放前无话不言之雄风。

1957 年 3 月，《人民日报》登载了一篇民盟中央文教部长费孝通的文章《知识分子的早春天气》。但谁知，暴风雨即将降临。

作为雅安市民盟负责人，罗西玲成了雅安知识分子中的头面人物。罗西玲响应党的号召，帮助党整风，言无不尽。

7 月 1 日，《人民日报》发表社论《文汇报的资产阶级方向应当批判》。

7 月 10 日，有人在离雅安城区一里路的水中坝边一段浅水坑中，发现罗西玲已溺水辞世。

1987 年，中共雅安地委，为罗西玲遭到的一切不公平对待彻底平反，昭雪沉冤，恢复政治名誉。

（原载《黎明前的战斗》）

忆罗西玲同志

杨正南

一

我同罗西玲同志相识，是 1947 年从《西方日报》开始的。我那时任报纸主笔，他是二十四军代军长刘元瑄的秘书。开始都互不了解，我是以中共党员的身份去该报工作的，党的关系属于川东特委系统，因为秘密纪律的要求，开始在经理部或他来编辑部时，只能是"点头之交"，没有多谈。经过几次接触，感到他属于进步人士，以后又听报社总编辑陈落谈到一些情况。故他再来编辑部时，我们谈到新华广播电台的消息，解放战争进展形势，议论蒋政权面临崩溃瓦解的局面，也就减少了拘束顾虑。

使人印象深刻难忘的关键时段，是 1949 年 4 月，国民党眼看他们的末日来临，狗急跳墙，一面为他们向台湾逃窜做准备，一面镇压革命进步力量。4 月 21 日，当《西方日报》用七行大字标题报道我解放大军胜利渡江的喜讯以后，四川反动头目王陵基下令逮捕总编辑陈落。当他们凌晨来编辑部扑空之后，连忙回过头来抓社长杨露，后改抓总经理许成章，押往将军衙门。发行部副经理叶文杰被一同抓去。在这紧急时刻，报社同志分头短暂隐蔽，王家坝编辑部只剩一些家属妇孺。在这个危急存亡的关头，罗西玲同志身着军装，来到王家坝，传达刘代军长的意向：编辑部编辑以上工作人员转往新玉沙街刘文辉公馆暂住，伺机转往雅安，继续办报。这样的对待编辑工作人员，绝不是偶然的，而是刘文辉先生多年来政治方向抉择的一个具体表现，是刘元瑄代军长、刘元彦同志（解放后已入党）在政治生活上的一个跨步，也是我党中央和地方统战工作的胜利结果。这件事情的决定，罗西玲同志是参与筹谋，并从中出力的。

过了几天，编辑部翟静之、帅士熙、卢集干、王石泉和我，先后住进了新玉沙街刘公馆，这里便衣门卫森严，昼夜有人值班。从政治上来看，不失为安全所在。但是，从以笔作枪的战士生涯到短暂的做客，同志们都很不适应，心中也很焦急。这时，陈落已潜往上海，许成章正被关押。住在刘公馆，生活条件比报社优越得多，刘元彦同志虽和我们同桌共餐，一同“拱猪”游戏，议论大事，说古道今，但是这时我大军正胜利渡江，炮声惊天，战鼓动地，向中南、西南节节推进，我们敌占区党员干部，正是应当有所作为的关键时刻，要我们成天坐下休息看书，实在坐不住了。这时，罗西玲成了关心我们，也是我们企盼的人物。他总是每隔五七日来我们住所一次。他一来到，就像一块磁铁般地把我们吸在一起。听他从代军长那里带来的消息、收音机里听不到的新闻、四川军界的动向和社会新闻等，无一不是我们关注的，无一不是使人感兴趣的。罗西玲本来是个生活阅历比较丰富、平时语言不多的人，但在这种场合，他竟然也同我们一样，说话直捅捅，内心热烘烘。谈到军政大事，不免又叙又议，在关键地方，又富于幽默感。他略为凝重而又洪亮的川南口音，好像中学历史教师在课堂上讲历史课，但又无拘无束。他每一次来，我们总要把话题扯到去雅安继续办报的事，看看有什么动静，而他总是说："快了，别急嘛，这一年多来太辛苦了，趁机休息休息。"话题终了，拱一盘猪，有时他也参加，几个人挤挤眼睛，送他一头"大肥猪"，逗得大家一阵哈哈大笑，透过他的黄呢料军服，我们看见他也有一颗童稚的心。

在刘公馆的寄住生活一天天过去，日子是漫长漫长的。大概是第十二三天了，罗西玲同志又突然出现在我们面前，捡张方凳坐在我们的房子中间，额角上冒一点微汗，脸色比往几次要沉重一些。时局怎么样了？这是我们共同关心的问题。歇了一会儿，他胸有成竹而又明显是经过了选择用语表达说："不要紧，天塌不下来，塌下来有长汉子撑住嘛！"有人着急了，追问到底怎么回事？罗西玲没有正面回答，他把话题岔开一下，问大家："天气快热起来了，有蚊子了不？"听的人只管摇头，急于要知道什么事。他终于吐口了："光头（指蒋介石）到了重庆，把川军将领，包括刘自公（指刘文辉）他们找去，听说还要到成都来。"他歇了一会儿，屋子里一个咳嗽的声音也没有。"西北方向，胡宗南部向剑门关溃退，前锋已到了江油，川局陷入……这一天终归要来到。代军长已经决定你们转往雅安，做好准备，一声说走，立马登程。"

"什么时候？怎么走法？路上……"大家七嘴八舌急忙发问。

"这些你们不要管，既然叫走，一切都会安排好嘛。"罗西玲说话干脆，语言利落，多年军人生活的陶冶，使他在关键时刻，说话不多,这一点,我的印象是深刻的。“你们先作好准备,一声说走,立即上路,行头少带。”谁还有什么行头?牙刷一把,面巾一张……我们在沉重严肃的气氛中,目送罗西玲离开这个房间。

又过了两天,大概离端午节已经不远了,一个晚上,罗西玲从刘家的住房出来,我们中有的人已经睡下,他走近房子来告诉我们说:“明天早上7点多钟,有车子来,接我们去雅安。在门口上车,由郑副官送到目的地。”说完,他匆匆地走了,临别时,他说,他也要回雅安,随后到,雅安再见。

我们5个人共乘一辆满载货物的卡车,高踞于车顶之上,除护送的郑副官外,还有个看来是二十四军家属的女人同行。车过武侯祠,四川保安团在那里设了检查站,郑副官估计在武侯祠可能会受到检查和盘问,叫我们先准备好口径。不料经过时,汽车竟是一帆风顺,扬长而去……

二

我们到了雅安,被安置住在新市区一个旧的印刷厂里(今为川农大所在地),生活和后来办报诸多杂事都受到罗西玲的关心和照料。罗西玲带我们去苍坪山刘元瑄住处会见刘代军长,这以后,我们成为刘元瑄的座上客。不久来了彭迪先先生,来了刘盛亚、杨汇川。作为刘的秘书,罗西玲是经常去去来来的。在报纸没办起之前,我们在刘代军长处无拘无束,同刘元瑄、罗西玲一起谈论时局,分析军事的进展形势,介说我党我军的大政方针,谈论马克思主义的粗浅道理,谈完了大伙儿坐下来“拱猪”,饭好了就在那里吃饭。杨汇川似乎还会唱昆曲,有时也哼上几声，罗西玲有时也帮上几句。这个时候的雅安，人称“小香港”，政治空气同成都大不一样。张志和来了，吕洪钟来了，不少民主人士、地下党团员来雅安迎接解放，罗西玲的活动也更是多方面的。

罗西玲积极帮助筹备在雅安恢复原在西昌出版的《新康报》，刘元瑄和他商议，新康报社长由刘元瑄担任，总编辑为苏心澄，我任主笔，翟静之仍然任编辑主任。版面实际是翟静之、帅士熙、卢集干和我们几个负责。这样的人事安排由罗西玲来传达后按此进行工作。

报纸比成都《西方日报》更加活跃开放，直接刊登新华社的新闻广播。我们编报之余，在新市区一家茶馆喝茶聚会。有彭迪先、刘盛亚、吕洪钟，后来许成章也来了，还有张安国、胡立民、冯泽生、赵利锋，罗西玲间或也来参加。这个露天茶室，一时成为雅安历史上的文化沙龙，大家在那里话说天下大事，说政治、谈经济、讲军事，共庆解放战争的迅速推进，为行将崩溃的蒋政权唱葬歌。有时也相聚“拱猪”，增添一些欢乐，牵羊、送猪，预祝雅安解放，罗西玲是不肯后人的。

三

1949 年 7 月，我们接受川东党组织的任务，在雅安地区开展党的组织宣传和统战活动，把外地来雅安的党团员和民协的同志清理组织起来，共同战斗，保卫雅安，迎接解放。对个别条件成熟的人，吸收加入党组织。罗西玲同志向雅安党组织提出了他的问题：他自己陈述，在革命时期参加过 C·Y，也为党、为人民做过一些工作,申请入党。我们研究认为,雅安解放在即,这些问题,解放后可以查清,暂先同他保持新民主主义青年团组织的联系,解放清理后,再做进一步处理。他接受了这个意见,但内心感到有些歉然。在政治上,我们对他远远不止作为一般团员看待,而是持信赖的态度。对二十四军的起义,除通过刘文辉先生指定的代表杨家桢正式接谈外,还通过他同刘元瑄保持联系,或交换情报和意见。12 月 9 日,四川将领刘文辉、邓锡侯、潘文华联合起义以后,成立了西康省临时军政委员会,罗西玲代表军方参加军政委员会。鉴于雅安在起义后的重要位置和形势,临时军政委员会决定撤销原雅安县县长、青年党人许某的任职,委派罗西玲接替。罗在接任以后,在发动群众保卫雅安,维护治安,防止国民党残部窜扰,同时准备迎接解放军进驻雅安这方面作了部署。这时,罗西玲已经取得了民盟的盟籍,通过雅安民盟和党的地下组织相互配合,得到二十四军军方的帮助,在荥经县境内,抓获了企图逃窜西昌云南的国民党西康调查处处长、特务余仲篪一行数人,并缴获了电台等物。罗西玲同志在这段时期,为党为人民的事业立下了无可否认的功绩。

一个使人难忘的光华之夜:1950 年 1 月,大约是在 27 或 28 日前夕,即中国人民解放军六十二军进驻雅安的前夕,我们雅安的一些党团员在二十四军政治工作大队(是二十四军起义后,由雅安党组织组成,对起义军和社会开展宣传教育的组织,队长罗西玲、副队长赵利锋)召开晚会,检查欢迎解放大军入城的庆祝活动准备工作,同时我们也举行预祝活动。同志们唱歌跳舞,尽情欢畅,预祝大军入城会师。轮到罗西玲出“节目”,我们这些年龄大一点的人大体不唱也不舞，讲的是发自感情深处的喜悦和欢乐。眼看国民党的黑暗统治全部垮台，我们从长期地下埋伏转到地平线上来，从悄声到大声说革命的道理，从长期的压抑到大口气地发抒自己欢乐的情怀，明天就要见到我们望眼欲穿的最亲的亲人、最可爱的人民解放军，感情的闸门一旦冲开，喜悦的洪流是关不住的，假如泪泉也竟似山泉，我们的政工大队——虽然是钢混结构的停业银行——恐怕也会被水淹没起来了。罗西玲同志在会上忆起几个为革命奋斗牺牲、献出自己宝贵生命的同志。他想叙述一下他们那崇高的、最纯洁可爱、永远是青年楷模的光辉事迹，悲痛似乎凝成一个坚实的喉塞，除了泪水的流泻和抽泣，什么也说不出来。我们上去劝慰，不知不觉坠入了那个感情汇聚的深渊！愉快的晚会交代了……不，生理学说明，人在最愉快时的眼泪比痛苦时更容易流泻，更加充沛，而欢愉同悲痛交驰并至，泪泉真的像出山的泉水一样地流泻不息。全场一片哭泣和悲哀，交织成为不可拍摄的孺子真情的友爱的蜃楼。这个难忘之夜，我们窥见罗西玲同志在情怀上深深埋藏着对人民解放事业的赤子之情，这是十年旧军制服所不能掩盖和玷污的！

2 月 1 日，中国人民解放军和中共西康区党委、雅安军事管制委员会的干部班子，穿上灰色的人民解放军制服，整队进入雅安，真是自盘古开天辟地以来没有过的盛况，这不是文人的夸张，而是历史的事实，文艺巨匠何在？一任他们挥笔描述都是不为过分的。军事接管的雅安军管会成立了，威镇康宁雅三属的西康军区司令部成立了，接着区党委、省人民政府相继成立，西康省临时军政委员会相应撤销。为加强领导，雅安县长一职即由南下同志担任，这些同志斗争经验丰富，熟悉党的方针政策，这样的调整是必要的。直到我1954年离开西康转往云南，罗西玲同志的党籍问题似乎都还没有解决。1950年2月中旬，党在雅安的会师大会以后，我们遵守一条党纪：原来地下党的同志避免不必要的接触，这样有利于党的统一团结。罗西玲同志的情况就不大了解了。以后，听说“反右”斗争中受到委屈。我们的党是一个大的政党，地上地下，解放区和国统区，思想工作、生活习惯、工农干部和知识分子，互相的了解、互相的融会贯通，是需要时间、需要更多接触的。西康区党委领导在这方面的工作还算是做得比较好的。但有一件事对罗西玲同志也引起过误会，大约是进军以后，罗西玲为县属公教人员调了一下工资，这是只涉及少数人的事，后来上边知道了，对他产生不好的印象，好像说他为博取个人赞誉，给继任者留下困难。雅安已经解放，一县单独调资，当然是错的，可是他调资的动机，的确不是为了换取个人赞誉，而是想到，天大亮了，公务人员应当从苦海里爬出来，第一步先爬到浅水处呗……当然，是应该的，随后也终究都爬上岸来了，光一个县爬不行，得有计划、全面地爬。罗西玲同志的历史状况，没有得到解决的组织问题，以及几年的旧军制服，在那“一言晃终身”的左的岁月，走向悲剧性的结局，即使是在掌握政策好一点的地区，也是在所难免的。

新时代的政治生活，党的民主制度的不断发扬，政治生活透明度的不断增强，使对人的误解和极端对待将会得到逐步消除，用谅解来代替愤恨，用友爱来驱赶人间的憎恶，对吗？

雅安中共地下党的协奏曲

杨正南

根据上级指示，中共雅安地方临时党组织随着解放战争形势的发展，把主要精力从报社转到参与策动二十四军起义，迎接解放等工作上来，为此大家做了大量的工作。

《新康报》与起义军

1949 年 4 月，在成都的《西方日报》被迫停刊后，编辑部人员面临着人身安全问题。开始时大家相互示意，各自找适当地方疏散隐蔽，避开这个浪头。在成都有家或有亲友的，分别回家或投奔亲友。我因有个亲戚在新都县政府工作，便在 22 日早晨转往新都，在那里住了两天。久住怕引起亲戚的怀疑，只好转回成都。我们四五个人，在新玉沙街刘文辉公馆住了 10 天左右。这时，刘元瑄秘书罗西玲告诉我说，已经决定把我们送到雅安，继续办报。这个消息，当然使我们高兴。在去雅安之前，我通过我妻邵琼芝，设法同党的联系人熊扬晤面，地点就在刘家公馆。熊扬同意我们转往雅安，争取在那里办报，在那里扎根，在那里迎接解放。

大约是1949年5月中旬,我们搭乘二十四军一辆货车去雅安。翟静之、帅士熙、王石泉和我,四五个人坐在货车顶上,有个参谋护送,到了雅安,住在新市区一家印刷厂里。这里从政治条件来说,算是解除了在成都的紧张空气。这时,外地来雅安"政治避难"、迎接解放的有刘盛亚、吕洪钟、张安国、胡立民、赵利锋、冯泽生等人。张志和来后住在刘文辉公馆,彭迪先住在苍坪山刘元瑄寓所。我们常常到新市区的一家茶馆见面。大家品茗纳凉,饮茶看书,有时也打扑克、下象棋,兴致来时,说时局,传消息,纵谈天下大事,为我解放大军胜利渡江,同时向华南、西北的胜利推进喝彩、叫好。雅安的环境,是可以不受拘束的。

到雅安不久,罗西玲来住所告诉我们说,瑄师长(二十四军军官对刘元瑄的称呼)已经决定在雅安恢复《新康报》,人事安排已经有了打算。编辑部人员主要是从成都《西方日报》来的人。为了便于工作,让苏心澄任总编辑,二十四军警卫营高营长当经理,我还是当主笔。这个苏心澄是国民党中央训练团毕业出来的,原来在南京《益世报》当编辑主任。罗西玲告诉我这个消息,也带有征求意见的意思。我们主要是想很快办起报来,传播胜利消息,对人事安排表示同意,报纸叫《新康报》也表示赞成。罗西玲还告诉我们说:"《新康报》是刘元瑄任西康省宁属屯垦委员会主任委员时,在西昌办的一张四开小报,有几个'左派'朋友参与编辑工作。言论、新闻方面一直同蒋介石的西昌行辕所办的《宁远报》相对立,是一张富有地方特色的进步报纸。我在重庆《国民公报》工作时,就曾听见漆鲁鱼说过他在《新康报》编辑部负过责。故我认为《新康报》的信誉是比较好的,用《新康报》的报名也是可取的。”罗西玲说，刘元瑄约我们去苍坪山同高营长、苏心澄晤面。第二天下午，我们5人，高、苏，还有罗西玲，到苍坪山，见了刘元瑄。罗西玲把到场的人做了介绍。刘元瑄简单地把恢复《新康报》的事说了一下，便留大家吃晚饭，坐了满满一桌。以后，我们《新康报》编辑部的同志，就成为刘公馆的常客，做起他的统战工作来。

刘元瑄从我们在1949年5月开始同他接触以后的一段时间来看，还算一个比较朴实的人，对待编辑部几个同志的态度是比较诚恳的。他在苍坪山的“公馆”并不奢华，只能算作寓所。

我们去他寓所时，他多数时间在家，听到我们进门，便出来见面。会见时先拉些闲话，多半是我们将收听到的广播内容向他介绍，他很注意听，有时也插问，或是讲一点他的看法。这时，解放大军已胜利渡江，江西、湖南大部分解放，正向广东推进，西北方面战事进展迅速。在军事上，他的看法同我们基本一致，认为蒋介石即使在华南、西北败退，但仍想处险扼守西南，维持其偏安一隅的迷梦。因此，要彻底消灭蒋介石残余兵力，西南必定有一场大决战。刘元瑄比较了解西南军事力量的政治倾向：云南卢汉不会跟蒋介石跑到底；贵阳地方势力早已被蒋介石干掉；四川王陵基死心塌地为蒋介石效忠，要顽抗到底。但是王陵基除了保安团之外，手下无兵。关键还是蒋介石嫡系胡宗南部，这支队伍在西北没打过多少硬仗，主力正从川北向四川腹地调集，所以，西南还有一场硬仗。我们也谈到西南地方武装力量要有个准备。他点点头，思索了一下说了一句：“关键还在解放军要行动迅速，来个大迂回包抄。”有时我们也谈到共产党的方针政策，讲一些马克思主义的粗浅道理。我们五六个人，有时也采用多口相声的办法，有人挑逗，有人回答。在有的问题上也发生过一些“争执”。彭迪先来到之后，刘盛亚也来参加，气氛就更加活跃。不久杨汇川从成都来雅安，也参加进来，她还会唱昆曲，大家洗耳恭听。听完，鼓掌称好，表示礼貌，增加欢愉气氛。

《新康报》在雅安恢复出版，版面非常活跃。四开小报，有七八个人，力量够了。翟、帅两人负责要闻和国际消息，王石泉编本市新闻和副刊，我搞评论，兼收广播记录新闻。这时在雅安办报，《中央社》新闻稿靠边，根据新华社广播记录改写的“本报专电”和“本报讯”加社论、短评、专栏文章，满版的人民气息和胜利喜讯。这个时期凡新华社电台播出的党中央、中央军委、毛泽东同志的文告、文章和《解放日报》、新华社的评论、消息几乎是无遗漏地加以抄收刊载，有时还写了社论、短评配合。报纸副刊文章不少是对黎明的期望和歌唱，向行将就木的蒋家王朝这具腐烂尸体喷洒消毒剂。报纸在西康一隅的作用是不小的，销路也较快地打开。成为解放前夕西康一支小小的火炬。

《新康报》的版面和内容，受到广大群众和青年学生的欢迎，也遭到国民党反动派的切齿憎恨。国民党驻雅安特务头目余仲篪跑到二十四军找参谋长杨家桢抗议，说为什么要允许在雅安办这样的报？是给国民党办的还是给共产党办的？他们还直接找苏心澄质问：你是中央训练团出来的，办这样的报纸，符合中央训练团精神吗？苏心澄装了一肚子的“上峰指示”，又转手把情况倒给我们直接掌握版面的几个同志。我们认为，在当前有利形势下，军方也不会买余仲篪的账。其所以还要传，无非还要敷衍应付一下,我们就不必应付,对其根本置之不理,反动派也是无可奈何的。大家认为,有必要把我们采取的态度向刘元瑄反映一下。这样,我同编辑部同志找了刘元瑄,向他反映这个问题和我们的立场。他说:“晓得这件事了,听就听了,不球管他!该咋个办就咋个办!”二十四军代军长这么一说,态度明朗,报纸立场不变,我们就好办了。

从这以后,报纸更加旗帜鲜明,消息准确及时。凡经过新华广播电台广播的文告、述评、重大新闻和军事进展,无不及时刊登。新华电台播送的“八条二十四款”和《刘邓忠告》,报纸都择要摘登,报社印刷厂还把这些文告印成专页散发。对于这些行动,人民欢欣鼓舞,精神振奋,反动派气急败坏,但也无可奈何。

随着解放战争形势的发展,党组织提出了新的战斗任务。我的主要精力从报社转到在雅安清理党组织,参加策动二十四军起义等工作上来。《新康报》主要由翟静之、帅士熙、王石泉、卢集干等负责。他们坚守这个光荣的工作岗位,吹响了传播党的声音的号角,号召全康各族各界人民积极行动起来,保卫社会治安,支持二十四军起义,为迎接解放做出了贡献。

成立临时军政委员会

1949年10月下旬,刘文辉看到全国大局已定,决定举行起义,便从雅安到成都。一方面同蒋党蒋军作些应付,一方面同邓锡侯、潘文华等人交换情报,筹商起义的步骤和办法。行前,刘对西康的政治、军事等作了秘密部署,由代军长刘元瑄总负责,治安由保安副司令王靖宇负责,参谋长杨家桢协助刘元瑄,并同党在雅安的地下组织联系接谈。刘文辉通电起义之后，中共雅安地方党组织对形势做了分析，提出了起义后的工作任务：（一）通电发出之后，随着我解放大军向成都的进逼，蒋、胡、王（陵基）残部可能向西康溃逃，进犯雅安，必须同军方商议，动员二十四军、保安团和散在民间的武装力量，奋起堵截蒋、胡残部的窜犯。（二）为维护地方秩序，保护社会治安，仿效云南的办法，成立西康省临时军政委员会，作为过渡性政权，由各民主党派、军方以及西康省和雅安地方人士派代表参加。（三）在解放军未进驻雅安前，除胡立民（刘文辉的秘书）代表中共参加军政委员会公开身份外，其他党员、党组织一律保持地下状态。党的组织、宣传活动，除在雅安进一步开展外，应加强天全、芦山、宝兴和汉源的工作，这些县分别成立县委或支部，并把天全、芦山作为蒋、胡残部侵扰雅安时，雅安首脑机关立足的基地。（四）开展对起义部队和地方的政治思想工作，成立政治工作大队，名义上属二十四军，实际上在党的领导下开展工作，选派党员、民主人士并吸收进步青年学生和教师参加。为避免党组织的暴露，政工大队负责人以不由党员担任为宜。

上述措施，需向军方提出的，由张安国与杨家桢接谈提出。有些问题还同民主党派交换了意见。张安国在同军方接谈中还要求他们保护地下工作人员和在雅安的民主人士。这些意见都得到军方的支持。

“西康省临时军政委员会”的组成名单，经过同旧政府、军方、民主党派协商酝酿，很快达成协议。主席刘文辉，由刘元瑄代，委员杨家桢（兼秘书长）、王靖宇、胡立民（中共）、彭迪先（民盟）、陈耀伦（民革）、杨学端、陈光藻、朱世正（民盟）、陈强立（民革)、彭世贻(民革)、孙德明(地方)。临时军政委员会系维持性的过渡权力机构,统一管理起义后的军政领导工作。临时军政委员会成立后,宣布废除国民党的一切法律、法令和规章制度,结束了国民党的反动统治。布告安民守土,责成雅安的党、政、军、财、文各机关、团体对所有财产、文物、档案妥善保管,不得毁损,不得转移隐匿,听候人民解放军和人民政府接管。并勒令国民党反动党团特务骨干分子到政工大队自首登记。

临时军政委员会成立后,1949 年 12 月 13 日,在雅安原西康省训团大操场召开起义誓师大会,由刘元瑄主持,宣布西康起义、临时军政委员会成立。在雅安的机关、团体、学校、部分军队和保安部队约 2000 人参加。会场上升起了第一面五星红旗。会毕整队游行,放鞭炮,敲锣鼓,全城欢腾。

在临时军政委员会成立的同一天,一是二十四军宣布解散原政工处,成立二十四军政治工作大队,由中共雅安临时工作委员会筹组并负责领导。由原参加过 C·Y、当时任刘元瑄秘书的罗西玲和赵利锋分任正副大队长。为了有利于党的领导,有利于开展工作,他俩还暂先参加了雅安新民主主义青年团组织,为地下团员。政工大队分设总务、组织、宣传 3 个组,有基本队员约 50 人。多数是党团员,有几位民盟、民革较为年轻的同志参加。他们文化水平较高,精力充沛,工作热情很高,纪律性较强。政工大队在这段时期,主要是组织从外地来的党员和参加过“民协”“民青”的青年学生,共同工作,迎接解放。对一些条件较好的进步青年学生,吸收参加新民主主义青年团。二是派出几个工作组,到二十四军的几个团和雅安保安部队做思想政治工作,逐步改进官兵关系，宣传解放军的性质和任务，以及对起义部队的政策，教唱革命歌曲，鼓舞士气，固守阵地，堵截国民党残部窜犯西康。三是召开了雅安各机关、团体、学校负责人会议，传达刘、邓、潘起义通电的精神，学习《中国人民解放军布告》，严格遵守“约法八章”，清理登记各单位现有人员、资产物资、文件档案。四是将中共中央提出的《国内和平协定》《向全国进军的命令》《中国人民解放军布告》《论人民民主专政》和《中国人民政治协商会议共同纲领》等重要文件，在《新康报》社铅印后寄发雅、宁、康属机关团体和部队，使之进行学习。与此同时，加强雅安《新康报》的宣传鼓动工作，将该报的编辑、专论、发行等一并交政工大队领导。报纸公开刊登党中央、中央人民政府的指示、命令、决定和新华社发布的重要文章、消息。同时报道西康起义以后的一些重要文电和新闻，有计划地撰写评论文章，向全省人民宣传新思想。五是举办新政策、新知识的专题讲座，欢迎各界人士参加听讲。地点在雅安“浸礼会”，由彭迪先、杨正南、冯泽生、赵利锋等主讲。内容以《中国人民政治协商会议共同纲领》和《论人民民主专政》为主。这个时期，人民群众学习革命知识的心情迫切，不少的人每讲必到，“浸礼会”小礼堂常是座无虚席。为帮助起义部队高级军官的学习，还征得刘元瑄的同意，由他约请起义部队的首脑人物，在苍坪山刘元瑄公馆，以座谈的方式进行学习，每周一至二次。由彭迪先、罗西玲、赵利锋前去参加，由大家谈认识，提问题，彭、罗、赵等作中心发言，不拘形式地进行辅导。六是面向教师、知识青年开展宣传活动。由政工大队宣传组派出从四川来的党团员，“民协”同志，深入到省雅中、工职校、雅安完小等校，同时吸收青年参加，开展宣传活动，举办《青年学园》，组织“青江歌咏团”，系统地学习革命理论知识和党的政策。《青年学园》办了两期，每期半月。

以后，又先后成立了卫生工作者协会和小学教师联合会。这两个团体女青年居多，为重视这项工作，党组织选派较有经验的女同志邵琼芝、李青华、王雪琦、沙国祚、杨遐莹等去参加活动。通过会员的学习和对家庭、社会的宣传，扩大了宣传效果。

临时军政委员会举行定期例会，每周一至二次。主要议题是维护社会治安，保护交通，调运粮食，筹备欢迎解放军入城等问题。会议根据民主党派的建议，解除了雅安县长许荣范（青年党人）的职务，任命罗西玲为雅安县长。其余各县县长一律坚守岗位，等待解放军进驻以后统一安排。罗西玲任雅安县长后，进一步发动了群众，推进上述文件的学习。召开了乡和镇民代表的学习会议，主要学习“约法八章”，对旧乡镇保甲人员晓以大义，使他们安于职守，维持社会治安，不要以身试法。在临时军政委员会会上，民盟负责人之一张志和提出，由在雅安的各民主党派联合发出声明，主要内容是安定社会，稳定民心，警告西康反动顽固势力勿轻举妄动。

西康的部队和政府起义后，在稳定大局，迎接解放，截击逃窜蒋军这一总任务的前提下，开展了一些对敌斗争的工作。由雅安党组织负责人之一张安国负责对反动党团骨干人员进行了登记。一些国民党、三青团、青年党、民社党、国民党军统、中统特务主动报名登记，个别的还交出了“派司”和手枪，定期参加学习，汇报情况。号召他们走坦白检举、立功受奖的道路。对于有些虽有历史罪迹,确已洗手不干,在家闲住,表示拥护起义,愿跟党走的,予以表扬、鼓励;对那些还在要手腕、弄花招的人,则追查处理。国民党驻拉萨军统特务组长谭兴沛从成都路过雅安,见势不妙,到政工队来,佯为登记,并伪装积极,后趁我不备,潜逃康定,后被康定公安处捕获。邛崃县恶霸、县党部书记长陈仲侯窜来雅安,来意不明,态度模棱,行动鬼祟,即予以扣捕。

中共党组织和民盟相配合,扣捕了国民党驻雅安中统特务"内政部调查统计局西康调查处"处长余仲篪等。

基层党的协奏曲

《新康报》办起来之后,大约是在7月,党组织联系人熊扬从成都来到雅安,传达上级党组织对全国解放战争形势发展的分析和川康党的战斗任务。他在了解到四川不少党员,进步青年学生、民主人士来雅安迎接解放,并且估计到这些外来力量还要继续增加这一特点之后,向我提出除办好《新康报》之外,要把从四川来的党员和进步群众清理组织起来,进行战斗,迎接解放,参与策动刘文辉所部二十四军起义。我把来雅安后了解到从四川来的同志和政治情况向他做了汇报,他同我商议由张安国、胡立民和我组成雅安党的临时组织,张管组织,胡管宣传和统战,我负责全面工作。

对二十四军的起义,可先由在刘文辉处做秘书工作的胡立民同刘文辉直接洽谈,不拘形式地做思想准备工作。同时由张安国代表党组织,由军方指定代表进行定期的商谈。报社同志可根据原有便利条件,继续做刘元瑄的工作。

熊扬回成都后不几天，发来电报，大意是：雅号（商号）经理人员，经营方针即按拟定意见开始营业，勿失良机。这是他临走时商定的批准雅安党组织的暗语。我们3人就按原商定方针，开展工作。

熊扬又从成都先后介绍原川东党组织的骨干沈汉、任康执、唐绍虞、杨羽立、罗洛庚、李绍文等6人来雅安，还有川西党组织介绍来的郑义忠等，这些同志加上我们在雅安的川西党员沙勤生、钟穆、陈祖裕，原在雅安方面的有吕永孝、吕永弟、刘静华、郑富基等，汉源方面的陈华洛，天全方面的黄仲实、陈为珍等。这些同志按照党中央的路线、方针一起战斗，开展工作。使雅安临时党组织和革命力量迅速得到加强，这对于策动西康起义，保卫地方治安，配合解放军，起到了较好的作用。

我们在做刘元瑄工作的过程中，我们向他谈到《刘邓忠告》的一些内容和原则精神，他比较感兴趣。他也问道，当个共产党员，成分高了，是不是很困难？我们说，要讲成分，但更重要的是要看表现。他点点头，也就没有说下去。我在心里揣想，他是在考虑个人前途，所以才提这个问题。但我1946年春天在红岩上学习班时，参加了整风学习，系统地学过七大党章和刘少奇同志关于修改党章的报告，像刘元瑄这样成分和职务的人，我们是无权吸收入党的，必须由中央批准。所以，我在我们的谈话中，注意避开这个问题。

以后，胡立民有一天告诉我，说他得到可靠消息，友邻组织高吸收了刘元瑄入党，高同刘还见过几次面，是通过军副参谋长肖绍成介绍认识的，见面地点也在肖家。我有点不相信，但因为胡立民在刘文辉那里做秘书,他的消息是比较灵通的。我说,那么,应当把党章的规定告诉他们,不能这么办,这样会给党惹出麻烦来! 胡立民去跟高他们讲了,但事情已经进行过了。解放以后,中共西康区党委给刘做了解释,对他积极靠拢组织,为革命事业做出的贡献加以肯定,鼓励他为争取进一步跨进革命队伍继续努力。

1949 年 9 月,熊扬第二次来到雅安。他这次来,主要是传达钱瑛转达中央领导同志对四川党组织关于迎接解放的方针任务。他说,现在全国很快就要解放了,在四川党的任务是保存力量,保卫城市,调查研究,迎接解放,不要去搞武装斗争,可以策动地方武装起义。党要组织力量,在调查研究上多下功夫,搜集资料,准备接管。熊扬还说,为干部自卫的需要,可以搞一点武器,要一点活动经费,这些可以临时借用,解放以后归还。张安国代表党组织同二十四军洽谈,认为已有初步成效,可以继续洽谈。要把重点放在起义时机的研究和商谈上,同时要做好起义前的战略部署和粮秣的准备,以免起义后张皇失措。熊扬说,二十四军的起义,应以我解放大军解放重庆,逼近成都时为宜,过早的暴露目标,容易吸引国民党残部的围攻和歼击。这个问题处理不好,就达不到中央领导同志讲的保存力量的目的,要十分慎重。

我们根据传达的精神和形势的发展,明确了一个目标:即雅安党组织的首要任务是策动二十四军起义,并为配合起义做必要的准备工作以迎接解放。于是加强张安国同杨家桢的洽谈工作,把过去洽商时间半月一次缩短到每周一次,重点是交换起义的时机和查看起义前的准备工作。这时刘文辉的智囊团和座上客,多数人同党组织的观点相同。少数人对二十四军战斗力缺乏自知之明。个别的由于急功近利的思想,主张早一点“拉出去”。刘文辉、刘元瑄和杨家桢同我们的看法基本一致。在对起义后的军事部署上,他们认为,康属(康定)和宁属(西昌)问题不大,重点是成都——雅安、成都——乐山——西昌两线已做了安排。具体军力部署,我们没有多谈。

渡江战役以后,西北、中南一些重要城市相继解放,人民解放军正以势如破竹之势向西南继续推进。西康地主武装、土匪头目如芦山的程志武、天全的李元亨、田坝的岭光电等人,受国民党反动派和特务的煽惑指使,蠢蠢欲动,他们企图相互勾结,和蒋、胡、王残部配合,各据一隅,继续作恶。我们当即仿照《中国人民解放军布告》的内容和语气,以“中共西康省临时工作委员会”的名义,起草了《告西康省各族各界父老兄弟书》,说明我党我军的方针政策是:首恶必办,胁从不问,立功受奖。号召大家不要听信谣言,要起来揭发检举逃窜、潜伏的反革命和特务,掌握好散在民间的枪支弹药、保护城镇、保护交通要道等。这个文件连同“八条二十四款”、《向全国进军的命令》和《中国人民解放军布告》等重要文件铅印,分批散发。寄往外地的,还用精印的结婚请柬指名寄出,以保证对方能够收到,并引起注意。这些文件的散发,政治效果是很好的,以后还传为佳话。程志武、李元亨、德昌的张汉壁在二十四军起义后,解放军进军西康前夕,未敢轻举妄动,直到后来清匪反霸,他们还做着保持反动武装,继续作恶的迷梦,经多次劝说争取无效,才不得不动用武力解决。

我们还普遍地收集西康、雅安的政治、军事、经济、人事、物资等方面的重要资料，包括民主人士、旧军官、官僚、地霸、豪绅和粮食、油料、重要桥梁、隘口，主要的工厂、学校等方面的资料，用 32 开纸抄正，装订成册。这些资料在成都解放，我去成都回雅安之后，由张安国用皮箱装好送交进康部队首长。解放军进驻雅安后，又陆续送交了一批，供入康党政军领导机关参阅。

为解决起义前后党内一些同志自卫的问题，经研究，由张安国向杨家桢提出，请军方提供一些短枪。杨表示，短枪没有库存，少量可以抽调供给，并很快送来 10 多支旧的左轮、连枪、拉十子之类的短枪。这些枪支分发给工作需要的同志使用。

为解决这个时期的活动经费，经胡立民向已回雅安的刘元彦提出，借十两黄金，刘慨然应允。解放以后由我们开列账单，报请军管会如数归还。

1949 年 8 月，程潜在湖南起义，湖南和平解放后，第四野战军在 9 月、10 月间的衡宝战役中歼灭了白崇禧军的主力，向广东、广西进军，10 月 14 日解放广州；西北方面于 9 月解放西宁、银川，全歼马步芳、马鸿逵军；9 月下旬，新疆省主席鲍尔汉宣布起义。我二野、一野分别从华南、西北开始向西南进军。在这个关键时刻，刘文辉接到周恩来的“大军即将西指，希积极准备，相机配合……”的电报之后，10 月下旬，带领几个工作人员，到成都同川军一些地方势力相联络，同蒋介石及其反动集团相周旋。刘去成都，他的手下许多人都觉得此时去蓉，如置身虎穴，危险太大。他毅然回答说：“去成都，西康之祸缓；不去，其祸速。”他自己衡量，此时去成都，“利多于害，危而实安”。刘文辉去成都以后，他施展了一套与蒋介石虚与委蛇的手法，以“违心之言不妨多说”和“抽象的敷衍，具体的抵制”拖延时间，等待大军向西南推进。他这个做法无论从动机还是效果上来看，都是好的，也是成功的。

刘文辉去成都后不久，我们接到熊扬从成都来信，要张安国去成都。这时杨家桢也随同刘住在成都。张去以后，向熊扬汇报了同二十四军在雅安洽谈的情况，又通过张铁僧会见了杨家桢。张在同杨的接谈中，知道刘文辉这次来蓉的目的。张十分关切二十四军起义的时间安排。杨表示，经过刘文辉同有关方面的联系和商议，看来不会太久了，大约是在重庆解放以后，估计要在11月末或12月初。这个时机的选择，同我们的想法对上了号。从起义的决心到起义时机和步调的统一，这是一件颇不容易的事。张安国在返回雅安前，又会晤了熊扬，从熊扬处得知，川东党组织的一些负责人刘连波、熊扬等人这段时期，在成都已经直接同刘文辉保持联系，川西基层党组织也有人在雅安同刘元瑄、肖绍成等有联系。熊扬还透露，刘文辉同党中央还有直接联系。原来刘文辉同我党的接触，保持了三级四个方面，即同党中央、同川东党组织，同我们在雅安的组织，同川西在雅安的组织均保持接触。大家都做工作，作用更大。当然起决定作用的是党中央，是中央的正确领导，是党的三大法宝的伟大胜利。我们基层党组织在全国解放洪亮的奏鸣曲中，只不过吹起了一支短短的芦笙，参与了一点细微的协奏。

（原载《回忆西康》）

民盟和西康起义

沙勤生

四川省委平反错案

1983年，中共四川省委发文，平反了西康省雅安地区一大错案。文件的主要精神是：

解放前夕，民盟地下组织为配合迎接西康解放，在中共地下党的支持参与下，派张志和、彭迪先等盟员同志负责争取国民党西康省保安司令部雅荥汉联防总队队长朱世正率部起义，并在起义后对人民做了有益的工作。但解放后，对他们没有按照党的政策作起义人员对待，以至一部分人在历次运动中因历史问题受到追究和错误处理。1957年反右派斗争后，又把这支起义部队错误地定为“以张志和为首来荥经勾结地主、土匪组织的”“暴乱土匪性质的武装组织”，并决定对中队长以上人员“均应以土匪骨干论处”。这就混淆了历史的功过是非，以致使参与策反起义工作的一大批民盟成员、中共地下党员和其他非党进步人士，受到株连和影响。这实属一个错案，省委同意予以平反。并指出对参加起义的军官和士兵，除起义后确实参加过叛乱或有其他现行反革命破坏活动的以外，都应按起义人员对待，落实党的政策，妥善解决遗留问题。

后来，省委统战部一位副部长介绍了复查此案的过程。大意是：省委对平反纠正这个错案，态度十分鲜明、坚决，对复查工作是严肃认真的。三中全会以来，我们党为纠正过去的“左”倾错误，制定了正确的政治路线、思想路线和组织路线，提出了拨乱反正的正确措施，处理了大量的遗留问题，使许多冤案得到平反，错案得到纠正。中央给我们做出了榜样。1980 年 4 月，最高人民法院认定了朱世正在任雅荥汉联防总队长期间率部队起义的事实，撤销了 1954 年对朱世正判刑 15 年的处分决定，宣布对其按起义人员对待。四川省委对贯彻中共三中全会以来的路线、方针、政策，拨乱反正做了大量工作，政治上同中央保持一致，按中央部署在全省范围内平反了大量的冤假错案，包括朱世正在内，对他的工作也做了安排。荥经问题本来是属于错案，彭迪先、张松涛、赵锡骅、朱世正理所当然地提出了申诉。省委同对待其他冤假错案一样是重视的，作为一个重大案件责成省委组织部、省委统战部研究处理。我们会同省公安厅、省法院、雅安地委、荥经县委作了多次研究。省委派了两个工作组去雅安地区复查这一案件。

荥经县委、雅安地委根据省委指示，在做了大量调查研究工作的基础上写出报告，由县委上报地委、地委上报省委，最后在去年 12 月 20 日形成了省委的 51 号文件。像省委这样重视，为一个案件专门形成一个文件，这是不多的。在统一战线范围内，这还是首次。省委几个书记都做了指示，中央统战部李贵副部长来四川时也过问了此事。

这个错案发生在荥经，但影响远远超出这个范围，在省内有几个地区，省级机关、成都市、甘孜州、自贡市，还涉及省外，北京、上海、河南，还有安徽等地都有同志牵连其中。不仅涉及民盟的一大批同志，还涉及其他党派的同志，而且不完全是党外同志，还有中共党员。这个案件延续了30多年，省委把它作为重大案件是有充分理由和根据的，也是完全正确的。

现在中共四川省委采取了果断措施，经过两次派工作组调查后，又请下面的同志到省上来开座谈会讨论研究，最后才形成文件，明确了功过是非，使一大批同志得到了平反昭雪，恢复了历史的本来面目，这是一件大好事。这是省委与中央保持一致的一项拨乱反正的重大成果，又是落实政策的成果，是在党内外合作下取得的，是我省贯彻党与民主党派"长期共存、互相监督、肝胆相照、荣辱与共"的方针的生动体现。

张志和去延安见毛主席

40年代以来，到全国解放以前，张志和很早就在做川康军政上层人士尤其是刘文辉的工作。解放前，张志和是民盟中央委员、民盟西南总支委员，兼四川省支部主任。解放后，担任国务院参事。1957年，被错划为"右派"，于1975年去世。党的十一届三中全会后，拨乱反正，落实政策，张志和的"右派"问题得到纠正，其遗骸安葬于北京八宝山革命公墓。

张志和（1894—1975），邛崃人。小学毕业后投笔从戎，考入陆军小学堂，后升入陆军中学堂，继而又考进保定陆军军官学校第二期。1916 年,与刘文辉同期毕业,时年 22 岁。他在学习军事的 9 年里,曾多次参加革命党领导的活动。

他从保定军校毕业后,在川军中供职,历任连、营、团长,后在刘文辉部下任旅长、师长。1926 年北伐时,刘文辉派张志和为全权代表去武汉向国民政府表示愿通电投诚,全军改编为国民革命军第二十四军。张志和在武汉期间,常与中共吴玉章、李汉俊、董必武、李立三、张太雷,国民党左派邓演达,俄国顾问鲍罗廷等接洽交往。他到南昌后则与中共郭沫若、李一氓等往来。在和这些革命人士交往中,张志和的思想觉悟大为提高,识破了蒋介石的反革命面目,他将郭沫若所发表的揭露蒋介石叛变国民革命的文章《请看今日之蒋介石》一文带回四川,翻印散发。

他回到重庆,正是"三三一惨案"的次日,中共重庆地区委员会书记杨闇公约他秘密会晤,告诉他刘湘已公开反共,屠杀共产党和革命志士,叫他赶快回成都,切实与刘文辉详谈,劝其不要跟着刘湘跑。张志和次日返蓉,不几天就听说杨闇公被刘湘杀害。此时,成都方面反共势力日益猖獗,在中共党员刘愿庵同志的策动下,他与吴景伯配合,四处讲演,声讨蒋介石背叛革命和刘湘"三三一"屠杀革命志士及群众的罪行。他遵照杨闇公的意思,力劝刘文辉不要跟着蒋介石跑,并要求刘把武汉国民革命军总政治部派到二十四军的政工人员,留在他的政治部工作。

张志和在武汉受到吴玉章等共产党人的启迪,又读了不少革命书籍,经过"三三一"这场火与血的斗争锻炼,他逐步建立起革命人生观。1927 年,经洪沛然同志介绍,张志和加入了中国共产党,同他联系的是李鸣轲同志。

在他驻军重庆时，为了宣传社会主义，他出资开办了《新社会日报》，因其内容抨击到蒋介石反动派，被蒋电嘱刘湘强行封闭。他还出资办了一所特殊的旅店，掩护来往同志食、宿，赠送路费。

1928年，李鸣珂通知他：党组织决定要他担任军事委员，并要他在即将举行的党代会上提出提案。于是他提出建议：把他掌握的这支部队作为一所训练党的干部的学校，培训骨干，然后有计划地派到四川各军队去，发展党的组织，使党所掌握的军事力量日益增大，待时机与条件成熟，只要党一声令下，一齐起来革命，一举把四川军阀打倒，占领全川，建立苏维埃政权。他不仅提出这项建议，并亲自在所属部队里实施。

1930年"左倾"盲动主义在四川贯彻，不顾主客观条件，强调暴动。中共四川省委(后改为行动委员会)决定在江津的二十四军第一师第二混成旅，合川的二十八军第三师，广汉的第二十八军第二混成旅等几个有中共组织的部队中举行暴动。当时，张志和任二十四军第一师副师长兼第二混成旅旅长。但他认为组织暴动的主客观条件都不成熟。张志和主张：一定要革命群众感到非革命不能再生活下去，统治者也腐烂得不能再维持了，这时暴动才能成功。而当时执行立三路线的上级，不仅仍坚持要举行暴动，反而说张志和是"等待主义"，是"不革命"的机会主义，以"反对立三路线"的罪名开除其党籍。

1932年，在刘湘与刘文辉争霸四川的军阀混战中，刘文辉失利，退守西康。张志和离开部队在回家乡邛崃筹办敬亭小学，后改为中学，由他捐出水田500亩作为校产。1933年，他与陈静珊在成都筹资创办协进中学，聘请共产党员多人来校任教，培养出的学生，不少人先后潜往陕北延安参加革命。

1933年，张志和出国考察。先后去过欧美各国、苏联、日本。他在日本留居半年多，经常去看望他十分敬佩的被蒋介石通缉的郭沫若先生，向他讨教救国抗日的大计。

他回到上海，积极参加抗日救亡运动。同陈静珊合资开办“辛垦书店”，主编《研究与批判》杂志，并出版发行他写的书《现代战争论》，批判蒋介石所谓的“抗日三月亡国”论。

为参加抗日救亡运动，张志和于1936年冬回到成都，与共产党员罗世文、车耀先以及邓初民、黄松龄、马哲民等人组织国事座谈会，并协助车耀先同志创办《大声周刊》。他与陈静珊、吴景伯筹资开办《新民报》(与南京新民报同名，实际上是独立的)，推动成都文化界救亡运动，其影响遍及大、中、小学校及社会各阶层，推动了抗日热潮的形成。为了进一步揭露蒋介石“攘外必先安内”，拉拢各地军阀专打共产党的阴谋，他与张秀熟、罗世文分别联系郭秉毅、汪道馀等刘湘的骨干，对他们进行耐心的工作，提高刘湘等军政人员的抗日热情，促使他们慨然开赴抗日前线。

1937年9月，张志和在友人韩伯诚家中会晤了中共派到四川的李一氓同志，得知中共中央通知他赴延安去见毛主席。张志和万分高兴，即与李一氓同志同到西安，在八路军办事处会见久别的林伯渠同志，大家十分兴奋。数日后，同美国记者一道乘八路军办事处汽车到达延安，分别拜会了各首长，并参观各机关、党校和陕北公学。毛主席派人送给他一本用连史纸石印的在江西几次反围剿的胜利战史。他送给毛主席一本他们“辛垦书店”翻译的克劳塞维茨大将所著的《战争论》和他自己所著的《现代战争论》。一天夜里，毛主席约他去见面，毛主席一面与张志和谈话，一面吸着纸烟，态度十分和蔼，亲切之情胜过家人骨肉。张志和把他1927年参加中国共产党后的情况向毛主席做了比较详细的汇报，谈了几小时。毛主席听得很仔细，还将他认为要紧的内容马上用笔记录下来。当他谈到办“辛垦书店”主编《研究与批判》时，毛主席从书架上把《研究与批判》各期取来，很诚恳地和他交谈，不断地鼓励他。就这样，不知不觉地谈了一个通宵。毛主席还叫他去和张闻天同志专门谈了一次。另外，还请他参加了陕北公学开学典礼，并应邀讲了话，后又陪同毛主席一道参加了一次游艺晚会。

最后毛主席交给他的任务是回四川做抗日统一战线工作。毛主席对他说：“你莫看国民党政府对我们敷衍，这是靠不住的，将来是一定要打我们的。蒋介石与地方军阀是有矛盾的。你与四川军阀历史关系最深，你可以去策动他们。第一步，要他们不要做蒋介石的忠实走狗；第二步，使他们在国共斗争中守中立；第三步，最好把他们拉到我们这边来，共同革命。这项任务是非常重要的，你要认认真真，努力去干。”临别时，毛主席还送他一张照片，上有毛主席亲笔写的“志和同志留念”。此后，张志和一直为此神圣使命而努力奋斗。

张志和回成都不久，党中央派邹凤平同志来传达恢复他的党籍。为缜密计，他只能同指定的人联系，不能同地方党组织任何人发生组织关系。当时指定联系他的是张曙时同志。他按时开会、按时交纳党费并多次向组织捐款。他给陕北公学捐了一笔数目不少的捐款,都是张曙时同志经手汇往陕北的。

张志和回川后,一直在做川康上层人物的统战工作,中心内容是联蒋抗日。当时川康实力派主要是两大派系:一个是速成军官学校的刘湘系统,一个是保定军官学校的刘文辉、邓锡侯系统。刘湘已统一四川,刘文辉偏居西康一隅,二刘俱与蒋介石有深刻矛盾。执行党的抗日民族统一战线政策,必须把他们都团结起来,在抗日战争中发挥积极作用。

1938 年春,原任第九战区司令长官兼四川省主席刘湘在汉口逝世,蒋介石立即宣布张群为四川省主席。以王陵基为首的 10 个川康将领坚决反对。这与党的联蒋抗日政策相左。中国共产党派张志和向川康将领做工作,讲明大敌当前,民族利益为重,一致抵御外侮;要支持蒋介石抗日的一面,对蒋的斗争要适可而止。后蒋介石改任刘湘部属王缵绪为四川省主席。张志和尽力劝说王陵基率川军出川抗战,并由张志和到重庆与行辕主任顾祝同(与张志和是保定军校同学)商妥,由蒋委任王为三十集团军总司令,率领七十二军、七十八军开往江西前线抗战,消除了蒋介石与部分川军的矛盾,增强了抗战力量。

1939 年,张志和做川军十七师师长刘树成的工作,特派其原部属谢伯周到十七师做参谋处长,又推荐 1927 年介绍他入党的洪沛然同志做刘树成的秘书,加紧做好十七师包括十八师周晓岚的统战工作。

1942 年,为了刘文辉与云南的龙云进一步搞好关系,张志和又派谢伯周与曾庶凡配合,在昆明做龙云的工作。1944 年上半年,谢伯周由曾庶凡介绍入盟。

张志和本人直接同刘文辉、邓锡侯、潘文华等实力派人物密切联系,并特别着重在刘文辉方面。

1942 年 2 月,由张志和联系,安排刘文辉与周恩来同志见面,地点在重庆吴晋航(和成银行经理)家。周恩来同志给刘文辉指明坚持民主,反对独裁,与共产党密切配合的努力方向。这次谈话是刘文辉在政治上的一大转折,由一般联系开始进入实际配合。张志和还向周恩来同志建议,为了加强有效联系,请党派出两部电台,分别设在刘文辉和潘文华家中,使刘、潘能及时听到新华社的报道和解放区的消息,明了形势和党的政策。6月,周恩来同志指示南方局派王少春等同志到雅安刘文辉住处设了电台,负责党同刘文辉的联系。

1943 年,张志和介绍刘初民、马哲民、黄松龄等进步教授到雅安为刘文辉办的"西康省训团"讲学,帮助西康军政人员提高政治认识,并向刘文辉本人讲述马列主义理论基础,以后又通过这些人组成"唯民社",经费由刘文辉负担。通过办《唯民周刊》《大学月刊》《青年园地》《民众时报》等,宣传团结抗日、反对分裂,争取民主、反对独裁,起到了积极作用。

党和民盟共同做刘文辉的工作

张志和为了做好西南方面的统战工作,奉中共指示,通过"救国会"的关系参加了中国民主政团同盟,并在 1944 年 9 月民盟的全国代表会议上当选为中央委员。此次全国代表会议取消了"政团"二字,改名中国民主同盟,并决定吸收个人入盟。

同年(1944 年)四川省盟员大会于成都召开,民盟中央主席张澜主持监选，选出张志和等9人组成民盟四川省支部，张志和分管组织。

不久，由张志和联系，张澜主席出面，发展刘文辉、龙云、潘文华为秘密盟员。百名以上的秘密盟员名册，一直保存在张志和处。刘文辉介绍邵石痴入盟，作为他在省民盟的代表；邵又介绍雅安郑梦麐、康定朱刚夫等入盟，密切与民盟的关系；潘文华又介绍罗忠信、彭光汉、潘清洲、田一平、甘鉴斌、周从化等人入盟，更充实了民盟的力量。到了1946年上半年，罗忠信、田一平又介绍原武德励进会会员约40余人入盟。这几十人都是川军刘湘部队的中级军官，少数是现役，大部分是抗战后的退役军人。

1944年底，党中央派张友渔同志来到成都做统战工作，通过张志和同刘文辉取得联系；同时也做邓锡侯、潘文华等人的工作。这次张友渔同刘文辉谈话的主要内容是“西南自保”问题。当时，日本侵略军攻占贵州独山，势头凶猛；蒋介石有放弃西南，甚至投降日本的可能。张友渔对刘文辉说，如果蒋介石投降，要反对；如果蒋向西北撤，西南应当“自保”，坚持抗战，中共可以给予支援。张友渔同志每个星期与刘见面几次，给刘讲国内形势和党的方针政策。

张友渔同志在他写的《我解放前的斗争生活》一文中写到：党派我到成都秘密地去做刘文辉的工作，是通过张志和同志，张是刘的部下，是我们的党员。我的另一项任务是领导统战系统的党员，以他们为核心开展统战工作，由张志和、杨伯恺、田一平组成统战工作领导小组，我每周给他们谈一次形势，并布置任务。这期间特别是张志和同志设法团结刘文辉、邓锡侯、潘文华三部的主要心腹人物,组织一个定时的每周一次的座谈会,学习新华社消息,以免他们偏听偏信蒋介石的虚伪欺骗宣传。参加这个座谈会的,刘文辉指派段升阶、吴景伯为代表;邓锡侯指派陈静珊、余中英为代表;潘文华指派钟体乾、乔毅夫为代表参加。

为了占领舆论阵地,张志和与田一平、杨伯恺(3 人均系党盟交叉)共同创办成都《华西晚报》和《华西日报》,分别由田、杨具体负责,经费由张志和筹集资助;党组织派黎澍同志做《华晚》总编辑。张友渔同志对《华晚》的评价是:此报名义上是民盟的机关报,实际上是党的宣传工具。1945 年 4 月,张志和组织在蓉文化界知名人士 126 名在《华晚》发表《成都文化界对时局献言》,深深刺痛了国民党的要害,对社会震动很大。同年 12 月,《华晚》以《爱国有罪,反内战有罪?》为题,揭露反动派对川大进步学生李实育(盟员)栽赃陷害的阴谋。因此,《华晚》几次遭国民党捣毁,直至查封。后来,张志和偿清了报社的债务。

很长一段时间,党对刘文辉的嘱托和希望,大多通过张志和同志转告。1946 年,旧政协开会时,张志和任民盟军事组顾问。政协闭会不久,周恩来同志将要离开重庆去南京时,嘱志和同志转告刘文辉:"政协决议能否实现,联合政府能否组成,要看蒋介石下一步如何走,现在还不能定。但无论怎样演变,斗争是不可避免的。对蒋介石一刻也不能放松警惕。"同时,还叫张志和提醒刘文辉:今后的政权问题完全取决于人民的意志,如果人民不要他,谁也站不住。并鼓励刘文辉把西康工作做得好一点,以取得人民的支持。

这几年里,党先后派张曙时、罗世文、华岗、张友渔指导张志和的工作。张志和每次去重庆都要去见周恩来同志，请示一切，或在《新华日报》楼上，或在曾家岩办事处，大都是深夜往来，由周恩来同志派车接送，没有被特务发现过。

1945年抗战胜利后，民盟四川省支部进行改选，选出张志和、杨伯恺、于邦齐等11个委员组成新的川盟支部委员会，张志和任主委，主持四川盟务。

1947年1月，张志和、鲜特生代表四川盟员到上海出席民盟一届二中全会。

1947年3月，中共在蒋管区的代表团和办事处人员被迫撤退。

1947年6月1日凌晨，国民党反动派出动军警宪特在成渝两地疯狂逮捕爱国人士、盟员、党员共300余人，张志和亦被捕关押。同年10月，国民党反动派宣布民盟为非法团体，立即解散。

民盟总部派黄炎培与国民党行政院长张群多次交涉释放张志和，张群勉强答应电告四川省当局释放。张志和获释后，致函张澜主席请示行止。张澜函复：为革命工作需要，勉其留原地继续领导群众进行斗争。张志和乃约集民盟部分骨干商讨将民盟转入地下秘密工作的具体部署，制定地下时期民盟工作方针是："配合中共，辅助民革"的统战政策；群众工作的目标是"扩大政治影响，团结群众，在中共地下党的领导下，共同一致，为推翻反动统治而奋斗"。

张志和积极支持被毛主席称誉为解放战争第二战场的学生运动，积极开展反内战、反独裁、反饥饿、争和平、要民主、争温饱的斗争。张志和动员民盟基层组织和盟员积极参加中共成都地下党领导的，发生于1947年12月下旬的声援官箴予，保障人权的斗争，和1948年4月上旬发生的要平价米、争温饱的“四九运动”，配合中共成都地下党发动群众，参加这两次均有3000多大、中学生上街游行请愿的行动，其政治影响扩大到全川乃至全国。

1948年4月9日，王陵基作为蒋介石的忠实走狗被换进四川当省主席。他梦想把四川经营成蒋介石最后挣扎的反共基地，制定了一个庞大的征兵、征粮计划，又新装备了20个保安团在大巴山设防，妄图阻止解放军进入四川。以张志和与刘文辉为首的四川上层人士组建反蒋倒王的秘密组织“川康建设促进会”，每周集会一次，专门研究、交换对时局的意见，讨论反蒋倒王的策略。接受邓锡侯的建议，以“川、康、渝国大代表联谊会”的公开合法名义作掩护以开展活动，公开在舆论界抨击王陵基的征兵、征粮和大巴山设防方案，提出川康“政治自治”“经济自给”“军队自理”，与蒋介石、王陵基的“戡乱”方针针锋相对，做斗争，搞得王陵基焦头烂额。张志和利用在王陵基出川抗日时他曾为王的高参、有恩于王的便利条件，借机推荐秘密盟员彭光汉、甘绩丕为南线专员、李克刚为什邡县长、李叔尧为安县县长、王安茂为大邑县自卫总队队长，以偷梁换柱之计，破坏王陵基的大巴山设防计划。

中共、民盟、民革配合策动刘文辉起义

1948年4月，张志和为了全面了解民盟总部1月5日在香港召开的一届三中全会精神和党的战略方针以及具体指示，特

派张松涛同志秘密赴港。

张松涛是民盟四川省支部专职干部。20世纪30年代,他从四川到北平,就读于中国大学,后到延安又进入抗日军政大学。1943年冬,到成都后,在中国工业合作协会(简称“工合”)成都办事处任负责人之一。经其老师马哲民介绍与李相符同志认识,由李介绍加入民盟,兼搞一些盟务。以后李相符要他协助张志和专搞盟务,他放弃了“工合”成都负责人的职位和月薪400银圆的丰厚薪俸,到民盟作一文不名的专职干部。

1947年11月,国民党反动派强迫民盟解散后,张澜主席滞留上海,沈钧儒等在港筹备召开三中全会,领导民盟同志继续斗争。在川民盟中委得到消息时,全会已在香港开过,乃决定派张松涛去香港民盟总部联系,由盟员赵蕴书陪同前往。

张松涛得其妻戴惠群资助,买了大量黄芪、党参,装了大半部汽车,化装为中药材商人,于1948年4月中旬出发,到广州卖了药材,5月初坐火车到达香港。

这时,中共中央“五一”口号已经发布,号召全国人民为打倒蒋介石,建立新中国而奋斗。号召各民主党派、各人民团体及社会贤达迅速召开政治协商会议,讨论并实现召集人民代表大会,成立民主联合政府。民盟与各民主党派领导人通电响应中共筹开新政协的号召。形势令人异常兴奋。

张松涛在港会见了民盟中常委沈钧儒等以及中共华南局连贯同志和民革中央主席李济深。张松涛向各方面领导汇报了四川民盟组织转入地下开展斗争的真实情况后,请示蒋管区川康民盟的工作方针,并带回民盟一届三中全会的几个文件,以及连贯同志讲的加强西南上层军政人员的工作，时机成熟时起义的意见；还有李济深同志给杨杰、刘文辉的信，主要内容是建立和发展西南民革和川康民革，在必要时策动起义。民盟总部也希望川康的民盟同志坚持战斗，协助民革做好争取川康军政人员的统战工作。

张松涛回成都后，在张志和家里约刘文辉见面。刘文辉表示完全接受香港中共、民盟、民革各方面的意见。刘提出，请张松涛再去香港复命，并商请具体办法。于是张松涛于 8 月二次去港（这次路费是刘文辉提供的），10 月回川。当时刘文辉已去康定主持省参议会，张松涛急于向刘汇报，乃由张志和写介绍信，去康定见刘文辉，将港方意见转达。中共华南局连贯同志指出：加强西南上层军政人员工作，希望在解放军东到宜昌、北到汉中时，川康刘、邓、潘响应起义，迎接解放军西进。同时，要求刘文辉保护好电台，让通讯联系保持畅通无阻。张松涛问到刘的兵力部署，刘说，只有两个师和三个保安团，驻地摆得宽，真正要进川与蒋军作战感到兵力不足。而且雅属还不团结。刘指的是雅属民间武力与他之间一直貌合神离，互相戒备。

1948 年 11 月，川盟主要负责人张志和、张松涛、吴汉家在成都兰肇谦家研究如何配合地下党迎接解放的总方针时，估计到刘文辉在起义问题上最大的后顾之忧就是他所说的雅属还不团结，认为只有解决了这个问题方能坚其心志。为了川康大局，张志和提出把工作重心由成都近郊的邛崃、大邑转移到西康雅安；把过去反刘拥蒋的地方势力争取过来，纳入联刘反蒋拥共的行列中来，切实做好西康内部协调团结工作，保持安定；重点是做好雅属民间武力中威信最高的朱世正的工作，以彻底解除刘文辉的后顾之忧。

为了做好朱世正的转变工作，决定通知荥经盟员赵锡骅加紧对朱世正及其老师黄汝杰的争取。赵锡骅是川大学生、盟员，因1948年国民党“戡乱特刑庭”传讯而被迫转移回家乡荥经。赵锡骅对黄、朱二人进行争取工作，帮助他们提高思想认识：只有联刘反蒋拥共才有出路。而朱世正本人在1946年、1947年荥经事变、雅属事变后，虽受刘文辉安排任雅荥汉联防总队队长，但与刘文辉貌合神离，互相戒备；而在解放军节节胜利、国民党行将垮台的形势下，自己出路何在？他经常也在考虑这些问题。朱有文化，也有政治头脑。从国民党军校毕业后，参加了八年抗日战争，有带兵打仗经验。1949年初，经友人陈强立介绍已加入民革。赵锡骅顺利地争取了他。赵锡骅向川盟支部汇报后，经张志和、范朴斋、吴汉家、张松涛反复研究，于1949年3月14日决定吸收朱世正参加民盟。

1949年6月，民革陈强立根据刘文辉授意，到荥经约同朱世正以“新康社”袍哥组织负责人的名义召集荥经、天全、芦山的袍哥民间武装大小头目40余人（共带人枪千余）聚会于天全峡口坝。朱世正、陈强立给大家指出：解放军已打过长江，横扫江南、必然挺进西南、解放全国，蒋家王朝的覆灭已是大势所趋。为了大家不失时机走向光明的出路，要求大家捐弃前嫌，联刘反蒋拥共，不要再打私仇，搞械斗。要团结一致，保卫桑梓，不要受外人（指王陵基和国民党特务）的挑拨利用。陈强立、朱世正召开这个会，是想尽力转化这些反刘势力而成为西康起义的助力。

也就在1949年夏天，民盟组织在成都邀约了盟员、中共党员、民协成员共十余人（都是青年人）先后去荥经，安排在朱世正的部队中做政治工作。这之前，四川大学彭迪先教授因有被捕危险也转移到西康雅安，并多次去荥经。

彭迪先（盟员）是四川大学教授、经济系系主任。他讲授经济学，颇受同学尊重。尤其是彭教授支持进步学生运动，多次在学运中发表演说，抨击国民党反动当局的倒行逆施，尤其是在财政金融方面的举措，深受进步学生欢迎，却惹得反动当局怒恨。1949年4月下旬，国共谈判破裂后，省、市民盟组织侦得彭迪先有被捕危险，民盟省支部决定由川大教师区分部负责人王道容转告彭迪先：马上转移去西康继续战斗。彭先到雅安，住在二十四军代军长刘元瑄家里，不久又去荥经住赵锡骅家。四川省民盟就让他与入盟后的朱世正密切联系，做朱的思想政治工作，在此基础上建立西康省民盟组织，具体领导西康盟务。

这时，西康民盟已有7个县成立了基层组织，急需建立省级组织机构以便对各县盟务工作进行具体领导。1949年夏，由张志和以代行西南总支部潘大逵主委名义，通知成立民盟西康省支部筹委会。彭迪先、赵锡骅、张松涛、朱世正等为委员，彭迪先为主任委员，张松涛为秘书主任，朱世正为动员委员会主任。8月，在荥经天宝乡朱家祠开了成立大会，对西康民盟实施统一领导。会后，张松涛由朱世正陪同前往天全、芦山与当地袍哥民间武装头领接谈。先后会见陈步胜、段、程志武等，但在接触中发觉这些人的可靠性有问题。

1949年8月，西安、武汉相继解放后，刘文辉通过王少春秘密电台致电周恩来表明起义的决心。大意是:历来受蒋压迫,积怨难言,因处境困难,只好暗做准备。今已与邓锡侯等部约好,决定投向人民,今后应如何行动,请予指示。不久,收到周恩来回电:大军行将西指,希积极准备,相机配合,不宜过早行动,招致不必要的损失。刘文辉根据周恩来复电的精神,为选择适当时机起义做充分准备。

为了起义大业,张志和与刘、邓、潘研究决定,成立起义联合参谋部。刘、邓、潘各指派代表一人参加,由张志和做召集人,经常与中共地下党员唐新民联系,商讨有关准备起义的部署。正在筹备期中,王陵基向张志和透露:蒋介石密令王陵基将张志和立即逮捕枪毙。但因张曾有恩于王,王便暗示张志和离开成都。又说蒋介石即将来成都,要将革命志士残酷杀害。张志和考虑成都方面有关事宜已安排就绪,就托付其他同志继续办理,他与二十四军参谋长杨家桢于8月下旬即到雅安,住在刘文辉军部,经常与刘文辉商讨起义事宜,曾设想重庆解放时,刘、邓、潘即会师解放成都的计划。不久,张志和去了荥经。

张志和为了进一步解决朱世正与刘文辉的隔阂,共同反蒋起义,由赵锡骅陪同去宝子山朱世正家,住了三天。朱对张既感激又尊重,集合其心腹兄弟伙百余人,听张志和讲解蒋介石祸国殃民,必须联刘、反蒋、拥共的道理。并留了几个青年同志(盟员、也有地下党员)在朱世正处,帮助朱世正继续转化和提高思想。朱世正又以他的关系去影响和转变整个雅属,尤其是荥、天、芦民间武力的政治倾向。这些人口头上答应得很好,其实各有打算。

1949 年 10 月，张志和、陈仲光（民革西康负责人，刘文辉的亲信，与朱世正关系密切）约同朱世正到雅安刘文辉的军部与刘见面，共商军民协同作战方案，中心内容是一旦胡宗南、王陵基残部逃窜雅安地区，如何抗御的问题。刘文辉说，蒋介石扼守长江天险的防守计划已全部破产，只剩下大西南这块地方。胡宗南兵败退入四川，不可小视，他们打不赢解放军，打我们二十四军还是有力量的。解放军入川还要一定时间，我们必须要有准备才行。经大家认真研究决定：二十四军一三六师陈明扬、毛国懋两团在成雅道上打阻击战、袭击战，破坏桥梁，截断交通，使敌方机械化部队失去作用；一三七师开赴洪雅、丹棱，在川康边上拖垮蒋介石的残兵败将；朱世正的队伍配合二十四军和保安团在雅安北区、南区、荥经的东北区、西南区，天全的东南区扼住川康、雅富之咽喉要地进行阻击。这一带均为崎岖险道，一人当关，万夫莫敌，以其独厚的天时、地利、人和，足以使敌望山兴叹。制定军民设防方案后，张志和说西康方面的工作由他协助刘元瑄筹办，请刘文辉速去成都与邓锡侯、潘文华共商联合起义的有关事宜。刘、朱此次面谈，话明气散，双方均表示捐弃前嫌，合作反蒋起义。刘文辉还赠送朱世正不少枪支弹药。从此，朱世正联刘反蒋拥共的决心更加坚定，而刘文辉也解除了后顾之忧。接着，刘文辉对西康军政高层人士做了一番部署后，即率幕僚数人去成都，一方面与国民党反动派周旋应付，一方面与邓锡侯、潘文华商议起义的具体方案。

1949 年冬，由民盟西康省支部筹委会指示，建立了民盟雅安县分部，罗西玲任主任委员。

张志和考虑到雅安是西康的门户，是胡宗南、王陵基流窜康滇的必经之地，刘文辉的防御力量也薄弱。为使雅安的民间武装也像朱世正一样转化为反蒋拥共力量，以补刘文辉兵力之不足，特派雅安民盟县分部的张声明、郭景泰同志去做王德全的工作，并吸收王德全入盟。王德全是保安三团团长，天、芦、雅联防司令，是西康省保安副司令王靖宇的侄儿。刘文辉也命令王靖宇把保安系统和“西康省训团学友会”的中上层骨干，派往雅安东、西、南、北四区抓民间武装，每区派盟员 3 人做政治指导员（不少是党盟交叉），组成“川康人民革命军”第一纵队，王德全为司令员，毛云相（盟员）为政治委员。下辖 3 个民枪师，保安三团为直属团，纵队司令部设在雅安新市区王德全家中。保三团辖 3 个营（9 个连）共约六七百人。起义前后，对王德全及下属官兵，加强了政治教育。

对朱世正的雅荥汉联防总队的组训改造工作，也在紧迫地进行。8 月，在荥经城里赵锡骅家中组织了知识青年 20 余人，由彭迪先同志讲形势和经济学，张松涛同志讲军事和政治思想工作，历时两周。同年 10 月，再次组织培训，受训人数增至 30 多人。主要学习毛主席的《为人民服务》《纠正党内错误思想》《三大纪律八项注意》等内容。经过培训，把这些骨干分配到民间武装队伍中担任政治指导员。

对雅荥汉联防总队的大小头目和士兵进行改造组训，第一次是由朱世正约集有号召力的各处民间武装首脑和最贴心的精干官兵 400 多人听张志和讲形势，指明出路。接着，张松涛和彭迪先又对朱世正的参谋、秘书、中队长以上的头目数十人，讲联刘、反蒋、拥共的道理,并讲述了《新民主主义论》《中国人民政治协商会议共同纲领》等重要文件的精神。再一次是选择可靠性强、人数多、武力集中的其中4个大队,在荥河场集训,定名为"荥河纵队培训班",赵锡骅任班主任,分别派出人员到各支队担任政治指导员。主要训练内容:讲形势,懂得为谁打仗,分清红军与白军的区别;讲解放军英勇善战的原因,讲三大纪律八项注意,特别在"一切行动听指挥""不拿群众一针一线"上反复强调。在培训期间,得到彭迪先、洪钟(地下党员)从雅安来的电话:西康中统特务头子余仲篪潜逃西昌,将路过荥经。为此,在荥河纵队组织了20多人,由范炬明(盟员)带领,连夜赶往黄泥堡,将余匪4人捕获。

民盟西康省筹委会在张志和指导下,对上述组织方面做了大量工作。此外,在宣传工作方面:创办了省支部的机关刊物《光明旬刊》,宣传当时解放战争的胜利形势和共产党的方针政策,刊载了《中国人民政治协商会议共同纲领》,印发了毛主席的《论人民民主专政》和张志和写的《人民的军队》《论游击战》等文章。荥经民盟组织的流动剧团,在荥经、雅安等地演出《白毛女》《蒋匪逃台》等革命节目,深受群众欢迎,为迎接解放,提高群众觉悟起到很好的作用。

1949年10月16日,毛主席发出进军西南的指示:"二野主力务于12月到达四川叙永、泸县、重庆一线,切断胡宗南集团及川境诸敌退往云南的道路及与白崇禧部的联系。"进攻大西南的南线解放军对国民党军队展开了锐不可当的攻势。于1949年11月30日解放了重庆。蒋介石西南防线崩溃后,大军云集成都。刘、邓、潘三人也到了成都，联合起义参谋部紧锣密鼓地筹备起义，只等起义的最佳时机了。民盟西南总支的潘大逵，重庆市支部的赵一鸣、胡克林、冯克熙等也先后到达成都，更加强了筹划起义、瓦解敌人、迎接解放的工作。

12 月 2 日晚 7 时，刘文辉派车到新南门外接张松涛到新玉沙街住宅会晤。刘谈到已与邓锡侯、潘文华约定，就在短期内起义，又谈蒋介石已来成都要很好应付。张松涛建议设法活捉蒋介石。刘说成都军校有学生 6000 人，枪 10000 多支，他的兵力在成都只有一营，邓的军队在城外，无法进行。张松涛提出营救狱中同志，刘表示如能与特务打通关系，他可以出金条。

1949 年 12 月 5 日，周恩来同志给雅安王少春电台发来指示："时机已至，不必再作等待。"张志和赓即把电文转给刘、邓、潘。

蒋介石为了实现其在成都决战的图谋，于 12 月 7 日在北较场军校以召开会议为名，企图把川康高级军政要员刘文辉、邓锡侯等人劫往台湾作为人质，以阻止川康部队起义。这时潘文华已按照约定先去彭县等待，刘、邓两人接到蒋介石的通知后，即于当天中午带领少数随行人员，避开敌特耳目，赶至彭县邓锡侯九十五军（军长黄隐）防地，紧急商定于 1949 年 12 月 9 日联名发出起义通电，于 12 月 11 日通过雅安王少春电台将刘、邓、潘起义通电发送给毛主席、朱总司令。

刘、邓、潘起义当天，蒋介石命令成都城防司令盛文用坦克、机枪向刘文辉的新玉沙街住宅及武侯祠二十四军驻地发起猛攻。刘、邓、潘一面指挥起义部队牵制和阻击胡宗南军进攻，另一方面派员四出，对尚未起义的国民党部队展开策反工作。在刘、邓、潘起义的影响下，又经策反工作，川鄂绥署副主任董宋珩于12月21日率部在金堂、广汉起义；十五兵团司令罗广文于12月24日在彭县发出起义通电；国民党二十兵团司令陈克非、杨森部属喻孟群军长及四川省保安处长刘兆藜等也相继起义。在解放军的强大攻势下，国民党40余万军队先后纷纷起义。

正如贺龙同志所说："川康将领的起义，政治上的影响大于军事上的影响。"刘、邓、潘三部在蒋介石"决战成都"的关键时刻率部起义，使蒋介石集结成都的数十万大军顷刻土崩瓦解，使西南的文化名城成都不泯于战火，这是共产党的统一战线政策的一曲胜利凯歌。

在成都地区的国民党数十万大军瓦解后，胡宗南匆忙在新津召开军事会议，决定率残部向西昌方面突围，战事随之转移到西康地区。雅安是西康的门户，形势更是危急。东面邛崃、洪雅受到胡宗南残军的威胁，北面五家口遭受王陵基保安团的威胁，南面富林、汉源受到贺国光、宋希濂部的侵袭，西面受到从甘肃撤退到康定的田中田部的滋扰。当时贺国光已被蒋介石委以西康省主席兼警备司令；雅安北面的芦山县袍哥武装程志武被委以川康反共救国军总司令、新编第十四军军长；西北面天全的李元亨被委以新编第十五军军长。蒋介石这一套的目的，就是要不惜一切代价打开雅安这个门户，企图在这个有险可依的西康做垂死挣扎。雅安宣布起义当天(12月13日)，王陵基扶持的以张广德(名山人，地方恶霸，特务组织复兴社成员)为首的"反共救国军"裹胁3000多人向已起义的"川康人民革命军第一纵队"

王德全防守的雅安凤鸣乡进攻。

在这紧急关头，张志和同志与西康临时军政委员会代主任刘元瑄研究，采取紧急措施，立即通过王少春电台向周恩来同志发出雅安危急的电报，请解放军速进雅安消灭敌人。同时，命令“川康人民革命军第一纵队”阻击侵犯凤鸣乡之敌。又请彭迪先同志去荥经命令朱世正的队伍（“川康人民革命军暂编一师”）在雅、荥、汉大道上设防，配合二十四军伍培英部防守大相岭、泥巴山；其余武装力量集中待命。还做了万一雅安不保，转移到有利山区打游击的准备，全力阻击敌人，以待解放军来临，并在天宝乡朱世正家架设了电台，接通与北京与彭县的电讯联系。

1949 年 12 月 17 日，张志和接到周恩来同志复电，电文如下：

张志和并转刘、邓、潘三先生，第二野战军刘、邓来电转如下：恩来亥巧（即 12 月 18 日）。

军委：我先头十七军与十军已于铣日（即十六日）攻占乐山、青神，正向西发展中，战果待报。十一军、十二军今（篠）日（即十七日）可达新津、彭山之岷江之东岸地带。特此专告。

这个电报坚定了西康全体革命志士誓死保卫西康的决心，鼓舞了二十四军官兵的斗志，安定了雅安的人心。

“川康人民革命军第一纵队”（主要是王德全所部保三团）奉命出击来犯之敌，连续作战，三战皆捷：

一战击溃名山“反共救国军”。名山恶霸、特务分子张广德伙同总岗山土匪王汉，与王陵基勾结，控制了名山的车岭、马岭、永兴和雅安凤鸣等乡，威胁姚桥，企图占领川康咽喉金鸡关。12月13日，王德全、毛云相率保三团至姚桥，向敌猛攻。于14日拂晓攻克凤鸣，乘胜追击，当晚克永兴，与名山民枪团会合。于15日追击至总岗山，残匪逃匿深山，解除了雅安心腹之患。

二战击退王陵基保安团。王陵基的保安团从邛崃的夹关、芦山的大川窜至雅安上里。17日晚，上里乡陷入敌手，王德全急电中里、下里的纵队第三师前往支援，战斗至18日晚收复上里，王陵基保安团从芦山逃往境外。

三战抢夺飞仙关。1950午1月2日晚，胡宗南第七兵团胡长青残部700人窜入芦山、天全，伙同李元亨、程开元匪部偷袭并占领了雅安通往天、芦的要隘飞仙关，向雅安进犯。王德全把保三团从金鸡关移驻多营坪，命二营翻越陆王山，从飞仙关两面截断李、程两匪的联系；命中里、下里的民枪团占据罗纯岗，俯控芦山。王德全亲率敢死队百人从公路冲锋前进，第一营殿后。李元亨部在青衣江两岸受到夹击，发现后路已断，即仓皇撤逃。保三团乘胜追击，收复飞仙关。

这样，从起义到解放军进入雅安城的50多天里，敌人不敢再犯雅安，从而堵住了蒋军南逃的通道。

由于刘、邓、潘的起义，在政治上动摇瓦解了蒋介石数十万军队。在军事上军民联防阻击，使敌人进退维谷，迟滞其行动，以待解放军到来。为解放大军从东、北两路神速前来合围，将敌人全歼于川西平原，赢得了时间。使蒋匪妄图盘踞西南顽抗，以待第三次世界大战爆发的阴谋幻灭。

1949年8月，我在荥经天宝乡朱世正家见过张志和。他留给我的印象是他的衣着、外貌、举止，俨然是旧时达官显贵那套派头。近来反复阅读《松涛遗稿》，觉得在策动刘文辉西康起义的整个系统工程中，各方面都在做工作，又互相协作、配合。其间张志和领导川康民盟地下组织做了大量工作，功不可没。因此，我根据《松涛遗稿》和我自己亲历往事的回忆，整理成为此文，供研究参考。

（原载《雅安市政协文史资料》第四辑2005年11月）

到雅安迎解放(摘要)

沙勤生

1949年6月下旬,我来到雅安,在荥经县天宝乡朱世正那里搞了4个月。当时,雅安地下党给我的任务是去看看他们在干些什么。

1949年6月26日,我同沙国祚到雅安。同车来的还有民盟的蒋国基、尹大贻、段维庸、吴顺纲。王雪琦身体不适,暂留国祚家(雅安起义后才接她来雅)。

刚到雅安,我和国祚就遇见川大同学、民协成员杨国清和胡立民。我知道胡立民是华西大学民协的负责人。杨国清为我们介绍了,大家都是民协同志,因而一见如故,十分亲热,无话不谈。

我告诉老胡,我们是民盟约来的,要去荥经朱世正那里。老胡说他知道朱世正是荥经地方势力的首领,袍哥组织的大头头,已参加民盟。但那里不是我们搞的。他说:"你们去,去看看他们干些什么。"老胡又说,雅安没有建立民协组织,有些革命同志和民主人士,大家有来往,你们到荥经后同我保持联系。

大约7月底,胡立民通过民盟组织带信给我,要我到雅安会晤。我在他住处找到他,向他汇报了我去朱世正那里所见所闻,他听得很认真。他给我看了党中央关于建立新民主主义青年团的文件(手抄本),说是民协成员不能直接转团,叫我申请参加青年团。我立即动手写自传,快写完时,我考虑到团是党直接领导的,我应该从这里去找党。向定和又一直没来雅安。于是我在自传上写了我在川大已经入党的事。自此时起,胡立民知道我是党员,但同我之间是团的组织关系。

8 月底,胡立民又通知沙国祚到雅安入了团。

以后我才知道,胡立民是雅安地下党(川东特委领导)的领导机构成员之一。

从 7 月到 10 月,我们每月来雅安向胡立民汇报在朱世正那里知道的情况,主要是民盟和朱世正在联络和动员荥经、天全、芦山、宝兴等县地方势力袍哥武装的工作情况,供雅安党的领导人参考。

还在成都时,邓文质曾给我介绍过朱世正的基本情况。

朱世正是荥经人,曾在成都读中学,全面抗战爆发后,他进入中央军校,毕业后在中央军服役,当过排长、连长、参谋等职,随部队去缅甸同日本侵略军打过仗。抗战胜利后,于 1946 年他回荥经探亲,适逢荥经地方势力正在准备“武力抗铲”——反对刘文辉既由政府下令地方种鸦片,又派军队去铲烟,军队趁机大肆勒索,稍不遂意则杀人烧屋,激起四乡父老愤怒,兵刃相见,朱世正被推为地方武装头领。他亲自率领弟兄伙,黑夜摸进荥经城,抓住并枪毙了雅属保安副司令,占领荥经县城。“荥经事变”进而发展为“雅属事变”,荥经、天全、芦山、宝兴等县地方武装共数千人,联合反刘,朱世正被推为联军副总指挥。同刘文辉打仗一年多，谁也消灭不了对方。荥经籍的西康上层名流出面调解后，刘文辉召开“雅属行政检讨会议”以平息地方上的不满，又将朱世正的队伍命名为“雅荥汉联防总队”，委朱世正为总队长，一场战祸始告平息。但刘文辉与朱世正之间仍然互相猜疑、戒备。刘文辉担心朱世正等在他后院起火，背后来袭。朱世正虽然称雄一方，也在考虑自己的前途出路。此人颇有政治头脑，他深知国民党当局贪污腐败，不可收拾，解放军“三大战役”已取得胜利，锐不可当，国民党的精锐部队损失殆尽，败局已定。自己何去何从，是他考虑的主要问题。1949 年春，民盟赵锡骅（荥经人，川大学生）根据朱的情况，发展他参加民盟，四川民盟领导层也很重视。所以邓文质在成都到处约人去荥经，去做朱下面弟兄伙的工作。

我们在 1949 年 7 月 2 日到达荥经天宝乡，我在朱世正家住了 4 个月，所见所闻的主要情况，简言之，就是民盟、民革都在抓紧做朱世正的工作，又通过朱世正做他联防总队下面大队长、中队长的工作，并频频派出得力信使与天全、芦山、宝兴等县的地方武装头领联系。工作的主要内容就是争取他们“联刘反蒋”。这是要这些曾经反对刘文辉的人在思想及行动上 180 度大转弯，工作难度相当大。

解放后，我才知道，早在抗战时期，刘文辉已同周恩来同志会面并达成协议，周恩来派王少春为联络员驻雅安并设置秘密电台与党中央保持直接联系。以后，刘文辉加入民盟（秘密盟员），1948 年，刘又担任民革的川康负责人，他的亲信要员陈仲光任“民革”西康负责人。1949 年初，刘文辉派西康民革负责人之一的陈强立发展朱世正加入民革。3 月,陈强立约朱世正调解荥经“陈田事件”,制止双方械斗。6 月,陈强立又约同朱世正以袍哥组织首领陈仲光的名义,邀约荥经以及天、芦、宝等县袍哥武装头领聚会于天全峡口坝,商议“应变”,提出“安定团结、保卫家乡”的斗争策略。强调“国民党败局已定,我们不能被省外野心家、阴谋家利用、上当受骗、贻害家乡。”此话暗指四川王陵基派薛奉先(荥经人)任邛崃县长,薛派人到雅属各县联系袍哥武装、地方势力,企图反刘。峡口坝聚会实质上是民革。刘文辉同王陵基彼时都在争夺雅属地方武装。7 月,陈强立再次到天宝乡与朱世正密谈甚久。之后,陈强立去成都,不料被国民党特务逮捕,关押重庆,解放前夕才逃回雅安。但是陈仲光与朱世正之间仍有密切联系。

朱世正加入“民盟”是在 1949 年 4 月。7 月初,西康“民盟”负责人彭迪先来到朱世正家。几天后,四川民盟负责人之一张松涛也来了。8 月,西南民盟负责人之一的张志和也到了朱家。8 月下旬,民盟西康省支部筹委会在天宝乡朱家祠堂成立,朱世正是筹备委员之一,兼任军事动员委员会主任。又把朱世正下面的大队长、中队长,以及天、芦、宝的地方武装头领先后发展入民盟,在“安定团结、保卫家乡”的基础上,联络他们,动员他们“联刘反蒋”,并对他们吹出刘文辉要“待机起义”的风声。筹委兼秘书长的张松涛还约朱世正到芦山、天全,亲自对程志武、李元亨等袍哥首领作考察,对他们做思想工作。这些大大小小的袍哥头目,对国际国内形势了解不多,他们都是从自身利害出发,信服陈大爷、朱大爷,愿意跟着走,下面弟兄伙又跟他们走。

1949 年 9 月、10 月间，这项动员工作基本做通，都答应联刘反蒋。在怎样起义、什么时候起义的问题上，杨正南曾经一再同彭迪先研究分析形势的发展，协调各方力量配合刘文辉协同起义的步伐。

我们这些先后从成都来的年轻人，那时大多 20 岁多点，人微言轻，不是决策层的人；书生味重，许多事都插不上手。8 月，刘光书、王雪瑶也被约来，民盟派他们和蒋国基去始阳、天全做教师，开展民盟的工作。10 月，陈为珍、黄仲实（川大同学，党盟交叉）也来到荥经，民盟也派他们去天全中学任教。10 月、11 月，雅安地下党先后调沙国祚和我回雅安工作。只有段维庸、吴顺纲仍留在那里。

我们在朱世正那里的几个月，在安全上没有感觉到有什么问题。朱世正本人和他的手下弟兄伙，对我们都很客气，我去雅安多次，拿着他的名片，畅通无阻。离开后多年才听说当时荥经的军统特务朱子江（即朱静泉），手下有十几个人，大特务徐远举给他装备了长短枪，让他阴谋暗杀张志和、彭迪先、张松涛、赵锡骅等 10 人，其中还有我们沙氏兄妹。朱世正发觉此事，带了几个人枪去镇住朱子江，制止了特务的暗杀行动。可见，安全中也有风险。

（原载《黎明前的战斗》，2003 年 6 月）

在西康民盟筹委会工作的回忆

童梓平

我原在重庆作保安队和渝内二警的策反工作，配合地下党劫狱和迎接解放。由于我发展联系的新民主主义青年团团员黄细亚被捕，组织上叫我立即转移。那是在1949年夏，刘一孚同志正式向我传达民盟重庆组织的意见说：民盟在西康开展地下武装斗争，正需要一位有武装斗争经验又善于做政治思想工作的同志，组织上希望你能去。于是我从重庆辗转经成都到雅安，与民盟四川省支部主任委员（以下简称主委）张志和同志接上头。荥经盟员赵锡骅派党玉田到雅安把我接到荥经。

民盟西康省支部筹备委员会于1949年8月在荥经县天宝乡朱氏宗祠成立，从川大转移到荥经的盟员彭迪先任主委。在荥经，民盟组织把我编在直属小组。小组成员有赵锡骅、杨汇川、曾紫霞和我。当时彭迪先同志在荥经、雅安两头住，他来荥经时就参加这个小组的活动。这个小组实际上起着省筹委常设工作班子的作用。刘光烈和任康执两同志是地下党员又是盟员，当时也以盟员身份，经常参与盟省筹委的重要会议和决策。我的任务除了参加重大决策外，主要是培养骨干和直接与荥经4位上层人物联络，了解掌握他们的思想动态，帮助提高其政治思想水平，协调配合。这4个人是：朱世正（雅荥汉边境联防总队长）、黄镤（当时的荥经县长）、余照普（刘文辉派驻荥经的营长）、陈志霄（袍哥、荥经县民众自卫总队副总队长）。彭迪先和赵锡骅（民盟西康筹委委员）也经常过问这方面的工作。目的就是把地方武装转化为革命力量，为了掌握这支队伍，需要一大批有较高革命思想觉悟、有文化的知识分子骨干，所以培训骨干就是当务之急。

培训对象大多是川大来的大学生和本地回乡学生。第一期培训班由民盟西康筹委秘书主任张松涛主持，第二期由我主持。记得当时有党玉田、吴国治、包锡鸿、徐忠良、张文政、吴顺纲，本地盟员有孙华榕、朱仰东、毛尚文、秦朝钟、石明玉、李毓松、赵锡鸾、吴家声、陈应硕、肖锦、李银光、程光榕、刘之和、翁家文、李怀森、郑树贤、谭昌熙、刘洪钧、朱勖陶、龚学全、张明文、刘淑华、朱淑恒、王馨、张锡卿等40多人。学习内容有毛主席的《为人民服务》《关于纠正党内的错误思想》《三大纪律八项注意》等。针对地方武装普遍存在的实际问题，着重提高对人民军队性质的认识。懂得政治统率军事的道理，克服单纯军事观点，提出向人民解放军学习。讲人民军队的军民关系、军政关系、官兵关系和俘虏政策。防止军阀主义、小团体主义、盲动主义、流寇主义。要求能背、会讲《三大纪律八项注意》。这次学习把政治思想工作纳入了制度化和条例化，提高了政治思想工作的针对性和实用性。为此，我在培训前曾编写了《政工人员手册》，印发给受训人员，作为他们到地方武装中去进行工作的参考。解放后，这本小册子作为革命文物存放入省博物馆。

朱世正入盟后，任“川康人民革命军”师长，彭迪先、赵锡骅任政委，我任参谋。那些经过培训的30多个大中专革命知识青年被分配到朱的部队，对朱的地方武装进行改造训练，然后分别驻扎在泗坪、花滩、到底坝、小溪口严阵以待，准备与逃窜的蒋、胡残匪决一死战。

我们又在全县组织起农友会、学友会、盟友会、妇女会、少先队、儿童团，发动群众迎接解放。在荥经公演《白毛女》歌剧，扭秧歌、唱革命歌曲、踩高跷、演活捉蒋介石……大造革命气氛，当时人们称荥经是“西康的延安”。

1949年12月，为了有力地声援刘文辉、邓锡侯、潘文华在彭县起义，西康军政人员同时宣布起义，民盟西康省筹委于13日组织荥经县人民3000多人在东方公园举行隆重的庆祝大会。由朱世正负责维持整个过程的秩序。大会主席团由彭迪先、赵锡骅、朱世正、杨汇川和我5人组成。主席台前贴着彭迪先同志拟写的对联，上联为“全国解放普天同庆”，下联为“西康起义万众腾欢”。赵鸣和为大会司仪。会上彭迪先同志做了振奋人心的讲话，题目是“新民主主义与三民主义”。以新民主主义的政治内容与三民主义作对比分析，讲得生动活泼，给参加大会者留下了深刻的印象。会后是盛大游行，队伍从东方公园出发，沿东街直至西街。前面是秧歌队、宣传队、少先队、高跷队。中间是主席团5人并排前进，接着是革命青年、农友会、盟友会、学友会以及工农商学各阶层人士，组成一支浩浩荡荡的游行队伍。鞭炮声和锣鼓声不绝于耳，歌声和口号声此起彼落，沿街人民群众夹道欢呼，整个县城沉浸在无比热烈和欢乐的气氛中。

1949年12月9日，西康省主席刘文辉宣布起义后，民盟西康省筹备委员会移驻雅安大北街汇通银行，正式成立中国民主同盟西康省支部委员会。临行前由彭迪先、赵锡骅两同志主持，经过盟员大会充分酝酿，提出候选人7人进行差额选举。选出了秦朝钟、吴家声、毛尚文、孙华榕和我共5人，成立了“中国民主同盟荥经县分部”。具体分工是由我任主委，秦朝钟和毛尚文分管组织，孙华榕担任秘书，吴家声分管宣传，领导荥经地区盟务和迎接解放的工作。

虽然宣布起义，但解放军还没有到，所以形势仍然是十分严峻的。1950年1月，国民党贺国光部队把刘文辉的师长伍培英部队逼退到荥经。天全、芦山的反共救国军也配合贺国光在五里山一带围住荥经城，天天叫喊要攻城。这时，解放军也即将进入雅安。27日，县分部决定由肖锦和李毓松护送我，带着党、盟组织安排的有关荥经方面的政治、军事、社团、财粮、枪支等调查材料和表格，到雅安向西康临时军政委员会和盟省筹委汇报。于是我化了装，在肖锦、李毓松两位神枪手护送下，半夜出发，走到观音堡才天亮。周围山上都是土匪，从鹿子岗到雅安沿途的电线杆全部被砍断。最后总算安全到达雅安，向地下党领导杨正南汇报后，杨叫我在雅安待命，等到解放军到雅安进军荥经时当向导。

不久，解放军到达雅安，第二天，天不亮即出发，在行军中我看到朱世正骑着马走在前面。行军到对岩乡岩盐匾就遭到土匪袭击。朱世正不断对土匪喊话，叫他们弃暗投明。行至芭蕉湾再次遭到土匪对抗,边打边走。快到观音堡山上,土匪居高临下用机枪向我们扫射。我在躲避时跳进一口干茅坑中,被“火麻”叮得又麻又痛。当时我不知道什么是“火麻”,还以为中了什么毒气,军医给我消了毒才好些。算是闹个笑话。当天行军至观化就天黑了。第二天半夜,解放军分两路向荥经进发,早晨九点多钟就到达荥经。由于地下党和地方进步人士、武装预先做了准备,从小溪口到县城沿途都有各界人士和学生、市民列队打着五星小红旗夹道敲锣打鼓、呼口号、扭秧歌。这种热烈喜庆的场面,表达出荥经人民对共产党解放军的衷心敬爱,荥经人民终于盼来了解放的一天。

我们今天在这里回顾西康民盟的历程,缅怀那些已远去的同志,不是庆幸自己苟活,而是要记住那个时代的一种高贵精神,这种精神就是关注民生、为民请命、为民牺牲。这才是革命的终极目的。

最后,我以一首诗表达我现在的愿望:

扬正气　促和谐

科学务实必求真,崇尚直言卫民生。
君子求和不苟同,小人同面不同心。
兼容方能创和谐,一言堂下理难真。
人道回归天开眼,航正帆扬指前程。

作者简介:童梓平,民盟荥经总支原主委,荥经县政协原副主席,离休干部。

解放前夕民盟天全组织活动片断

高明星

1949年4月,南京解放之后,国民党政权崩溃的前夕,蒋介石把残部集结于西南,对我成渝两地的地下党员、民主党派成员和进步人士进行疯狂的镇压与屠杀,妄图以此来延缓他们灭亡的命运。

回顾民盟天全组织,在地下党和民盟西康支部(省委员会)筹委会的领导下,1949年9月建立了,由当时的天全中学教师蒋文全(又名蒋国基,党盟交叉,后任成都科分院副院长)负责。

民盟天全组织为迎接解放,与地下党的同志黄仲实、陈为珍(化名董苑茹,党盟交叉)、唐绍虞(化名贾先生)、高仕荣(党盟交叉,原始阳师范学校校长)等同志紧密联系,共同学习民盟西康省支委会(筹委会)主办的《光明旬刊》,了解解放战争的大好形势和党的方针政策。

《光明旬刊》由地下党杨正南同志(解放后任西康省教育厅厅长,云南省计委主任、党组书记)和民盟彭迪先同志(现任民盟省委员会顾问、民盟中央副主席)共同负责,根据新华社消息编发,它于1949年9月18日创刊发行,除宣传解放战争的大好形势和党的方针政策外，每期都有时事述评，有专论和解释群众疑虑的文章，还宣传了新政协，报道了中华人民共和国成立的消息和《共同纲领》《论人民民主专政》等文章。他们日夜辛劳，为维护革命秩序，安定地方，发动群众，支持配合刘文辉先生起义，做出了不少的贡献。

民盟天全基层组织在城厢部分教师中成立了民盟的外围组织“教师联谊会”，推选高曰洁同志为负责人，由我担任联络工作。同时，还筹组了“晨曦读书会”，组织青年朋友学习新知识，刻写学习资料，研究有关问题。这个读书会的成员，有杨克纯、王纪源、银世泉、邱水（以上四同志均系盟员）、刘登（现任芦山教育局总支书记）、杨永寿同志。读书会的任务，就是在城里与青年交朋友，宣传党的政策，解释社会上一些受反动派宣传的群众的疑虑，用以安定人心。读书会由杨克纯负责，罗文清（地下党支部书记，现省文化厅处长）、苏济质（现在西昌师专、民协成员）负责指导。

1949 年 12 月 9 日，刘文辉等通电宣布起义，西康军政人员也随之起义。在地下党的领导下，成立了西康临时军政委员会，主要是安抚群众，维持秩序，发布解放军的各项命令，通令各县军政人员，坚守岗位，保护公共财产，做好准备，迎接解放军的到来。

民盟天全组织为了进一步做好解放宣传工作，在天中校门和景葛楼地段，设立了宣传栏，报道了解放军在各个战场上的胜利消息，并剪贴了党的领导人和解放军主要将领的画像，扩大了宣传效果。

民盟天全组织还举办了“青年学习会”，学习了《新民主主义论》《中国人民政治协商会议共同纲领》《论联合政府》，并由陈为珍同志讲述了《论人民民主专政》和教唱革命歌曲：

“解放区的天是晴朗的天，解放区的人民好喜欢。

民主政府爱人民哪，共产党的恩情说不完……”

苏济质同志还教了秧歌舞，青年们的学习气氛十分活跃。

西康起义后，解放大军尚未到达，胡宗南残部逃窜路过始阳，国民党反动派的军长胡长青委任天全匪首李元亨为反共救国军的军长。这时，谣言四起，人心惶惶，民盟天全组织负责人蒋国基同志，为了安定人心，做好迎接解放的工作，希望民盟组织组成的“荥经流动剧团”来天全和始阳演出。经请示省民盟筹委会同意，全团同志在张文政团长的带领下，不辞辛劳，徒步来到天全和始阳两地，演出了《白毛女》歌舞剧和《蒋匪逃台》，伴以“你这个坏东西”的歌声，内容适合农村，深受群众欢迎。

演出的当天晚上，地方上的盟员同志同话剧团的同志举行了联欢会。联欢会由始阳师范学校校长高仕荣主持，共有四十多人参加。当时正值严冬季节，北风劲吹，寒气袭人，但我们的心是沸腾的。发言的同志慷慨陈词，愤怒谴责国民党反动派的罪行，盼望解放军早日到来。更值得回忆的是，重庆大学的曾紫霞同志（党盟交叉），她在《白毛女》剧中扮演喜儿，她刚从渣滓洞脱险出来，她的爱人尚在特务魔爪之中。她发言时，声色俱厉、声泪俱下，这本来是盟员欢聚的集会，结果开成了个控诉会。给我们地方上入盟不到半年的盟员同志，进行了一次很好的革命教育。联欢会在高呼“打倒蒋介石、建设新中国！”的口号声中结束。

1950 年 2 月 8 日，终于把解放军迎来了。那天下午，地下党的同志、民主党派的成员，同天中、天全简易师范两校的教师，以及青年学习会的男女青年、人民群众共三百余人,手持用红纸做的五星红旗,齐集在接官亭(现养路段),夹道欢迎解放军。

解放军在入城时,头戴钢盔,全副武装,排成整齐的队伍,前面打着一面大红旗,边走边唱着解放军进行曲。欢迎的人群一边鼓掌,一边高呼口号:“毛主席万岁!”“中国人民解放军万岁!”一边唱着刚学会的革命歌曲:“东方红,太阳升,中国出了一个毛泽东……”跳着秧歌舞,大家跳得那么欢快,这的确反映了当时群众的心情,真的盼来了解放,天亮了。解放军入城的这一天,是天全人民最快乐的一天,因为新的生活将以这一天开始。人民群众一直把解放军迎到驻地。地下党的同志黄仲实、陈为珍等向中共天全县委汇报了工作。

彼时中共天全县委刚入城,工作千头万绪,他们的时间,可以说是以分来计算的。然而县委组织部部长王瑞(现任省计经委副主任)还是安排时间,接见了地下党员、民主党派的同志和进步人士,讲党的统一战线政策是取得革命胜利的三大法宝之一,并对大家在解放前夕所做的革命工作,给予鼓励和赞扬。从此,民盟天全组织在中共天全县委领导下,参加了党的各项中心工作。我们的青年盟员银世泉、杨克纯、王纪源、高秉权等在党的培养下,先后参加了共产党。

(原载《天全文史资料汇编》,2006 年 10 月)

作者简介:高明星,民盟天全支部原主委、天全县人民政府原副县长。

“晨曦读书会”的成立

王继元　杨方直

“晨曦读书会”是天全解放前夕，在中国民主同盟天全盟组织的指导下，由天全中学的部分校外同学发起成立的。它的宗旨是组织天全中学同学学习新知识（学习中国共产党的政策和主张），迎头赶上时代潮流，迎接新的生活（解放）的到来。

青年学生好学上进，追求真理，追求进步，关心国家大事，关心民族的兴衰，成立“晨曦读书会”是进步青年的要求。当日本无条件投降的消息传到天全时，天中学生无不欢喜若狂；当蒋介石发动全面内战时，青年学生无不万分感叹。平津解放，大军渡长江，宋庆龄经香港到达北京等消息传来后，无不引起了青年们的深思。解放前夕，天全中学的毕业生已达数百人，多数失学在家，在外求学的有的已中途辍学，有的毕业回家就失业，有的暂时干着糊口都困难的教书工作，他们仍处在失学失业的状态，对国民党及其政府的腐败，更是深恶痛绝，对国家前途，民族命运十分关心，对个人前途忧心忡忡。谈论起局势，都深切盼望知道共产党的政策主张。成立读书会，学习新知识是青年学生们的迫切要求。

"晨曦读书会"是在天全地下党组织的关怀和中国民主同盟天全盟组织的具体指导下成立的。1949 年 8 月初,刘明(即刘光书)同志受民盟组织的派遣,离开老家来到天全始阳,任西康省立始阳师范训育主任。他以教书的社会职业为掩护,开展革命工作,通过谈时势讲政局,结识了师六班学生杨克纯,既后又联系了天全思经小学的教师银世泉、王纪元,天全女子小学的教师邱水。9 月初,经盟组织决定,由刘明做介绍人,吸收了他们 4 人入盟,编为一个小组,由刘明直接领导。刘明被调西南,由贾裕斋(即唐绍虞)领导。贾被调雅安后由苏济质领导。盟组织给的任务是在青年中开展宣传工作,向青年学生宣传国际国内形势,说明总的形势有利于人民革命,而不利于国民党及其反动政府;宣传中国共产党的主张,稳定青年思想,抵制国民党的反共宣传和谣言,以免青年学生受骗,误入歧途,使更多的青年靠近共产党,靠近人民革命,为迎接即将来临的解放打下思想基础。当时始阳师范学校的教师中共有 8 个盟员,其中罗文钦(即罗洛庚)、高仕荣、贾裕斋、王雪瑶、刘明是地下党员,苏济质是中国新民主主义协会成员,他们在地下党的直接领导下,完成党交给的光荣任务,又以自己的先锋模范作用直接和间接的影响、带动和指导盟员组织工作,盟组织布置的任务与地下党布置的任务都是一致的。几位青年盟员同志根据盟组织的安排,分别与老同学联系,向他们讲起党的政策和主张,他们都穷追穷问,传一些资料给他们看,他们都是如饥似渴地学习钻研,当时的资料文件很少,就用脱蓝纸复写。从康定中学毕业返家的刘登骙,失学失业和闲居在家的高上林,为了解决文件资料少的问题,一次又一次地复写,在短短的时间内,复写的文件资料已在十多位青年学生中传阅着。当时抄写的文件有中国人民政治协商会议通过的《共同纲领》,毛主席《论人民民主专政》《新民主主义论》《中国革命与中国共产党》,刘少奇《论党》,民盟西康省筹编委的《光明旬刊》的文章等,有的节录,有的全文抄写。

1949 年 12 月 9 日,刘文辉宣布起义后,盟组织认为应该比较公开地组织青年学习,由过去个别单联组织学习方式改为成立读书会,有计划、有组织地吸收更多的青年同学学习。几位盟员同志分别邀请了原来积极参加学习的彭怀珍、高上林、刘登骙等同学,共同发起筹备组织读书会,分头酝酿商量,由银世泉执笔草拟了读书会章程。读书会的名字采用了银世泉建议的"晨曦读书会",含义是指太阳已经从东方升起,光明即将来临。拟定了读书会的宗旨,读书会的组织,领导实行委员会制,下设若干工作小组,重大问题由委员会决定,酝酿了读书会领导成员候选人名单,研究了经费问题。经过了十多天的筹备,于 1950 年元月初在天全城厢女子小学左侧的一个教室里召开了成立大会。到会的成员有 30 多人,会上经过充分讨论,对"晨曦读书会"章程略作修改后正式通过了,会上选举杨克纯为读书会主席,彭怀珍为副主席,以及委员会成员等。读书会下设组织组由银世泉负责;学习组由邱水、刘登骙负责;总务组由王纪元负责。学习方法采用个人阅读与集体讲论相结合,开展民主讨论,集思广益,坚持真理,共同提高。读书会的经费由读书会的成员自愿捐赠与按人头摊派的办法解决,筹备之初所花的少数纸张由女子小学赠送了部分,又由发起人捐赠了部分。成立大会结束后,由组织组的同学将读书会的成员分编了几个学习小组，并与各小组联系，研究扩大读书会成员问题；由学习组织选定了几篇学习文件，分送给各学习小组抄写、传阅，搜集各组成员学习的体会和心得，了解学习中提出的问题，并进行归纳，准备组织大会讨论。1950年2月，中国人民解放军进入天全城，“晨曦读书会”的大部分成员敲锣打鼓，手举横标旗子，唱着欢迎解放军的歌曲，到东门“接官亭”迎接解放军。党派来的干部接管了旧政府，盟组织决定“晨曦读书会”已完成了它的使命，一切活动即告结束。

解放军击退了骚扰、围攻天全城的各方土匪之后，人民政府决定吸收当地青年同政府工作人员一道下乡宣传党的政策，宣传西南军政委员会发布的约法八章，揭露反谣，揭露反宣传。经地下党同志的推荐，“晨曦读书会”的成员和他们所联系的一批青年，都参加了这次宣传，在社会秩序十分混乱的时候，由解放军保卫着，深入农村，深入土匪豪绅的据点，宣传党的政策。宣传队的成员通过这次考验，有的被人民政府吸收参加工作，分配到党政机关企事业单位工作。这批宣传队的成员大都成了本县干部参加工作最早的一部分。“晨曦读书会”在一定程度上为党培养干部起了一定作用。

（原载《天全文史资料汇编》，2006年10月）

作者简介：王纪元，雅安师范学校退休教师。

民盟荥经民生小学

吴家声　朱仰东

1949 年初,盟员赵锡鸾、朱仰东、吴家声、孙华榕 4 人在荥经建立了盟小组,以赵锡鸾为组长。夏季,成立中国民主同盟西康省支部(省委员会)筹委会。为适应当时形势发展的需要,省筹委会指示盟小组建立一所私立学校。

盟小组积极开展建校工作,成立了"私立民生小学筹备委员会",以赵锡鸾任主任筹备委员,孙华榕、吴家声、朱仰东为筹委,进行草拟章程、立案、经费筹集、宣传联络等项工作。

关于校名的确定,先是"大众生活学校",经反复讨论最后定为"民生小学"。这样既不刺目,也表现人民为了争生存的意愿,同时也体现了有了民盟组织,这所私立学校才能在荥经诞生。拟定办学宗旨是:"广开教育之门,来者不拒,不来者送上门去。"由赵锡鸾、孙光西(当时未入盟)拟成文章呈荥经县政府办理立案,划拨校舍场地、筹集资金。孙华榕、吴家声、朱仰东负责修缮校舍,筹办设备以及宣传联络工作。

1949 年 6 月,荥经县政府批准"私立民生小学"立案,同时将城东魁星阁全部、中和阁一部分划归民生小学作校舍,并将原东方公园操场及操场四周大片空地一并划归民生小学使用。筹备会决定,除保留操场外,将大片空地租给农民耕种,预收租金,由盟员刘芝和接洽办理,为民小筹得大米近三石。又争得县政府划拨碾磨捐项下两石大米,从点滴中弥补资金不足。孙华榕同志向县中校借课桌25套,吴家声同志向城东中心校借能修理使用的课桌20套,吴应刚(接近盟组织的木工)为我们新制了便宜于市价30%的课桌20套。

民生小学开学后,盟小组改为“民盟民生小学支部”,指定吴家声同志任支部书记。筹建工作结束后,盟组织指示支部以朱世正、陈志霄两人作民生小学董事会正、副董事长。任康执(地下党员)就是在这时转入民小支部工作的。盟组织议定孙华榕任校长,吴家声任教务主任,赵锡鸾任总务主任,朱仰东任生活指导,并组成民生小学校务委员会。

9月1日,民生小学开学了。招收一至五年级各一个班,五个班开始时有百余名学生(以后增加到二百多名)。一至四年级开设语文、算术、团体活动(体育、音乐、图画、戏剧、舞蹈——集体舞和秧歌舞)等科;五年级开设国文、算术、新民主主义论、历史、地理、团体活动(内容同前)等科。

国文选用陶行知先生编著的教材。内容有:“我是中国人,你是中国人,他是中国人,我们都是中国人,我们都要爱中国。”“干!干!干!自己的事自己干,公众的事大家干。要吃饭得流汗,靠人靠天靠祖上,不算是好汉。”“青菜汤,豆腐汤,青菜豆腐汤,吃了有营养。”“少爷小姐跑下乡,认不得稗子认不得秧,拿着黄秧当稗子,拿着稗子当黄秧”等等。

历史选用吴晗同志编著的《中国史话》。

音乐舞蹈唱歌内容:选用《义勇军进行曲》《团结就是力量》《你是灯塔》《山那边好地方》等革命歌曲。教秧歌舞、高跷舞。高跷,是小学生最喜爱的,学校请木工专门做了适合儿童不同年龄的三种高矮尺寸不同的类型。老师用的是既高又牢的一类。师生中绝大部分都能跳高跷舞。

学生的课本,五年级油印印发;三、四年级,有油印本,有手抄本;一、二年级全是手抄本。老师每天都精心为学生抄写,就是任康执同志也常在油灯下为学生抄课文。课文是一篇篇抄、印给学生的,教课前分发给孩子们。

每天授课时间安排:早上七时半至九时,一节朗读或体育锻炼或歌舞,一节课堂教学(吃早饭)。中午三节:两节课堂教学,一节课外活动(吃午饭)。下午两节课,包括一节团体活动(放晚学)。下午时间多采用课外辅导,全校教师分别参加辅导,还在学友会青年中聘请十多名校外辅导员,这些辅导老师每天下午带着学生去唱歌,去跳舞,去踩高跷,也有演剧的,讲演的,朗诵诗歌的,做游戏的,全校一片欢腾,天黑了师生尚不愿离去。

教师多数是党员、盟员,聘用一部分进步青年。凡外地转移来荥经没有安排工作的同志,多数都首先安排到民生小学做教师。这部分同志流动性大,可来可去。教师全是义务职,不支薪。本地同志在自己家里食宿,外地同志由接待站安排食宿,在民生小学任教作掩护。

民生小学校歌,是选用陶行知先生写的词:"割茅草,搬石块,自己的学校自己开,我们互相教导,互相亲爱,读书不做读书呆。想想从前，抓住现在，创造将来。”由盟员饶用唐同志选用《解放区好地方》的曲子谱成。这首校歌不只每天回响在民生小学校园里，还回响在荥经的街头巷尾。

9月底，以校长为中心的校务委员会扩大组织，吸收了学校各项工作的负责老师，在学生中选了三名代表参加校务委员会，定期研究学校工作。

10月前，民小支部先后吸收并经盟省筹委批准肖锦、朱勖陶、谭昌熙、程光榕、刘洪钧等五位同志入盟，编入民小支部，这时支部共有盟员12人。

支部在任康执的指导下，先后在小溪口由孙华榕、吴家声，后来又由包锡鸿负责，官田坝由朱仰东、朱勖陶、刘洪钧负责，大田坝由肖锦、朱淑恒负责。发展的三个“农互会”，每个点都有几十名农互会员。任康执指出，让学校与社会革命活动结合起来。支部就此向盟省筹委汇报，受到赵锡骅、杨汇川的鼓励与支持。同时指示民小支部在民生小学建立儿童团、妇女班，把妇女、儿童工作抓起来。

民小开学不久就推行了“小先生制”。先在五年级试行，后推及到三、四年级。把居住相近的三、五名学生组织起来，每天回家，把学校教的教爸爸、妈妈、弟弟、妹妹认写，教弟妹唱歌。辅导老师轮流上门亲自辅导。

吴国治、范炬明两同志来民生小学后，把学校老师、辅导员组成歌咏队，由他们每天早晚教唱革命歌曲。不久，学友会会员，县中校学生都学唱，歌咏队很快发展到几十人。队员把学到的歌曲传播到学友会、县中校，一时之间，革命歌声处处可闻。

吴、范两同志还负责组建民生小学儿童团工作。原定名为“少先队”，因县中校学生在童梓平的组织下已建立少先队，为使小学生与之有别，民生小学定名为“儿童团”。儿童团成立，盟省筹委派童梓平亲自抓。由于领导加强，使县中校少先队与儿童团衔接合作，又显示了民生小学儿童团的特点。

儿童团利用民生小学小先生制和歌咏队的长处，展开活动。把团员编成小队，由老师率领辅导，分头到小溪口、官田坝、大田坝、汉村坝等农互会据点，为农互会员演唱革命歌曲、跳秧歌舞，学着大人讲革命道理，还背着小黑板教农互会员识字。送文化下乡，在当时荥经是很新鲜的事，尤其是娃娃们天真地唱跳，新颖的内容，每句歌词无不打动农民群众的心。每到一处，农互会员又迎又送，烧茶送水。孩子们受到大人对他们的爱护、尊重，工作热情更加高涨，从此民生小学和农村据点的革命工作，紧紧地连接起来了。

盟组织分配赵锡琮负责妇女工作，并担任接待站工作，本已很忙，支部分析她有地点，接待站常住有女同志，有人力，又分配她以校务委员兼任“民生小学附设妇女班”班主任。妇女班发动了中、青年妇女20余人参加，每天除学点文化，识字外，主要讲通俗的“新民主主义论讲话”，曾紫霞同志任这门功课的教师。妇女班曾利用旧妇女会名义，召开了一次妇女大会，到会四、五十人，宣传妇女自求解放，争取平等，和当时县妇女会长进行斗争。

11月中旬，支部决定在民生小学成立“民生通讯社”，由朱仰东任社长。发油印四开小报，刊登摘录的《新民主主义论》、《共同纲领》、老区《土改法》，转载《西方日报》《光明旬刊》的文章和

“荥经动态”等，同时负责盟组织的通讯报道。民生通讯社和学友会、盟友会、农互会联系、举办“时事讲座”，请彭迪先同志在民生小学（魁星阁）、川王宫等处开了三次讲座，参加听讲的在二千人次以上。现在，那些听过彭迪先讲演的人，还能清楚地讲出当年情景。

11 月，吴家声、任康执两同志去北区组训武装，民小支部工作由孙华榕、朱仰东两同志主持，民小教务主任交谭昌熙代理。这时盟省筹委把从雅安回荥经的黄小凤、张锡卿两同志编入民小支部，民小支部至此有盟员 14 人。

12 月 9 日，西康省宣布起义，盟省筹委决定在荥经县城召开庆祝大会。民生小学老师、学生连夜准备，下乡工作同志全部回到县城，由盟省筹委统一安排组织庆祝会工作。12 月 13 日，民小支部全体盟员，民生小学全体师生参加了庆祝大会，并负责游行时散发宣传品。游行开始，民小分成秧歌队、高跷队、歌唱队，紧跟在“流动剧团”高跷剧组后面游行庆祝，热烈欢呼革命的胜利。

1950 年元月中，民生小学结束全期课程。为了感谢全体老师义务执教一期，学校准备了便餐开感谢会。全体同学向老师献歌、献舞、献词，亲切慰问、感谢！老师和同学进行联欢，直至深夜才结束。课程结束了，儿童团活动不但没有结束，而是抓紧假期以加强。童梓平和全体团员一起研究讨论，制定了活动计划。童梓平把少先队、儿童团合并起来，统一领导。选举了刘光弟（县中）、姜蜀菲（民小）为队长，组成了少年儿童宣传队。由歌咏舞蹈队、高跷话剧队、墙报组，配合老师和学友会会员上街宣传《三大纪律八项注意》,用金钱板宣传《共同纲领》,站在高凳上向群众宣讲,墙报每期都张贴在江西馆门外墙上。

2月9日,解放军到荥经,民生小学组织全体师生前往小溪口迎接解放军。同学们踩着高跷,唱着革命歌曲,跳着秧歌舞,高呼着口号,迎接解放军入城。

住荥经的五五三团,有一个文工队,为解放军和群众演出时邀请民生小学参加演出,还特别组织同民生小学联欢。

荥经县人民政府成立后,民小支部盟员以及民生小学老师都参加了学习和工作,把民生小学交给了县人民政府,民生小学才算最后结束。在民生小学工作过的老师,现在有的作古了,有的离休、退休,有的还坚持在工作岗位上,都已两鬓银霜。在民生小学读过书的学生,现在都在各条战线上工作。民生小学从成立到结束虽然时间很短暂,在那里读过书的学生,也仅有二百多人,但我们现在只要去接近那些无论是当年的老师还是同学,或是知道民生小学的群众,就会发现,在这些人的心灵深处,这段美好的回忆是不会泯灭的!

(原载《雅安文史资料汇集》)

民盟西康荥经流动剧团

王家祐

1949年11月初，我在荥经县东区搞宣传群众、组织群众迎接解放的农村工作。进城汇报工作时，正逢驻荥经的民盟西康省筹委为了加强宣传工作，组建了一支宣传队，定名为“民盟西康省筹委荥经流动剧团”。当时民盟荥经负责人赵锡骅同志通知我到流动剧团工作。这个剧团以外地来荥经的和本地的盟员为主，吸收了少数学生，年龄都是20岁左右，全团只有20多个同志，由张文政同志任团长兼流动剧团民盟组织的特别支部书记，范炬明担任导演，吴国治、包锡鸿、曾紫霞、王家祐、孙静蓉、赵锡鸾、龚学权、刘世勤等担任演员，徐仲良二胡伴奏。剧团同志经过10多天夜以继日地勤学苦练，排演了革命歌剧《白毛女》，同时还排练了《朱大嫂送鸡蛋》《大有从军》《兄妹开荒》等七八个秧歌剧和几首革命歌曲。

《白毛女》剧本是范炬明同志从成都带来的，在荥经油印复制，散发给流动剧团的同志。《白毛女》由范炬明导演，杨汇川经常到流动剧团作艺术指导，喜儿“北风那个吹，雪花那个飘……”唱词的表演，就是杨汇川同志用昆曲的表演艺术指导曾紫霞同志演唱的，效果很好。在排练过程中，导演和演员互相磋商，对每句唱词、每个表演动作反复研究，以达到都满意为止，所以有时一句歌词的表演，一句台词的吐词，都要重复多次才作罢。一场戏排练完毕，大家都精疲力竭，还要练其他节目的歌曲，可是没有一个同志叫苦，都兴高采烈地按要求完成每天的排练任务。

《白毛女》的第一次演出是在荥经县北街兰祠堂小学内。由张文政饰杨伯劳，曾紫霞（地下党员，经党组织营救从重庆渣滓洞出狱后转移到荥经，小说《红岩》中的孙明霞，就是以她的革命事迹为原型写成）饰喜儿，王家祜饰大春，包锡鸿饰黄世仁，吴国治饰穆仁智，孙静蓉饰张二婶，刘世勤饰黄母，赵锡鸾饰村干部，龚学权饰大锁，范炬明饰王大伯，谭淑君饰大婶，徐仲良扮演打手兼全剧团唯一的乐器——二胡伴奏。这次演出采用了既歌又舞的歌剧特点，加入话剧道白，道白用的四川方言，听起来更亲切动人，颇受观众的欢迎。荥经是边远的山区小县，比较闭塞，很少看到歌舞、话剧的表演，特别是控诉在国民党反动派统治下把人变成鬼，解放后的新社会把鬼变成人的写照的戏剧是第一次，许多人为逼死杨伯劳、拉走喜儿的场景而泪流满面；为中国人民解放军解放了受苦受难、处于水深火热中的喜儿和乡亲们而喜笑颜开。这是解放前四川、西康公开演出的第一台由延安辗转传来的革命歌剧——《白毛女》，雅安地下党领导的《新康报》做了专题报道。在荥经县城演出后，由民盟西康省筹委主任委员彭迪先亲自率领流动剧团到荥经四乡演出。道具和服装全部是借用或演员自己准备的。演员们自己携带道具，在演出中既演戏又搞舞台布景、打杂，前台后台很难分出谁是演员，谁是后勤人员，上场是演员，下场就是为演出服务的后勤人员，不分彼此，见啥干啥，满怀革命激情，为演好戏剧通力合作。尤其是演出时，演员的思想感情融入戏中，生动感人。加上彭老每次演出前在讲话中揭露反动派的罪行，宣传中国共产党的政策，阐述西康即将解放的光辉前景，鼓舞了广大群众向往早日解放的信心和决心，为迎接西康解放起到了一定的宣传效果。

1949 年 12 月 9 日，西康宣布起义，民盟西康省筹委根据中共雅安工委的指示，调流动剧团到雅安等地演出。剧团在彭老的亲自率领下，徒步从荥经出发，下午到了雅安的观音堡（今观化乡场上），当即为观音堡群众演出了一场《白毛女》，直到晚上才下妆休息。第二天，一大早就动身步行到雅安城，马上投入紧张的排练工作，把《白毛女》原来没有演出的几场戏全部补入。为了适应当时西康刚刚宣布起义不久的环境，取名为《解放前后》，在雅安武安街"边疆大戏院"（今人民影剧院）公演。海报贴出后，由于雅安市民早已在《新康报》得知流动剧团演出《白毛女》的消息，人们纷纷抢购剧票。剧团连续演出了六天，场场客满，座无虚席，盛况空前。每场演出都受到观众的赞扬，"北风吹，雪花飘……"的歌声传遍了市区。地下党直接领导的西康临时军政委员会政工大队的队长、副队长赵利锋、罗西玲亲自带上礼物到流动剧团驻地慰问全体团员。

在雅安公演后，应天全盟组织和地下党组织的要求，彭迪先主委带领流动剧团到天全、始阳演出。在演出期中，还同天全、始阳的地下党员、盟员座谈，互相勉励，努力做好革命工作，坚持斗争，扩大革命影响，迎接中国人民解放军的到来。当时，天全、始阳的一些袍哥、土匪同芦山匪首程志武勾结,蠢蠢欲动,阴谋捣乱。这次流动剧团的演出,起到了一定的鼓舞士气,稳定人心,迎接解放军来临的作用。据张文政同志说,解放后有位地下党的负责同志曾告诉他:“你们那次(到天全、始阳演出)好危险,土匪头子准备在始阳把你们干掉。”

在雅安演出时,流动剧团的同志还自编了一幕以川剧形式、话剧道白的活报剧《蒋匪逃台》,把在强大的中国人民解放军神速进军西南,蒋介石众叛亲离,狼狈逃窜台湾和残害人民的丑恶形象作了淋漓尽致的描绘,把川康人民迎接人民解放军的欢欣情景呈现在舞台上。以后又从舞台搬到台下,改成高跷的街头活报剧,在街上演出时,很受群众的欢迎。

1950 年元月上旬,流动剧团在雅安演出最后一场《白毛女》时,曾紫霞同志突然接到电报,得知她爱人刘国志(党员、盟员、革命烈士)在重庆渣滓洞被害,英勇牺牲的噩耗,异常悲痛,剧团全体同志也沉浸在悲愤之中,大家怀着对先烈的无限缅怀,对反动派无比愤恨的心情,坚持演出,把这一场《白毛女》演得更加深切动人。演出后的第二天,曾紫霞就离开雅安去重庆奔丧。流动剧团的同志全部参加了西康省临时军政委员会政治工作大队,有的派到《每日新闻》任记者,有的参加“青年学园”作学生的学习生活指导,有的担任改造起义部队的宣教工作。1950 年 2 月 1 日,中国人民解放军进驻雅安,建立军事管制委员会,流动剧团的同志参加了军管会的宣传工作。2 月底,准备进军康定的中共康定地委宣传部部长白雪峰得知流动剧团的情况(在迎接解放军入城时,流动剧团原班人马在街头演出,欢迎解放军),以剧团的同志为骨干组建了康定地委文工团,随军于 3 月 25 日解放康定,继续为革命演出《白毛女》《刘胡兰》等革命歌剧。

流动剧团从 1949 年 12 月初成立到 1950 年 1 月底结束,不到两个月的时间。现在原剧团的同志和曾经看过剧团演出的观众,都说当时剧团在艰苦的环境下演出《白毛女》时工作的热忱,同志的团结互助,克服困难的毅力,生活的艰苦和演出的效果,至今尚使人难以忘怀。

(原载《雅安文史资料汇集》)

雅安民盟在西康起义前后的活动

张联桢　刘哲奎

一、早期的活动

雅安在解放前是西康的门户,国民党西康省政府主席兼第二十四军军长刘文辉常驻此地指挥省内,应付省外。由于蒋介石排斥异己,刘有戒心,寻找出路,早与中国共产党有联系。中国民主同盟成立后配合中共做刘的工作,民盟中央主席张澜、四川省支部负责人张志和常与刘联系。1942 年 2 月,经张志和的联系,刘文辉在重庆机房街吴晋航家中与周恩来会见,周给刘提出了努力的方向,同年 6 月,中共中央采纳张志和的建议,派王少春驻雅安和刘文辉保持联系,并设一电台与延安通报。

1944 年冬,刘文辉参加民盟,直接与张澜联系,并支援民盟经费,支持出版《唯民周刊》《大学》月刊《青年园地》《华西晚报》《民众时报》,后来又办《西方日报》。

1945 年后,先后有盟员沈志远、杨伯恺、马哲民、邵石痴、段升阶等人多次到雅安或在“西康省地方行政干部训练团”讲学,或与刘文辉进行政治联系,研究雅安各阶层的动态。同时在雅安工作的盟员郑梦麐推销《华西日报》、张贴《新华日报》;张声明组织“四川大学毕业同学会”,团结知识分子,扩大革命影响。另外还有李伯平、黄绍澄进行盟的活动。

二、发展盟员,建立组织

1949年4月,国共谈判破裂,国民党反动派逮捕革命人士,民盟四川省支部委员彭迪先(化名“殷文达”)为避国民党四川省政府主席王陵基的逮捕转移到雅安,不久张志和也来到雅安开展工作。他们与中国共产党雅安地下组织联系,地下党员杨正南(杨可诗)、吕师尚(洪钟)和新民主主义青年团的超龄团员罗西玲、冯泽生(冯在兹)、江文远等相继入盟,共同开展工作。彭迪先又指示张声明、李伯平发展盟员。张声明在组织“四川大学毕业同学会”的基础上发展了郭景泰等人入盟。李伯平在二十四军中下级军官中先后发展了王介凡、胡云鹤等二十多人入盟。与此同时,外地盟员尹大贻、蒋增瑞、蔡信孚等陆续转移到雅安。

1949年8月,民盟西康省支部筹备委员会在荥经成立后,省筹委指派罗西玲、张声明、郭景泰、李伯平为民盟雅安县分部委员,8月正式成立了“中国民主同盟雅安县分部”,罗西玲为主任委员,张声明为组织部部长,郭景泰为宣传部部长,李伯平为秘书主任,另有蔡信孚、蒋增瑞协助工作。李伯平发展的盟员,省筹委指示编为一个“军人区分部”直属省筹委领导。

县分部成立后,积极开展活动,张声明先后发展刘德琼、杨淑和、谭永承、刘元琥、曾恕、张正江、毛云相等入盟。毛云相入盟后奉命与郭景泰一起组织“雅安青年进修会”,团结青年学生,在其中先后发展李世华、苏维德、尹化文、赵仁恕等。江文远在工商界发展陈雪松。到1949年12月,雅安有盟员40多人。

1950年1月,根据当时形势的发展,经民盟省支部筹委会同意,增强雅安县分部的领导力量,增加冯泽生、杨立之、杨淑和(女)为县分部委员,冯泽生担任秘书处主任职务,李伯平为秘书处副主任。

三、接待来往的中共和民盟地下工作同志

雅安是西康的门户,往来西康必经之地,因此民盟雅安县分部一个重要任务是接待来往的革命同志,可以说是一个地下接待站、联络站。1946年前后,沈志远、杨伯恺、马哲民等多次到雅安在"西康省训团"讲学,与刘文辉进行政治联系,研究雅安动态,在雅安期间由郑梦麐接待,在郑的工作单位西康省银行内住宿。1948年1月,民盟在香港召开三中全会后,张松涛受民盟四川省支部的派遣去香港联系,带回中共华南局、民盟总部和民革中央分别给刘文辉的信件和意见去康定会见刘文辉,往返二次在雅安均由郑梦麐接待,在郑的大众路寓所住宿,并资助路费。

1949年下半年,国民党反动派疯狂迫害革命同志,成都各地的中共党员周更新、俞穉夫、毛亚玲、朱江、汤敏、潘传贤和民协的吴树彬等先后转移西康,开展工作,民盟雅安县分部认真做好接待,安排吃住和转移工作。与此同时,范炬明、曾紫霞、陈为珍、黄仲实、白开茂、杨安荣等盟员也先后转移西康,到达雅安,均由县分部接待,与民盟省支部筹委会联系后,转移到荥经、天全、汉源等地。

当时民盟雅安县分部起到北联成都，西联天全、芦山、康定，南联荥经、汉源民盟组织的作用，民盟省筹委派往各地工作同志回雅安向彭迪先汇报时，均由县分部接待，圆满地完成任务。

四、刻印《光明旬刊》，协助民协创办“青江歌咏团”

1949年9月，民盟西康省支部筹委会筹办《光明旬刊》。该刊为油印刊物，在雅安出版。9月18日发行第一期。主要撰稿人有彭迪先、杨正南、洪钟等。主要内容是根据新华社消息，宣传当时解放战争的大好形势，当前的政治任务和共产党的方针政策。刻写、印刷、装订、出版、分发各地民盟组织和盟员等工作均由雅安县分部和军人区分部承担。先后参加具体工作的有张声明、郭景泰、刘德琼、谭永承等。每期有时事述评和军事述评，有旨在化除群众疑虑的专论等。旬刊宣传了新政协的召开，报道了10月1日中华人民共和国成立的消息，刊载了《共同纲领》，发表了《西康人民当前的任务》等专论，发行了《共同纲领研究》《农村工作》等专号，印发了毛泽东的《论人民民主专政》以及张志和的《人民的军队》《论游击战》，不仅使盟员能及时了解时局的发展，提高认识，还为盟员在群众中活动提供了正确的宣传材料，荥经民盟组织常用其来教育外围团体的群众，起到很好的作用。

民协成员杨之熙和陈伯伦、杨霞莹等在雅安创办“青江歌咏团”，团结教育青年。雅安县分部参与协助，鼓励一些教师、学生和机关职员参加唱革命歌曲，一时间雅安革命歌曲流行，形成迎接解放的浓郁气氛。

五、策动雅安地方武装力量起义

张志和、张松涛到雅安后，向张声明等讲述形势时，提出“反蒋、联刘、拥共”的口号，强调雅安是西康的门户，是胡宗南、王陵基部窜犯西康必经之地。而雅安乡区和名山、洪雅一带有不少民间武力，如转化过来，不仅能解除刘文辉起义的后顾之忧，而且能增强防御力量。民盟省筹委把策反地方武装力量的工作交给了雅安县分部。

1949 年 9 月，毛云相入盟后应西康省保安第三团团长王德全的邀请，担任该团的政工室主任。不久，王德全升任天芦雅荥四县联防副司令兼任保安第三团团长，雅安县分部把策反王德全的工作交给毛云相，并派郭景泰、孙大营、张正江协助。

10 月，王德全受西康省保安副司令王靖宇之命，组织“三新自卫团”笼络地方武装。该团以建立新思想、新风尚、新道德为宗旨，以武力保卫乡土，免受盗贼扰乱、乱兵侵犯为目的。民盟组织认为可以利用，毛云相便与王德全一起筹建，王出面邀请雅安四区实力人物进城，动员他们入团，保家保乡。郭景泰、孙大营、张正江以本地人的身份赴雅安东南西北各区散发传单，并在当地参与建团，有 500 人枪者编为团，有 1500 人枪者编为支团。11 月，接纳王德全入盟，自此保安三团及其工作转由民盟领导。按民盟省筹委的指示，以保三团为基本队伍和所掌握的人枪，于 11 月下旬组成“川康人民革命军第一纵队”，王德全为司令员、毛云相为政治委员，下辖 3 个民枪师，保三团为直属团，保留原番号。在中共地下党员李雅松、朱江、汤敏、潘传贤、俞稞夫等的参与支持下，派盟员到连队做政治工作和雅安东南西北四个区任指导员。东区总指导郭景泰，指导员苏继质、余德耀；南区总指导谭永承，指导员李世华、赵仁恕；西区总指导孙大营，指导员尹化文、李家鑫；北区总指导蒋增瑞，指导员苏维德、郭鹤翔。名山、洪雅境内民枪归东区指挥。纵队司令部设在雅安新市区王德全家中。

这支队伍在雅安四区同时升起五星红旗宣布起义，并散发、张贴《川康人民革命军第一纵队起义告民众书》。起义后的主要任务是：截断川康公路，封锁四境隘口，阻击企图窜犯西康的胡宗南、王陵基部。

六、参加“西康临时军政委员会”的工作

1949 年 12 月 9 日，刘文辉在四川彭县宣布起义后，西康军政人员也宣布起义。起义后，由中共、民盟、民革和起义将领在雅安成立了“西康临时军政委员会”，接管西康政权，维持革命秩序，安定地方。在“临委会”下设政工大队，由民盟雅安县分部主任委员罗西玲担任队长，冯泽生、张声明、郭景泰、谭永承等参加政工队工作，逮捕了国民党特务陈纪唐、黄占琼等 10 余人。罗西玲还被任命为雅安县县长，接管雅安县政府，一些盟员参加工作，孙大营任民政科长，郭景泰任教育科长。

为了宣传党的政策，教育群众，安定人心，民盟的“荥经流动剧团”于 1950 年元月八日在雅安武安街边疆大剧院公演《白毛女》等剧，连演 6 天，场场客满，盛况空前。演出后，“北风吹，雪花飘……”的歌声传遍市区。

七、保卫雅安、迎接解放

西康起义后，成都还未解放，胡宗南部数十万人溃逃到川西，王陵基统率的保安团及芦山程志武土匪部队分两路向雅安进犯，二十四军战线分散，雅安兵力不足，形势紧张。张志和商得"西康临时军政委员会"的同意，除电请周恩来派解放军早日进军西康外，组织"川康人民革命军第一纵队"开赴前线，进行了三次战斗，保卫雅安。

1. 歼灭名山"反共救国军"。名山的"国大代表"、黄埔军校四期学生张广德，伙同总岗山的王汉与王陵基勾结，在总岗山成立"反共救国军"，控制了名山的车岭、马岭、回龙、永兴等乡和雅安的凤鸣乡，窥伺距雅安城 7 公里的姚桥，企图窜入西康并占据由川入康的咽喉要道金鸡关。12 月 13 日，王德全、毛云相率部到达姚桥，当晚部署，采取三方合击：二师名山徐团从左翼侧击；水口二师独立连从右翼侧击；纵队直属保安团一营和三营正面出击。14 日拂晓，保三团发起进攻，当天上午克服凤鸣，下午与名山徐团和水口独立连在永兴会师，继续搜捕。15 日，向总岗山追击溃逃的残敌，敌逃入深山。17 日，回金鸡关布防。在这次战斗中，所有中共、民盟参加纵队的工作人员都身冒弹雨，一同战斗到总岗山，纵队战士有伤亡。战斗的胜利，解除了雅安的心腹之患，有效地控制住西康门户金鸡关。

2. 击退王陵基保安团。王陵基的保安团在洪雅、丹棱、蒲江等地被解放军和起义部队击溃、歼灭。剩下的保安三团和五团企图窜入西康，因邛崃雅安间公路已为二十四军控制，便绕道小路，从邛崃的夹关、芦山的大川到雅安的上里，进犯雅安。12月17日拂晓，“川康人民革命军第一纵队”第三师民枪团予以阻截，因兵力不足，上里的五家口陷落敌手，王德全在金鸡关得报后，即电令中里、下里的纵队民枪团火速驰援，并派保安三团第三营增援，战斗至18日晚，收复五家口，敌越芦山岗逃往境外。

3. 堵击程志武、李元亨部。程、李是芦山天全大袍哥，武装头领，受潜至芦山的国民党将领唐式遵封为反共司令、军长，于1950年1月中旬偷袭并占领雅安通往天全、芦山的要隘飞仙关，沿公路进扰雅安。22日，纵队直属保安三团奉命堵击，由金鸡关移驻多营坪。当晚，命二营翻越陆王山取道龙池沟直捣飞仙关；命太平场民枪团抄小路抢占陆王山制高点插向飞仙关西面；命中里、下里民枪团占据罗纯岗防守北区一线。王、毛率主力保三团一营及新兵连向飞仙关搜索前进，前锋接近飞仙关时，遭守敌阻击，王组织敢死队冲锋前进。此时，高山掩护部队从指定地点发出信号。在我军山上山下猛烈火力打击下，敌发现受夹击，后路截断，仓皇撤退。保三团乘胜追击，收复飞仙关。此役王部主力处于仰攻，战士阵亡和轻重伤多人。

经过三次战斗，使敌军知道雅安已有军事准备，而不敢向雅安窜犯，保卫了雅安。这些战果，当时在雅安出版的《新康报》头版消息报道。阵亡战士由“西康临时军政委员会”从优给予抚恤。伤员送雅安仁德医院治疗，“西康临委会”和民盟雅安县分部派出慰问组分别慰问了伤员和前线部队。

1950年2月1日，中国人民解放军到达雅安，举行入城式，民盟负责人等前往迎接，“流动剧团”的同志们还组成宣传队参加入城式。解放军入城后，成立“雅安军管会”，罗西玲向“军管会”移交了雅安县府的工作，“川康人民革命军第一纵队”中的保安三团休息待命整编，其余民间武装完成了历史使命，就地复员。

（本文根据张声明、李伯平、王德全、毛云相等同志材料整理）

（原载《雅安文史资料汇集》）

民盟部分成员在雅安的早期活动

郑梦麐

一、前　言

雅安是原西康省的门户。解放前,40 年代期间,该省军、政首脑刘文辉、出于政治上的需要,穿梭往来于成都、雅安两地。抗战期间,更因为雅安的地理位置和各种外在因素,数年间,竟成为川康两省接壤地区的政治经济中心。

刘(文辉,下同)在政治上是雄心勃勃的人物。为了及时掌握国内大局情况,多年以来,由段升阶、邵石痴二人代表他与成都各方面人士、特别是进步人士秘密接触,其中接触频繁而又建立起密切关系的,首推民盟组织内的一些同志。据我所知,如杨伯恺、马哲民、沈志远等人,都是邵石痴座上的常客(段升阶因年龄较长,身体弱,不能长住成都,更多的时间是由邵一人担任)。他们除互相走访,随时交换意见外,还在成都苦竹林街西康省府驻蓉办事处(邵任处长,即代表)举行周末聚餐会或必要时的座谈会。利用这种团聚,对国内政局、国际动态等方面,彼此交流情况,进行分析研究,为刘文辉提供信息。40 年代期中,刘还加入民盟,足见他对民盟组织特别信赖的思想感情。后来,由于民主党派在发展组织方面的分工有所划分,才退出民盟而参加民革,但这已是解放战争时期的事了。

二、早期活动纪要

刘是西康的首脑人物,在防区制时期,如何把这块贫瘠边区省建设成略具规模的边防要地,这是巩固防区,加强政治资本的要着,也是摆在刘面前的一个重要课题。但是要建设,就要有人才。人才从哪里来呢? 除向外省招收,本省是无法罗致的。刘有鉴及此,远在西康筹备建省时期,就于1937年在康定办过一期县政人员训练班。参加学习的人,是由四川招收的,对象是大专程度的知识分子,这是刘为西康建省最初培训的一批县一级人才。以后,又陆续举办了财务、保甲、合作人员等训练班。

抗日战争中,蒋党中央以团结抗战为幌子,提出所谓三级训练原则,即在重庆设立中央训练团;各省设立省训团,各县设立县训所。后来专区一级也设立了训练机构。在此时期,刘接受了进步人士的影响,也计划把过去所办各种训练熔为一炉(刘的口头语),把全省干部,包括藏、彝各族通通轮训一次,为本省培训一批人才。因而借此机会,从1941年起,在雅安举办了“西康省地方行政干部训练团”(简称西康省训团),自任团主任。刘是以办学起家的,早期以办学而建立起来的“学友互助所”,在他所率的二十四军内部,起了重大的积极作用,使一个军的编制,发展壮大到100多个团的庞大队伍,成为四川军人中首屈一指的兵多、将广、地盘大、粮饷足的地方部队。

刘这次办学的目的，表面上接过了蒋党中央一些漂亮口号，以装饰门面，但其内心是一方面通过这一短期训练，进一步密切他与各级干部关系的同时，更增加一层师生关系，以牢固树立自己的偶像地位；另方面是要达到加强团结，增进友谊，搞好汉藏、汉彝间民族关系，减少地方上的人事摩擦，为建设西康、巩固西康这一边远省区，铺平道路。

西康省训团的教学内容，是参照当时蒋管区各地训练机构的讲授课程。到了1943年第五期，以普考形式从四川招来一批学员之后，在教学内容上就做了一些修改。这时，我们盟组织方面的知名学者、大学教授如上面谈到的杨、沈、马等人及其他民主人士，应刘文辉邀请，由邵陪同来雅安。名义上是讲授专业知识和必修课程，实际是结合当时的国内情况和蒋介石的独裁统治，宣传民盟的政治主张，向受训学员灌输进步思想、统战意识和形势教育。

那时雅安的生活条件，比起其他地方是较差的，食住方面也存在一些问题。为了使来雅的进步人士顺利完成教学任务，又有比较安静的住所，邵石痴特委托我担当起接待的任务，并暂借省银行的空余房间，作为他们下榻之地。

来雅的进步人士，每次人数多少不等，有的常来，有的不常来。由于邵的介绍，我与常来的杨、马、沈三人，比较熟识，交谈接触的机会也多。至于那些不常来的人，一离开雅安，印象就淡了。解放以后，我在蓉参加民建、工商联会议，有人亲切同我交谈，事后，才知是民建的黄宪章同志。我参加盟省委召开的茶话会，见到一位面熟的人，会后询问，才知是民盟的曾庶凡同志。

在西康省训团教过学的进步人士，教学时间虽然短暂，但是，听讲学员在思想上受到的教育是深刻的。根据当时的有关人士反映：听了进步人士的教学，在涉及推动抗日民主运动，实施宪政，保证人民自由权利，制止一切特务暴行等问题上，深得受训的青年知识分子的同情和支持。认为反映了广大人民的要求，代表了群众利益。

另据一些直接听讲的学员反映，此次教学提高了他们的认识，也扩大了眼界；对过去受国民党反宣传的影响有了鉴别能力，分得清是非界线；对地下党和民主党派产生了正确的看法，摆脱了“人云亦云”的盲从附和状态。

总的来讲，进步人士在西康省训团的一切活动，不仅使民盟在雅安社会上的影响日益增加，而且通过受训学员回到工作岗位，把民盟影响扩大到西康的各个县区，争取了更多的人民群众。因此，解放战争末期“迎接解放”这一群众性高潮到来时，西康人民之所以较有思想准备，可以说是从这些地方打下了一定基础。因为成百上千的学员回到群众中去，影响人民大众，其作用是不可忽视的。1949年刘文辉通电起义，全西康的社会秩序，没有出现大的动乱（也有其他因素）就是一个有力的证明。当然，最根本的一条应首先归功于党的正确领导，解放大军的无比威力。但是民盟同志，在西康省训时期，对团里成百成千人的宣传教育，也的确起到了不小作用。

杨、马、沈等人是盟内的同志，他们在雅安的一切活动，应该可以认为代表了民盟组织的早期活动。而且他们在短暂的教学之余，根据雅安情况，从关心革命事业的前途出发，还做了一些安排。就我个人亲身经历,如实写在下面。

(1)杨伯恺同志当时是从事新闻工作的,他把报纸看成人们的精神食粮,因而很关心在成都出版的《华西日报》的销路(他是该报编者之一)。他对我说:“《华西日报》为什么在雅安没人看?原因在哪里?”我告诉他:“雅安是由报贩组合起来推销成、渝两地出版的日、晚报。他们以多销多得手续费为目的。据报贩们说,《华西日报》无人愿订,人们把它看成是‘异党’报纸,所以不愿推销。”杨听之后,莞尔一笑地说:“《华西日报》的特点是爱登载进步理论文章,又有独家新闻,不合蒋管区一些人的胃口,是可以理解的。”他要我想点法子,推广销路。并说:“这是一件有意义的事,不要忽视它。”我接受这个任务之后,只好另辟门路,把订报对象放在一些私家银行、公司和大的商号方面,因为这些对象职工人数多,订一份报比私人订一份报纸其作用要大得多。但经过一番努力,也只推销了十多份。我为了尽可能地发挥报纸的宣传作用,特做了几只报架,每日张贴,让人阅览。过了一些时间,午后贴上的报纸,深夜就被人取走。多次如此,才发觉是政工处干的。政工处是搞特工的机构,它们目的何在?为了防患未然,我把这事面报了刘文辉,他说:“不要理它,我叫刘济民去打招呼,不准这些人乱搞”。这一小小风波,才算收了场。

(2)杨曾问我省行有多少职工,还问这些职工的政治倾向怎样?我顺便谈了谈对职工的看法。杨说:“听邵先生谈过,你打算迁出银行另觅住处,这很好嘛!因为公余之暇,可多看些书报,这对一个人来说是重要的。另一方面,以后单独来雅的人,就住在你家里,这要放心得多。但是迁出去会增加经济上的负担,能行吗?”在座的邵石痴接着说:“迁居的事,可慢慢来,不要性急。”后来,我终于在大众路(原田所街)觅到一所小独院。迁居以后,在这里接待了一些人。

(3)邵对我说,蒋政权搞的临时参议会,快要在各县成立了。他同段商量过,为了使我多与地方上的“士绅”人物接触,将来需要,好利用这种关系,决定给我搞一个参议员。我问这是为什么?邵说,以后会通知你的。

邵谈话后不久,西康省府的一位要人——张敬熙来省行向我说,刘文辉主席把决定本省各县临参会人选的任务交给了他,接着又说,以往他在县政人员训练所教书时,与我的关系很不错,这次他推荐我任雅安临参会参议员,刘也有此意,并立即批准了。言下对我很有“德色”。我因为内心早有了底,当即向其致谢,并表示感激之情。

(4)杨、邵、段和我在一次谈话中,杨说,抗战胜利之后,时局可能会紧张,斗争也会更激烈。现在的问题是,蒋在狗急跳墙的时候,谁也不敢保证他不会重搞一次大屠杀!那时候,在成都方面的一些人,有必要转移。雅安这个地方距蓉不远,又是刘先生的防区,他是可以信赖的。但是住在雅安城里,也太引人注目了,最好是住乡下。将来能设法办到吗?我说,这里的一些茶商老板,大都与我有交情,也有经济上的联系(指与省行有借贷关系),他们在乡间用来收购茶叶、存放茶叶的房屋就很多,临时借住一下,完全有把握办到。

后来我利用各种借口,同一个茶商老板夏克烈谈妥了必要时借住房子的问题,夏表示:不论何时都欢迎。

(5)1945 年,抗战胜利了。邵对我说,不久,他要离开四川到上海去。几年来,我做了不少工作,杨、马、沈、段几位都很满意。今后,也还有一些工作要继续做,决定发展我为民盟盟员,他做我的介绍人。又说,西康这个地方,通过刘先生的提名推荐,要发展一批人,先告诉我几个人的名字;在县训同学里面,有朱刚夫、张镇国、许荣范;在关外有范昌元(德格县县长);雅安有他一位老熟人叫鲜怀民。我当时问他,范昌元与军统有关系,为什么要发展他?邵说,那是刘先生叫他打进去的;刘为了要知道进入西藏的蒋帮分子,所以要范打进去。同时,他告诉我,以后就听杨、段的通知办事。他何时回川,现在还定不下来。

三、解放战争时期活动的简况

(1)解放战争时期,来雅的人少了,现在觉得还有印象而可以一提的是:1948 年到 1949 年,我接待了一位袁大正同志,他有一次去康定,有一次去外地,都是我代雇的滑竿。去康定那次,气候已很冷了,而袁衣着单薄,又无行李,其艰苦精神令人起敬!我只好代备被褥,以御严寒。开始袁拒绝,后经反复告知途中情况,才同意了。有次他由外地返雅,小住了几天。当时,正是报载崇宁县发生王蕴滋起义失败的新闻后不久。袁向我说:有一朋友缺乏旅费,希望我能帮忙。我立即照他所说的数字备妥交付。在他离雅的时候,又如数归还我了。当时,我很想知道,那些缺乏旅费的朋友,是否就是在崇宁起义失败而来雅的人呢?但由于我是搞接待工作的,不便询问,只好按通知办事,不涉及其他,因此就搁下了。如果我的估计不错,那么,杨、邵等人要我安排乡间住房的问题,是有预见性的。

(2)刘文辉起义前夕,袁大正又来雅安转荥经。因他的关系,赵锡骅到了雅安,接着彭迪先也来了(我是在赵来雅以后,见到彭的。当时,他是以殷文达名字出现的)。荥经其他同志陆续到了很多人。12月9日,刘文辉正式通电起义之后,盟的同志在雅安举办了报告会(地点在浸礼会礼拜堂),彭迪先、冯泽生、罗西玲等多人就新民主主义革命理论、时事政策、人民民主专政等问题,作了深入浅出、通俗易懂的讲演。听众多、影响大。另一些同志还演出了革命话剧《白毛女》,对广大群众进行宣传。在大北街汇通银行楼上,我还参加了一两次会议,参加的人很多,朱世正、黄汝杰二人就是在会上见到的。

(3)1950年2月1日解放军正式进入雅安,盟的一切活动,曾暂时停止;稍待了几日,民盟西康省支部临时工作委员会才正式成立。委员有杨立之、冯泽生、赵锡骅、杨汇川、罗西玲、江文远、陈为珍、郑梦麐等人。

解放初,我到成都开会,曾应邀去盟省委,在到盟省委的街口,与袁大正不期而遇,这时,我才知道他是张松涛同志,在盟省委工作。

四、结束语

解放以后,我接待进步人士的工作结束了。多年来,我为做过这一工作,内心感到荣幸!自问没有虚度年华;对人民事业,总算起了一颗螺丝钉的作用。但也为这一工作责任重大,产生过不必要的顾虑,因为每一位被接待的人去后,总是愿他平安无事，不出问题。否则，会给人民带来损害。解放以后，我回顾了这一工作的始末，幸未发生任何事件，心情上是感到自然的！不图事出意外，竟有人怀疑，揭发在成都解放前夕，于通惠门外十二桥殉难的烈士许寿兰同志（是解放前曾在雅安省行住过的人之一）的牺牲与我有关，而背了黑锅20多年。经党的调查了解，证明完全与我无涉，平反了这一冤案。

（原载《雅安文史资料汇集》）

张正江是民盟的革命同志

李雅松

在1951年的镇反中，民盟盟员张正江同志，据说因他“当过国民党的雅安县中里乡乡长，欺压乡民，鱼肉百姓，且有两条命案”而被镇压——枪毙了！

这是一起错案、冤案。在“文革”后期，经其亲属（子女）多次申诉，中共雅安地委经过详细调查研究，反复审查核实后，予以平反。这是合情合理的，符合党的“有错必纠”政策的，这起冤案也就算是了结了。

尽管如此，我还是想借中共雅安市委党史研究室编辑党史资料之机，借一点篇幅，写此短文，就我亲耳所闻，亲眼所见的事实，再一次做一些澄清，以还死者一个清白，聊表对正江同志的追悼缅怀之情，并对其亲属致以诚挚慰问。

就我耳闻目睹的事实，以下几点应予澄清：

第一，关于他当中里乡乡长问题。

张正江本是雅安县中里乡人，中国民主同盟盟员。他从四川大学政治系毕业后，回到雅安，在县政府民政部门工作。之后又回中里乡当国民党中里乡的乡长，这是事实。但是，这不是他本人的意愿,而是当时民盟西康省和雅安地区组织,为了抓地方武装,为了掩护中共党员、民盟盟员和其他革命人士,躲避国民党特务的追捕,并能在雅安县中里地区继续开展革命工作,而对张正江做了许多教育说服工作后,派他回本乡去争夺这个职位的。他勉为其难,服从了民盟组织的安排,身负重任,回本乡担任了这个反动职务。这件事,当时在雅安县政府工作的民盟负责人张声明同志可以证明。

之后,他履行了对民盟组织的承诺,确实利用其“乡长”的职权掩护了中共党员(如俞稺夫)、民盟盟员(如郭景泰)和其他革命人士(如蒋增瑞)和我(我当时是民协会员,同年[①] 12 月 9 日由中共雅安地下党负责人高国兴、朱平同志介绍加入共产党)在雅安地区开展策反国民党二十四军和西康省保安第三团的革命工作。

第二,关于两条人命的问题。

这不是张正江所为,而是中里乡的袍哥舵把子胥儒纯父子为报历年械斗之仇,借机“反水”而造成的血案。其经过详情是我和俞稺夫同志亲身目睹的。其具体过程是:民盟西康省和雅安地区组织为了抓地方武装,而将西康省保安司令部所属的雅安县保安大队(后改编为保安三团)的大队长(改编后为保安三团团长)王德全吸收入民盟,要他出面抓雅安地区的地方武装。王便拟将这些地方武装组织成“三新自卫团”,随二十四军一起起义,以堵截国民党胡宗南的溃军。因此派了其下属的一个中队(队长夏福群)驻在中里乡,并要他同张正江一起抓中里乡地

---

① 应为 1949 年。——编者注

区的地方武装。而中里乡地方势力中的杨、胥两姓的力量较大，且多年来因争地盘屡生械斗，互有伤亡，成为世仇。张正江同夏福群商议：要抓中里地区的地方武装，首先必须做好这两姓的工作，使之和解，再团结其他力量，一同参加王德全的“三新自卫团”，随二十四军起义，跟着共产党干革命。

当年[①] 12 月 2 日，是胥儒纯之父的生日，张正江便借机邀约了杨姓主要成员中的杨定彦兄弟二人于 3 日上午至胥家进行和解谈判。当时，我和俞稺夫同志也在场。杨氏兄弟也应邀于该日上午来到胥家。双方在张正江主持下进行了认真谈判，达成了三项协议：一是两姓从此抛弃前嫌，重新和好，再不搞械斗了，以免扰乱乡邻；二是共同参加王德全组织的“三新自卫团”；三是按“三新自卫团”的宗旨，随二十四军一同起义，跟着共产党干革命。

双方商定协议后，又稍闲谈了一会儿，时近中午，杨氏兄弟起身告辞，胥儒纯留他们共进午餐，杨氏兄弟以尚有家事待办辞谢。胥、张起身送杨氏兄弟出门。当胥、张二人刚返身回屋，即听到屋外不远处枪声响起，原来是胥家父子“反水”，胥父（其名已忘）唆使其兄弟伙多人，持枪追击杨氏兄弟，利用此机会以报以往械斗之仇。杨氏兄弟寡不敌众，被胥家兄弟伙击毙于屋外约 200 米的田间。

张正江当时惊慌失措，担心事态扩大，立即让我和俞稺夫同志即刻返回雅安，向王德全报告此事，并要王立即派人来中里处理这一血案。

---

① 应为 1949 年。——编者注

综合上述情况看来,可见此二人的命案决非张正江所为。而后来镇反中,杨姓人将此二人命案说成是张正江的“阴谋”,这确属冤枉。

第三,“欺压乡民”“鱼肉百姓”问题。

据我和俞穉夫同志在中里乡一月多时间,经过调查和所见所闻,此事亦非事实。具体地讲:为张正江背枪护驾的人,多是其族人和佃户。据他们所说:张为人和处理一些公务,还是较清廉公正的,谈不到有什么贪污受贿,欺压群众的言行。其对佃户和乡丁,一般也都能秉公办事,除按约定收租外,并无什么敲诈勒索事情。从中里乡场镇的群众反映看,虽未闻有歌功颂德之语,但亦未见真有前述“欺压乡民”“鱼肉百姓”之情。就以我和俞穉夫同志去中里工作的过程看,当郭景泰(民盟盟员)按民盟组织指示,将我们带到中里,介绍给张正江时,他先是以礼相待,赓即将我们安排到中里乡小学居住,并以该校“新到教师”之名,协助该校校长杨(其名已忘)开展教学工作,实际是开展宣传教育群众的革命活动。而我们的生活开支,则是由张本人支付。就这些情况分析来看,张正江绝不是“欺压乡民”“鱼肉百姓”之人。

综合上述情况来看,我认为张正江确属中国民主同盟的忠诚盟员,是一位革命的好同志。党组织经过调查核实为他平反,还其清白之身,是合情合理的,是遵照“实事求是”精神,按照党的一贯政策办事的。正江同志可以安息矣!

2003 年 4 月 10 日脱稿于成都第三人民医院病室

(原载《黎明前的战斗》)

刘、邓、潘起义大事记

刘德

1937 年

8 月，张曙时以中共中央特派员的名义回四川做秘密工作，同时派李一氓随张返川，建立共产党与刘湘的正式联系。一月之后，中共中央又派罗世文以中央代表身份来川与刘湘继续联系。

9 月，毛泽东主席在延安会见张志和，听取其汇报川康一些将领的情况后，毛主席要张回四川做刘文辉等人的工作，一是要他们不要做蒋介石的走狗，不要与共产党作对；二是要他们在国共战争中守中立；三是最好把他们拉到这边来共同革命。张志和遵照毛主席的指示，回川开展工作。

是年冬，八路军总部驻山西洪洞，邓锡侯率领出川抗日的第二十二集团军也驻此处。朱德总司令应邓邀请，多次给邓部团以上军官讲形势政策，讲游击战术。朱德总司令还送邓一匹战马。当时，邓急需军用地图，周恩来把在平型关缴获的日本军用地图送给邓，使邓大为感动。

1938 年

夏季，中共中央代表董必武、林伯渠、陈绍禹（王明）由陕北去汉口参加国民参政会会议，路过成都，分别与刘、邓、潘会晤。董必武给他们讲了党的抗日救国方针，抗日民族统一战线，以及如何团结地方力量坚持抗战，反对蒋介石妥协投降的主张。

4 月，中共中央派吴玉章在汉口会晤刘文辉。吴玉章向刘阐述中央“为动员一切力量，争取抗战胜利而斗争”的方针，指明抗日战争的前景。

周恩来通过刘文辉在汉口的联络人邹趣涛转告刘，希望他能够“变多宝为一宝”，在抗日民族统一战线的旗帜下做出贡献；同时，赠刘一套《新华日报》合订本和社论集，让他全面了解共产党的方针政策。

1939 年

4 月，周恩来在成都乔毅夫家和潘文华会晤，向潘分析了形势，希望他通过川康朋友自身的团结，去促进西南地方力量的团结，共同反对蒋介石消极抗日、压制民主、排斥异己的政策，并表示共产党在政治上将给予其支持。

6 月，周恩来派唐午园到潘文华部任联络员，潘委唐为“阆中绥署”政治部副主任。翌年唐调重庆，周又派甘树人前来潘部，潘委以其中校秘书名义，继续担任联络。

夏，中共南方局派董必武、林伯渠、王若飞在重庆曾家岩会晤刘文辉、潘文华，同他们分析了国内形势，阐释了抗战必胜、妥协必败的道理。

是年,八路军副总司令彭德怀在成都和邓锡侯会晤,向他讲了抗日战争的形势,阐明了抗战必胜的道理。

1941 年

春,共产党员李相符、田一平和杨伯恺会同刘文辉和民主人士邓初民、马哲民等人,在成都成立“唯民社”,宗旨为“全民团结,坚持抗战,反对独裁,实行民主”。并办报刊,开设书店,推动民主运动。

3 月,南方局派花岗以中共代表的身份,到雅安去做刘文辉的统战工作。

1942 年

2 月,经张志和引见,周恩来在重庆机房街吴宅会晤刘文辉,对刘说:“当前全国人民的要求是:坚持抗日,反对投降;坚持团结,反对分裂;坚持进步,反对倒退。而关键则在于坚持民主,反对独裁。”并表示“在反对蒋介石法西斯统治的斗争中,共产党愿意同国民党民主派合作,尤其希望西南地方的民主力量能同党密切联系,具体配合”。周恩来还说:“团结就是力量,须在国民党内部多做团结工作,通过川康朋友自身的团结,去促进西南地方民主力量的团结。”“团结是为了斗争。对蒋介石政府的一切反动政策措施,都须给予坚决反对和有效抵制。西南地方力量在现阶段有条件这样做,大胆行动起来,共产党愿意在政治上给予支持。”周恩来这次谈话,使刘明确了政治方向,增加了前进的力量。从此,刘文辉同共产党的关系,也就由一般的联系,进入到实际配合的阶段。

4月,周恩来在重庆曾家岩50号住所召见邹趣涛说:“我们请准党中央草拟了八路军与二十四军抗日合作协定十二条,现由我念你听,牢牢记住,尽快去雅安告诉刘文辉。如刘先生要记录可以,但记下熟记后需当场付丙,以免意外,今后就根据这十二条,双方都要遵守履行条约义务。”邹据此到雅安向刘文辉作了口头传达。

同月,潘文华约王若飞到重庆山洞潘昌猷别墅密谈,商定双方进一步配合行动的问题。

6月,周恩来为了争取地方军队团结抗日,保持共产党与友军的联系,经党中央批准,向龙云、刘文辉、潘文华部派出联络员。一是派王少春到雅安刘的二十四军处,并设秘密电台与延安直接联系。随王前往秘密电台的有译电员、王的夫人秦惠芳,报务员杨作爱(1945年后为石励),一直工作到刘部起义。二是派钱松甫(仲仪)到阆中潘部,次年又派去钱的夫人江洪(李淑芳)任译电员。1945年7月,因潘怕担风险,南方局即令钱等撤回重庆。

冬,为了团结西南抗战力量,秘密筹组西南五省抗战政府。周恩来在重庆大阳沟范庄杨虎寓所,约刘文辉、杨耿光、杨啸天、章伯钧、邓初民和云南、广西的代表,计划筹建规模比福建人民政府还大的一个抗战政府,打算先设个筹备机构。根据刘文辉的建议,派邹趣涛在雅安设了个“雅属社会服务处”作掩护。

1943年至1944年

1943年，周恩来在重庆天官府街郭沫若家召见田一平，听取其汇报有关潘文华的情况，指示田要努力宣传党的团结抗战的主张，揭露蒋介石破坏抗战和团结的阴谋，加强川康大团结的工作，要让川军团结起来，坚持抗战的立场，并吸收川军中的优秀分子加入共产党。

这年和1944年六七月间，刘文辉两次派杨家桢到重庆同王若飞会晤。王为刘分析了情况，出了主意。后由杨转告刘。

1944年六七月间，刘文辉在重庆潘文华寓所同王若飞会晤。王对刘说，蒋介石集团是外强中干，如果以眼还眼，以牙还牙，蒋就会知难而退；如果妥协退让，他就会得寸进尺，直到把你消灭。

1944年冬，经张澜介绍，刘文辉、潘文华秘密参加了中国民主同盟。

1945年

2月，中共重庆工委派张友渔到成都做刘文辉的工作；帮助刘学习了解政治理论、国内外形势和共产党的方针政策达一个月之久，使刘思想认识有一定的提高。

4月，王若飞在重庆曾家岩召见杨家桢，说："党重视与刘文辉的关系，我们对刘是抱有希望的，希望他能同我们一道前进。"并要杨不断做工作。

1946 年

春,周恩来在重庆机房街吴晋航家,针对刘文辉徘徊不决的思想,恳切地对他说:局势无论如何演变,斗争总是不可避免的,对蒋介石一刻也不能放松警惕。现在是民主时代,望把西康的工作做好一些,以争取人民的支持。这使刘深受教育。

11 月,刘文辉赴南京开会,蒋介石反共气焰嚣张,刘闻而担心。这时周恩来正要离开南京,知道刘的思想后,在百忙中又一次对刘进行工作,鼓励刘回去只要好好搞,赢得人民的支持,将来是有前途的,使刘受到鼓舞。

1947 年

春,吴玉章、王维舟在离开重庆去延安时,还通知刘文辉,若有问题时,去找某某商量。

3 月,中共中央决定暂时放弃延安。刘文辉此时对人民解放军能否取胜产生疑虑,对驻雅电台人员的供应减少到几乎断炊。周恩来得悉后警告刘:如果认为不需要,请你们买张飞机票送我方人员到香港,包括飞机票钱我们都会给你们送来。不久,我军收复延安。刘才改变了态度。

1948 年

1 月,中国国民党革命委员会在香港正式成立,刘文辉被推为川康分会负责人,以杨宗文化名进行工作。

春,蒋介石派粮食部长俞飞鹏到成都,向邓锡侯要 10 万担军

粮，邓推拖。事隔两日，蒋电召邓赴南京，借故撤掉他四川省主席一职，邓对蒋大为不满，

7月，蒋介石把襄樊被解放、康泽被俘的账算在潘文华头上。10月，撤去他川鄂边绥署主任一职。潘对蒋十分气愤。

是年，张澜、李济深派杜重石从上海到成都，把张、李的密信送交刘文辉。

1949年

5月，中共中央军委决定，人民解放军第二野战军主力和华北第十八兵团，在第一、第四野战军各一部配合下，准备进军西南。

6月，中共川西边临时工作委员会成立，并建立了川康边人民游击纵队，准备在邛崃、大邑一带配合解放军作战。

7月，熊扬传达上级指示，组建中共雅安临时党组，由杨正南负责，张安国分管组织，胡立民分管宣传和统战，并在刘文辉部办《新康报》以策动起义，迎接解放。

同月，中共川东地下党在重庆临江门45号召开党的负责人会议，分析形势，交换意见，决定加强对国民党军包括刘、邓、潘等地方军的策动工作。

同月，中共川东特委书记肖泽宽到南京向邓小平、张际春等汇报四川情况。华中局常委、人事部部长钱瑛，根据中央指示，在武汉集中川东特委、川康特委的干部，派往二野前敌委员会，准备随军回川。

8月19日，二野刘伯承司令员、邓小平政委下达“川黔作战

基本命令”。

同月，云南省政府主席卢汉派卓立到雅安找刘文辉，联系起义事宜。刘表示同卢采取一致行动。

8 月 24 日，蒋介石从广州飞来重庆坐镇。29 日上午，在西南长官公署召开军事会议，妄图在西南一隅顽抗。刘文辉、邓锡侯亦参加了会议。

同月，二野情报处根据刘伯承、邓小平的指示，派遣一批敌工人员潜入四川国民党部队，进行瓦解敌军工作。黄实被派到邓锡侯、黄隐处进行策动。9 月，又派周超（化名章浩然）到黄隐军长的第九十五军搞策动，在军直通信营设置电台与二野联系。10 月初至 11 月，派来进行策反工作的还有朱德钦、林蜀秀、赵力钧等。

9 月前后，王少春按党中央的指示，进一步做刘文辉的思想工作。刘终于明确表示要起义了，王便向中央汇报，请示机宜。杨家桢也建议刘向周恩来请示今后的行动问题，陈述受蒋压迫，积怨难言，处境困难，只好暗做准备，已与邓锡侯等部约好，决定投向人民。如何行动，请予指示。电报由杨拟就，交王少春发出。这时，周恩来复电：大军行将西指，希积极准备，相机配合，不宜过早行动，招致不必要的损失。刘文辉此时与蒋展开周旋，等待时机起义。

10 月，广州解放，李宗仁、阎锡山相继到达重庆。刘文辉、邓锡侯应李邀到重庆，共商西南防务大计。

10 月下旬，王少春和刘文辉根据形势，商定了第二十四军起义的步骤和方法；研究了对付蒋介石的策略。刘对西康的军政做了重新部署后，即到成都联络邓、潘共同对付蒋介石，待机起义。

11 月 1 日，第二野战军在刘伯承、邓小平指挥下，向西南进军。

11 月 15 日，人民解放军解放了贵阳，拦腰斩断了国民党的“西南防线”。

11 月 21 日，刘伯承、邓小平向西南四省国民党军政人员发出“四项忠告”，号召他们弃暗投明。

11 月 30 日，人民解放军解放了重庆。蒋介石于当日拂晓飞逃成都，下午即在北较场召集张群、刘文辉、邓锡侯等军政要员开会，部署所谓“川西大决战”。

12 月 5 日，周恩来电王少春：望即转告刘自乾（文辉）先生，时机已至，不必再作等待，蒋匪一切伪命不仅要坚决拒绝，且应联合邓、孙及贺国光诸先生有所行动；响应二野刘、邓两将军 11 月 21 日的四项号召；行动关键在勿恋成都，而要守住西康、西昌，不让胡宗南部侵入；万一窜入，应步步阻挡，争取时日，以利刘、邓解放军赶到后协同歼敌。

12 月 6 日，二野刘、邓首长命令第三、五兵团主力继续西进，占领乐山、大邑、邛崃一线，切断胡宗南集团和川境之敌退往云南的道路，会同由陕入川之第十八兵团及一野第七军等部，围歼胡部于成都地区。

12 月 7 日，刘文辉、邓锡侯在周恩来的催促下，同时在蒋介石的威逼下，离开成都。当日午后到崇义桥，于 8 日上午到龙桥，星夜赶到彭县龙兴寺。

12 月 8 日，周恩来电刘（司令员）、邓（政委）："已电告我派驻雅安之王少春同志，要刘文辉派负责人携带密码呼波至前线找你们接头，建立直接电台联系。在未建立之前雅安台与京台每日通报两次，有报再经京台转你们。"

12 月 8 日，中共四川地下党及二野派遣人员和各民主党派的人士先后到达彭县龙兴寺，从此，这里成了起义的指挥中心。

12 月 9 日，国民党西康省主席刘文辉、西南军政长官公署副长官邓锡侯、潘文华率第二十四军、九十五军及二三五师在彭县通电起义。刘文辉于 7 日离开成都时，派一副官将已拟好的起义电稿送雅安其军参谋长杨家桢，并嘱杨待通知后，再交王少春发出。杨于 11 日才接刘电，在原起义电稿上加潘文华名，把发电时间填为 9 日，交王发出。

12 月 10 日，潘文华从灌县到彭县参加起义的领导工作。

12 月 11 日，周恩来电王少春，催促刘文辉行动，并要刘部守住雅安，如蒋胡大军压境，则应向雅安以南撤退，节节抗拒胡军南进。

同一日，各方人士在彭县龙兴寺举行会议，研究如何配合解放军歼灭胡宗南，开展政治攻势，以策动国民党其他部队的起义。为此成立综合小组，加强对上述工作的领导。

12 月 12 日，二十四军代军长刘元瑄在雅安召开军政人员大会，举行起义仪式。西康省政府民政厅长代行省主席张为炯也通电宣布全省起义。

当天夜，驻守西昌的二十四军一三六师被贺国光部袭击，该部边撤边打，损失较大。

12月13日，中共中央电告刘（司令员）、邓（政委）：刘文辉、邓锡侯及潘文华亥佳通电已转告你们，望注意了解他们的情况电告我们。

同日，驻成都市区的九十五军黄隐部向彭县转移。当晚，二十四军驻武侯祠的一个团遭到胡宗南部围攻到天明，因寡不敌众，除伤亡外，大都被俘。

12月14日，二十四军代军长刘元瑄等在雅安成立西康临时军政委员会（后改为临时军政会议），负责处理全省军政事务。

12月15、16日，胡宗南、王陵基指挥约10个团的兵力，分两路向雅安进逼，遭到二十四军的阻击。

12月18日，周恩来电告王少春转告张志和并转刘、邓、潘三先生，二野刘、邓来电转如下，我先头十七军与十军于铣日（16日）攻占乐山、青神，正向西北发展中，战果待报。十一军、十二军今筱日（17日）可到新津、彭山之岷江东岸地带，请以我占乐山、青神告少春。同时请转告刘文辉设法破坏通往西昌的桥梁。

12月21日，川鄂边区绥署副主任董宋珩和国民党第十六兵团副司令曾甦元在刘、邓、潘率先起义的影响下，率部4万余人在什邡通电起义。

同日，胡宗南在新津召开军长会议，决定向雅安、西昌夺路突围，胡则于23日乘飞机逃往海南岛。

12月22日，解放军三十六师进到黑竹关附近，与二十四军取得联系，完全截断了成雅公路。

12月24日，朱德总司令复电刘文辉、邓锡侯、潘文华慰勉有加，恳切指示他们遵守“约法八章”和“四项忠告”，改善军民关系和官兵关系，为协助解放军和人民政府肃清残敌，建立革命秩序而努力。

当天之前，国民党第十五兵团司令罗广文派出代表贾应华（兵团参谋长）和二十兵团司令陈克非派出代表段成涛（二军副军长）到彭县刘、邓、潘部起义中心联系起义事宜，于24日两兵团即联合在郫县起义。

12月27日，之前，由于解放军在成都西南向胡宗南残部发起攻击，经两天激战，全歼李文兵团，成都于本日即告解放。

同一天，刘文辉、邓锡侯、潘文华通过雅安王少春之电台，向毛主席、朱总司令、刘司令员、邓政委、贺司令员报告他们组成综合小组，策动董宋珩、罗广文、陈克非、李振等部起义及二十四军阻击蒋军的情况。

12月30日，人民解放军第十八兵团所部举行隆重的入城式，贺龙、李井泉率部进入成都市区，受到刘文辉、邓锡侯和潘文华的代表及其他起义将领和各界人士、广大人民群众的热烈欢迎。

1950年

1月1日，贺龙司令员在成都市商业街励志社，邀集在成都的部分起义将领和民主人士开座谈会，对起义人员弃暗投明深为嘉勉，希望大家今后在中国共产党的领导下多为人民做贡献。重申了毛主席"凡为人民做了好事的，人民是不会忘记"的指示。

1月8日，西南军政委员会在重庆成立，刘文辉被任命为副主席，邓锡侯、潘文华为委员。

1 月 11 日,人民解放军第十八兵团司令部、政治部召开欢迎成都外围及成都起义军官大会。贺龙司令员亲临讲话,向起义军官表示热烈欢迎,讲了对起义部队的改造方针,勉励大家虚心学习,改造自己,成为捍卫祖国的人民战士。

1 月 16 日,中共西南局分别给中央与贺龙、李井泉、宋任穷、陈赓去电,对刘文辉、卢汉,邓锡侯、潘文华及所部的安排,提出了具体方案。

这年春,贺龙司令员在百忙中亲自做刘文辉、邓锡侯、潘文华、黄隐等将领的工作,向他们宣传中国共产党的政策,征求他们对工作的意见,关心他们及其家庭的生活情况。还亲自到刘文辉、邓锡侯家里看望他们及其家属。

1 月 23 日,刘文辉致雅安刘元瑄、张为炯电,转告与贺龙详谈军政接管之事,向他们提出了具体的交接意见。

1 月 31 日,贺龙致电刘文辉等,对率部起义、抗击蒋军进行嘉慰,并告刘:解放军将派廖志高政委、刘忠司令员来接管起义部队。

2 月 1 日,解放军第六十二军在军长刘忠、政委廖志高的率领下进入雅安城,受到第二十四军起义将领和人民群众的热烈欢迎。

2 月 2 日,成立“中国人民解放军雅安军事管制委员会”,廖志高任主任,刘忠任副主任。

同日,解放军西南军区派出以黄荣忠为团长(后加派安以文为副团长)的第三工作团 40 余人到雅安,教育改造起义之第二十四军。

2 月中旬,根据我西南军区指令,第二十四军全部开到大邑整训。

3月5日，解放军川东军区派出军事代表到达起义之潘文华部二三五师，帮助教育改造该师起义官兵。

3月12日，我西南军区派出以段龙章为团长的第四工作团（初为30人，后又增加250人），到达起义之邓锡侯部第九十五军，进行教育改造工作。

4月，起义之第二十四军奉命配合解放军六十军围剿邛（崃）、大（邑）、崇（庆）西北地区的股匪。

6月13日，起义之第九十五军与人民解放军第六十军一七九、一八〇师及一七八师之一个团混编。原九十五军军长黄隐被任命为川西军区第三副司令员，原九十五军副军长谢无圻任一七九师长，原二二五师师长于戒需任眉山军分区第三副司令员，原九十五军副军长杨晒轩任川西军大分校副校长，原九十五军参谋长沈铸东任川西军大分校副教育长。

6月17日，起义之第二十四军与解放军六十二军合编。原二十四军代军长刘元瑄被任命为解放军六十二军副军长、西康军区副司令员，原一三六师师长伍培英任独一师师长，原一三七师师长刘元琮任一八六师师长，原该军参谋长杨家桢任西南军大眉山分校副校长。

6月20日，起义之第二三五师与川东军区部队混编。原二三五师师长潘清洲被任命为大竹军分区第二副司令员，原该师副师长何鸾任大竹军分区第三副司令员。

12月，合编入解放军之第二十四军及九十五军的部队，大部奉命出川，参加抗美援朝。

后记

西康雅安有着丰富的多党合作历史资源。

1987 年，民盟雅安市委会（县级）编辑了《雅安市民盟志》（征求意见稿）。2009 年，民盟市委会编辑出版了《雅安民盟 60 年》一书，对于盟员了解雅安民盟历史，开展政治交接学习教育主题活动提供了脉络式的文字材料。在此基础上，为了让广大盟员见证鲜活的盟史，民盟市委会决定通过编辑盟员回忆录的形式，生动反映民盟在西康时期与中国共产党风雨同舟的历程。同时，编辑此书也是民盟市委会开展“不忘合作初心，继续携手前进”专题教育的具体内容之一。

本书编辑的文章多从全国政协、四川政协、雅安政协、县区政协以及《多党合作在四川》《多党合作在雅安》和《雅安民盟》内刊等资料中遴选，又邀请部分盟员撰写了回忆文章。为了全面反映历史原貌，除盟员撰写的文章外，还采用了部分盟外同志撰写的文章。本书是“三亲”史料，坚持“多说”并存，文责自负的原则。全书共有文章 30 篇，基本按照全国、四川、雅安、县区用稿的顺序进行编排。由于本书所编文章撰稿跨度时间长，文字表述口语、方言和文言同在，给编辑校对增加了一定难度。编辑过程中重点对文章所涉及人名、地名及有关表述进行了查证和统一。通过档案、文史资料和网络尽量搜集相关图片，以丰富本书的可观性。

本书能顺利编撰成功，要感谢雅安市政协文史联络委主任陈光明的大力支持，他在繁忙的本职工作中，尽力按民盟要求收集提供了有关文史资料。政协办公室工作人员武文杰利用业余时间帮助扫描资料，校对文稿。胡敏、邓巧同志先后负责日常编辑工作，何海、魏懿、谭英姿、李文平、陈钢、曹立英、康俊梅参与了校对工作。

本书的编辑出版得到了民盟中央原第一副主席张梅颖、民盟四川省委主委赵振铣的重视，并对出版工作给予大力支持。民盟省委原副秘书长高辅平对编辑工作提出了许多宝贵意见，并提供了部分资料。民盟省委副主委易敏利、秘书长姚其清，宣传处处长姚军、副处长魏旻也给予了指导和帮助，在此一并致谢！

回忆西康这段历史的文章比较丰富，一本《民盟在西康》自然不能尽意，再加之编者水平有限，差错和疏漏在所难免，诚请广大读者谅解，并提出宝贵意见和建议。

《民盟在西康》编委会

2016 年 10 月 13 日